· 世界文学名著名译典藏 ·

插图精华本

圣经故事新编

王忠祥　贺秋芙◎编著

THE STORIES OF THE BIBLE

长江出版传媒　长江文艺出版社

图书在版编目（ＣＩＰ）数据

圣经故事新编 / 王忠祥，贺秋芙编著. -- 武汉：
长江文艺出版社，2018.5
　（世界文学名著名译典藏）
　ISBN 978-7-5702-0277-5

　Ⅰ. ①圣… Ⅱ. ①王… ②贺… Ⅲ. ①《圣经》－故
事 Ⅳ. ①B971

　中国版本图书馆 CIP 数据核字(2018)第 061864 号

责任编辑：高田宏　　　　　　　　　　责任校对：陈　琪
封面设计：格林图书　　　　　　　　　责任印制：邱　莉　　王光兴

出版：长江出版传媒｜长江文艺出版社

地址：武汉市雄楚大街 268 号　　　　邮编：430070
发行：长江文艺出版社
电话：027—87679360
http://www.cjlap.com
印刷：湖北恒泰印务有限公司

开本：880 毫米×1230 毫米　　1/32　　印张：14.5　　插页：4 页
版次：2018 年 5 月第 1 版　　　　2018 年 5 月第 1 次印刷
字数：352 千字

定价：36.00 元

译者前言

《圣经》作为基督教供奉的经典，在世界宗教史和文化史上占据着极其重要的地位。《圣经》的形成是一个漫长的过程，前后跨越了一千多年的时间，而其影响更是广泛，先后被翻译成为一千多种文字，遍布世界几大洲。

《圣经》共有六十六卷，分旧约全书和新约全书两部分。其中旧约全书三十九卷，成书年代约在公元前十二世纪到公元前一世纪之间；新约全书二十七卷，成书年代约在公元一世纪下半叶到公元二世纪末之间。

旧约全书又称希伯来手稿、希伯来语圣经、希伯来书等。起初是犹太人的经书，采用犹太人的母语希伯来文写成。包括摩西五经（又称律法书）、历史书、诗歌智慧书和先知书。旧约圣经在耶稣诞生之前已经完成并被辑录成书，它与耶稣诞生后成书的新约全书前后相承，共同被基督教奉为经典。

新约全书则采用希腊文写成。包括福音书、历史书、使徒书信和启示录。其中福音书有《马太福音》《马可福音》《路加福音》《约翰福音》四卷；历史书包括各种使徒行传；书信共有二十一卷，其中使徒保罗所写的有十三卷；最后一卷《启示录》，属于启示类文学。

本书主要是精选了《圣经》中最经典且广为人知的故事，如"开天辟地"、"伊甸园"、"诺亚方舟"、"摩西十诫"、"大卫智胜歌利亚"、

"所罗门巧断夺子案"、"耶稣诞生"、"最后的晚餐"等，这些故事中，包含了从追问宇宙的诞生、人类始祖的出现、到介绍上古时期的洪水泛滥，英雄对人类的拯救，再到后来历代宗教领袖、英雄、君王的事迹。其中有一些故事是纯粹的想象，而有些则是有一定历史事实根据的。为了帮助大家加深对这些故事的了解和认识，在每篇故事之后，我们都进行适当的背景知识的介绍和内容解读。

圣经中的故事，有很多世俗劝善的内容，鼓励人们积德行善，或是反抗压迫和暴政，但更多的则是出于宗教教义宣传和精神抚慰的目的，制造各种神秘色彩和宗教迷雾，让人坠宗教氛围中而放弃了对现实世界的认识和努力。所以，对于我们广大的无神论读者来说，在阅读这些故事时，应该跳出宗教神秘主义色彩的包围，从世态人生、风俗习惯、人情人性等角度来看待和阅读它们，将其看成古代生活的大百科全书。同时，这些故事里面，也包含了大量古代东西方智慧和哲理，到今天，它们都还是值得我们学习和借鉴的。

王忠祥

2018 年 1 月

目录

Contents

开天辟地创万物　亚当夏娃失乐园

　　泰初时期，宇宙无边无际，无始无终，上下杂乱，深不可测的渊面黢黑，只有一团难分难解的混沌，一片特大的虚空。上帝耶和华的灵在这阴暗深渊的水面上，运行了不知多少年，往上向下巡视观测了不知多少遍，终于确定了创造天地万物和人类的宏伟计划，并在距今7500年以前付诸实践。

　　上帝连续劳作了六天。第一天，以促使"光"的出现为主要任务。上帝说："要有光！"霎时间，渊面及其上下明亮起来，光芒四射，绚丽多姿。上帝肯定"光是好的"，却认可既有的暗，把光和暗分开，让光和暗轮流更迭，并称光为白昼，暗为黑夜。从此，早晨和晚上循环不已，白天和黑夜周而复始。

　　第二天，以呼唤苍穹为主要任务。上帝说："要有空气！"

将光明与黑暗分开

他把水分为两层，其间充满了不断流通的空气，称空气为天。天将有不测而多变的风云，在水面漂浮飞驰。"早晨和晚上不断重现"，无尽的苍天"就这样做成"了。

第三天，以划分海洋和生长植物的陆地为主要任务。上帝说："天下的水要聚在一起，让陆地露出来。"诸水立即响应，汇集起来

开天辟地第一天

了，形成海洋。大山峰巅浮出水面，直上云霄。山脚四周平原坦荡荡，山与山的背脊间，低凹谷地千姿百态。上帝满意地看着这美好的大地，进一步说："让大地有树木，披绿挂红，开花结果！"顿时，万木茁壮成长，芳草葱绿遍地，百花齐放争妍，谷黍果蔬丰茂。晚风吹拂，晨曦初露，生生不息。

第四天，以创造日月星辰和确定季节为主要任务。上帝说："天上要有光体，标志昼夜，划分节令、日子和年岁！"于是，上帝制作了两个"大光体"和"众星"。群星排列在天空，普照大地万物，区分昼夜明暗。这里的大光"就是太阳和月亮"。太阳管理白天，金

光灿灿；月亮管理暗夜，银光晃晃。

第五天，以创造鸟类和鱼类为主要任务。上帝说："水中要有鱼游，天上要有鸟飞！"他造出了品种繁多的大鱼和小鱼，还

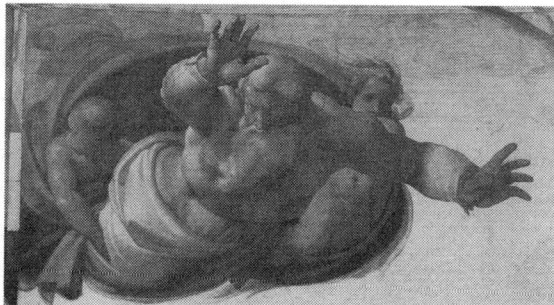

将水与陆地分开

有不计其数的大鸟和小雀，滋生繁殖而绵延不绝。白日里，游鱼在水面随波嬉戏，飞鸟在枝头跳动歌唱，生气盎然，其乐无穷。到晚上，鱼儿缓缓潜入深水，鸟儿返巢后埋头翅下休息，万籁俱寂。

第六天，以创造人类和爬行生物为主要任务。上帝说："大地要生长出能走动的活物来！"他创造了牛、马、猪、狗、豺、狼、虎、豹等种类繁多的兽类，其中有些走兽迄今还在繁殖，有些走兽现已绝迹。此外，也造出了类多量大的奇异昆虫，有的爬动，有的飞行。这些事都办好了，上帝觉得"还不够"，必须迅速完成更重大的任务，这就是："要造人！"上帝抓起一把泥土，按照自己的模样捏成人形，将生气吹进人形的鼻孔，人形就这样成为有灵性能行动的活人。这是上帝创造的第一个男人，名叫"亚当"（意指"来自泥土"，也是后世所谓"人类始祖"）。上帝祝福人"生养众多，遍满地面"，成为万物的灵长，宇宙的精华，他授权给人日日夜夜治理天空、大地和海洋，作为万物的主人，享有

神创造日月

万物。他不仅为人准备了菜蔬果品等食物，而且把青草绿叶等赐给飞禽走兽和各种爬行生物食用。

这一晚过去了，翌晨来临。"天地万物都造齐了"，"六日工程"已顺利完毕，大功告成。上帝兴致勃勃地看到他所创造的一切，"都甚好"，非常满意。就在第七天，把它定为"安息圣日"。

上帝特别欣赏自己的精品杰作——亚当，关爱他，教导他，为他在东方的伊甸建造了一座园子。上帝把亚当安置在这个伊甸园里，委以"修理看守"的重任，希望他健康成长，生活愉快。

上帝精心构筑伊甸园，有意让它成为无限美好的"人间乐园"。一条河水从伊甸园流出来，滋润园中的土地。在这里又分为比逊、基训、希底结、伯拉河四条支流，而比逊河边盛产金子、珍珠和玛瑙，形成一大奇异景观。园中沃土上生长着各种树木，其中包括一棵生命树，吃了树上的果实可以长生不老，还有一棵分辨善恶的智慧树。在这座园子里，流水潺潺，芳草萋萋，鸟语花香，硕果累累，美不胜收，令人赏心悦目。

上帝带领亚当游览乐园，指点他识别树木的特性和功能，在智慧树前再三嘱咐他："园中各种树上的果实，你都可以随意吃，但这棵树上的智慧果不能吃，如果你吃了智慧果就不会平安地活下去！此事非常要紧，切记勿忘。"接下来，上帝教导亚当识别园中的走兽、飞禽和许多生物，并让他给它们起名，以便分别称呼。

伊甸园里风光好，没有酷暑与严寒，没有疾病和灾难，但亚当在这优美的环境里还是感到不快乐。这是为什么？因为亚当日夜与鸟兽花木为伍，没有同类做伴。上帝也觉察了他的孤独，决定改变他的独居生活，"为他找一个配偶帮助他"。亚当熟睡时，上帝从他身上取出一根肋骨，造出第一个女人。这个女人在上帝的带领下来到亚当面前，亚当很高兴地说："这是我骨中的骨，肉中的肉，可以把她当作妻子。"给她起名夏娃，意为"人类之母"（或"第一个女性"）。从此，亚当和夏娃共同看守伊甸园，夏娃帮助亚当作了不少管理园子的事务。夫妻二人赤身裸体，认为这是很自然的事情，并不觉得羞耻。他们在乐园里逍遥自在，无忧无虑，充分享受欢乐的生活。

在伊甸园里，上帝所创造的生物中，最狡猾的是蛇，这家伙时时刻刻都在寻找机会，引诱夏娃和亚当违背上帝的旨意。一

亚当和夏娃偷吃了智慧果

天，夏娃暂时离开熟睡的亚当，独自一个人在园中漫步，观赏美好的景色。一阵"沙沙"声，蛇来到夏娃面前，悄声地说："上帝曾经警告：那棵树上的果子不能吃，吃了就会死。未必真是这样，你们吃了也不一定死。多么漂亮而又好吃的果子啊，你们吃了就会和上帝一样有智慧，分辨善恶美丑了！"

蛇的甜言蜜语，很有诱惑力，深深地吸引着这个好奇的女人。夏娃再次仔细观察那智慧树上的果子，觉得确实"悦人眼目"，可爱、可食，并可由此获得智慧。她乐意接受蛇的引诱，摘下"禁果"吃了。这时，亚当走近夏娃，夏娃劝亚当也吃了"禁果"。夫妻二人品尝美味可口的"禁果"之后，心明眼亮，发现彼此一丝不挂，赤身裸体，羞愧难言。为了遮羞，他们顺手拿起一些无花果的叶子，为自己编制短裙。

凉风乍起，上帝在园中巡视，亚当和夏娃躲藏到树木中去了，害怕上帝看见他们叶不蔽体的模样。上帝呼唤出这一对夫妻，向亚当提出疑问："谁说你是赤身裸体的，莫非你吃过我禁止你吃的那树上的果子么？"

　　他不敢隐瞒，如实地招供了："你赐给我并与我同居的女人，摘下那树上的果子劝我吃，我就吃了。"

　　夏娃在上帝严厉的质问下也招供了："那条蛇花言巧语地引诱了我，我就吃了。"与此同时，她还承认摘"禁果"给亚当吃的事实。

　　上帝知晓了这一件事的始末，大发雷霆，发出了三重诅咒。一重诅咒给狡猾的蛇："用肚子行走，终身吃土。"让蛇的后代"彼此为仇"；一重诅咒给夏娃："十月怀胎经磨难，生儿育女多受苦楚。"让这女人恋夫受"管辖"；一重诅咒给亚当："终身劳苦地面朝黄土背朝天，才能从地里得到吃的。"让这男人劳累一辈子后，"仍归于尘土"。

　　上帝在惩罚吃"禁果"的亚当、夏娃之前，也曾表示对已明事理的这一对夫妻的关怀。他用皮子做成衣服，让他们穿得整整齐齐。但是上帝的"法"是不容情的，他打发他们"出伊甸园去"，这是永远的放逐。为了打消他们重返伊甸园的念头，上帝在乐园的东边安设了"基路伯"（类似天上警卫队的一种天使），以及"四面转动发火的剑"，封锁了通向"生命之树"的道路。

亚当与夏娃被逐出伊甸园

亚当和夏娃怀着无限的悔恨，流着辛酸的泪珠，离别了伊甸园。他们默默地思念上帝，反思着上帝的训斥和忠告。他们从此必须依靠自己的辛勤劳动耕耘新土地，生产新财富，开始自食其力的新生活。他们从此必须依靠自己的坚强意志经受多种灾难，克服重重困难，去争取精神物质两方面的胜利。苦在其中，乐亦在其中。这也许就是上帝寄寓在对亚当、夏娃的重罚中的良好愿望。

* * * * *

本篇选自《旧约·创世记》第1～3章。《创世记》是《圣经》的首卷，也是《旧约》的首卷，共50章。全卷文学色彩浓重，汇集了希伯来人的远古神话与传说，可说是"圣经文学"的开端。其中有驰名于全球的"开天辟地"、"伊甸乐园"、"洪水方舟"等神话，还有关于希伯来人早期族长亚伯拉罕、以撒、雅各的传说以及雅各之子约瑟的传奇事迹。其实，后一部分也充满了神话意识。这里的神话、传说和传奇故事主要记述了古希伯来人对宇宙始创、人类起源、万物生成、民族来历的解释，不仅在犹太教和基督教的神学领域中占有重要地位，而且在人类文化史上也颇有认识价值。

翻开世界文化史，不难看到，各个民族初民的历史都是神话的历史，当然具有生活与幻想融为一体的特性。各民族神话都有各民族初民长期的、集体的创作，幻化地概括了他们对自然和社会的认识。如马克思在《政治经济学批判·导言》中所说："任何神话都是用想象和借助想象以征服自然力、支配自然力，把自然力加以形象化。"这里的"形象化"即"不自觉的艺术加工"，而且具有"永久的魅力"。我们已知的《创世记》中"开天辟地"、"人类起源"的神话，就是如此。此外，古代巴比伦《七块创世泥板》中大神马尔杜克创造宇宙万物与人类的故事、古代埃及人的拉神创世并成为众神众人之王的故事、古代希腊人的宙斯主宰奥林帕斯山上神权和人类起源的故事、古代中国人的"盘古开天地"、"女娲抟土为人"的故事等，都有在现实生活中运用想象和借助想象而形成的过程。由此可见，神话绝非初民毫无根据的胡思乱想和随心所欲的游戏，它们是在初民的劳动生活中产生的，初民的幻想也是为了改善劳动生产和理解宇宙万物。

由于神话是曲折而变形地反映远古史迹和初民生活，因此不能"按图索骥"。毛泽东根据马克思主义经典作家关于神话的理论，对神话与现实的关系作了精辟的阐释。一方面肯定神话的基础是人的实际生活，它们的"作者"幻想征服、意图解释大自然等。另一方面强调"神话并不是根据具体的矛盾之一定的条件而构成的，所以它们并不是现实之科学的反映"，神话中的许多变化，乃是无数复杂的现实矛盾的相互变化在人们头脑中所引起的主观幻想的变化。这就是说，神话中的矛盾构成的诸方面，"并不是具体的同一性，只是幻想的同一性"。我们既不能按照神话的"图像"，到现实中去寻找对应的具体事物，也不能把神话当作荒唐的无稽之谈。比如，我们看过《创世记》中的"开天辟地"、"伊甸乐园"等神话，就不能在现实生活中去求索创造包括人在内的万物的"全能的上帝"。实事求是地说，不是耶和华上帝"照着自己的形象造人"，而是古希伯来人照着自己的形象造耶和华上帝。同时，我们也不可因此而否定这些神话的社会历史意义和艺术审美价值。为此，上文所引述的意见就是我们认识古希伯来人神话与传说以及各民族初民神话与传说的理论基础。

《创世记》里的神话"开天辟地"和"亚当夏娃失乐园"早已脍炙人口，通过各种语言文字广泛传播。从历史性与文学性两方面作综合考察，可认为上帝的"六日工程"始创宇宙万物，实际上是人类劳动创造世界"过程"的形象反映。有些圣经学者指出这个"日"即"24小时"之一"日"，"分别代表地质学发展的六个阶段"。有些圣经学者强调所谓"六日"（创造工程）是一种表现思想，记述史迹的写作方式，在传达崇敬意识的同时，也言说了创世的历程。我们赞同后一种解释，也不妨参考其他的意见。"伊甸园"关于亚当和夏娃的故事，反映了远古希伯来人对极乐世界的向往，对人类文明、知识的开化必须付出艰苦劳动乃至生命的代价的哲学思考。这则神话的一些形象和语言引人入胜，极富有宇宙与人生的哲理精神。比如，智慧之树、生命之树、冲破上帝的禁令而追求智慧的"众生之母"（"人类之母"）夏娃的形象，等等。又比如，上帝对触犯禁令的亚当说的"从土而出"、仍"归于尘土"的一番话，颇能启人睿智，进行生与死、苦与乐的辩证关系的探索。

后世许多艺术家、作家、诗人非常喜爱《创世记》中这一类的神话故事，他们的有关作品或多或少地凸现了这些神话故事的影响，意大利文艺复兴时期的著名画家米开朗基罗曾为西斯廷小教堂绘制了"天顶画"《创世记》，其中有"创造亚当"、"创造夏娃"的画面。17世纪英国人文主义诗人弥尔顿以亚当、夏娃"失乐园"为题材，创作了不朽的史诗性作品《失乐园》，并赋予了新的内涵。19世纪英国浪漫主义诗人拜伦在叙事长诗《唐璜》第四章中提及"伊甸园"，把它当作天地最美好的"乐园"。19世纪美国浪漫主义小说家霍桑的《拉帕其尼医生的女儿》暗示读者：这里的"花园"就是"伊甸园"。19世纪至20世纪初美国现实主义小说家马克·吐温直截了当地借夏娃之名，创作了《夏娃日记》，充分肯定了小说中年轻的女主人公永远追求事物新鲜感的生气勃勃的个性。

该隐杀弟受诅咒　洪水滔滔漂方舟

　　亚当和夏娃怀着对上帝耶和华敬畏的心情，依依惜别四季常春、食品丰富的伊甸乐园。从此，他们踏上了艰苦奋斗而自得其乐的人生道路。他们种地牧羊，日出而作，日落而息，依靠坚实的劳动创建了自己的家园。不久，夏娃怀孕了，生下了一个男孩，起名该隐，含有"得"的意思，感谢上帝的恩赐。过了一段时日，亚当和夏娃又有了新的情爱的结晶，第二个男孩亚伯出生了。在往后的日子里，亚当和他的妻子连续生儿育女，而且子子孙孙延绵不绝。

　　在亚当和夏娃的爱护和教养下，该隐和亚伯苗壮成长起来，都能自食其力。该隐种地，精耕细作，谷物丰收；亚伯牧羊，昼夜辛劳，肥羊成群。兄弟二人虔诚信奉上帝，都希望得到上帝的特别赏识和关照，他们分别向上帝奉献精选的供品：该隐认真选出最好的农作物作为供品，放在祭坛上献给上帝；亚伯则将头生羊和羊脂油作为供品，放在祭坛上献给上帝。

　　上帝巡视了该隐和亚伯的供品，不喜欢该隐及其供品，特别欣赏亚伯及其供品，并面带笑容地表示了自己的心意。该隐妒火燃炽，怒容满面，怨恨亚伯获得上帝的恩宠。上帝看出了该隐的妒忌和怨气，对他说："你的脸色怎么变了，为何生气恼怒？如果你做事正当妥帖，自然会笑容可掬；如果你做了不正经的事情，罪过就要降临

亚当夏娃建立自己的家园

在你的门口。罪过要缠住你不放,毁灭你,你一定要制止它,离开它。"

又一天,该隐和亚伯在田间,边行走边说话。该隐突然动手殴打亚伯,毫无防备的亚伯竟被亲兄长活活打死。上帝询问该隐:"你的弟弟亚伯在什么地方?"

该隐不高兴地回答:"我又不是亚伯弟弟的监护人,怎么知道他在什么地方?"

上帝完全了解已经发生的悲惨事件,严厉指责该隐:"你怎么做出这样凶残可怕的事?你弟弟亚伯的血从地里发出声音向我哀诉,你杀害弟弟时,大地张开口吞下了他的血。从此,你将在大地上受诅咒:你勤于耕种,但颗粒不收,田地不会给你生产什么有用的东西。你将受罚,在大地上漂泊,到处流浪。"

该隐杀了弟弟亚伯

该隐非常惶恐，他向上帝诉苦："这样的惩罚太重了，我承当不起啊！现在，你驱逐我离开这么好的田地，不许我再见到你，从此到处流浪，无家可归。凡是遇见我的人，都会杀死我，我没有活路了！"

上帝保证他能安全地活下去，对他说："谁要杀害该隐，谁就会遭受七倍的报应，赔出七条命。"于是，上帝在该隐的头上做了一个保护性的记号，警示遇到该隐的人不杀害他。

该隐离开上帝和他的田地之后，定居在伊甸东边的"挪得之地"，意即流浪人居住的地方。后来，该隐和他的妻子生下儿子以诺，他把自己建造的一座城命名为"以诺城"。该隐的子孙颇多，有的狂妄自大，如拉麦夸说他杀过人而不许别人杀他；有的洁身自好，如以诺"与上帝同行三百年"；如挪亚在私欲泛滥成灾的年代，仍保持高尚的人格。

上帝耶和华目睹大地上人类的罪恶膨胀起来，奸淫暴行和杀人越货之事常常发生。他忧心忡忡，郁郁不乐。上帝认为人性向恶，达到了"恶贯满盈"的极限，这是不可容忍的。上帝后悔自己创造了如此人类，下决心毁灭人、走兽、飞鸟以及昆虫等生物。不过，大义人挪亚在当时是个"完全人"，挪亚和他的妻子以及儿子闪、含、雅弗等在上帝眼前蒙恩，不会遭受此劫。

上帝在庇护、照顾挪亚，有意让他成为新人类的祖先，耐心地对他说："世界腐败了，人间充满了专横强暴，我将使用洪水淹没大地，毁灭一切生物。你和你家里的人可以获救，但必须为自己制造一艘柏木方舟，躲避大洪水。全船长300肘，阔50肘，高30肘，分为上中下三层，里面有一间一间的舱房，上边有高一肘的透光窗户，门开在船侧，内外都涂上防水松香。"

挪亚遵照上帝的教导造成了方舟，并将上帝跟他的"立约"铭记在心：七天后，洪水降临大地时，挪亚必须和他的妻子、儿子和媳妇们进入方舟，同时带进方舟的还有雌雄成对的各种动物，包括飞鸟、牲畜、虫豸等，妥善地保存它们的生命。此外，贮存的各类

挪亚建造方舟

仿佛天裂开了一个大口子

食品也要充足。上帝吩咐的一切，挪亚都办妥了，他做好了充分的准备，满怀信心地迎接大洪水的严峻考验。

七天过去了，正当挪亚满 600 岁的 2 月 17 日，狂风骤起，乌云滚滚，电闪雷鸣，大雨滂沱。洪水自天而降，向大地四面八方涌流。挪亚心中有上帝，面临险境不慌乱。他和全家人带领着各种动物和仪器等，有序地进入方舟后，上帝为他们关上了门。

暴雨日夜不停地往下倾泻，洪水在大地汹涌四十天。水面日益上升，把方舟浮托起来了。方舟随着浩大的水势漂来漂去，没有固定的方向。水势越来越大，越升越高，高出了所有的大山，淹死了所有的人和飞禽走兽，以及爬行昆虫等。大地上一切生物都被毁灭了。挪亚一家人和方舟里的动物留下来了。

浩大汹涌的洪水，淹没大地约一百五十天之久。这时，上帝惦念方舟里的人和动物，就叫天停止下雨，让风强劲地吹拂大地，水势逐渐弱化而缓缓地退落。到 7 月 17 日，方舟停泊在亚拉腊山上，水继续往下消退。10 月 1 日，山顶露出水面。形势好转，方舟里挪亚一家欢欣鼓舞。

四十天后，挪亚打开上方的窗户，放出一只乌鸦，试图了解外面的情形。乌鸦在空中不停地盘旋，飞来飞去，不知去向，没有回归方舟。

七天之后，挪亚为了再次探测大地上的水消退的情况，放出了一只鸽子。鸽子见大地上到处是水，找不到落脚的地方，只好飞回方舟。

挪亚沉着地又等待了七天，让鸽子再飞出去。当天晚上，这只

挪亚一家走出方舟

鸽子叼着一片刚拧下来的橄榄叶，挪亚由此知晓大地上的水已消退的"消息"。

又一个七天过去。挪亚第三次放出鸽子，鸽子一去不复返，这是大地平安的吉兆。

在挪亚 601 岁那年正月初一，他打开方舟之门向外观望，大地上的水消退干净。到 2 月 27 日，地面全干了。这是一个值得庆贺的好日子，上帝吩咐挪亚一家人，带领方舟中所有的生物走上重现"生机"的大地，这些生物会"多多滋生，大大兴旺"。

于是，挪亚和妻子、儿子、儿媳妇欢欢喜喜地走出了方舟，他还带出了同舟的全部飞鸟、走兽、昆虫，等等。他要遵从上帝的意志，让它们在大地上繁殖生长。

为了感谢上帝的恩宠，挪亚筑坛燔祭，献上各种活净的雀鸟和牲畜。耶和华上帝闻到了燔祭的"馨香之气"，很高兴，深受感动，自我思忖："我不再因人从小就生恶念而诅咒大地，也不再像我做过的那样，毁灭各种生物了！只要大地还存在，春季播种与秋季收获、严寒与暑热、冬天与夏天、白日与黑夜，循环不已，永不停息。"

经过深思熟虑，上帝对挪亚和他的儿子们说："我与你们和你们的后代立约，并与你们这里的一切活物，就是从方舟出来的飞鸟、牲畜、走兽等立约，一切生物不再被洪水灭绝，也不再有洪水毁坏大地。"上帝再三强调，这是有效的"永约"，并把虹放在云彩中，让彩虹在云端出现，作为"永约"的标志。

大洪水之后，人的作为也曾使上帝耶和华忐忑不安，但没有重复过去那样的惩罚，也没有迁怒于大地，而是采取了一些有效的措施。当时（大洪水过去不久），天下人口音一样，言语相通。他们东迁到示拿地的平原时，商议烧砖当石头，用石漆做灰泥，准备筑城建塔，并扬言让"塔顶通天"，这是为了传扬他们的名，让他们永远聚在一起。上帝认为他们"成为一样的人民，都是一样的语言"，就会"为所欲为"了！于是，上帝下来变乱他们的口音，使他们言语不通，并且分散到大地各处，结果，"他们就停工不再造那城了"。

由于上帝在那儿变乱天下人言语，所以那儿名叫巴别。

* * * * *

本篇选自《旧约·创世记》第 4 章，第 6 ~ 9 章，第 11 章。该隐杀弟遭诅咒的故事，大洪水和挪亚方舟的故事，还有变乱语言巴别塔的故事，都是富有深刻寓意、彼此关照联系的优美神话。

"该隐杀弟遭诅咒"中的该隐已被人们当作"杀人犯的祖师"，并从该隐打杀亚伯的"惨剧"中引出戒嫉妒、重亲情的警示。该隐其人其事，也形成了一些重要的圣经典故，如："该隐式的手足友爱"（反讽骨肉残杀）、"该隐的记号"（保护记号或犯罪标记）、"该隐的颠沛命运"（到处流浪无家可归）、"该隐的城"（即"以诺城"或称"世上第一座城"）。英国作家哈代在长篇小说《还乡》中曾提及"该隐的记号"；美国作家霍桑的长篇小说《红字》描写海丝特·白兰佩戴象征耻辱的"红字"时指出，它"比在该隐额头上的印记还要难堪"。令人饶有兴味的是英国诗人拜伦的诗剧《该隐》，对"该隐杀弟"作了颠覆性的改编，把该隐写成反抗暴君耶和华的英雄人物。

世界上有许多民族，如中国、印度、巴比伦、希腊等，都有关于大洪水的神话。希伯来人的"洪水方舟"故事借助《圣经》而流传极广，影响最为深远。一般认为，希伯来人的这一则神话，承受了苏麦尔——巴比伦大洪水故事的影响。两者在基本情节和部分细节方面，确实有不少联系，如神发怒惩罚人类、方舟避难、乌鸦和白鸽试探水情、获救者献祭谢神等。同时，也必须关注挪亚方舟神话所表现出来的"个性"，即洪水神话在漫长岁月中的变异与发展。如有些研究者指出，挪亚方舟神话强调发洪水的只是希伯来的上帝，并非以某一大神为首的神话，从而"体现了犹太人一神教对西亚上古多神教的重大发展"。在挪亚方舟神话中的挪亚与乌搭——纳匹西丁姆最终成为神不一样，他始终是人，不是神，甚至连半人半神也不是。从一个角度审视，这个情节显示出"犹太教的核心教义：全世界只有一个上帝，人类在任何时候也不能混同于神"。

这一则神话中描述的"方舟"、"鸽子"、"橄榄叶"，常常出现在后人的言论和著作中。人们把"方舟"比喻作"安全区"、"避难所"，"鸽子"和"橄榄叶"则是和平、安定的象征。这一则神话还启示了一些艺术家、作家的创作灵感，为他们提供了宝贵的题材，如文艺复兴时期意大利画家雷尼的名画《挪亚造方舟》、现代西班牙画家毕加索为世界和平大会创作的三只"和平鸽"。

关于巴别塔的故事，早已在巴比伦神话中出现过。但希伯来人的这一则神话有其历史意义。它不仅反映了古希伯来人对各民族口音、语言何以不同的原因的解释，而且表现了曾作为"巴比伦之囚"的希伯来人对巴比伦古塔的反感情绪（"神的大门"难通天）；更为重要的是它意喻非分之想，"劳而无功"。拜伦在《唐璜》中、雪莱在《诗辨》中，都曾引用"巴别塔"的典故。我国当代作家北村也曾撰文《神圣启示与良知的写作》，借助巴别塔故事，说明人类交通面临困境，人类命运变化无穷。

亚伯拉罕向南迁　杀子燔祭受考验

挪亚在大洪水之后又活了很久，到 950 岁时无疾而终。他的三个儿子闪、含和雅弗都娶妻生子，如上帝耶和华所祝福的那样："生养众多，遍满大地"，他们的子孙各随其宗族和方言分散在各处。

闪的后代他拉有三子，长子亚伯兰（后称亚伯拉罕），次子拿鹤，三子哈兰。哈兰英年早逝，留下儿子罗得。亚伯兰娶妻，名叫撒莱（后改称撒拉）；拿鹤娶妻，名叫密迦。他拉有意携家迁徙到迦南去，这是符合耶和华愿望的。从迦勒底吾珥走到哈兰，暂时安居下来。他拉 205 岁时，就死在那里。

上帝耶和华喜爱而且信任亚伯兰，关怀地劝他南迁："你要往我指示的地方去，我必将赐福给你，让你成为大国之主，名扬四海。凡是祝福你的人，必获善报；凡是咒诅你的人，必获恶报。大地上的万族，都会因你而得福。"

亚伯兰依照耶和华的指引，带着妻子撒莱、侄儿罗得以及由奴隶、战士组成的三百多人，像一支军队，浩浩荡荡，向西线迦南（后称巴勒斯坦）走去。他们到迦南不久，遭遇大饥荒，只好南迁埃及。

亚伯兰暂时寄居在加底斯和书珥之间的基拉耳，为了安全故意称妻子撒莱为妹妹。基拉耳王亚比米勒的大臣，见撒莱貌若天仙，娇美非凡，就把她带进王宫。亚比米勒宠爱撒莱，厚待亚伯兰，赏

亚伯拉罕迁往迦南

赐他许多奴婢和不可胜数的牲畜财物。

　　撒莱进宫那天晚上，上帝耶和华在亚比米勒的梦中显现，向他警示："你和你的全家全族大祸临头了，因为你想霸占有夫之妇！"

　　亚比米勒向上帝喊冤："主啊，那人自称这美女是他妹妹，这美人也承认那人是他哥哥。我毫不知情而想成其好事。再说我还不曾和她亲近呀，你怎能惩罚我全家全族？"

　　上帝承认亚比米勒"心正手洁"，劝他退还撒莱。亚比米勒召见亚伯兰，对他说："你为什么撒谎害人？险些让我和我全家全族遭受大灾难！"

　　亚伯兰巧言辩解："我误认为这里的人不敬畏上帝，可能因为美貌的撒莱是我的妻子而杀害我。其实，我们在婚前原是同父异母兄妹，说撒莱是妹妹也是合乎情理的。"亚比米勒也不责怪亚伯兰了，让他带走撒莱和前后赠送的仆婢、牲畜、财物。他们重返迦南，努力扩展牧场，为创建辉煌的事业而奋斗。

在伯特利，亚伯兰的牧人和罗得的牧人各为其主，为争夺牧场而相斗。亚伯兰劝说侄儿："至亲骨肉之间应和平共处，不可放纵手下人掀起内战。"罗得通情达理，欣然同意长辈提出"分居"的建议。二人顺利地达成协议：罗得选择了约旦河流域大平原，往东迁移，其余各地归属亚伯兰。亚伯兰在上帝的启示下，又将帐篷搬迁到希伯伦幔利的橡树那里安居。他一如既往，筑坛献祭，感谢上帝恩赐他幸福的新居。他还遥祝侄儿罗得也在新居中享受幸福生活，心想事成，人畜两旺。

天有不测风云，人有旦夕祸福，罗得在新居中和平、幸福的日子过得不长。在强大的以拦王攻打所多玛和蛾摩拉的战乱中，罗得及其一家人被打红了眼的大兵作为"战俘"掳走了。

噩耗传来，亚伯兰非常关心被劫掠的罗得全家，立即集合三百多精壮士兵，攻进以拦王的营地，把罗得一家及其全部财物夺回来了。

亚伯兰凯旋时，撒冷（即耶路撒冷）王麦基洗德带着酒和饼出来欢迎，向胜利者祝福："愿王地的主宰、至高至尊的上帝，赐福给亚伯兰。至高至尊的上帝把敌人交到你手里，这是应当称颂的。"亚伯兰听了这一番好话，喜形于色，很高兴地拿出十分之一的胜利品来犒赏麦基洗德。

亚伯兰在迦南安居十年，撒莱仍未生儿育女。在撒莱的安排下，亚伯兰纳女奴埃及人夏甲为妾。夏甲怀孕了，产生傲慢与偏见，歧视没有生育子女的撒莱。撒莱妒火中烧，经亚伯兰同意，百般虐待夏甲，夏甲无奈逃走了。

天使奉上帝之命劝慰夏甲，说服她顺从撒莱。夏甲返回亚伯兰和撒莱的身边，生下一子，取名以实玛利。从此，亚伯兰与妻妾全家和睦相处，平安无事。

亚伯兰99岁时，撒莱也有90岁了。上帝耶和华在亚伯兰眼前显现，表示继续赐福给他一家人，跟他立约：一、亚伯兰改名亚伯拉罕（意为"多国之父"），撒莱改名撒拉（意为"公主"或"女王"）；二、他们的男子都要受"割礼"，子子孙孙均应如此；撒拉90岁将生一子，可取名为以撒（意为"欢笑"）。亚伯拉罕伏地拜谢，笑逐颜开。

一天黄昏时刻，灿烂的太阳落在浅蓝色的山脊后面去了，亚伯拉罕坐在帐篷前沉思默想，微笑着回忆上帝恩赐撒拉老年生子之事。抬起头来，看见大路上行走的三个人十分疲惫，就热情地请他们进帐篷休息，并且让他们在帐篷里吃饭、洗脚。天色晚了，三人还要往前行走，到所多玛和蛾摩拉去。亚伯拉罕从而悟解三个陌生人是三位天使，其中一位就是上帝耶和华。因为上帝经过调查，确认所多玛和蛾摩拉的罪孽深重，恶贯满盈，该当毁灭。所多玛和蛾摩拉危在旦夕。

亚伯拉罕大发善心，为两城百姓说情，祈求上帝不要因少数罪人而毁灭大量的无辜者。经过多次请求，上帝答应亚伯拉罕："即使只有十个义人也就不毁灭所多玛和蛾摩拉了。"

两城面临最后的"审判"，两位天使扮着"客人"来到所多玛，亚伯拉罕的侄儿罗得盛情招待他们。所多玛人从四面八方涌进罗得家，围住了"客人"的住房。这些老老少少的男子汉气势汹汹，高声叫嚷："今晚到你家来的客人在何处？快快把他们交出来，让他们陪伴我们睡觉，任大家玩耍！"罗得出来好言相劝，愿意献出两个女儿代替"两客人"，由着他们的"心愿"去做。众人不听罗得的劝告，故意挤开罗得，企图攻破房门抓出"客人"。两位天使阻挡了众人的进攻，催促并拉着罗得及其妻女当晚逃走。

上帝震怒了，让硫磺与烈火从天而降，烧毁了所多玛和蛾摩拉，消灭了两城居民和地上生长的一切。天刚亮时，亚伯拉罕清早起来，站在高处远望两城和平原全境，那里如同烧窑一般，烟气上腾，一片焦土。他感谢上帝救出了侄儿罗得，更加敬畏上帝，更加虔信上帝。

耶和华履行先前对亚伯拉罕的承诺，让撒拉怀了孕。亚伯拉罕100岁时，撒拉为盼望已久的丈夫生下一个儿子。他们遵从上帝的

罗得一家逃离所多玛

旨意，给孩子起名以撒，上帝赐给他们"喜笑"，凡知晓此事的也与他们一同"喜笑"。

以撒渐渐长大，聪明伶俐，活泼可爱，成为亚伯拉罕的掌上明珠。为了更加严峻地考验亚伯拉罕，上帝召见他时明白地说："你带着你的独生子以撒，往摩利亚地区去，到我指定的山上设坛，把你心爱的儿子作为燔祭。"

亚伯拉罕遵照上帝的指示，第二天清晨起来带着两个仆人和以撒，还有早已准备好的供燔祭用的劈柴和健壮善行的驴，向上帝所指引的地方走去。第三天，亚伯拉罕远远望见那地方了，就吩咐仆人连同驴子停留下来，在原地等待他和以撒上山朝拜返回时会合。他把燔祭的柴绑在以撒身上，自己带上火种刀子。父子二人一同前往，边走边谈。

子问父："父啊，我们手里有了火种与刀子，但不知供燔祭的

亚伯拉罕杀子燔祭

羊羔在哪里？"

父回答："儿啊，上帝已预备了用于燔祭的羊羔！"到达目的地后，亚伯拉罕筑起祭坛，摆好木柴，把被捆绑的以撒放在祭坛的柴上。他伸手拿刀，准备动手杀子。

正在这时，耶和华的使者从天上发出呼唤声："亚伯拉罕，亚伯拉罕，立即停止行动，不可下手伤害这个孩子！现在，你的行为已经证实你是敬畏上帝的，并未因为以撒是你的独生子，就不愿献给上帝。"

亚伯拉罕举目观察，发现一只公羊的双角扣在稠密的小树中。他马上抓住公羊，代替以撒，献为燔祭。由于这只山羊是上帝预备的，所以亚伯拉罕将那地方命名为"耶和华以勒"（大意"耶和华必定预备"）。

耶和华非常满意亚伯拉罕的虔诚行为，对他说："我将赐大福给你，让你的子孙多得像天上的星星和海滩的沙粒；你的后代与敌人对阵，百战百胜。地上万国都要求我赐福给他们和他们的后代，就像我赐福给你和你的后代那样，因为你真心实意地听从了我的话。"

* * * * *

本篇选自《旧约·创世记》第 12 ～ 21 章，记载希伯来人的第一代族长亚伯拉罕（亚伯兰）率众迁徙的足迹，希伯来民族始祖的诗化历史，以及希伯来一神教创始者尊奉耶和华为唯一天神的"心路历程"。

其中，关于亚伯拉罕迁徙的故事很重要，它是希伯来民族传说的开端。由此可知，希伯来人原是游牧民族，从迦勒底（巴比伦）的吾珥和哈兰迁往迦南（即现代的巴勒斯坦）。当时，当地的土著人称他们为"希伯来人"，即所谓"从河那边来的人"。迄今，作为希伯来人后裔的犹太人或以色列人，仍认为巴勒斯坦是上帝赏赐给他们的土地。其典故源出于此。

"亚伯拉罕和麦基洗德"的故事被学者认为是《圣经》关于"什一税"最早的记载，麦基洗德是最早的祭司，欧洲文艺复兴时期尼德兰画家布茨绘有同名油画。"亚伯拉罕和三位天使"的故事，充满了浓郁的生活气息，人物形象栩栩如生。公元 4 世纪时，罗马圣马利大教堂绘有同名大壁画。"亚伯拉罕和亚比米勒"的故事，生动活泼，曲折跌宕，不仅从主观上表达了颂扬耶和华无所不在的权威和亚伯拉罕的非凡智能，而且在客观上揭露了古代西亚君王强占民女的暴行。"亚伯拉罕燔祭献子"的故事惊心动魄，这种"杀子献祭"的仪式在古希腊和其他民族中也有。不过，亚伯拉罕改用公羊代子作为牺牲品有其深刻的象征意义，表示杀子祭神的习俗到此结束。16 世纪西班牙雕塑家阿龙索·贝鲁盖泰的杰作《亚伯拉罕的燔祭》采用了这一典故，凸现了主人公敬神而爱子，悲戚而刚毅的复杂感情。此外，"所多玛和蛾摩拉"的故事，在亚伯拉罕的系列传说中也是引人注目的。后世人用被硫磺烈火毁灭的双城比喻为充满淫乱的"罪恶之地"，马克思在《资本论》中提及"所多玛和蛾摩拉"，批判"帮伙制度"："十三四岁的女孩因她们年龄相仿的男伙伴而怀孕的现象屡见不鲜。帮伙所在的开放村庄变成了所多玛和蛾摩拉。"17 世纪英国诗人班扬在《天路历程》第一部中曾灵活运用这一典故，描写一个基督徒为了远离"必定毁灭"之地，拼命跑向平原中央。

为子选妻托忠仆 以撒迎娶利百迦

亚伯拉罕迁居迦南地的基列亚巴（即希伯伦）时，他的妻子撒拉逝世，享寿 127 岁。撒拉死后，亚伯拉罕日夜哀号，悲恸不已。为了厚葬爱妻，他花了 400 块白银向当地赫人买下了幔利谷地的麦比拉天然洞穴，作为墓地。他心口如一地虔诚祝愿，撒拉的灵魂在这幽谧的乐土中安息。

年已老迈的亚伯拉罕，一向蒙受上帝耶和华的恩宠和福泽。他祈求上帝庇佑，顺利地解决自己的一件心事：为儿子以撒完婚，在故乡亲族中选择一个美惠聪颖的贤媳。谁来协助自己完成这一任务呢？亚伯拉罕经过认真思忖，选中了赤胆忠心的老管家。于是，他召见老管家，要求老管家把手放在他的大腿下，指着上帝耶和华起誓，照他的意愿办事。

亚伯拉罕吩咐老管家："我委托你为我儿以撒寻找对象，一定要在我故乡本族中去物色人选。"

老管家乐意为主人办好事，同时也提出了疑问："如果我选中的姑娘不愿意离开本乡本土，怎么办？我可否把你的儿子以撒带往姑娘那里，也就是说带到你的故乡去？"

亚伯拉罕不假思索地回答："你要小心谨慎，不可这么做！你不能把我儿以撒带到故乡去，这不符合上帝耶和华的旨意。天上的

井边的利百迦

主耶和华曾带我离开故乡和本族的地域，来到这里安居乐业，并将这片土地赐给我的子孙，让他们享乐无穷。上帝指派使者做好一切准备事宜，助你完成任务。你只须为我儿以撒挑选贤妻，如果被选中的姑娘坚决不愿跟随你到这里来，那当然不会责怪你，我要求你起的誓也无关紧要了，与你毫不相干！我再说一遍，不可把我儿以撒带到那里去！"

　　老管家听了主人的这一番话，完全明白了主人的意图和决心，就毫不犹豫地把手放在主人的大腿下向他起誓，一定不负主人重托，坚决完成为以撒娶妻的任务。他从主人那里领取了十匹健壮的骆驼，与仆从一起带上各种财宝彩礼，动身前往美索不达米亚北部。经过漫长的旅程，老管家一行终于来到亚伯拉罕的兄弟拿鹤一家居住的城里。

　　这时，天色将晚，众多美女纷纷出门到城外井边去打水。老管家紧紧抓住这一机会，开始为以撒选妻的行动。他有意让骆驼在水井那里等待，虔诚地向耶和华祈祷："上帝啊，我的主人亚伯拉罕崇敬的上帝啊！请求你保佑我的主人如愿以偿，为以撒选一佳偶。现

老管家巧遇利百迦

在，我就守候在井旁，少女们来到这里打水时，我就向其中的一个说，
'好心的姑娘，请你放下水瓶，给点水我喝。'如果她放下水瓶让我
喝水，并再去打水给骆驼喝，那么，这个少女就是你同意为你的仆
人以撒选择的妻子了，同时我也履行了在主人面前许下为以撒选妻
的诺言……"

　　老管家的祈祷尚未结束，一位漂亮动人的妙龄女郎肩上扛着水
瓶，缓缓走下台阶来到水井边，她把水瓶装满水，又扛在肩上走过来。
老管家立刻迎上去讨水喝，少女赶快从肩上放下水瓶，托在手上请
他喝水。少女见老管家喝够了，还笑着对他说："我也要为你的骆驼
打水，让它们解渴。"她马上把水瓶中剩下的水倒进水槽，轻快地跑
到井边打水让十匹骆驼都喝饱了。老管家凝视着这位善良而健美的
少女，默默沉思：上帝耶和华是否借此预示，已赐给他实现愿望的"通
达之路"。

　　老管家拿出一个约重一钱的金环和两个约重五钱的金镯送给少

女，满怀希望地问她："请告诉我，你是谁家的姑娘，你父亲是谁，能让我们在你家借宿吗？"

少女笑眯眯地回答："我是拿鹤的儿子彼士利和哈兰的女儿密迦的姑娘，名叫利百迦。我们家很宽敞，有足够的粮草和住宿的地方。"老管家听了利百迦的话特别欢欣，他拜谢上帝引领他走近主人亚伯拉罕的兄弟的家，并且巧遇完全符合主人要求的亲属处女利百迦。

利百迦高高兴兴地跑回家去，把她的见闻以及她和老管家的"对话"向母亲和家里人详细叙述了一遍。利百迦的哥哥拉班，听了妹妹口述的奇遇消息，又看见妹妹手里的金镯子和闪闪发光的金环，也兴奋起来。他们都对老管家及其骆驼队产生了浓厚的兴趣，准备迎接客人。

拉班走出大门，奔向水井，看见老管家和骆驼还在井旁。他急忙走到老管家面前，请老管家到家里休息。他恭敬地说："我们欢迎你这蒙受耶和华赐福的人，住宿的房屋已经收拾好了，也为骆驼准备了歇息的地方。"

老管家和跟随他的人都被拉班请进了家，骆驼也卸下了负载，吃上了主人家备好的草料。在利百迦父亲和哥哥设宴招待之前，老管家抓住时机说明来意，赞颂耶和华引导他"走合适的道路"，使他选中他"主人兄弟的孙女"。他诚恳地说："现在，如果你们诚心满足我主人的愿望，就告诉我；如果不是这样，也请告诉我，让我可以抉择向左或向右。"

彼士利和拉班不约而同地作出欣然同意的答复："这是上帝的旨意，我们乐意遵从。利百迦就在眼前，可以随你到你主人那里去，给以撒为妻。"

老管家听了这话，俯伏在地，拜谢上帝。他欢欢喜喜地拿出许多高贵的衣服和金银珠宝送给利百迦，还拿出一些宝物送给利百迦的母亲和哥哥。在欢乐的宴会上，宾主喜笑颜开，畅谈深情厚谊。

第二天早晨，离别的日子到了，老管家整理了行装，向彼士利、

以撒娶亲

拉班一家告别，利百迦和她的奶妈跟他们一起动身。父母与女儿，哥哥与妹妹，依依不舍。拉班在妹妹临行时给予衷心的祝福：

> 妹妹呀，祝愿你荣华富贵，
> 做万人之母！
> 祝愿你的后代强大，
> 不断征服敌人的城邑！

一天黄昏时分，老管家、利百迦等和骆驼队浩浩荡荡进入迦南地域。这时，为丧母而忧伤的以撒正在田间散步解愁，举目看见骆驼队和一群人，从而引起关注。利百迦也看见了年近四十而风度翩翩的以撒，就急忙下了骆驼，向身旁的老管家发问："向我们走过来的那个人是谁？"

老管家高兴地回答："他就是我的少主人以撒呀！"利百迦含羞地用手帕蒙上脸。

老管家走上前去，把亚伯拉罕遣派自己为他挑选媳妇的经历都告诉了以撒。兴奋的以撒驱散了满面愁云，殷勤地把利百迦迎进了他母亲曾住过的帐篷。不久，以撒和利百迦选择吉日完婚。夫妻二人相亲相爱，和谐美满。

以撒迎娶利百迦之后，亚伯拉罕郁结的心事化解了。他在晚年又娶妻生子，让庶出的众子带着财物离开以撒到东方去，亚伯拉罕175岁时，无疾而终。以撒和以实玛利（撒拉使女夏甲之子）将他埋葬在麦比拉洞里，与撒拉合墓。

* * * * *

本篇选自《旧约·创世记》第23～25章，主要部分叙述亚伯拉罕遣仆为儿子以撒娶妻利百迦的故事。在《圣经》传说中，以撒也是一个极其重要的人物，他被人们当作希伯来人的第二代祖先。以撒二字有"欢笑"之意，以撒在以实玛利被赶走后成为独子，独承父亲产业。以撒对母亲撒拉的思念，对利百迦的爱恋，都是优美人性的自然流露。

以撒和利百迦的婚事是独特的，这是近亲不同辈分之间的通婚。利百迦是亚伯拉罕兄弟拿鹤的孙女，以撒的侄女，以撒娶她为妻，这种婚姻反映了一种历史现象：保持民族血统纯洁与传统习俗。在古代婚姻制度向现代过渡的时期，这种近亲通婚现象是常见的。

以撒迎娶利百迦的故事，已成为希伯来族长传说中颇有艺术魅力的优美篇什。关于利百迦从待嫁少女到出嫁新娘的素描，文字简约流畅，人物形象栩栩如生。17世纪法国画家罗南运用这一题材绘制了油画《以撒迎娶利百迦》（1648），大自然景色优美，人物形象逼真，抒情色彩浓重，令人心旷神怡。

以扫出卖长子权　雅各冒名获鸿福

　　以撒和利百迦结为夫妇，过着幸福美满的生活。20年过去了，以撒年届60，利百迦仍未生育。年迈的以撒很想孩子在膝下承欢，如果不是这样，乃是美中不足，人生一大遗憾。他向上帝祈祷，上帝应允遂其求子心愿。不久，利百迦怀孕了，而且是双胞胎。

　　在利百迦腹中的双胞胎尚未出世，就彼此排挤相争。利百迦很痛苦，因而祈求上帝释疑：“我为什么要遭受厄运，这样活下去有什么意义呢？”

　　上帝好言劝慰，暗示忍痛后的荣耀，上帝对她说：“两国孕育在你腹内，两族要从你身上出来，这族必强于那族，将来大的要服从小的。”

　　利百迦分娩的时间来临，她果然产下双子。先出世的大小子全身发红，如同穿着有毛的皮衣，因此起名以扫（意指浑身有毛）；后出世的二小子，用手紧紧抓住以扫的脚跟，因此起名雅各（意指紧紧抓住）。

　　以扫和雅各渐渐长大成人，亲兄弟并不相爱，各自利用自己的优势向父母争宠。哥哥和弟弟性格迥异，爱好也不一样。以扫好动，喜欢狩猎，常将猎获的野味献给父亲品尝。他追求物质享受，贪图小便宜，目光短浅，满足于苟安生活。雅各头脑机敏，喜爱安静，总是在帐篷内外劳作，向母亲嘘寒问暖。他工于心计，善于思考，胸怀大志，有自己的抱负。以撒对以扫情有独钟，因为他常常吃到以扫从外地带回的美味可口的猎物，颇有赐福给长子让他掌握大权的意愿。利百迦偏爱雅各，因为雅各不外出游荡，乐意帮助她做家务，为她排解困难和忧愁。

有一天，以扫照例兴高采烈地外出打猎，雅各在家里细心挑选红豆熬汤。以扫满载猎物归家时，已经精疲力竭，而且饥饿难忍。雅各熬好的红豆汤香味四溢，做成的饼热气腾腾，对又累又饿的人颇有诱惑力。以扫一见红豆汤和饼，垂涎三尺，尤其是红豆汤吸引他目不转睛。他向雅各乞求："我累得要命，饿得要死，你让我喝这红豆汤吧！"

雅各答应以扫的要求，给他喝红豆汤，还让他吃饼，不过，这里的吃喝是有交换条件的。雅各对以扫说："你把长子权转让给我，我就会给你红豆汤，还有饼。"

以扫立刻表示同意："可以，可以，我快要饿死了，命将不保，长子权又不能当吃当喝，要它毫无用处，弃之不可惜！"

为了稳妥，雅各要求以扫为自己出卖长子名分的诺言起誓，以扫毫不犹豫地照办不误，对弟弟起了誓。雅各因"计谋"已初见成效，就把红豆汤和饼送给了以扫。此事过后不久，以扫醒悟过来，觉得自己陷进了雅各的圈套，上当受骗，为了一点红豆汤和饼竟丧失了长子权，吃了大亏，还不敢向父亲投诉，真是"哑巴吃黄连，有苦说不出"！因此，他对雅各怀恨在心，伺机报复。

以扫40岁时娶了二妻，一是赫人比利的女儿犹滴，一是赫人巴伦的女儿巴实抹。他们的"家事"常使以撒和利百迦忧愁烦恼。

以撒到了晚年，双目昏花，什么也看不见。却仍然关怀大儿以扫。一天，以撒召来以扫，对他说："我年事已高，说不定哪一天会死去。现在，你带上弓箭等猎具到野外去打猎。回来时，将获得的禽兽按照我喜爱的口味做成鲜美的佳肴给我吃，我要在死前为你祝福。"

以撒对以扫说的这些话，都被利百迦听到了。利百迦最担心的就是以撒祈祷上帝赐福以扫，而不赐福给雅各，她要积极策划妙计，让小儿子代替大儿子接受他们父亲的祝福。

以扫遵从父命到野外打猎去了，利百迦抓住时机，向她喜欢的儿子雅各复述了以撒对以扫所讲的那一番话。她向雅各讲出了自己深思熟虑的计谋："现在，你听从我的话，快到羊群中去挑选两只肥山羊羔来，让我依照你父亲的嗜好做成美味食物，由你端去给你父亲享用，他就会给你祝福。"言下之意，就是说雅各可以冒名顶替，夺哥哥以扫的福。

雅各开始觉得此计不妥，认为骗得了父亲的瞎眼，但骗不了父亲双手的触觉。他向母亲提出疑问："以扫哥哥浑身有毛，而我全身是光滑的，父亲摸着我便会知晓我是'冒牌货'，那时不但得不到祝福，还要遭受诅咒。母亲啊，难道一定要走这条路吗？"

利百迦再次鼓励雅各夺福，她直截了当地说："你必须按照我的话去做，如有什么诅咒由我承担；快把肥羊羔给我牵来！"

雅各胆壮起来，把肥羊羔牵来交给母亲。利百迦将肥羊羔制成美味可口的食品，还拿出以扫精美的衣服，让雅各穿上，并用羊羔皮包装雅各的双手和光滑的颈项。接下来，利百迦把美味食品放在雅各手中，催促他到父亲那里去依计行事。

雅各到以撒那里亲热地喊道："父亲，我来看你啦！"

以撒问他："你是谁，老大还是老二？"

雅各急忙回答："我是你的大儿子以扫，按照你的吩咐做好了野味，现在请你品尝！"

以撒要他走到面前来摸一摸，验证他是否是大儿子以扫。这位盲父亲说："听声音似雅各，摸手似以扫。"以撒终于分辨不出雅各的伪装，竟信以为真，吃了雅各献上的食品，同意赐福。父亲与儿子亲嘴了，父亲闻到儿子身上衣服的香气，更加相信这人就是大儿子以扫。以撒高兴地为儿子祝福：

　　　　我儿衣服飘出的香气，

如同上帝赐福的田地气息，
愿上帝从天上施给你甘露，
使你土地肥沃，五谷丰收，美酒多多。
愿万国服从你，万民向你跪拜；
愿你母亲的后代对你俯首帖耳；
所有的亲族归你统治！
凡诅咒你的人，都要受诅咒！
凡祝福你的人，都要受祝福！

以撒祝福完毕，雅各刚离开父亲的居室，以扫打猎回来了。以扫做好了野味请父亲吃，并希望父亲赐福。以撒知道现在来的人是真正的长子，气得全身发抖，他告诉以扫："在你到来之前，有人拿来野味给我吃，我以为是你，吃了野味，并为他祝福。你弟弟用诡计将你的福分夺走了！"

以扫听到此话，放声痛哭，气愤地揭发雅各对他的欺骗行为：前不久夺去了长子名分，现在又夺去了福分。他苦苦要求父亲也为他祝福："难道你没有留下为我可祝的福么？难道你只有一样可祝的福么？"

以撒耐心地向以扫解释：已经立雅各为以扫的主，雅各的弟兄都作为他的仆人，这是无法也不应该更改的。以撒很同情以扫的遭遇，也有些内疚，于是，安慰以扫并给他指明一条"出路"。以撒许诺这个失意的儿子："地上的肥土"为他所住，"天上的甘露"为他所得；他要"依靠刀剑度日"，又必须"侍奉兄弟"；一直到他强盛的时候，才能挣脱重轭。从此，以扫怨恨雅各，暗下决心，欲报夺福之仇。兄弟之间裂痕日益扩大，以撒和利百迦也不安宁。

*　　*　　*　　*　　*

本篇选自《旧约·创世记》第25、27章，叙述雅各用计，以红豆汤换来了他哥哥以扫的长子名分，并冒充以扫骗父，获取父亲的祝福。故事曲折生动，充分表现了兄弟二人的性格特征。

红豆汤换长子权的故事，日后成为著名的典故，比喻"因小失大"，为小利而造成重大损失，贪图一时的享受，牺牲了长远的权益。马克思在《资本论》第一卷中，从特有的视角，引用过这一典故。比喻资本主义制度下一无所有的工人阶级为了生存，不得不廉价出卖劳力，受资本家奴役。列宁在《国家与革命》第二章中，也引用了这一典故，并注入了新的意义。列宁指出："现在占统治地位的机会主义却把工人的党教育成为一群脱离群众而代表工资优厚的工人的人物，为了一碗红豆汤而出卖了自己的长子权，也就是不担当反对资产阶级的人民的革命领袖。"

雅各欺父获祝福和红豆汤换长子权有其社会历史意义，反映了古代长子继承制和幼子继承制的斗争转变过程。在世界其他各民族中也有实行幼子继承制的。

14世纪英国作家乔叟在他的《坎特伯雷故事集》的"商人的故事"中，曾讲到"雅各欺父"这一典故。作家叙述了雅各听从利百迦劝告，用羊羔皮包裹自己的颈项，"因而他眼睛昏花的父亲就给他祝福"。

雅各避难结良缘　成家立业思故乡

雅各骗父获得祝福，以扫誓报夺福之恨，扬言父丧之时，就是杀弟之时。有人把以扫的话告诉利百迦了。利百迦对她喜爱的小儿子雅各说："你哥哥以扫要报仇雪恨，决心在你父亲死后杀害你。你要听我的话，逃往哈兰，到舅舅拉班那里去住一段时间，等待你哥哥怨怒之气消了再回来！"

以撒也同意利百迦的意见，劝雅各去拉班家躲一躲，并嘱咐他不要娶迦南的女人为妻，可在拉班的女儿中选择终身伴侣。以撒祈求上帝赐福雅各，祝愿他一路平安，万事如意。

雅各牢记父母的谆谆教导，动身逃往哈兰，希望拉班舅舅看在父母的情面上收留他。他逃出了别示巴，历经跋涉之苦，来到名叫路斯的沙漠地方。这时太阳落山了，四周无人，雅各只好择地住宿。他找来一平滑的石块当枕头，就在那里躺下睡着了。

也许白天雅各思念上帝施恩于己，晚上做了一个奇异的梦。他梦见顶天立地的梯子，天使在梯子上来回走动，上帝站在梯子旁边向他说话："我是耶和华，即你的祖父亚伯拉罕和父亲以撒的上帝，我认可你父亲以撒对你的祝福，将赐福给你。我要让你和你的后代获得你现在躺卧之地，日后地大物博，万事兴旺。我要让你多子多孙，像沙尘那样，不可胜数。他们会继承你的意愿向东西南北扩展，

雅各梦见上帝

地上万族也将受惠于你和你的子孙而得福。我与你同在，你大胆地往前走，无论到哪里都会受到保护；我还要带领你返回万象更新的此地！我和你永远在一起，决不离开你，一定实践我的诺言！"

雅各醒来，又惊又喜，敬畏这里是上帝所在之地，欣喜获得上帝赐福许诺。他辨识此处是上帝的圣殿，通天之门户。

晨曦普照大地，雅各满怀感恩之心，把"石枕"立为纪念柱子，还浇上了油，敬献上帝。他把这地方改称为伯特利，意即上帝之殿，连新立的石柱也作为敬拜上帝的圣所。他祈祷上帝保佑他一路平安，有吃有穿，最终还可顺利返回父亲的家园。他向上帝许愿，必定以耶和华为唯一的神："凡你赐给我的，我必将十分之一献给你。"

雅各遵从上帝之指示，继续往前走，到了两河流域东方人之地。在田野里，他看见一口井，井旁卧着三群羊，一块大石头盖着井口。

原来这里的井水是供给羊群饮用的，羊群到齐了，牧羊人就滚动石块，离开井口，让羊群畅饮井水。羊群喝饱了，牧羊人又将石块盖上井口。雅各抓住时机，询问牧羊人从何处来，牧羊人回答来自哈兰。雅各知道牧羊人认识拉班时，又问他们，拉班一家是否平安？

牧羊人边回答"平安"，边指着前面一位年轻貌美的姑娘说："你看哪，拉班的女儿拉结赶着羊群过来了！"

雅各见拉结赶着他父亲拉班的羊群来到井边，就大献殷勤，搬开井口石块，让刚到的羊群喝水。他亲过拉结，竟激动得哭起来了。他向拉结自我介绍："我是你父亲拉班的外甥雅各，你姑姑利百迦的小儿子。"拉结立刻跑回家告诉她父亲。

拉班知道雅各外甥到来的消息，很高兴，热情地出去迎接亲人。拉班见到雅各时，亲他，拥抱他，安慰他，把他带回家。雅各到了拉班家里，倾诉自己经历的一切和逃亡的苦衷，拉班应允他安心地居住在自己的家里，并且强调甥舅是"骨肉至亲"。

雅各在拉班家住了一个月，小心服侍舅舅，积极承担劳役。有一天，拉班对雅各说："虽然我们是甥舅关系，但总不能占你的便宜，让你白白地为我劳作。你希望得到什么报酬，能明白地告诉我吗？"

拉班的提问催动了雅各求亲的契机，他求索的报酬很特殊。他初见拉班的女儿拉结时，就萌发了爱恋的情感。与漂亮俊秀的拉结相比，拉班的大女儿利亚眼神涣散，缺乏魅力。雅各心目中只有妹妹拉结，没有姐姐利亚。在与拉结朝夕相处的日子里，雅各对这个聪慧的姑娘的爱恋更深了。因此，他毫不犹豫地向拉班亮出了自己的心愿："我喜爱拉结，如能娶拉结为妻，我乐意为你劳作七年。"

拉班点头答应："我很愿意，把她许配给你，胜似许配别人。"雅各深爱表妹拉结，在拉班家做了七年工，真是度日如年。

七年约定的时限到了，雅各要求拉班允许他和拉结完婚。拉班择日大办喜庆宴会，约请当地亲朋好友和知名人士参加女儿和雅各的婚典。当天晚上，拉班施展了"姐代妹嫁"之计，将乔装打扮的利亚冒充拉结送进新房，还附赠女奴悉帕给利亚作使女。

被胜利的喜悦冲昏头脑的雅各未辨真假，就和利亚同房了。到了第二天早晨，雅各醒来发现新娘不是拉结，而是利亚，吃惊不小！他急忙找到拉班评理："你怎能做出这样的事？我在你这里做工，完全是为了娶拉结为妻，你为什么欺骗我，让利亚来顶替呢？"

拉班耐心地解释："我这是迫不得已而为之。按照此地的风俗习惯和祖辈的规矩，大女儿还没有嫁出去，小女儿就不可先许配给人。现在，我有办法两全其美，既不触犯风俗规矩，又能满足你的愿望。等到你与利亚结婚满七日时，我一定把拉结也给你做妻。不过，你要得到她，还必须为我做七年工。"

雅各无法，为了娶到拉结，他同意了。新婚七日很快结束，拉班实现诺言，又将拉结许配给雅各，也给拉结陪送了名叫辟拉的使女。雅各非常宠爱拉结，远胜过爱利亚。他甘心情愿再给拉班做七

雅各求婚

年工，毫无怨言。

利亚和作妾的悉帕、拉结和作妾的辟拉，为雅各生下一群孩子，有流便、西缅、利未、犹大、以萨迦、西布伦、迦得、亚设、约瑟、但、拿弗他利，后又生子便雅悯，共12个儿子。

雅各的辛勤劳作，为拉班创造了大量的财富，拉班非常高兴，而且希望他继续干下去。雅各在拉结生下约瑟之后，萌生自立门户的想法。虽然他成了家却未"立业"，总不能一辈子"寄人篱下"。经过缜密思考后，他向拉班辞行，要带领老婆孩子离开，另寻生路，"为自己兴家立业"。

拉班知晓雅各的劳动为他创造财富的价值，就热情地挽留这个既是外甥又是女婿的亲人，如能这样，他的女儿和外孙们也能和自己在一起了。拉班试探性地问雅各，如能继续在这里劳作，"需要多少报酬"？

雅各颇有心计地回答："你不必特别给我什么工钱，只须应允我一件事，我将一如既往放牧你的羊群，为你劳作。"接下来，他讲出了自己的意见："凡是黑色的或有斑点的绵羊，以及有斑纹的山羊，归我所有，算是你给我的酬金。今后如果你在属于我的羊群中发现无斑纹的山羊和非黑色的绵羊，可由此断定是我从你的羊群中偷来的。"

拉班一听此话，喜形于色，立即表示同意雅各的建议："行啊，我情愿照着你的意见办事！"因为拉班很清楚，黑绵羊和斑纹山羊极少，他的损失不会大。不仅如此，他还想占更大的便宜，当天就把黑绵羊和斑纹山羊尽力挑选出来，交给儿子们转移到很远的另一牧场去，让雅各牧养其余的羊群。

翁婿舅甥之间的这一场斗智，谁胜谁败？经历了较长时间才见分晓，到头来雅各战胜了拉班。因为拉班不懂饲养羊群的新巧方法，而雅各通过多年的饲养实践，已成为牧羊的高手。雅各知道如何调配羊群的饮水和饲料，如何在羊群发情季节依照自己的意图让它们进行交配，有一套增加黑绵羊与斑纹山羊的生殖量的技能。他还玩弄花样，有意使瘦弱的羊归拉班，肥壮的羊归自己。渐渐，黑绵羊和斑纹山羊越来越多，并且越来越壮实。雅各发财致富，不仅获得大量羊群，而且拥有许多奴仆、骆驼、驴子。

愈来愈富的雅各，颇有衣锦还乡之意。拉班越来越不如意，对雅各逐渐冷淡下来。他的儿子们口出怨言，诘难雅各侵占了他们父亲的财产。雅各凭借上帝的庇护，为自己的行为作了辩护，认为他的劳绩对得起拉班，按协议办事是公正的，"只要不是偷来的，积财就是积福"。

在拉班及其儿子们的冷嘲热讽中，雅各更加思念故乡了，很想探望久别的父母，也希望哥哥以扫谅解他的过错，他的心飞向迦南。

*　　*　　*　　*　　*

本篇选自《旧约·创世记》第 28 ～ 31 章，记述了雅各出逃和成家立业的经历。其中，无论雅各选妻的风波，还是翁婿舅甥的斗智，都以跌宕多姿的情节取胜，主要人物形象鲜明。

关于雅各先后娶利亚和拉结为妻的故事，生动地描绘了希伯来人的古老婚嫁风情，如表兄妹联姻是最美满的婚事，妹妹出嫁不可先于姐姐，姊妹同嫁一男合情合理、男子娶妻可以劳役充当聘礼、男女结婚喜庆七日为宜等，仿佛是一组饱含着浓郁抒情意味的风俗画，美不胜收。

据已故《圣经》研究专家朱维之先生考证：雅各为了娶拉结为妻，白白地为拉班干活 14 年，创造了大量财富。这故事形象地说明"当时已出现剥削和剩余产品，也反映了希伯来人氏族社会解体，开始步入奴隶社会"。

本篇选入的故事中，有些人物情节已成为后世常见的"典故"，或被艺术家、文学家引入自己的作品。比如，在"雅各之梦"的启示下，17 世纪西班牙画家荷塞·德·里贝拉创作了著名的同名油画。

雅各在梦中所见到的梯子，常被后人引喻为"天梯"、"登天之路"，拜伦在长诗《唐璜》中也曾提及"雅各的梯子"。雅各与拉结初次见面的场景，弥漫着诗情画意，激发了欧洲文艺复兴时期意大利艺术大师拉斐尔的创作灵感。拉斐尔把这一场景作为他为梵蒂冈教堂设计的组画之一。

翁婿分别立誓约　兄弟和解消积怨

雅各深信上帝耶和华与他同在，允许他平安返回故乡。他打发人喊来拉结和利亚，向她们敞开心扉，坦白地说："你们的父亲待我很冷淡，不如从前了！我为他做工，创造了那么多财富，他却多次欺哄我，压低工钱。上帝为我祝福，我辛勤劳动致富，这些都是你们知道的。现在，我将遵从上帝的意志，返回本乡本土，并与你们商量，如何才能顺利离开你们的父亲。"

拉结和利亚偏袒丈夫，不满意父亲的作为，她们异口同声地回答："我们能从父亲家里继承财产吗？不可能！在他心目中，我们是外人和仆人。他把我们出卖了，还吞没了卖我们的钱。上帝让我们的父亲失去的那些财富，实际上应该归属我们和我们的孩子。你必须听从上帝的吩咐，做你自己愿意做的事，走你自己愿意走的道路！"

雅各听罢拉结、利亚发自内心的话，高高兴兴地行动起来，准备返回迦南，到老父以撒家去团聚。

雅各逃出拉班家的机会来临。这一天，拉班出门剪羊毛去了。拉结在离家之前，偷走了她父亲珍藏在家里的神像，她知道，如果作为女婿的雅各获得这种家族神像，就有资格继承老丈人的家产。不过，当时雅各并未发现拉结偷了神像，全部精力都集中在逃跑方面。

雅各衣锦还乡

他未惊动拉班和拉班的儿子们，秘密携带家眷和包括牲畜在内的所有一切，迅速而顺利地渡过幼发拉底河，浩浩荡荡走向基列山地。

到了第三天，有人告诉拉班："雅各逃走了！"拉班大惊失色，十分恼怒，立刻带众弟兄族人追赶雅各一行，一连追赶七日，在基列山地才追上。

那时，雅各一行在基列山上扎营，拉班一行也在基列山上扎营。当天晚上，拉班在睡梦中遇见上帝。上帝警示：不许他对雅各"说好说歹"，不许他伤害雅各。拉班见到雅各时，禁不住自己的心口，还是责问雅各为何不告而别，"不容我与外孙和女儿亲吻"？为什么"暗暗的逃跑"时，"又偷走了我的神像"？他还使用威胁的口气说："如果不是上帝要我小心，不让我与你计较，那么，凭我手中的实力，完全可以惩罚你，你真愚昧啊！"

　　雅各针对拉班的诘难做出了两点答复："因为怕你不让我带走你的女儿和外孙，所以偷偷地逃跑；至于你的神像，可以搜查出来并且予以处理，凡是属于你的东西都可没收！"

　　拉班带领众人搜遍了雅各和他妻子等人的所有帐篷，结果徒劳无功，没有搜出神像。原来，拉结把神像藏在自己帐篷里的驼篓中，故意坐在上面叫喊身体不适难以挪动，就这样瞒哄过去了。

　　拉班搜查神像失败，雅各趁机大发雷霆："我究竟犯了什么罪，惹你这样火速地追赶我？你搜遍了我所有的帐篷，翻动了我所有的家什，到底搜出了什么？快把你搜出来的东西拿出来，让你我的兄弟们辨识辨识！"

　　雅各的质问咄咄逼人，他还当众宣称自己在拉班家劳累 20 年，受尽了酷暑和寒霜的折磨，也受尽了老丈人的剥削和愚弄，如不是上帝庇佑他，丈人一定会打发他"空手而归去"。

　　拉班明白雅各占了上风，他本人的处境被动。在无可奈何的境

雅各与天使角力

况下，拉班让步了。不过，在众人面前不能示弱，老丈人不得不对女婿讲几句漂亮话："女儿是我的女儿，外孙是我的外孙，羊群是我的羊群，凡在你眼前的都是我的，我今日能对女儿的孩子们做出不好的事来吗？"言下之意，老丈人对女婿谅解了！

在拉班的建议下，翁婿立约。他们以石堆和石柱做证，互不侵犯，都向上帝起誓，严格遵守"诺言"。拉班还要求雅各善待他的两个女儿，不要在他的两个女儿以外"另娶妻"。

双方在山上住了一夜，拉班清晨起来，与女儿、外孙们吻别，并向他们祝福后，返回自己的家园。雅各一行依照原来的计划继续前进。

雅各带领妻儿老小、仆人、牲畜和全部财物奔向以东地区。家乡越来越近了，雅各的心情越来越沉重。他很想早日到达故乡，可是以扫哥哥会抛弃前仇吗？为了自己和全家的平安，雅各派人前往以扫哥哥那里探听消息，试探以扫哥哥对他这个占了便宜的弟弟有无恶意。使者返回报告："你的以扫哥哥带了400人，来与你相会。"

雅各内心惊慌，焦虑不安，不得不思考对策。他把自己的人员、牲畜和财物一分为二，如果以扫毁灭这一部分，还可能保存另一部分。他祈求上帝一如既往，保护他渡过难关，不让以扫杀害他和他的妻儿。

在做好承受以扫袭击的准备工作的第二天，雅各又采用了讨好以扫、争取化解仇恨的另一谋略。他挑选出相当数量的各类牲畜，分为几批，派人送往以扫那里，作为"仆人雅各"奉献"主人以扫"的礼品，希望借此获得以扫的欢心，谅宥自己过去的错误。他吩咐押运人员分批带着牲畜先走，向以扫传达自己的诚挚心意。

这一天夜间，雅各起来带上妻子、11个儿子、使女等来到雅博河渡口，打发他们带着所有的财物过河，独自一人留下来。当晚，忽然来了一个人跟雅各摔跤，一直搏斗到黎明时分。那人见胜不过雅各，就在雅各刚被扭伤的大腿窝上抓了一把，并且提出停止摔跤的要求："天快亮了，让我走吧！"

雅各衣锦还乡

雅各也提出了"停战"的条件："你不给我祝福，我就不让你走！"

那人知道雅各的名字后，要他改名以色列（因为他与神角力获胜），并给他祝福。雅各面对面见到上帝，很高兴上帝会保全他的性命。从此以后，雅各跛脚走路，一直到现在以色列人都不吃牛羊牲畜大腿窝的筋。

雅各渡过大河，与两妻两妾以及孩子们在一起。他举目观看，以扫率领 400 人渐渐走近他们。他立即安排妻妾带着孩子们有序地前去欢迎以扫，自己走在最前面。雅各快走到以扫面前时，连续七次俯伏在地问安。以扫跑过来拥抱他、亲吻他、安抚他，兄弟抱头痛哭。接下来，雅各向哥哥介绍了妻妾和孩子们，于是，两妻两妾都带领孩子们向以扫下拜。以扫知道雅各派人送来的牲畜作为"见面礼"时，激动地说："弟弟啊，你留下这些牲畜吧，我的东西够多了，你的东西还是归你！"在雅各的再三请求下，以扫才收下弟弟的礼品。

兄弟之间的积怨消解了，以扫欢迎雅各及其全家到他的以东地区去。雅各口中同意以扫的意见，心里却在考虑另走新路，拓展自己的事业。他以孩子们小、小山羊稚嫩，走得慢为借口，请以扫及其随从先走，他和他的一家人随后跟上来。

以扫及其随从走后，雅各带着全家老小和一切财物改变方向，西行疏割，渡过约旦河来到迦南的示剑城的东郊。他在这里向现任示剑城族长的哈抹买了一大块土地，建筑祭坛，拜谢上帝。这祭坛名叫伊利·伊罗以色列，意指"上帝，以色列的上帝"。

*   *   *   *   *

本篇选自《旧约·创世记》第 31 ~ 33 章，描述雅各携带全家老小以及一切财物离开拉班，返回故乡与以扫哥哥消解积怨的过程，也凸现了雅各开辟新路、拓展家族事业的雄心。全篇以雅各与拉班"分别立誓约"、雅各与以扫"和解消积怨"为主体，其中还有一些耐人寻味的小故事，如拉结偷神像、雅各与神摔跤等。

雅各在《圣经》传说中占有很显著的位置，他后来改名以色列，可说是以色列人的第一代祖先。就希伯来氏族社会发展而言，他是第三代族长。关于他的传说，人性胜于神性，接近普通人的生活，人性味浓重。他没有祖父亚伯拉罕的"酋长气质"，尊严、勇敢和公正；也没有父亲以撒那样的"纯朴气质"，诚挚而轻信；他有"食利商人"的气质，诡诈而谨慎，机智而善变。雅各的损人利己行为应该批评，但不可因此而否定他的创业精神。

关于雅各带着家眷和牲畜返回迦南的故事吸引了后世意大利画家巴萨诺，他画有表现这方面"场景"的油画。关于雅各与神摔跤的故事，受到历代犹太史学家的重视，借此解说"以色列"名称的来源。法国画家高庚的名画《雅各与神摔跤》，就取材于这一故事。

异族通婚演悲剧　为妹雪耻开杀戒

　　雅各一家居住在迦南地区示剑城东时，利亚与他所生的女儿底拿已是婷婷少女，体态婀娜，艳若桃李。有一天，她出门访问当地女友，在大路上行走时，遇到哈抹的儿子示剑。底拿的美色使示剑一见倾心，不顾一切地抓住她，并且奸污了她。不过，这个花花公子内心确实喜欢底拿，玷辱她却不抛弃她。示剑尽力用甜言蜜语安抚底拿，发誓对她不会始乱终弃。

　　示剑回到家里，并未忘记他对底拿的承诺。他请求父亲哈抹成全他对底拿的爱心，亲自出面为子说亲，把底拿顺利地娶过来。哈抹见生米已煮成熟饭，而且与雅各结成亲家也是好事，就同意了儿子的要求。为了不失时机，他立刻拜访雅各家。

　　示剑与底拿的"纠纷"迅速传遍全城，人们把此事当作特大的桃色新闻议论纷纷。雅各听到有辱家族声誉的坏消息时，非常恼怒，考虑到哈抹势大力强，只好暂时忍受下来，等待在外放牧的儿子们回家后商量对策。就在这时候，哈抹领着示剑登门求亲了。

　　雅各的儿子们也听到了妹妹被侮辱被伤害的消息，个个暴跳如雷，气愤填膺，认为示剑胆大包天，竟敢强暴雅各的女儿，干出羞辱以色列家的丑事，这是不可容忍的！他们急急忙忙地赶回家里，正好碰上哈抹父子和父亲雅各商议两家结亲之事。他们的策略是先了解哈抹父子的意图，再考虑采取何种行动。

哈抹用商量的口气对雅各父子说："示剑是实心实意地爱底拿的，他的一切行为都是出自热切狂恋之情，请求你们把这个美好的姑娘给我儿示剑为妻。"为了讨好雅各父子,哈抹强调了自己的善意："我们今日两家结亲，以后还可以亲上加亲，儿女相互通婚，你们的少女可以嫁给我们的少男，你们的少男也可以娶我们的少女为妻。干脆这样吧，你们就和我们同住，大地在你们面前，你们和我们生活在一起,经商置产,安居乐业！"理所当然,雅各的精良的"牧术"在这里也大有作为。

示剑紧接着央求雅各父子让他如愿："祈望我能得到你们的恩赐，只要你们允许我娶底拿为妻，你们提出任何条件，我都同意；你们需要多少聘金和礼物，我一定遂其所愿，两个家族就会和平共处，甚至亲如一家。"

但事与愿违，雅各的儿子们念念不忘妹妹受辱之恨，时时刻刻都在伺机为妹妹报仇雪恨。

为了迷惑哈抹和示剑，雅各的儿子们怀着诡诈之心回答哈抹父子，他们异口同声地说："我们同意你们所提出的两家联姻的建议。不过，我们不会让妹妹嫁给不遵从我们习俗而不受割礼的男人，如果妹妹成为没有受割礼的男人的妻子，那将是我们全家全族的奇耻大辱！现在，我们唯一的条件是要求你们所有的男子都和我们一样，接受割礼。这样做了，我们就同意与你们通婚，我们和你们成为同样的民族。倘若你们不接受割礼，我们只好带妹妹远走高飞，永不回头。"

哈抹和示剑很喜欢听这一番话，他们以为雅各父子不再计较底拿受辱之事，于是高兴地表示愿意接受割礼。

示剑在父亲家里颇有威信，受人尊重。他深深地爱恋着雅各的女儿底拿，不愿意拖延时间，催促父亲赶快满足雅各诸子的要求。哈抹也有信心说服全城居民，就同示剑到城门口，婉言传达了两族通婚、接受割礼和"合为一个民族"的"协议"，并且特别强调这一协议对大家都有好处："这样做下去，不久的将来，他们的牲畜以及一切财物全归我们所有了！"

哈抹、示剑的话很有诱惑力，凡是从城门出入的男人，都顺从哈抹父子的意思接受了割礼。

哈抹父子不知雅各诸子要他们接受割礼是复仇杀人的计谋。所谓割礼，也就是割去男人生殖器的包皮。接受割礼的男子，在创伤尚未康复期间，当然难以抵挡雅各儿子们的攻击。

此后第三天，全城接受割礼的男子的创伤还没有愈合，疼痛难忍。雅各的儿子们抓住这一时机，瞒着父亲，偷袭示剑城，把城中的男人杀光了，其中包括哈抹父子。他们不仅把底拿妹妹从示剑家里带出来，而且洗劫掠夺了全城，抢走了当地居民的牛羊牲畜和一切货物财宝，连妇女、孩子也被掳去了。

雅各认为儿子们做出这样的事太绝情，产生了怨气。他害怕孩子们血洗、劫掠示剑城会引起周边城邑人们的反感，他们可能群起而攻之。他对儿子西缅和利未说："你们可把我害苦了，你们干这种事一定会连累我，使我在迦南地区、比利洗人中臭名远扬！我族人丁稀少，他们如果聚集起来围攻我们全家全族，我们大家将无葬身之地！"

可是，儿子们颇不以为然，他们诘问父亲："别人把我们的妹妹当作妓女玩耍，那样侮辱她，难道我们可以容忍吗？"雅各无言对答，只能祈求上帝保佑平安了。

雅各听从上帝的吩咐，离开示剑城，到伯特利去。他把所有外邦人的神像和耳环埋在示剑城橡树下之后，带领大家前往伯特利。周边城邑的人们见上帝庇护雅各和他的儿子们，感到惶恐，也就不追究他们了。雅各和他的儿子们，以及所有与他同行者，顺利地到达伯特利。在这里，雅各筑坛敬上帝。

从伯特利到伯利恒还有一段路程，拉结在途中为雅各生下第12个儿子便雅悯之后，因难产受累而死。最后，雅各一家来到以撒居住的地方。以撒180岁时老迈逝世，以扫和雅各把父亲妥善地安葬了。

以扫和雅各二人都有很多儿女、牲畜和财物，居住的地方容纳不下。于是，以扫主动带领一家人和在迦南地所有的一切往别处去，日后成为西珥山里以东人的始祖。

雅各和他的妻妾儿女居住在父亲以撒寄居的迦南地，继续振兴扩充他的家业。在 12 个儿子中，雅各最喜爱聪颖能干的约瑟和纯洁朴实的小儿子便雅悯。他让约瑟和哥哥们在一起牧羊，多学一些劳动本领。他特别怜惜便雅悯，显然含着思念拉结的情感。

*　　*　　*　　*　　*

本篇选自《旧约·创世记》第 34～35 章，主要部分生动地叙述了希未人哈抹之子示剑和以色列（雅各）之女底拿的婚事纠纷，引起异族之间恋爱的血腥悲剧。故事情节引人入胜，哈抹、示剑、雅各、西缅、利未等人物性格鲜明，给读者留下深刻的印象。

这一则故事反映了希伯来民族历史发展中的现实生活。民族性极强的希伯来人入侵迦南地区后，常与其他民族进行斗争、同化、融合，并以自己的习俗（如"割礼"）强加于异族。雅各诸子要求希未人接受割礼，即为一例。在希伯来族长传说中，雅各诸子为妹雪耻报仇的故事还反映了希伯来人的文明进程，非常重视妇女的贞洁。18 世纪英国作家笛福在他的政论《惩治不从国教者的捷径》中曾隐晦地运用此典："当有人来给你被玷污的妹妹提出婚事时，你打算替她怎么做呢？"

篇末提及雅各最小的儿子便雅悯出世，后来成为他最喜爱的两个儿子之一。在圣经故事中，以色列 12 支族一般追溯到雅各的 12 个儿子。日后希伯来民族的名人大都出自 12 支族，如摩西出自利未族，约书亚出自约瑟之子以法莲族，扫罗出自便雅悯族，所罗门出自犹大族。

宠儿说梦变奴隶　约瑟圆梦进天堂

雅各定居迦南，眼看孩子们都已长大成人，爱子约瑟也17岁了。雅各爱约瑟胜过其他子女，平时不派他外出干重活，偶尔让他与哥哥们一起牧羊。这个天真乖巧的孩子，很聪明也很诚实，常常将哥哥们的恶行偷偷告诉父亲，让父亲出面制止和教训他们。哥哥们知道了，认为他是背后打小报告的小人，个个都生他的气，平日不与他亲近。

约瑟不和哥哥们计较这些，他知道父亲是一家之主，有父亲袒护，自己不管说什么，做什么，都不会受罚，因此，他在家里说话做事都很放肆。

一天早晨，全家人聚在一起吃早餐，约瑟高兴地说："告诉你们，昨晚我做了一个奇怪的梦。"

"什么梦呀？"哥哥们随意问着。

他却一本正经地说："我梦见我们一起在地里捆禾把子，我捆的把子立在正中间，你们捆的把子都围在我的四周，还倒伏在地。"哥哥们不以为然，他却得意地继续说："就好像一齐向我的禾把子低头叩拜哩。"

哥哥们一听就懂，大家十分恼火，但当着父亲的面不好发作，只好闷在心里，埋头吃饭，默默不语。

约瑟被卖

过了几天，约瑟在饭桌上又宣称自己做了一个梦。

兄弟们奚落他说："这回又梦见禾把子了！"

"噢，不是！我梦见天上有十颗星星。"

"星星又怎样？"

"嗯，才有意思呢！它们和太阳、月亮一齐向我叩拜。"

那时，梦常常被看作预示未来的征兆，兄弟们看出这两个梦预示着什么，就生气地责问他："你真的想做大王，来统治管理我们大家吗？"

这一次，连平日钟爱他的父亲也火了，严肃地责备自己的宠儿："约瑟，你这是做的什么梦啊？难道叫你的众兄弟，还有我和你母亲都向你低头下拜么？"

虽然这样，雅各依然宠他，专门为他一人做了件彩衣（当时的习惯，只有最受宠爱，并被立为继承人的儿子才能穿它）。约瑟穿上这件五彩缤纷的新衣，有意无意地在兄弟们面前炫耀自己，这下子惹怒了众兄弟，他们由气生恨，由恨转仇，决意要整治他。

不久，他的十个哥哥到很远的示剑开发牧场，雅各向约瑟布置任务说："听着，你的哥哥们都在示剑放羊，你到那里去，看看哥哥们平安不平安，羊群平安不平安，回来告诉我。"

约瑟听了连连点头，高高兴兴往示剑去了。谁知，平常很少独自出门的约瑟途中迷了路，走得又累又乏，后经人指点，才匆匆赶到牧场。当他远远看见哥哥们时，兴奋得一边叫喊，一边飞跑过去。可是，他的哥哥们很冷淡，见他来了都嘀咕说："看哪，那个做梦的走过来了。"还说，"我们杀了他，丢在坑里，就说他被野兽吃了，看他的梦如何结局。"

大哥流便不忍心谋杀弟弟，连忙制止："我们不可流他的血，害他性命，只要叫他吃点苦头，教训他一下就行了。"

不知情的约瑟，兴高采烈地跑到哥哥们的面前，正准备问平安，却被哥哥们七手八脚地剥掉彩衣，丢进了一口枯井。完了，哥哥们坐在井上吃着约瑟带来的食物。

这时，流便发现自己的羊群走远了，就追上去拦羊。其他的哥哥们乘机商议陷害约瑟的办法。正巧有一帮商人，用骆驼驮着香料去做生意。四哥见了，计上心来，他出主意说："我们杀了约瑟，对我们有什么好处呢？他毕竟是我们的兄弟，亲骨肉呀。不如把他卖给过路客商，我们还可得一笔银子。"

众兄弟（只有流便不在场）同意他的提议，把约瑟从枯井里拉上来，以20块银子的身价，卖给了来自米甸的几个商人，由他们把约瑟带走。

流便回来，趴在枯井上一看，大惊失色地叫起来："不得了，小弟不见了，我到哪儿去找呢？"他急得痛哭流涕，非常难过。弟兄们只说约瑟让野兽吃了，不理会他，顺手抓一只羊羔杀了，将血涂染在彩衣上，并把彩衣撕成一条条。

回家后，他们拿出血衣交给父亲，众口一词说："我们没有看见约瑟的人，只在野地里捡到这件衣服，你看是不是约瑟的。"

雅各见了，顿时血往上涌，面色苍白，用发抖的手接过血迹斑斑的彩衣，失声痛哭："天哪，这就是约瑟的外衣啊，可恶的野兽把他吃掉了，吃掉了！"他心如刀绞，撕裂自己的衣服，围起麻布，痛不欲生地嚷道："约瑟死了，我活着有什么意思，不如早点死去，好到阴间去找我的儿子！"二十多年里，他一直以为自己的爱子是被野兽吃掉的。

其实，买下约瑟的商人，很快将他带到埃及的奴隶市场，转卖给埃及法老的护卫长波格法。在护卫长家里，被卖为奴的约瑟表现非常突出。波格法见他长得一表人才，品格高贵，且聪明能干，就委派他管理账目和家务，成为家中的总管。

谁知波格法的妻子不守妇道，暗地相中约瑟，企图勾引他，约瑟不从，她便恼羞成怒，倒打一耙。波格法听信妇人之言，一气之下，

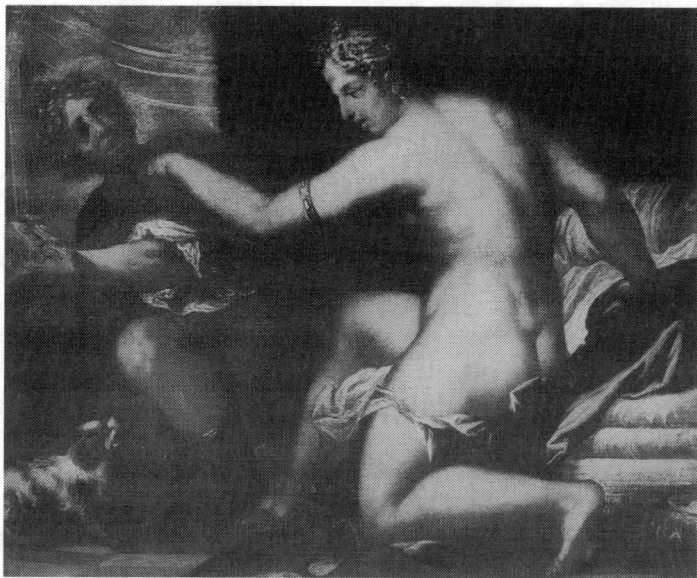

约瑟拒绝波格法的妻子的诱惑

将约瑟关进了监狱。

约瑟光明磊落，在狱中依然朝气蓬勃，大家都喜欢他，司狱长知道他是被冤屈的，还十分信任他，让他自由行动，并将狱中的囚犯交他管理。在这些囚徒中，有两名重要犯人引起他的注意，一个是王宫的内务主管，一个是法老的司膳长，他们都是因为得罪了法老被关进大牢，等候判决的要犯，约瑟和他俩都混得很熟。

有一天，他发现这两个人愁眉不展，便关心地询问："你们没事吧，怎么这样不高兴呀？"

两人告诉他，昨天晚上，他俩分别做了一个怪梦，心里害怕，因此不安。

约瑟一听，很高兴，他的聪明劲又上来了。他说："这好办，你们二位不如讲给我听听，我愿为你们解梦。"

主管抢先说："我梦见自己站在一棵葡萄树下，忽然发现身边的三根葡萄藤一下子发芽、开花、结满葡萄，我赶紧摘下来，把汁挤到杯子里，送给法老。"

约瑟想了想说："很好，你真运气，三天之内你必将官复原职。"

司膳长听了，急忙拉着约瑟为自己解梦。他说："我梦见自己头上顶着三筐面包到宫里去，忽然发现天上飞下一群小鸟，把面包全吃光了。你说，这梦如何解？"

约瑟立刻回答："天哪！你这可是不祥之兆，三个筐子表示三天，三天之内，法老就会派人杀你，并把你的尸体挂在树上，任乌鸦啄食你的头颅。"

两人听了，一个喜出望外，一个垂头丧气。约瑟对高兴的主管讲："你要是官复原职了，请你在法老面前说句公道话，告诉他我不是坏人，没做一点坏事，是被卖的奴隶，求法老放我出狱，你千万要记住啊！"主管感恩不尽，连连点头应允。

到了第三天，法老做寿，赐宴群臣，突然想起两个关在大牢的臣仆，当场下令释放主管，回宫复职；押司膳长上断头台，处以死刑。

主管出狱时，千恩万谢约瑟为他解吉兆，给他带来好运气，并保证面奏法老，为他平反。可是，当他重新坐上官位，过上显贵的生活时，早已把这个以色列青年忘得一干二净，让可怜的约瑟多坐了两年牢。

一转眼，主管回宫两年了，如果不是出了一件奇事，他是再也想不起约瑟的。

事情是这样的：一天晚上，法老连做了两个梦。他梦到自己站在尼罗河边，天蓝蓝的、草青青的，一片和平安详，岸边有七头膘肥体壮的牛在吃草，突然，有七头瘦骨嶙峋的牛冲出来，把七头壮牛吞食了。接着，他又梦见一株麦茎上长了七粒壮实饱满的麦穗，忽然被七粒枯萎干瘪的麦穗吞掉了。

"这是什么梦？是凶是吉？"法老心神不定，他召来全国所有的博学之士为自己解梦，结果谁也圆不了他的梦。法老得不到答案，整日坐卧不安。

这时，宫内主管忽然想起那个善于解梦的青年约瑟，便奏请法老说："我王，臣仆记得两年前，我与司膳长一同被罚入狱时，各做了一个怪梦，是一个以色列青年为我们解析的。结果，他的预言应验了，求我王传令他进宫圆梦。"

法老听了，自然高兴，立即召见约瑟。于是，约瑟沐浴、换衣、理发、修面后被带到法老面前。几年的牢狱生活，没有使年轻的约瑟变得虚弱呆笨，他依然红颜悦色，机灵大方。当他倾听完法老的两个梦后，笑了笑，然后胸有成竹，轻松自如地圆梦说："我王做的两个梦，实际上是一回事，这是上帝在向你预示将要在埃及发生的事。"

"什么事？"法老性急地问。

约瑟说："这七头肥壮的牛和七粒饱满的穗子象征七个丰收年；而七头瘦弱的牛和七粒干瘪的穗子则代表七个灾荒年，也就是说在埃及的土地上将会出现七个好年头，五谷丰登，六畜兴旺；接着又有七个坏年头，颗粒无收，饥荒遍野。"

法老又急忙问："那么，我们该采取什么措施，才能度过这两

约瑟释梦

个七年呢？"

于是，约瑟面对法老和众臣侃侃而谈，充分展示自己的聪明才智，他既谈出自己的看法，又提出自己的主张，最后，他建议法老任命一个聪明能干的人管理全国的粮食，丰年储粮，备粮度荒。

法老赞赏年轻人的智慧和才干，考虑到目前在朝廷大臣中尚无合适的人选，就对他说："既然上帝把埃及将要发生的事先告诉了你，你又这等精明强干，我就委托你管理国家的粮食吧，我要我所有的臣民都听命于你。"法老说完，立即摘下自己手上象征王权的戒指，给约瑟戴上；拿来象征富贵的细麻布衣给他披上；把象征重权高位的项链给他挂上；又把自己的副车赐给他，以表达自己的诚意。

约瑟见法老如此真心实意，如此信任自己，便点头应允。

当上埃及宰相的约瑟如鱼得水，很快投入工作，他视察全国粮仓，建立储粮系统，鼓励民众丰产增收。在丰收的七年里，他把按规定应收的粮食征收入库，储藏起来。接下来的年成一年比一年惨，当时，埃及和周围邻国都遭到天灾，土地干裂，害虫当道，农田被毁，颗粒无收。同样严重的灾情，在别的国家饥荒遍野，饿殍载道；

在埃及，约瑟放粮救灾，并按人口适量分配，做到人人有饭吃，个个能吃饱，还发动民众生产抗灾。

*　*　*　*　*

本篇选自《旧约·创世记》第37、39章，第40、41章。记载了雅各的爱子约瑟的系列传说的前一部分：约瑟向众兄长说梦遭妒恨、约瑟被卖为奴去埃及、约瑟的彩衣、约瑟拒诱被诬为盗坐监、约瑟为内务主管和司膳长释梦、约瑟为法老圆梦当宰相、约瑟治理埃及风调雨顺。

通过一系列传说中的主要故事情节，不难看出聪颖、机智、能干和善良的约瑟的性格是发展的，而且在经受艰苦生活的考验中逐步完善。年少的约瑟聪明而傲慢，借说梦的机会嘲笑众兄长；后来接受生活的教训，将才华用到正路上去。作为全埃及的宰相，约瑟治国有方，粮食满仓，国泰民安，获得法老的信任和广大群众的拥护。

这里的故事有的已成为著名的经典故事，有的受到后世艺术家、作家的关注而融入自己的创作之中。荷兰画家林布兰采用妄自尊大的约瑟向哥哥们说梦的情节，创作了油画《叙述梦境的约瑟》（1637）；17世纪英国作家约翰·班扬十分赞赏约瑟不受荡妇诱惑的优良品德，在寓言小说《天路历程》中通过文学描写要求人们：像约瑟那样"纯洁，不受引诱"。

在约瑟的系列传说中，"约瑟为法老圆梦当宰相"闪耀着夺目的光彩，它充分展示了约瑟的安邦治国的杰出才能。据有关研究资料记载，德国现代作家马斯·曼认为约瑟的传说就是"犹太人的故事"，颇有批判法西斯排犹的现实意义，于是用十年时间，扩写了约瑟的故事，即四部曲：《约瑟和他的兄弟们》（1933—1943）、《雅各的故事》、《年轻的约瑟》、《约瑟在埃及》、《赡养者约瑟》。

约瑟为法老解梦的故事结构布局清晰，叙事技巧高超，语言文字优美动人。它充分运用了"说梦形式"和"对比"的艺术手法，从法老和约瑟的对照中见出希伯来人的智慧和才能。其中"肥壮的牛"和"瘦弱的牛",已进入后世的日常话语,甚至成为人们口中或笔下"繁荣昌盛"与"经济萧条"的同义词。

父子相见大团圆　兄弟一笑泯恩仇

"埃及有粮"的消息不翼而飞，各国饥民组成骆驼队、骑着毛驴，甚至步行，经过长途跋涉，忍着灼热的煎熬，穿过尘土飞扬的土地，纷纷来到埃及求购粮食。在这长长的购粮队伍中，走着约瑟的众兄弟。他们牵着毛驴，带着空口袋，从遥远的迦南出发，横跨西奈沙漠，抵达尼罗河畔。

在灾荒之年，雅各和他的儿孙及家人同样感到饥饿之苦。听说埃及有粮的消息，他无可奈何地派儿子们前往购粮，只把最小的儿子便雅悯留在家中。

雅各的儿子们来到埃及，按当地规矩先去拜见宰相，经过官员长时间的询问和盘查，才被带到宰相约瑟面前，他们俯伏下拜，不敢抬头（应验了约瑟当年的梦兆）。

约瑟见到这些穿着破破烂烂，疲惫不堪的流浪汉，一眼就认出是自己的哥哥们，但他不愿暴露自己，故意装着不懂希伯来语，让翻译询问他们是什么人，从何处来？他们认真回答："我们是善良的牧羊人，来自迦南，为老父和家族购粮。"

约瑟故意恫吓他们："我看你们是奸细，特来我国刺探实情！"

"不，不是奸细，我们都是好人，和平的牧羊之家，老父亲和12个兄弟都住在迦南。现在，老父和小弟留在家里。"

"那还有一个呢？"约瑟有意追问。

兄弟相见

"还有一个兄弟已不在人世了。"他们赶紧解释。

约瑟想了解他们对那个不在人世的兄弟是否怀有愧疚之意，便对手下人说："为了证实他们说的全是真话，就让他们派一人回去领那个最小的来，至于其他的人么？给我全关进监狱。"

十个兄弟都很惶恐，他们站在门外用希伯来语交谈，悔恨当年对约瑟太狠心，这是他们出卖兄弟应得的报应，现在要他们将小弟带来充当人质，大家都不愿意。约瑟听了他们的谈话，知道他们有了悔罪之心，但还是坚持自己的意见，一定要他们把小兄弟带来，才同意卖粮食给他们，可是哥哥们坚决不同意。

就这样僵持了三天，约瑟担心父亲的家人挨饿，便对他们说："这样吧，你们留下一人做人质，其他人带着粮食回家，然后再把最小的带来，以表达你们的诚意。"

哥哥们用希伯来语又一次互相埋怨：当年真糊涂，不该对兄弟那么狠，实在对不住他，这次一定要保护好小弟，决不让他受苦。他们以为宰相听不懂，实际上约瑟全听明白了，血浓于水的亲情感动了他，他退到卧室，潸然泪下。最后，只留下西缅，打发九个哥哥带着满满的粮食回迦南，还为他们准备了路上吃的东西。

在归途中，他们打开粮袋拿料喂牲口，忽然发现每个人的米袋里都放有银子，他们诚惶诚恐，不知道又要发生什么灾难。

回到家里，他们向父亲汇报了埃及之行，以及埃及宰相的要求。雅各听了，悲痛地呼号："上天哪，我究竟犯了什么滔天大罪，你要夺去我的孩子们呢？过去我的约瑟被野兽吃了，现在西缅被当作人质，还要带走我的便雅悯。求上天明示，救救我的孩子们吧！"

流便是大哥，他恳求父亲为了全家人活命，也为了西缅的生命，让他带走便雅悯，并发誓以生命担保小弟平安而去，平安归来。雅各想到待粮充饥，待粮播种，待粮活命，只有咬牙妥协，让小儿子和哥哥们一起去埃及。

到了埃及，约瑟吩咐管家把他们带到相府等候，十个兄弟以为是银子的事犯了，连忙解释。可是管家告诉他们："别急，银子之事权当上帝恩赐，要谢你们就谢上帝吧！"然后，把西缅带出来交还他们。

约瑟回到家中，他们连忙俯伏下拜，将父亲的礼物送给他。约瑟问："你们的父亲可好，身体可健康？"他们回答，多谢问候，并把便雅悯介绍给他。

约瑟见了小兄弟，动了手足之情，回到卧室痛哭一场，然后设宴招待他们。在宴会上，兄弟们发现，他们的座次竟是按长幼顺序排列的，单桌上的宰相（当时埃及人不和以色列人共餐）将自己的饭菜分给他们，而且对便雅悯特别好。离开时，约瑟命令手下人，将兄弟们的米袋都装得满满的，还把他们买粮食的银子分放在各人的米袋中，并私下吩咐管家将自己的银杯放进便雅悯的米袋里。

在回家的路上，大家奇怪地谈论这些事，忽然，听到一阵呐喊声，黑夜里飚飞出一队埃及士兵，他们说是奉命追查失窃的银杯之事，要一一搜查他们。兄弟们惊慌地辩解："我们决不会做这种偷盗之事！"可是搜查结果，银杯竟在小弟的米袋里。

物证摆在眼前，他们有口难辩，只好被士兵押回埃及见宰相。

他们在约瑟的相府里，俯伏下拜，犹大代表众兄弟表白："我们发誓没干这事，可是，我们现在说什么呢？谁也证明不了我们的清白，我们只能听从你的发落了。"

约瑟声色俱厉地说："你们不该恩将仇报，偷盗我相府的东西！不过，大家可以放心，我不会牵连无辜，你们都可以回家，我只惩罚那个偷杯子的人。"他是在考验哥哥们会不会像当年对待自己一样，不顾手足情舍弃小兄弟。

然而哥哥们已经忏悔，他们决不答应丢下便雅悯。犹大坚决反对："你不能这样，第一，我小弟并没有偷你的东西。第二，是我请

雅各祝福约瑟二子

求父亲让我们带小弟前来与你赴约，如果不带回去，父亲会伤心而死。我们答应过父亲要好好照顾小弟，既然你一定要惩罚他，那么，就让我来代他受罚吧。"

约瑟再也控制不住了，他命所有在场的埃及人全都退下，自己立即从座位上跑下来，紧紧拥抱便雅悯，放声大哭："好兄弟们啊，我就是约瑟呀！"

兄弟们都惊呆了，约瑟继续说："你们忘了，就是那个被你们卖给米甸商人的约瑟呀。"

兄弟们大惊失色，他们怎么也想不到，现在站在他们面前的这位手握大权的显贵，竟是他们当年狠心出卖的约瑟兄弟。

约瑟见哥哥们个个紧张难堪，便安慰他们说："你们不要感到难过，是上帝先差遣我到这儿，他的大慈大悲拯救了你们的生命。快快回到迦南，禀报父亲，他的约瑟还活在人世，而且是埃及的宰相，我会安排你们住在歌珊，度过饥荒之年的。"

约瑟的传奇故事，广为流传，法老知道这事后，非常高兴，祝贺他们阖家团圆，同时命令一个特别车队，给雅各送去食物和礼品，并邀请雅各和他的家人全都搬迁到埃及。

兄弟们回到迦南，向父亲报告了事情的经过。雅各得到这一喜讯，喜出望外，他连连叩拜上天重新赐给他宠儿。他高兴地逢人便说："我儿约瑟还活着，我们全家大团圆了。"

从此，他们离开迦南迁入埃及，但他们始终怀念故乡，雅各临死前，要求与他的祖父母、父母同葬。约瑟遵命并亲自护送父亲遗体回迦南，然后又回到埃及。埃及民众见他心地诚实善良、对人宽宏大量，都热爱他、尊敬他、拥戴他。

*　　*　　*　　*　　*

本篇选自《创世记》第42～50章。记载了雅各的爱子约瑟的系列传说的后一部分：约瑟的哥哥们买粮、约瑟的哥哥们回迦南、约瑟与兄弟们之间的恩恩怨怨的复杂感情。

"买粮"和"回迦南"两则故事首尾相连，深入地揭示约瑟和哥哥们的内心动态和化解旧怨而追求亲切和谐的人间真情。约瑟面对奉父命买粮度饥荒的哥哥们，表面上严厉考问诘难，实则内心怜悯悲恸；哥哥们反思过去的罪过，悔恨交加，伤感不已，他们的思想情感也净化了；还有约瑟为哥哥们装满粮食时又悄悄地返还银子，老父雅各坚决不同意小儿子便雅悯去埃及做"人质"。所有这些生动的情节，以及细致入微的心理描写，感人至深，富有审美意义。"约瑟的哥哥们回迦南"这则故事吸引了意大利画家彭特莫，他在组画《约瑟在埃及》中将它艺术地表现出来。

约瑟与众兄弟重逢释前嫌，父子相见大团圆，是约瑟系列故事传说的高潮，生动地表现了天伦之爱和人性之美。17世纪意大利画家莫拉对此感受颇深，曾以"约瑟与他的兄弟相认"为题创作了同名作品。

英雄摩西险出世　锄强扶弱杀监工

　　流年似水，星转斗移，雅各去世了，法老归天了，约瑟和众兄弟也死了，埃及的新法老即位，主持治理国家大事。他看到以色列民族人多势众，忧心忡忡，忿忿地对他的群臣和百姓们说："你们看哪，外来的以色列人比我们埃及人还多，他们又聪明又能吃苦，眼看着一天天强盛起来了，一旦发生战争，他们必定会里应外合，联合敌人对付我们，侵占我们的国土，抢夺我们的财产。现在我们必须巧施计谋，控制他们，削弱他们的力量。"

　　于是他下令，对以色列人采取两项严酷政策：一是加重以色列人的劳役强度，让以色列人觉得自己命苦，悲观厌世，自行消亡；二是不让以色列人的男婴生存，以便阻止以色列人口繁衍。

　　埃及人实施法老的指示，对以色列人进行无情的奴役和虐待：一方面，派督工辖制他们，强迫以色列人聚集在比东和兰塞兴建两座贮货城，要他们担当超负荷的和泥拌灰、运土造砖等苦工，还要他们不分昼夜地从事繁重的农业劳动，当作奴隶使唤；另一方面，法老找来两个专门为以色列人接生的妇女施弗拉和普阿，命令她们说："你们在为以色列妇人接生时，如果发现是男孩，当场掐死，如果是女孩，就让她们存活。"

　　这两个接生婆是信奉上帝的人，不愿残害幼婴，害怕受到神的惩罚。在接生时，她们并不依照法老的命令行事，见到男孩总是千方百计留住他们的性命。埃及法老知道了，便召来接生婆质问："你们为什么这样做，让男孩存活呢？"

接生婆回答说："以色列的妇女与我们埃及的妇女不同，她们平日参加劳动多，身强体壮，生产时，还没等我们到场，便将孩子生下来了。"气得吹胡子瞪白眼的法老，立即命人将接生婆轰出门外。

这两项政策执行的结果，并没有削弱异族力量，相反，以色列人生养得更多，繁衍得更快，越发壮大起来。埃及法老更加感到忧虑和不安，他对以色列人在劳务上要求更严，奴役更狠；在生育上，手段更毒，又向全国下达了一道命令说："凡是以色列人生的男孩，统统丢到河里淹死，女孩可以留下来，违者严惩。"

摩西出世

就在这险恶的环境中，有个叫暗兰的利未人，其妻约基别已生养两个孩子，男孩亚伦，女孩米利暗，现在又生下一个男婴，夫妻俩见男孩长得俊美可爱，便私自隐藏起来。三个月后，孩子的哭声很大，惊动邻居，引起怀疑，再也藏不住了。他们只得将孩子装进一只外壳涂上石漆和石油的蒲草箱子中，放在尼罗河里任其漂流，想让孩子碰碰运气，叫孩子的姐姐米利暗远远站着，观察动静。

谁知河水将蒲草箱子冲到芦苇丛中搁浅了。正在此时，法老的女儿带着女仆来到河里洗澡，偶然听到婴儿的啼哭声，循声望去，发现芦苇中有个箱子，就打发女仆取来，打开一看，原来是个俊俏的男孩。孩子哇哇的啼哭声，使她产生了怜悯之情，她把婴儿抱在怀里说："可怜的小家伙，一定是以色列人的孩子，可我怎么养活你呢？"

孩子的姐姐见了，连忙跑过来，对法老的女儿说："我帮你找个以色列妇人来奶这个孩子，可以吗？"

"可以。"法老的女儿高兴地回答。

米利暗转身飞跑，找来母亲。法老的女儿不知是孩子的亲娘，看看这个以色列妇人干净利索，决定雇用她，说："你把孩子抱去喂养吧，我会付你高额酬金的。"妇人赶紧抱起孩子，解开衣襟，温柔地给孩子喂奶。

几年过去了，法老的女儿从妇人那儿领回在河边拾到的孩子，见他长得活泼漂亮，聪慧机灵，便喜出望外，收为义子，并起名为摩西，意思说"因我把他从水里拉出来"（也就是"拯救"之意）。

摩西来到宫中，过着优裕的生活，从小接受了文学、历史、政治、军事等方面的教育，二十年后，成长为一个体格健壮，知识丰富，精明强干的青年。

摩西奇特的命运，使他和同胞们的生活反差极大。当他的民族兄弟在砖场从事繁重劳动，歇口气就遭监工鞭打，在农田面朝黄土背朝天，遭受日晒雨淋之时，他却穿着华贵服装到处游荡，过着青年贵族的奢侈生活。但由于他是生母哺育，心里明白自己是以色列人，所以不自傲骄横，经常到劳动工地看望自己的同胞兄弟。当他看到那些劳动的同胞们，满身尘土，汗流浃背，受尽埃及人的蹂躏和欺压时，心中总是感到愤愤不平，十分难过。

有一次，工地上的埃及监工凶狠地鞭打以色列兄弟，被他看到了，他义愤填膺，挺身而出，斥责那个埃及监工残忍，双方发生激烈争执，一气之下，摩西杀死了那个埃及人，看看左右无人，便将尸首埋在沙土里。

第二天，他又来到工地，见两个以色列人打架，就出面劝架，对那个欺负同胞的人说："你也是以色列人，为什么要打自己的人呢？"

那人不服，横了他一眼，挑衅地说："你算什么东西？是我们的首领，还是我们的审判官？谁推举你的？难道你想杀死我，就像杀那个埃及人一样？"

摩西一听，知道昨日杀埃及监工的事情已经暴露，心里有些害怕，他没有回宫与义母告别就直接逃跑了。法老知道这事后，立即发出通缉令，捉拿并处死摩西，但此时的摩西已经逃往米甸了。

摩西在米甸安下身来。一天，他闲坐井边，看见姑娘们到井边打水喂羊。这是牧羊人的生活习惯，每天傍晚赶羊进栏前，他们都要把羊赶到井边饮水，常常因为这事发生冲突。摩西见这几个姑娘刚刚打满水，有个牧羊人走过来，硬要把她们赶走，让自己的羊先饮水。摩西仗义勇为，出面抱打不平，保护了姑娘们，并帮她们打水给羊喝，待羊喝足水，姑娘们便赶着羊群回到父亲身边。

原来，她们是米甸祭司叶特罗的七个闺女。叶特罗奇怪地问："今天，你们怎么这么早就回来了呢？"她们回答，是一个埃及青年帮了忙，他不光赶走了欺负人的大汉，还帮她们打水喂羊。

父亲急忙问："那个青年在哪里？你们怎么可以丢下人家不管呢？人家帮了你们，你们就应该以礼还情，请人家进来吃饭呀！"说完，米甸祭司追上摩西，邀请他进屋并热情地款待他，后来还将女儿西坡拉许配他为妻。正当壮年的摩西，一心一意帮助岳父管理

水中救出摩西

产业,牧羊放牛。次年,西坡拉生了一个儿子,摩西为他起名为革舜,革舜含有"我寄居在外邦"的意思。

摩西从舒适的王宫逃到米甸,常年手执牧杖,徜徉在一望无垠的沙漠旷野,渐渐习惯了这种艰苦而孤独的生活。他不想返回法老的王宫,但是,他无时无刻不怀念自己的民族兄弟。他常常登高西眺,目光越过绿茵茵的水草和黄澄澄的沙漠,观望他居住过几十年的埃及宫殿,还有那些终日为埃及服苦役而遭毒打的以色列同胞;再回头北望,起伏连绵的群山后面,是迦南的沃土福地,雅各祖宗生活过的地方,每当这样的时候,思念故土和复兴民族的壮志豪情就在这个年轻人的心中油然而生。

*　　*　　*　　*　　*

本篇选自《旧约·出埃及记》第1、2章。《出埃及记》是《圣经·旧约》的第2卷,共40章,记述以色列人为了摆脱埃及人的奴役和迫害,在民族领袖摩西的率领下出埃及的事迹:他们历尽千辛万苦,克服重重艰难险阻,终于辗转返回迦南福地。圣经学者认为这一卷是《旧约》历史和宗教的核心部分,以上帝借摩西拯救沦为奴隶的以色列人逃出埃及,上帝在西奈山与以色列人立约并传授、制定立约之本以及道德礼仪等律例为基本主题。其中第2章的"摩西的诞生"、"摩西的早年"染上了神奇的色彩,充满了民族抗争意识。前一段故事借助民间文学的常用手法,写英雄出世遭遇险境,发生奇迹大难不死,逢凶化吉必有后福。摩西诞生后水中经历的情景吸引了后世艺术家,17世纪法国画家普桑据此画出了名作《摩西从水中被救起》。后一段故事叙写摩西早年从埃及逃往米甸的前因后果,赞赏他强烈的民族归属感和"路见不平,拔刀相助"的浩然正气。摩西早年的英雄作为是值得后人学习的。文艺复兴时期法国画家罗索·菲奥伦蒂诺也曾在摩西早年生活启示下作画,他的《摩西与叶特罗的女儿们在一起》现珍藏于佛罗伦萨乌齐飞美术馆。

施神迹埃及遭灾　红海铺路助子民

　　一天，风和日丽，摩西赶着羊群到西奈山放牧，有趣地瞧着羊儿吃草。忽然，他的眼光停留在一丛荆棘里，因为那儿正蹿出火苗，荆棘却没有烧毁，它们依然完好地迎风摇晃，这在终年干旱，长满荆棘的大沙漠里是罕见的事。他奇怪地想："烈烈火焰怎么烧不坏荆棘呢？"正欲往前观看。

　　上帝见了，急忙在荆棘中呼叫阻止："摩西！摩西！"

　　"噢，我在这里，你是谁呀？"摩西听见有人叫他便立即回答。

　　上帝说："我的孩子，你不要再往前走了，快脱下你双脚上的鞋子吧，因为这是圣地。"摩西照办了。上帝又说："我是你祖宗亚伯拉罕、以撒和雅各的上帝。"

　　摩西听说是上帝，心中不觉敬仰和畏惧起来，他不敢见上帝，立刻用袖子遮住自己的脸。上帝对他说："摩西呀，我早就看到我的子民在埃及受苦受难，也听见他们渴望摆脱苦难的呼声。我知道他们的痛苦，我要拯救他们，领他们到美好宽阔，流淌奶和蜜的地方去安居乐业。现在，我差使你去见埃及法老，把我的子民带出埃及。"

　　摩西为难地说："如果我去对以色列人说，是你们祖宗的上帝，差使我来带领你们离开埃及，他们会相信吗？他们若问我，他叫什

上帝授命于摩西

么名字呀？我怎么回答他们呢？”

上帝告诉他：“你就说，我是永恒的上帝，耶和华是我的名字。你先把以色列的长老召集在一起，对他们说，他们祖宗的上帝向你显灵，知道他们受埃及人的虐待，要领他们从埃及的苦海中走出来。他们若不信，我会施神迹，让他们听你的话。然后，你去见埃及法老，你对法老说，‘我们看见以色列人的上帝显灵，想到旷野里去祭祀本民族的上帝，需要走三天的路程，因此我们要求放三天假。’”

摩西又提出问题：“我算什么人，埃及法老会允许我带走以色列人吗？”

上帝说：“你不用害怕，我知道他不会轻易答应你的要求，我会施神迹帮助你们的。为了不使你们空着手走出埃及，你们要听我的话，离开前，每个以色列妇女，一定要向邻舍的埃及人家里索要金银首饰和衣物，好留给你们的儿女穿戴。这样一来，埃及人的财富就成为你们的财富了。"

听了上帝的指示，摩西仍然有顾虑："上帝啊！你是知道的，我生来笨嘴拙舌，不善言辞。"

上帝回答说："人的口是谁造的，谁又能让人口哑、耳聋、眼瞎？是我这个上帝呀！我赐你口才。"

摩西没有把握，还推辞说："上帝啊！你还是差遣能人去吧。"

上帝发怒了："摩西，你的哥哥亚伦不是能言善辩吗？我派他当你的助手，做你的代言人，让他替你向民众传达你的旨意，这样该可以了吧。"交代完毕，上帝教摩西用手杖施神迹。最后告诉摩西，埃及已经改朝换代，下令追杀他的法老早已死去，他可以放心大胆地回埃及了。

摩西遵照上帝旨意，告别岳父，带着妻儿，骑上驴子去到埃及。这时，亚伦按上帝的指示，在旷野等待兄弟，见面时和他拥抱接吻。摩西就将上帝的指令，一一叙述给兄弟听，还讲了施神迹的方法。然后，他俩把以色列的长老召集起来，转达上帝的旨意，并当着众百姓的面，用手杖展示神迹：

他将手杖扔在地上，手杖变成一条蛇，用手抓起蛇尾，蛇又变成手杖；他把手插进怀里，抽出来一看，手上长满了麻风，他又把手插进怀里，再抽出的手恢复了原状，没有留下任何疤点；他将水泼在地上，水马上变成鲜血。以色列的百姓看了，都信服了他，当他们知道上帝了解百姓的疾苦，眷顾百姓的生活时，个个感激涕零，俯伏下拜。

摩西、亚伦得到老百姓的拥护后，去见埃及法老，并请求说："我们遇见以色列上帝耶和华，他让你允许我们百姓到旷野去过节，朝拜以色列的上帝，来回需要三天的时间，请给我们的人放三天假。"

法老说："我不知道什么耶和华上帝，放三天假？哼！我决不许我的奴隶耽误劳作。"断然拒绝摩西和亚伦的请求。

从此，埃及法老怀疑以色列人要叛变他，对以色列人看管得更严，奴役得更狠，并增加劳役强度，不供给原材料，却要生产出如数的成品，逼迫以色列人自己割稻草，寻材料制砖，如果完不成任务，就要受到严厉的惩罚。

劳动和生活的重压，使百姓们对摩西产生不满情绪。摩西感到事情的严重性，他把妻儿送回娘家。他要一心一意、毫无牵挂地从事挽救本民族的大业。

这时，上帝要他再去见法老，告诉法老，如果他不听从上帝的告诫，灾难将降临到他的国家，埃及会发生可怕的事情。为了证实预言，摩西当面施展神迹，将手杖扔在地上，手杖变成一条蛇。

法老见了轻蔑地一笑说："不过是这么个小把戏儿。"当即命令术士、博士进宫表演。这些术士、博士都把手杖扔在地上，全变成了蛇。法老哈哈大笑起来，笑声未绝，只见神蛇一跃而起，将地上所有的蛇全都吞食了。法老虽然感到神奇，但不答应他们的要求。

第二天，摩西和亚伦又进宫，要法老准许以色列百姓和平离开埃及。他们的合理要求，再次遭到法老拒绝。亚伦拿出手杖，生气地指向河流、湖泽，河水、湖水都变成鲜红的血色，鱼儿死了，草儿黄了，泥沙臭了。人们没有办法，只得临渴掘井，挖地下水喝，一连七天，干渴的人群发出悲哀的呼号。法老心硬如铁，不予理睬。

亚伦再次用手杖指向河流，这时，无数的青蛙从沼泽地带爬出来，跳进宫殿宝座，卧室床铺，厨房器皿，跳到人们的身上。法老大惊失色，叫摩西、亚伦快快进宫，帮他们赶走青蛙，答应以色列人离开埃及。可是，待青蛙全部被消灭后，法老背信弃义，又反悔了。以色列人过着更加凄苦的日子。

摩西、亚伦第三次施神迹，他们用手杖击打尘土，尘土漫天飞扬，变成虱子和苍蝇，飞到人和牲畜的身上。埃及法师想用邪术对抗，却没有成功，他们对法老说："这是上天的安排，我们实在无能为力。"法老仍不顾百姓的死活，一意孤行。

摩西和亚伦再施神迹，灾难又一次落到埃及土地，全国所有的牛都生了病，染上恶疾，街市上没有一点鲜肉出售。法老依然如故，拒绝以色列人离开埃及。

摩西当面警告法老："告诉你，我们的耶和华上帝只需抬抬手，就可以灭绝你们的民族，但他慈悲为怀，只要你答应我们的合理要求，他不会随意伤害你们，好借你们的口传他的威名。我们奉劝你不要再妄自尊大，以强欺弱了。如果你这样顽固下去，必将落得祸国殃民的可耻下场。"法老不听，依然顽固不化。

摩西、亚伦不得已，一而再，再而三地施神迹，降灾于埃及土地：埃及人遍身长满脓疮，医生束手无策；全国范围降落冰雪，打坏了所有农田庄稼；埃及天空雷电交加，烧掉仓库里的布匹和种子；埃及大地蝗虫遍野，一天之内吃光所有的树叶。

摩西、亚伦向法老施法

面对多方面的"天灾",法老震惊了,害怕了,他不得不请来摩西,同意他带领以色列人走出埃及,但提出一个条件:把小孩留下来当人质。摩西义正辞严地宣称:要走全族人一起走,留下一个,全部不走。法老坚持己见,结果,双方"谈判"再一次破裂。

摩西、亚伦接着施神迹:吹过一阵大风,沙土铺天盖地而来,将日头全部遮住,整整三天,埃及天地一片漆黑。法老焦急万分,派人请摩西进宫,无可奈何地说:"我决定让你带走你们的全体人民,一个不留下,但是否把牲畜留下来呢。"

"不可以,我们一头牲畜也不留下!"摩西坚决回答,毅然告辞。埃及法老反复无常,第九次自食其言,摩西、亚伦再也不相信他了。

上帝知道此事后,发烈怒,他晓谕摩西:"我要降大灾予埃及,半夜出巡埃及遍地,击杀他们的长子和头生的牲畜,严惩不讲信誉的法老,你通知以色列子民做好准备。"

摩西就按上帝的指示,召集众长老,吩咐他们说:"每户以色列人家都要挑一只健美的羊羔,14日黄昏宰杀,全家享用,一定要按人数和饭量计算好,让每个人都吃饱,如若家里人少,吃不完的,可与邻人共用。你们不要将羊羔的血放掉,要放在碗里,每户家长要用牛膝草蘸上血,涂在门框和门楣上。晚上不许出门,全家人一起将羊肉烤熟,合着苦菜和无酵饼吃,吃不完的不可留下,要全部烧掉。吃的时候,必须站着,束紧腰带,手拿木杖,随时等待撤出埃及的命令。"

当晚,上帝派天使巡行,只要门上没有羊血标志的,便击杀长子,连牲畜也不放过;见到门上有羊血标志的,便放过。所以,以色列人安然无恙,全部幸免。摩西因此宣布:从此以后,每年都要纪念这个日子,以色列人全都要守"逾越节",世世代代永远相传。

埃及的法老、大臣、富户、贫民都被这突如其来的灾难吓慌了,伤心恸哭。一时,埃及大地,一片哀号。法老也悲痛不已,连夜请来法力无比而不可抗拒的摩西和亚伦,恳求他们说:"快快带走你的族人,去侍候耶和华上帝吧!我全都依你们说的,连一个牲畜也不留下。""再待下去，我们的人要死光了。"他催促以色列人迅速离开埃及。

于是，以色列人按上帝的指示，理直气壮地向埃及邻居索要金银首饰和衣物，作为各方面损失的"补偿"，埃及人害怕以色列人再逗留，只要开口说什么便给什么。就这样，以色列人满载埃及人的财富，吃完最后一顿晚餐，踏上了回归老家迦南的征途。

摩西、亚伦率领众多以色列人出埃及，除开妇女和孩子，步行的男人约 60 万，摩西不忘祖先，还带上约瑟的骨骸（因为约瑟在世时，曾叫儿子们向上帝起誓，要让他落叶归根），连同一些外来闲杂人员和成群的牛羊，从古埃及的兰塞起程，浩浩荡荡向红海西岸的疏割走去。

本来，通往目的地还有一条比较近的路，只需从地中海与红海之间的狭长沙漠地带穿过就可以到达，但上帝怕百姓们遇到战争或困难而后悔，重新逃往埃及，所以就要他们放弃近路绕远道而行。

耶和华上帝与他们同在，沿途呵护照应他们，白天，有天使在前，有云彩带路；夜间，有上帝在天，有火柱照明，好让他们白天黑夜都可以前行。

正当他们日夜兼程，急速赶路之际，埃及像开锅的水，沸腾起来，人们纷纷报告："自家长子猝死，以色列族的百姓全跑光。"

这时，埃及法老心痛了：他可怜的长子猝死；他一下子丧失了几十万劳动力。大臣们也后悔了："我们这是干的什么事啊！大家痛失长子，又让那么多奴隶一夜跑光，往后，谁来为我们做工，谁来服侍我们的家人。"他们咬牙切齿、暴跳如雷。

为了给死去的儿子们报仇雪恨，为了挽回巨大的损失，法老又一次翻悔，要追回已经离开的奴隶，不给以色列人自由。他一道令下，全国紧急动员，调兵遣将，法老亲自挂帅，率领 600 辆最精锐的战车（配备有优秀驾手）和大量军队，马不停蹄地追击以色列人，一直追赶到黄昏时节。

这时，快到红海的以色列人，刚刚喘口粗气，忽闻身后马蹄声疾，

渡过红海

杀声震天，尘土飞扬之处，奔驰着埃及大军。渐渐，后边的人马愈逼愈近。

埃及法老来势汹汹，穷追不舍，使以色列人越来越惧怕，他们惊恐万状，一面呼求上帝救助，一面埋怨摩西说："你为什么要带我们走出埃及呢？难道那儿没有坟地，非要我们战死在旷野？不管怎么说，我们侍候埃及人总比被埃及人用刀枪杀死好多了吧。"

摩西安慰和鼓励他们："不要害怕，上帝必向我们施恩，必为我们征战，他会施展奇妙的神法击败埃及人，救护我们的。相信吧，上帝与我们同在，我们必胜。"

但是，摩西还是及时向上帝报告了百姓的情绪，请示解决的办法。上帝对他说："不要再求我了，吩咐你的民众只管向前走，你可以举起手杖向海水施法，叫波涛铺路，让埃及军队跟着你们一起下海，我好在埃及法老及其士兵身上施展神迹，到那时，他们便认识我耶和华了。"

老百姓逐渐安定下来，他们发现，原先走在前面领路的使者，自动转到最后，立在两军之间；云柱也由前上方转到后上方；岸上一边黑暗，一边发光；浓云笼罩着埃及军队，亮光却为以色列人照明。整整一个晚上，埃及人寸步难行，始终无法赶上以色列人。

到了红海岸边，摩西、亚伦领命，一边指挥民众前进，一边将手杖伸向海中，霎时，奇迹出现了：风暴降临，海洋咆哮，只听得"呼啦啦"一阵巨响，汹涌澎湃的海水自然分开，露出一条陆地，两边有亮晶晶的水墙保护，众百姓在摩西的指挥下，迅速而有序地从海底的陆地跑到彼岸。

埃及法老看到以色列人正在攀登对岸的徒坡，分外眼红，不顾一切地跳进海中陆地。埃及士兵清醒得多，他们眼见这一奇异的景象，都心惊肉跳，惊惶失措地乱了阵脚，但在长官们的威逼下，又见法老身先士卒，只好乱哄哄地跟着下海。

这时天快亮了，上帝从云柱和火柱中俯视他们，一道道奇特的光柱射向红海，刺得人们睁不开眼，战车轮子陷入水坑，不能滚动；士兵脚下满是泥泞，难于起步。埃及军队乱成一团，情绪低落，怨声载道："不得了啦，真有上帝为以色列人开道啦！我们不行了，快跑吧，再不跑怕是连命也保不住了！"可是为时已晚，他们再也无法逃脱死亡的厄运。

摩西站在对岸，见以色列人全部登陆后，又举起手杖伸向海中，凝固的水墙即刻化成汹涌的波涛，海水"哗啦啦"大吼起来，立即合拢，尚未下海的埃及人立即止步，刚下海的也纷纷上岸逃命，上帝不允许他们存活，把他们一一推下水，让他们与他们的长老一起淹死在海水里。

就这样，埃及法老全军覆没，海面上漂满埃及人的尸体。百姓们亲眼看到埃及人一败涂地，以色列人死里逃生，都感激、敬畏上帝，信赖他的使者摩西。

摩西的姐姐米利暗欢喜若狂，抄起手鼓又唱又跳，妇女们也跟着翩翩起舞，接着，以色列的男女老少都含着热泪载歌载舞，万众欢腾，庆祝胜利。

摩西和亚伦领着众民赞美上帝，高唱凯歌：

> 我们要歌唱耶和华
> 你是我们的力量
> 我们的诗，我们的歌
> 我们的拯救者
> 我们赞美你
> 你对敌人大发神威
> 把法老的骑兵和战车扔进海底
> 让恶人石沉大海
> 没有任何神能和你比拟
>
> 我们要歌唱耶和华
> 你爱护我们以色列
> 你至高至上，至圣至荣
> 你的威名远扬
> 我们赞美你
> 凭借你的大能大德
> 庇护以色列民众顺利行进
> 一路获得辉煌胜利
> 直到流着奶和蜜的福土
>
> 我们歌唱　我们赞美
> 愿耶和华为我们的王

世世代代　永远永远！

*　　*　　*　　*　　*

　　本篇选自《旧约·出埃及》第 3～15 章。这里的故事描写了沦为奴隶的以色列人惨遭埃及法老统治者迫害的情景，细说摩西率众出埃及、强渡红海的经历，从而再现了氏族制度趋向崩溃、奴隶制度逐渐形成时期的一些史迹，颇有历史认识价值和文学审美意义。关于上帝通过摩西和亚伦所施行的奇迹，可当作神话解读和欣赏。

　　其中，摩西所强调的"逾越节"，后来成为犹太教的主要节庆之一。"逾越节"约在公历 3、4 月间，前后连续八天，由家长向全家人讲解摩西带领以色列人遵循上帝的指引出埃及的故事。所谓"逾越节的羔羊"，原指犹太人在此节日时献给上帝的祭品。

　　在故事发展过程中，"摩西的杖"多次出现，表现了克敌制胜和转危为安的神奇作用，在后世被人们称为"施行奇迹的工具"。"经火而不灭的荆棘"也具有深刻的教育意义和较强的艺术魅力，被后世转喻"为正义事业自强不息而艰苦奋斗的人"。15 世纪法国画家尼古拉·弗罗曼曾在埃克斯大教堂绘制了一幅"壁画"，题名《经火不灭的荆棘》，它是当时普罗旺斯画派的名作之一。

苦水变甜天降粮　击石进水鹌鹑香

埃及军队的覆灭，鼓舞着以色列人的士气，他们兴高采烈，充满了胜利的自豪感，一路欢欣鼓舞地唱道：

"谁能比得上您啊，
上帝耶和华！"

"您的荣耀和威力
与日月同在！"

他们心里怀着对上帝敬仰的信念，脚下迈开前进的步伐，跟随摩西穿过红海，沿着西奈半岛西岸向南行进。

经过两个多月的长途跋涉，来到书珥旷野。这里荒山秃岭，杳无人烟，一连走了三天，不见河流、湖泊，连细长的泉水也未发现，百姓们没有水喝，一个个渴得难以支持。

到了玛拉，有人发现水源，一声惊喜，唤来大批民众，人们高兴地跑过去取水。谁知水一进口，苦涩难当，无法吞咽，即使硬灌下去，也不解干渴，大伙叫苦连天，开始埋怨摩西不该带他们出埃及了。

摩西向上帝求援，上帝告诉他：把树枝丢进水里施神迹。

在上帝的启示下，摩西来到水源旁，顺手拔了一棵小树扔进水里，再叫大家喝，有人上前尝了尝，嗬！清凉凉的，甜蜜蜜的，止渴生津。消息传开，百姓们一拥而上，开怀痛饮。

恢复体力后，他们又精神振奋地继续往前走，来到西奈半岛西部沿海的以琳绿洲。这里的自然环境令以色列人高兴，因为这里有12股清泉，泉水叮咚，缓缓流淌；还有70棵棕树，树影婆娑，郁郁葱葱。

大队人马安营扎寨，原地休整后，再往前行，进入以琳和西奈山中间一个叫汛的地方，这儿是个寸草不生的不毛之地，终日赤日炎炎似火烧，缺水少粮，以色列人携带的食物和饮水全用完了。

水尽粮绝的百姓们，以为自己要饥渴而死，不觉想起了在埃及时的生活，怀念坐在肉锅旁吃饱喝足的日子，又责怪摩西和亚伦了："我们宁愿在埃及做苦工受奴役，在那儿，我们至少可以坐在肉锅旁吃肉喝汤。现在，你们把我们带到这么荒野的地方，没吃没喝，那不是要活活饿死大家呀！"有人还说："要不，你们给我们饭吃，我们跟你们走；要不，你们就让我们回埃及。"

摩西听了很难过，但他坚持自己的信仰，一方面给百姓解释说："大家安静，不要埋怨我们仁慈的上帝了，他会在必要时，给大家吃饱肚子的。"一方面找上帝反映情况。

上帝告诉他："我会让粮食从天而降，让他们吃饱的，为的是叫他们知道我是你们的上帝。"

摩西、亚伦转达上帝的旨意，对老百姓说："你们向我们发怨言，其实是向上帝发的，上帝听见了你们的怨言，他让我们告诉你们，不用着急，也不要害怕，今天黄昏时分你们就能吃上肉，明天早晨就有粮食，他在天上关怀爱护你们，必定让你们吃饱肚子。"

傍晚，热浪滚滚，广袤的荒原野地，夕阳坠落，散下几缕赤红的晚霞，百姓们听摩西的话，蹲在地上静候佳音。忽然，一大群鹌鹑飞来，遮天盖地，伸手可抓，人们高兴地捕捉鹌鹑，升起篝火进行烧烤，一时节，肉香扑鼻，笑声四起，人们吃着丰盛的晚餐。当夜，酣睡歇息。

第二天清早，当人们从睡梦中苏醒，发现营地笼罩在浓雾之中，周围露水沉沉，待雾散露消后，人们看见地上到处都是白霜似的小圆物，密密麻麻遍布野地，谁也不知道这是什么，就去问摩西："这是什么呀，能吃吗？"

摩西回答说："这就是上帝赐给你们的食物呀！"

有人捡起一个放在口中尝尝，味美香甜，像掺了蜜的薄饼，十分可口，于是，大家都捡起来大口大口地吃，个个吃得眉开眼笑。

摩西也笑了，他告诉大家说："上帝吩咐你们要根据个人的饭量，按各帐篷的人数集体收取食用，不得多取。每逢星期六可多收取一天的粮食，因为第七天是安息日，上帝要大家守安息日，遵守法令。"

多数百姓照上帝说的做，也有贪心的人多取食物，结果，第二天早晨，多收的食物便发霉或生虫变臭了；第六天多收取的食物到第七天食用，却依然新鲜完好，没有生虫，也不发霉发臭。有人不相信，第六天不取食物，到第七天才去收取，发现地下什么也没有，只好挨一天饿，于是，不再有人违反摩西的命令了。

大家深信摩西的话，按照上帝说的做，所以，以色列人再也不愁粮食了。据说，这外形似芫荽子，味道甜如蜜的薄饼叫"吗哪"。后来以色列人在旷野荒原流浪 40 年，一直到达迦南，都靠它来维持生活，到迦南以后就没有"吗哪"了，以色列后人把它称为"天上的粮食"。

为了纪念这段艰苦的历程，牢记上帝的恩德，摩西叫亚伦捡一点吗哪放在罐子里，摆在耶和华面前，好让世世代代的以色列子孙不忘前辈创业的艰难险阻，永生永世感谢上帝的恩情。

摩西、亚伦领着水足饭饱的以色列人，浩浩荡荡从荒野的汛城来到利菲订扎营，队伍刚刚停下来，人群中就发生骚动。原来这里没有水源，人们口干舌燥，又开始埋怨摩西和亚伦了。他们三五成群来到摩西面前又吵又闹："我们渴死了，我们要水喝！"有人还说：

击磬出水

"耶和华上帝是不是还保佑以色列呀！"

摩西有些生气地说："你们别再瞎闹了，要知道，这是在试探以色列上帝哩！"

上帝又启示摩西再施神迹，摩西就领着几位长老，走到一块磬石边，当着众人，用手杖敲击坚硬的磬石。敲着敲着，石缝中忽然冒出水珠，接着，清水迸涌而出，人们欢呼起来，赶紧用瓶子、瓦罐、铁锅、泥碗装满清水，饮用解渴。

人群没安定一会儿，营地里又传来一阵喧哗，大叫乱吵："亚玛力人打上门来，要掠夺我们的财物了！"

亚玛力人是一个凶狠的阿拉伯部落，总是偷盗以色列人的牛，本来以色列人完全有抵抗能力，但和平生活使他们害怕刀枪，宁愿多丢几头牲口也不愿打仗，所以，亚玛力人更是肆无忌惮地抢劫他们的牲畜和财物。

摩西决定采取武力行动，制止强盗们大规模的抢劫行为。他立即传令约书亚，约书亚是一个智勇双全的猛将，多次出色完成任务。

他命令约书亚迎战："我的猛将,听着,把亚玛力人从这里赶走!"约书亚领命,率领人马前往迎敌。

约书亚一离开,摩西就向天空举起手臂,因为他得到上帝启示:只要他的手臂举起,上帝就会帮助约书亚打胜仗;而一旦摩西因疲劳或酸痛放下手臂时,亚玛力人就会反扑过来,屠杀以色列人。亚伦等人发现这一情况,赶紧上前扶着摩西伸向天空的手,不让他的手垂下来,还令人搬来一块大石头,让摩西坐下,以免疲劳过度。直到傍晚,上帝把胜利赐予他忠实的信徒,约书亚彻底打败了亚玛力人。

赶走强盗后,摩西就在这里修建了一座"耶和华尼西"祭坛,颂扬耶和华上帝是以色列民族的旌旗,还在祭坛前告诉众百姓:"耶和华上帝起誓,亚玛力人永远是我们的敌人!"

不久,他们到达米甸。住在米甸的摩西的岳父也是上帝的信徒,他崇奉上帝,但见女婿事无巨细,十分操劳,就建议他大权独揽,小权分散。摩西觉得这办法好,与亚伦商量后,就由百姓按人数选出千户长、百户长、五十户长和十户长等 70 名长老,管理日常事务。他岳父向上帝献祭感恩,赞赏并支持女婿从事的民族大业,让儿子何巴做以色列的向导,摩西率众继续北上。

* * * * *

本篇选自《旧约·出埃及记》第 15～18 章,叙述摩西带着以色列人逃出埃及后,在长征道路上的艰辛、饥饿和不断出现的奇迹。在水尽粮绝、众人怨怒的时候,摩西毫不动摇自己的信仰。他坚信万众一心就能战胜一切困难。他既然能率众逃出埃及,也可以引领大家前往迦南。

在这里"苦水变甜"、"苍穹降粮"、"击石进水"、"鹌鹑充饥"等奇迹被披上了神性的外衣,可看作以色列人的幻化理想。也可以这么认为:摩西说服大家并与大家一道克服重重困难,力图把逆境转化为顺境。故事中的"摩西击石进水"寓有此意，法国画家凡·莱登曾绘制同名油画（1527年），此画现珍藏于波士顿美术馆。故事中关于一些意志不坚强者贪恋"埃及人的肉锅"已成为"谚语"，马克思曾在《路易·波拿巴的雾月十八日》一文中引用了这一谚语，批评法国小资产阶级的软弱性。

铸金牛犊拜异教　万众子民重立约

　　摩西率领以色列人离开埃及，经过三个月的长途跋涉，来到西奈山下。西奈山是一座古老的山峰，高耸入云，重峦叠嶂，终日青雾缭绕，常伴有雷电交加、暴雨倾盆。众百姓仰望这座险峻幽邃的圣山，肃然起敬，同时感到神秘可怖。这些都让摩西深深感到：以色列人只有坚定信仰，崇敬唯一的耶和华上帝，才能团结一心，顺利到达目的地。

　　这时，上帝通过仆人晓谕以色列人："你们都亲眼见到上帝在埃及所行的神迹，你们还在上帝的指示下将埃及人的钱物变成自己的财富，他以自己的大能大力，把你们从埃及带到这里。现在，如若你们愿意听从上帝说的话，遵守上帝与你们立的约，你们就会受到他特别的宠爱，你们的国家将成为祭司的国度，你们自己也将成为高于万民之上的圣洁的国民。"

　　摩西向以色列人转达了上帝的旨意，众民表示："凡上帝说的，我们都愿听从，凡与上帝立的约，我们都愿遵循。"

　　于是，摩西对众民说，凡是以色列人都要洁体净身，因为上帝就要降临山上。并告诫众民，角声响后，大家应俯伏下拜，不得靠近西奈山，违者可能遭来死祸。

　　他和亚伦一面指挥队伍安营扎寨，一面让大家沐浴更衣，洁净

金牛膜拜

三天，准备听上帝的召唤。

　　到了第三天，人们正静候在山下，忽然山上电闪雷鸣，烟雾腾腾，火光冲天，角声四起，大地颤动起来，以色列人吓得发抖，伏地拜倒在上帝面前。上帝在焰火中徐徐降临，召唤摩西上山领旨。摩西、亚伦和被选的70名长老一起向山前走去，摩西让他们留下，委托亚伦当首领，并在山下划了一条线，告诉大家不可逾越，他只带约书亚一人前往。快到山顶时，他让约书亚原地等候，一人走到山顶，消失在笼罩山顶的祥云中，站在上帝面前。

　　摩西一去就是40天，这些天里，上帝向摩西面授以色列人必守的戒律，并亲自动手，将戒律写在两块石板上，与此同时，还口头规定了律例及刑罚细则。

　　在山下的日日夜夜里，乌云密布，山雨欲来，百姓们人心惶惶，六神无主。到了第四十天，他们再也忍不住了，都聚集在亚伦周围，请求说："我们不知领大家出埃及的那个摩西遇到什么事，这么长时间没有消息，怕是回不来了。现在，你是我们的首领，起来为我们造一个偶像吧，以便大家把它当神祭拜，让它领导大家前进呀！"

软弱的亚伦扭不过众民，想了想说："这样吧，你们回去摘下妻儿的金首饰，拿来交给我。"百姓们便照办，拿来从妻子、女儿耳朵上取下来的金耳环，交给自己的首领。亚伦接过来，加工铸造了一头金牛犊，交给民众，老百姓兴高采烈。

第二天天刚亮，他们就起床，杀牲口，摆祭坛，敬奉偶像，高兴地说："这便是领着我们继续往前走的神啊！"

正当大家围着金牛犊载歌载舞，狂欢作乐时，上帝在天上听到了欢呼声，发怒了。他对摩西说："你快下山吧，你从埃及领出来的百姓败坏了，他们背弃我，对金牛顶礼膜拜，他们犯了大忌，我要重重惩罚他们。"

摩西听了，急忙为百姓恳请谅宥："上帝啊，你为什么要对这些人发怒呢？他们是你用大能大力的手救助出来的子民呀！如果你对他们过于严厉残酷，埃及人必定议论你把他们领出来是要灭绝他们，把他们杀死在山中。另外，你曾经起誓，答应过我们的祖宗亚伯拉罕、以撒和雅各，要使他们的子孙多得像天上的星星，并永远让他们受恩惠、立大业。你怎么可以违背自己的诺言呢？"上帝听了有些后悔，答应不降罪给所有的以色列人。

摩西这才手捧上帝交给他的两块法板，放心走下山来。约书亚见了，说："我好像听见百姓们在呼喊，是不是营里发生什么争斗？"

摩西告诉他，这不是打仗胜利或失败的声音，而是百姓们在欢呼歌唱。

当他们走近营地时，听到人声鼎沸，看到那头用黄金铸就的牛犊，接着看到人们正俯伏下拜，高歌狂舞，如痴如醉。摩西大发雷霆，把两块法板摔在地上砸碎了，然后，推倒金牛犊，捣毁偶像，用火焚烧，将粉末撒在水里，叫以色列人去喝。同时，他怒气冲冲地训斥亚伦："你这是干什么呀？你做这事是在引导百姓犯罪啊！"亚伦承认罪过，求上帝不要发怒降罪于民。

摩西又转向百姓，对他们吼道："凡是信仰上帝的都站到我这边来。"于是，利未的子孙全都聚集在摩西周围，摩西对他们发布命令："以色列的上帝指示，你们把刀挎在腰间，从营地这边走到营的那边，不论遇到兄弟、伙伴、亲人或邻居，只要是叛徒，不承认上帝的，全部杀死。"

利未人的子孙按摩西说的办事，一天时间，大约有3千人被杀。百姓们见了，个个害怕得发抖。最后，摩西表扬这些挎腰刀的战士说："今天，你们大义灭亲，敢于杀死自己的亲友，是献身上帝的表现，上帝定会赐福给你们的。"这一次的武力行动，不仅清除了异己，也平息了上帝的怒气。

第二天早上，摩西再次上山为民请罪，他对上帝说："这次百姓们自己做金像，敬拜异教犯了大罪，现在，我严惩了带头闹事的犯罪分子，请求你宽恕众百姓，赦免他们。如若不饶他们，你就把我的名字从你的名册上抹去吧。"

上帝知道他已经惩办了那些叛徒，便说："你又没犯罪，还是由你带领百姓去迦南吧，我的使者必定会在前面领路，帮助你们克服各种困难的。"

金牛犊事件至此告一段落，摩西带领大队人马，继续沙漠上的旅程。

摩西最后一次攀登西奈山，一去又是40天，他不吃不喝，与上帝立约，上帝让他新凿两块石板，把上帝说的话记录下来，刻在石版上,这便是流传下来的"十诫"。摩西代表众民与上帝重新立约，与先前的一样，共十条诫令，即：

1. 除上帝外，不可敬拜别的神；

2. 不可敬拜偶像；

3. 不可妄称上帝的名；

4. 当守安息圣日；

5. 当孝顺父母；

6. 不可杀人；

7. 不可奸淫；

8. 不可偷盗；

9. 不可做假见证陷害人；

10. 不可贪婪人的财物；

此外还有各种教规法典，也都写在两块石板上。据说，这些就是以色列民族的第一部法律的导言和总则。

这一次，营中风平浪静，没有任何人再敢造乱子了。

摩西下山时，两眼炯炯，红光满面。他见亚伦和百姓们远远站着不敢上前，便将帕子搭在脸上，兴致勃勃地转达上帝交给的法典以及指定亚伦任大祭司，利未家族永为祭司家族的旨意。然后，吩

摩西向以色列人宣读"十诫"

咐众人将法板装入用皂荚木制成的大箱内，上面蒙上帐篷，称之为"法柜"，安放在"约柜"里，每当行军或打仗时，他们都要抬着"约柜"，走在队伍的最前面，无论走到那里，"约柜"上面都有云柱高高升起，为以色列人引路。

摩西命人在山下筑了一座祭坛，按十二支派立了12根柱子。在祭坛前，摩西向上帝献"平安祭"，他将羊血一半洒在祭坛，一半洒在众民身上，对大家说："这是立约的血，是上帝按这一切话与你们立约的凭据。"

摩西还命令设置上帝行营的圣幕，作为集合赞拜上帝的场合，由年轻人约书亚守卫。以色列人按摩西说的做，在离开西奈山之前，积极行动，用框架、横木、柱子、柱座和红色的羊皮、精美的帐幔做了一个特大的帐篷，将装法板的法柜、供桌、纯金的灯台、金坛、钢制的坛盘和祭司穿的圣服安排在里面，并决定：以后安营扎寨，都要先设圣幕。

人们看到，每当摩西走进圣幕时，就有云彩降落停在门口，上帝在云中与摩西对话，百姓们便俯伏下拜。每逢圣幕上升起云彩，他们便拔营；云彩一停，他们就扎营，时间不定。在他们的整个旅途中，白天，有云彩在圣幕上；夜间，云中有火在燃烧。

*　　*　　*　　*　　*

本篇选自《旧约·出埃及记》第19～20章，第32～40章。记述摩西登上西奈山之顶峰，从上帝那里领受了"十诫"以及其它戒律；描写亚伦和众百姓崇拜金牛犊，摩西下令惩治不信仰上帝的叛逆者。在"金牛犊事件"中，摩西作为以色列人出埃及的带头人，亚伦作为以色列人的大祭司，都能为民请命、代民受过，表现出勇于承担责任的优秀品德。"金牛犊事件"触犯了上帝准备通过摩西向以色列人颁布的"十诫"的第一、二条（独尊耶和华）。

在此后，"金牛犊"象征"拜金主义"，马克思在《历史上的类似现象》中曾提及"拜金牛犊"的亚伦。一般认为"十诫"中的前四条是宗教戒律，后六条是民事戒律。它是犹太教和基督教共同遵守的基本戒律和行为准则。欧洲文艺复兴时期意大利艺术家米开朗基罗的雕塑名作《摩西》，凸现了这位希伯来民族史上的巨人形象，他右手执有"十诫"法板，左手抚理下垂美髯，面带威严的怒容，呈现即将跃起的姿态。

流浪沙漠不怕难　平乱抗敌更坚强

摩西率领这支庞大的以色列队伍，继续向那个"流着奶和蜜"的美好地方前进，但迎接他们的并不是一帆风顺，而是更多的艰难险阻。队伍内部的叛乱和外部敌人的袭击时有发生：贪欲者的坟墓、生麻风的手、散布谣言的探子以及迦南一些地区王国的狙击等便是突出的事例。

前进中的以色列人吃着"吗哪"，度过了许多饥饿的日子。渐渐地，他们吃厌了，十分怀念在埃及时吃的肉呀、鱼呀、西瓜黄瓜呀、韭菜葱头呀，不禁又埋怨起摩西："你为什么要带我们出埃及呢？埃及有那么多好东西吃。像现在过着无菜吃的日子，还不如在埃及当奴仆哩。"

上帝听了很生气，为了惩罚贪欲者，决定给百姓们吃一个月的肉食，让他们吃腻而厌恶。摩西听了上帝的决定，吓了一跳，那么多人吃一个月的肉食，要宰杀多少头牛羊呀！上帝叫他不用着急，神力自有办法。

过了一天，茫茫的野地里，忽然刮起一阵海风，把成群的鹌鹑卷来，散落在营房四周。大家争先恐后地捡来，摊在地上晾干，然后，烧烤进食。有些爱发牢骚又贪婪好吃的人，大口大口地饱食鹌鹑肉，结果，中毒或撑死。

铜铸神蛇

　　跟踪死尸而至的是瘟疫，并很快蔓延开来。以色列人害怕传染，只好将死者埋葬，匆匆离开，他们给这里取了个地名叫"基博罗哈他瓦"，意思是指"贪欲之人的坟墓"，留给后人，以示告诫。

　　他们离祖辈的老家越近，遇到的麻烦也越多。在哈洗录扎营时，摩西的家族内部发生了一起纠纷，他的姐姐米利暗和哥哥亚伦不满足已有的地位，妒忌摩西掌握大权，便借摩西娶妻之事与弟弟闹别扭。

　　原来，摩西的前妻西坡拉去世后，摩西要迎娶一古实人部落的女子为妻。这本是平常的事，无可厚非。可是，姐姐和哥哥认为她是外国人，公开表示不接纳她。他们到处扬言："上帝并不只是单独与摩西对话，他也和我们说话呀。"弄得摩西很难堪。

　　上帝知道后，召来摩西、亚伦和米利暗。当他们静候在圣幕前时，圣幕上空彩云缭绕，上帝在云彩中降临，对他们说："亚伦、米利暗，你们好好听着，我要告诉你们，摩西不是一般的先知，他还是我最喜欢的好管家，我和他说话，不用幻象，不用谜语，不用在梦中，而是面对面，所有的话都能明说，他还能看见我的形象，你们怎敢反对我最忠实的仆人呢？"上帝越说越生气。

当他们三人聆听完上帝的教诲，俯伏叩拜时，云彩在圣幕上空慢慢移动。突然，米利暗惊叫起来："哎哟，我的手！"他们看到她的手上长满白雾般的麻风，亚伦急忙请摩西向上帝恳求宽恕。摩西心软，在上帝面前为米利暗祈祷，上帝宽容了她，但叫摩西把她关在营外，七天后，才赦免她。

以色列人继续前行，经过遍地是毒蛇的地区时，许多人被毒蛇咬死咬伤，上帝晓谕摩西，铸造一条巨大的铜蛇，高高挂起，用神迹来治邪气，保卫了以色列人的性命。

在以色列人接近约旦河时，他们的敌人因惊慌而更加猖獗了。传来许多恐怖的消息，一时，营地里谣言四起，纷纷传说前面有个吃人的巨人国。其实，这些巨人是住在当年亚伯拉罕农场的亚衲族人，正是摩西要收复的地方。摩西在12个部落中各选一人，组成调查小组，前往侦察，了解那里的国家、风土、民情、物产等情况。

40天后，侦察小组回到巴兰旷野的加低斯，向摩西和亚伦汇报。约书亚和迦勒还带回来一大堆葡萄、一些石榴和无花果，这是他们在以实各谷找到的水果，因为那时正是水果成熟的季节。他们报告统帅说："那地方的确富饶，到处都是奶和蜜，但当地人非常强悍，城墙也十分坚固，不打几场硬仗是得不到的。"但他们信心十足，认为以色列人一定可以战胜敌人。

可是，其他几个侦察员回来后，却四处传谣，散布恐怖悲观情绪，说那个地方的人高大强壮，物产只够养活当地人，以色列人不是他们的对手。

谣言使那些不愿忍受饥饿、酷热、蚊蝇叮咬的百姓动摇了，他们一听说又要面对凶狠的赫人、耶布斯人、亚摩人、迦南人和亚玛力人，便惊慌惧怕，个个垂头丧气，认为这次只有死路一条了。在领导层的一些动摇分子也里应外合，又叫又嚷，公开煽动百姓再回埃及，弄得人心大乱。摩西、亚伦和约书亚站出来劝阻，也无济于事，人们的情绪波动不止。

上帝勃然大怒，他从圣幕顶上大声训斥以色列人不忠，一直在违背他的意志。为了惩罚他们，上帝判处这一代人都不许进入美好的福地，要他们在沙漠旷野里漂泊 40 年；只有他们的后代，才可以到流着奶和蜜的地方去。

上帝的判决，并没有平息以色列人的叛乱，利未支族有个名叫可拉的野心家，出面联合大坍、亚比兰和安等 250 个有威望的领袖，组织了一个阴谋集团，反对亚伦做祭司，他们说："我们都是上帝的子民，你们凭什么抬高自己，贬低我们呢？"

摩西诚恳地邀请他们对话，他们坚决不从，说："你们领大家走出富饶的埃及，来到沙漠中受苦挨饿，还要当官做老爷管辖我们。说是带我们到流着奶和蜜的地方，其实是一个大骗局！"

摩西只好对可拉说："明天，你和同党的 250 人，带着香炉一起到圣幕门口去吧。"

第二天，可拉带着他的同党们，整队立在摩西和亚伦的对面，他们的妻儿都出来站在自己帐篷门口。这时上帝显灵，叫群众快快散开，离这些人和他们的帐篷远一点。摩西当众宣布他们的罪行后，只见叛徒们脚下的土地渐渐裂开，刹那间，吞没了可拉和他的同谋的家。以色列人吓得哭喊、逃跑。接着，上帝降下烈火，他们的250 个同党全部葬身火海。上帝还降瘟疫，惩罚动摇分子。

这次平叛，死去 14700 人。为了提高亚伦的威望，上帝又吩咐摩西，叫十二支族的领袖，各在一根手杖上写着自己的名字，同时放在约柜里面，第二天，请他们从约柜中拿出手杖。结果，只有亚伦一人的手杖发芽、开花，其他人的手杖依然如故。大家看了，口服心服，各自领回自己的手杖，只有亚伦的手杖，保留在约柜里，作为对叛乱者的警告。

以色列人侦察迦南

平息了内部叛乱，摩西继续领导民众北进。这时，他们离"应许之地"不远了，但摩押的边界挡住了他们的去路，他们先找以东国商谈借路，要求以东国允许以色列军队通过国境，他们保证不踩坏庄稼、不损害民众的利益。以东国严辞拒绝，还派兵阻止，两军相对，自然恶战一场。迦南南部的亚拉得王听说以色列人来了，立即紧急策划，出兵狙击，经过激烈战斗，双方伤亡惨重，以色列人险胜亚拉得王。这两场战争，使他们感到迦南人民确实强悍，不能贸然进攻。从此，他们暂停北进，不再与其他国家发生冲突，而是在加底斯安营扎寨，养精蓄锐。

加底斯是寻和巴兰旷野之间的重镇，进可攻，退可守，周围是空旷的草地，可以放牧。以色列人在这里驻扎了整整 38 年。这 38 年里，他们依靠游牧、经商，经济上富裕起来。同时，他们在与贝都因人多次的交战中，也积累了不少战斗经验。

经过锻炼和整训的以色列人，队伍更加壮大和坚强了。

* * * * *

本篇选自《旧约·民数记》第 11～21 章，记述摩西整编队伍之后，率众流徙沙漠，进入巴兰旷野，继续前进中所遇到的艰难险阻和内外冲突。其中，"摩西家族的内部纠纷"、"12 探子侦察迦南"、"可拉、大坍、亚比兰的叛乱"等故事是主要部分，情节曲折而生动。

探察迦南的故事有其历史价值，它记载了以色列人流徙旷野 38 年（故事中为 40 年）的原因，赞扬了约书亚和迦勒，力排众议，鼓励以色列民众勇往直前。日后约书亚成为摩西的"接班人"。

可拉等人的反叛事件是争夺宗教领导权的斗争，可拉谋夺祭司职务，被天火焚毁；大坍和亚比兰攻击摩西，都遭到地口吞噬的严厉惩罚，摩西和亚伦的领袖地位从而得到巩固。在后世，"可拉党"喻指"叛乱集团"。

巴兰骑驴遇天使　摩西壮志有人酬

　　经过锻炼整训以后，摩西认为时机成熟，可以大举北征了。

　　这一次，他们汲取以往的教训，准备绕开崇山峻岭，迂回前进。正待他们出征时，祭司亚伦在何珥山病逝，这无疑对以色列人是个打击，加上以东等国的包围，他们只好南撤。

　　摩西根据形势的变化，重新布置战局，决定绕过以东国，从南侧和东侧进入撒烈溪安营，再经过刚刚战败的摩押国到达亚嫩河。果然，摩押民穷国弱，无力阻止外族入侵，以色列人长驱而入，顺利通过摩押边界。但横在他们面前的亚嫩河，两岸悬崖峭壁，难以跨越，最理想的方案是从亚摩利国通过。

　　他们向亚摩利国提出要求，骁勇善战的亚摩利国王西宏坚决不允，逼得以色列人无法，只好费极大气力强攻猛打，刀劈西宏，用武力征服对方。接着，他们又北征巴珊国，巴珊国王噩是个闻名于世的巨人，力大无比，勇猛好战，他亲自率领军队与以色列人交战。

　　此时的摩西，已是一个富有战斗经验的首领，他面对强敌，十分冷静，进行周密的策划和部署。他们首先驱逐亚摩利北部名城雅谢的居民，让自己的队伍得到充分的休整，并大力充实装备，最后与噩交锋。经过激烈争斗，杀死噩及其众子，占领了巴珊国。至此，以色列人征服了河东岸所有的国家，并清除了残余的障碍，陈兵摩押平原，作好渡河的准备。

摩押国王巴勒曾是以色列人的手下败将，眼看以色列人兵强马壮，连续征服亚摩利和巴珊两大强国，并在摩押边境集结大军，他考虑到自己国力虚弱，难以武力对付以色列人，终日心惊肉跳，惶恐不安。他想来想去，想到巫术。当时，人们认为有一种魔力附身、口念诅咒的巫师，可以单凭诅咒，轻易置人于死地。于是，摩押国王异想天开，企图依靠巫术取胜。便主动与米甸王联合起来，派使者前去邀请著名巫师巴兰协同作战。

巴勒王的使臣带着酬金，拜见巴兰，说："先生，现有从埃及来的一族人，兵强马壮，铺天盖地来到我国边境，与我们为敌。我王说，你有难以抗拒的魔力，你诅咒谁，谁便倒霉遭殃，因此特派我们来请你出马，诅咒他们，以便我们攻打对方时能够取胜。"

巴兰回答："这事我不能做主，必须请示上帝。我看这样，你们先在这儿住一宿，明天我再回答你们，可以吗？"使者说可以。

是夜，巴兰做了一宿的祷告。

上帝对他说："你不要参与这件事，不要去诅咒以色列人，因为他们是蒙福的。"

第二天早晨，巴兰告诉巴勒的使臣："你们回去吧，上帝不许我同你们合作。"

巴勒听了使臣的汇报，很不甘心，又派级别更高的使臣，带上更多的酬金和珍贵礼品，再次恳请巴兰："我王请你不要推辞，一定要到我们那儿去诅咒以色列人，无论你要什么，我王都会满足你。"

"巴勒就是给我满屋子的金银珠宝，我也不会违背上帝的旨意。"巴兰坚决拒绝，使臣们再三请求，巴兰让他们再住一宿，自己又祷告上帝。

上帝有点生气地回答："你一定要去，你便随他们去吧，不过，你要按我的意思办事。"巴兰答应了上帝，就骑上毛驴起程。

途中，上帝打算用奇妙的神迹，教训一下巴勒和巴兰，使他们敬畏自己。遂派使者阻挡前进中的巴兰。使者拔出刀，威风凛凛地

摩西授权约书亚

站在路当中，巴兰的驴见了，左右回避都不行，便从大路走向田间。巴兰不知内情，认为是驴子在捣乱，就用手杖打驴子，叫它回到大路上；驴子走上葡萄园的路，天使举刀站在葡萄园的窄路上，两边都是墙，驴子无法，只好靠墙边走，墙壁将巴兰的脚擦伤，巴兰感到疼痛，又生气地打驴，叫它继续往前走；天使也向前走了几步，站在更窄的路上，驴子无法通过，只好趴在地上，巴兰发怒，举杖再打驴。

上帝见驴子实在受委屈，就让它开口说话，平日温顺的牲口忽然对主人提出抗议："你怎么能这样对待我呢，我犯了什么错误，要被你接连打三次？"

巴兰气愤地回答："因为你不听我的话，还戏弄我，擦伤我的脚。打你算什么，如果我手中有刀，我还要宰了你呢！"

驴子反驳道："你好好想想，我是从小被你骑着长大的，你说，什么时候我不是你温顺的奴仆，不听你的使唤？"

"没有。"巴兰不得不如实回答。这时，上帝让巴兰的眼睛也明亮起来，巴兰抬头看见天使，正举刀站在路当中，立即翻身下驴，俯伏在地。

天使问："你为什么要打驴？要不是它三次让开，你早就被我杀死了。"

巴兰连声谢罪："我有罪，我有罪，我真的不知道你在这儿立着，如果你不高兴我去那个国家，我立马打道回府。"

上帝说："你不必回去，还是与他们一道去吧，只是你答应过我，一切按我的话办就行了。"巴兰再次许诺上帝，骑着毛驴到摩押去了。

巴勒王听说巴兰到了，亲自到京城迎接，并宰杀牛羊慰劳他。翌日，巴勒王领着巴兰到巴力山的制高点，观看以色列军营。巴兰吩咐说："你就在这里筑七座坛，准备七只公羊和七头公牛。"巴勒王立即照办，在每座坛上献一头公牛和一只公羊。

这时，巴兰看到了以色列人的军营，那是一幅多么壮观的景象啊：以会幕为中心，座座帐篷呈圆形展开，有如众星拱月，雄壮威武，气势磅礴。巴兰暗暗思忖："摩押王引我从东山来到这里，叫我诅咒雅各，咒骂以色列。这可不行，上帝没有诅咒的，我岂敢诅咒；上帝没有咒骂的，我岂敢咒骂！谁能数清雅各的大军？谁能计算他的臣民？我愿如义人之死而死，我愿如义人之终而终。"

他对巴勒说："你就站在燔祭旁，我往前走，上帝定会有指示，我会将他的指示告诉你的。"过了一会儿，他回到巴勒身边，并身不由己地朗诵诗歌：

> 我从峰巅望见他们
> 我从低谷看到他们
> 这是与众不同的国家
> 他比别的国家更蒙福。

巴勒听了有些奇怪，又引巴兰到比斯迦山顶。如同巴力山一样，也筑七个坛，在每座坛上供奉一头牛和一只羊。这里看不到以色列军营的全貌，但巴兰还是不诅咒以色列人。他想："我是奉上帝之命来祝福的，这福是上帝赐予的，我焉能改变。巴勒请我咒诅以色列岂不是太愚蠢了吗，他哪里知道，什么魔法都对雅各家无效。"所以，巴兰不管马勒，仍然口中念念有词，说的是祝福语：

> 看万能的上帝
> 成就更大的伟业

巴勒忍不住，责问巴兰："你这是怎么啦，你不诅咒以色列人也罢，为何还要在我的地方祝福他们呢？"

巴兰回答："这是上帝的旨意，我必须转告你。"

巴勒无法，又带巴兰去到昆珥山，同样筑坛供奉牛羊，巴兰还是一如既往，祝福以色列：

> 你的帐篷何其华美
> 啊，雅各
> 你的圣幕何其壮丽，
> 啊，以色列。
> 祝福以色列的，
> 一定蒙福！
> 诅咒以色列的，
> 一定遭殃！

巴勒气愤地冲着巴兰喊道："罢了！罢了！你别弄错了，我召你来是诅咒以色列的，你却三次为我的仇敌祝福。现在，你请回吧，我无法酬谢你。"

巴兰回答："我早就声明过,即使你送我满屋子的金银珠宝当酬金,我也决不违背上帝的旨意。"

巴兰慑于以色列的军威和上帝的神权,身不由己地变诅咒为祝福。他被摩押王斥退后,一直耿耿于怀。当以色列和平占领摩押和米甸,并与他们和平共处时,巫师巴兰从中挑拨,让摩押和米甸的女子勾引以色列男子,败坏军心民风,上帝发怒,降下瘟疫,处死2万多人。

摩西征服了约旦河东岸各国之后,安营在摩押平原。这时,从埃及出来的人都按上帝的旨意死在旷野,只有最年轻的迦勒和约书亚还活着。摩西选定约书亚为其接班人,郑重授权约书亚。

已经120岁的摩西,自知不久尘世,再也无力领导以色列人进入迦南福地了,他洋洋洒洒发表了三次长篇演说,回顾40年流浪旷

摩西死在群山中

野荒原的经历，劝诫人们遵从上帝的旨意，严守立约戒律，吸取教训，进军迦南。演说词文情并茂，成为古希伯来修辞学的典范。最后，他又唱了一首长歌，赞颂永生的上帝、祈祷以色列繁荣昌盛，祝愿各部族人民幸福安康。

告别了以色列民众，摩西独自一人登上尼波山顶的毗斯迦峰，上帝在那儿接待了他，指着约旦河对岸的迦南大地给他看，并告诉他："摩西你看啊，那就是流着奶和蜜的地方，也是我曾起誓应许亚伯拉罕、以撒、雅各之地，我必将会赐福予他们的后代，现在，你只能看见却不能去了。"

面对可望不可及的天国乐土，摩西心潮起伏，思绪万千，欣慰与遗憾之情滚滚而来，交织闪现：他虽然历尽千辛万苦，终于完成了自己的历史使命，并为以色列人选择了继往开来的新一代领袖。但是，他却不能与民同乐，共享即将到来的胜利和幸福，不能亲自踏上为之奋斗一生的迦南福地。

摩西在埃及、米甸、旷野各度过40年，此时，他在毗斯迦山顶秘密地结束了自己轰轰烈烈、波澜壮阔的一生。上帝将他葬在摩押地伯毗珥对面的山谷中，他的坟墓无人知晓。

以色列人失去了自己尊崇热爱的领袖，全国民众沉浸在无限的悲痛之中，为追悼摩西，他们整整痛哭了30天。从此以后，约书亚正式担任领袖，继承先烈遗志，领导以色列人向迦南福地进军。

*　　*　　*　　*　　*

本篇选自《旧约·民数记》第22～24章，《旧约·申命记》第31～34章。主要讲述巫师巴兰骑驴遇天使，作歌礼赞以色列，以及摩西逝世之前发表长篇演说，缅怀战斗的历程，为以色列人祝福。

关于巴兰和巴兰的驴的故事，给后世留下了精当而寓有深意的谚语和典故。如"巴兰"喻指"言不由衷的人"、"心口不一的人"，颇有讽刺意味；"巴兰的驴"，喻指"比主人还聪明的人"，内含"神通"之意；"巴兰的诅咒"，喻指"事与愿违"、"弄巧成拙"、"结果与动机相反"。马克思的《〈资本论〉第三卷增补》中曾引用此典，讽刺意大利庸俗社会经济学家洛里亚·阿基尔。英国作家哈代在长篇小说《还乡》中，也曾引用此典，借此批评那些"言不由衷"的人。

妓女窗口飘红绳　声震城塌威名扬

摩西怀着欣慰和遗憾离开尘世，他的得力助手约书亚继任统帅。以色列人组成了 4 万人的强大军队，他们开始横渡约旦河，攻击耶利哥城，夺取新家园的激烈争斗。

新任统帅勇敢机智，为人忠厚，办事谨慎。当大军横渡约旦河，进入敌战地前，他就精心策划，在什亭村建立总部，指派两名侦察员赶赴耶利哥城，刺探军情，摸清地形，窥视民心，以便稳扎稳打。

耶利哥城是迦南地区的重要枢纽，对于以色列的攻击，早已严阵以待。两名侦察员偷偷混进城里，到处找人了解群众生活情况，观察城墙厚度，探听军队设施……快到天黑，正待他们打算溜出城时，不料被人发现，遭到追捕，慌忙中躲进妓女喇合家里。

喇合喜欢广交朋友，颇有江湖义气，见他俩情急，就安排住在自己家中，热情招待他们，什么事都不过问。国王下令全城搜捕，她便带着他们爬上房顶，藏在麻秆堆里。

搜查的士兵来到妓女门前，使劲地敲打大门，大声喝道："开门，快开门！我们奉命捉拿以色列的奸细！"

喇合机灵过人，早就看出那两个投宿的人决非等闲之辈，听到敲门声，她不慌不忙打开门，搜查士兵一拥而入，询问她："有人看见两个以色列人进了你家门，现在，他们藏在何处？"

帮助犹太人攻城的喇合

　　她镇定自若地回答：“是呀，的确有两个陌生人到我这儿来过，天快黑的时候，他们就走了，我并不知道他们从哪儿来，往何处去。我看，你们还是快去追赶吧，说不定能够追上呢。”

　　搜查士兵并不听她说的话，满屋子翻箱倒柜的找人，结果什么也没发现。他们又爬上屋顶，看见到处都堆着麻秆，认为住在这里的人，户户屋顶都晒着麻秆，是当地的一种习惯，所以动也没动一下，就下楼离去了。

　　搜查士兵一走，喇合便找来一条鲜红的粗绳，急急忙忙爬上屋顶，对两人说：“从国王全城搜捕的行动和你们着急的情况来看，我已经知道你们是什么来历了。其实，我早听说你们的民族一路打胜仗，攻破耶利哥城是迟早的事了。如果你们能发誓，破城时能保全我和我父母兄弟姐妹的性命，我一定用这根红绳救助你们。”

　　两人听了，立即发誓，并告诉她：“一旦攻城成功，只要你把这条红绳子系在窗口，我们的军队便知道你是朋友，一定会善待你们，保全你们全家的性命。”两个侦察员以此来感谢她的救助之恩。

　　双方谈妥，等到天空漆黑一团时，喇合轻手轻脚，将红绳系在屋檐上，把两人吊到僻静的大街上，并嘱咐他们：出城后，不能马上往河边跑，要看看有没有被发现，如果被发现，就要逃到山上躲几天，再寻找机会渡过约旦河。"

　　果然，他们刚出城，来到一片开阔地时，便被守城的士兵发现了。两人记住喇合的话，拼命往山里跑，躲藏了三天，才瞅机会过河。他俩返回营中，一五一十地向总部汇报了全部经过和获取的情报。

　　约书亚听说耶利哥城的居民人心惶惶，都害怕以色列人攻城，便决定抓住战机，立即渡河攻城。他一面吩咐祭司将珍藏在圣所里的约柜抬出来，一面动员全军说："耶和华上帝又要向世人施展神迹了，你们都要洁净身体，振奋精神，跟随上帝去打击敌人！"

　　约书亚一声令下，集合在约旦河畔的大军整装待发。祭司们拿起金杠，穿进约柜四角上的金环，抬起约柜，走在以色列军队和众

约书亚的胜利

民的前面。上帝支持他们，当祭司抬着约柜走到约旦河岸时，约旦河上游的水突然停住，波涛汹涌的约旦河平静下来，形成一堵有水墙的陆地。祭司们便抬着约柜下河，站在河中间，让士兵们全部沿着这条干涸的河床通过，安全抵岸后，他们才抬着约柜上岸。待他们刚刚离开河床，河水又回流过来，大浪滔滔，汹涌澎湃。

约书亚走到河中时，找来十二个支派的代表，叫他们每人在祭司站过的地方捡一块石头，上岸后，在地上摆成圆形，作为以色列人过约旦河的永久纪念。

以色列人过河后，就在耶利哥东边的吉甲安营，正好碰上"逾越节"，他们在营地欢快地度过自己的传统节日，恢复了多年没有执行的割礼。第二天，他们吃了当地的无酵饼和烘烤的谷子，正是从这天起，天上再也不降落以色列人吃了40年的"吗哪"了。

军队得到充分的休整，一切准备就绪，约书亚就按上帝的旨意，宣布攻城开始。

但耶利哥的城门紧闭，戒备森严，城墙又分外坚固，没有人能进出城门，硬攻不可取。约书亚焦急地来到城门，低头沉思，猛然发现一个雄伟高大、手持大刀的人站在面前，他急忙问："你是何人？"

那人回答："我是万军统帅耶和华。"

约书亚立即俯伏下拜："子民听候你的吩咐。"

上帝在约书亚的耳边如此这般地下达了旨意，然后，消失得无影无踪。在上帝的晓谕下，约书亚进行了周密策划，一个奇特的场面出现在眼前：

浩浩荡荡的以色列队伍出发了。带兵的将领走在最前面；后面是七个祭司拿七把羊角号，一边走一边吹；接着是祭司们抬着的约柜；其他百姓跟随约柜前行。约书亚指挥人们绕着城墙走，他吩咐众百姓说："你们要听我的话，不要随便喊叫，不可出声，连一句话也不能说，等到我命令你们喊叫时，你们才可以放开嗓门大声呐喊。"大伙儿听命，默默地跟随着大队绕城走一周，走完一圈，大家回营

以色列人攻占耶利哥城

住宿。

第二天清晨，祭司们抬起上帝的约柜，众人又默默地跟随其后，绕城走一圈。一连六天，天天如此。到了第七天清晨，他们又绕城行走，这次绕了七次。到第七次时，约书亚对百姓们说："我要命令大家呼喊了，上帝已经将这座城池交给了你们，他要让这城里所有的一切全部毁灭，在他面前化为灰烬！只有妓女喇合与她的家人要保护，让他们存活下来，因为她曾经救助过我们，为我们攻城立过功。我还要大家注意的是，不准拿应该毁灭的物品，它会受到诅咒，给全营带来灾难；唯有金银铜铁制品是圣物，要归于上帝的库中。现在，我命令：上帝的子民们，你们高声呼喊吧！"

于是，众百姓异口同声，齐声高喊，将他们积蓄了六天的气力，一股脑儿地全喊出来，声音高昂洪亮，和着祭司们吹奏的羊角声，有如排山倒海。只听得"轰隆隆……"城墙应声倒塌，全军战士在呼喊中奋勇冲锋，杀死城里的男女老少和牲畜。

约书亚遵守诺言，吩咐两个侦察员把妓女喇合一家接出来，安置在安全地带。又命令将全城的金银铜铁制品全部运出，然后，放火烧城，名城耶利哥在熊熊燃烧的烈火中毁灭。

胜利攻克耶利哥城的神奇壮举，很快传开，约书亚的威名也随之远播，到处传颂着他和以色列人的英勇事迹。

* * * * *

本篇选自《旧约·约书亚记》的第1～6章，记载摩西的继承人约书亚率领以色列人进入迦南之前，渡过约旦河、攻陷坚固的耶利哥城的奇迹。在进攻迦南的战斗中，耶利哥城具有重大的战略意义，攻陷此城是征服迦南的第一战役。在这一战役中，约书亚表现出智勇双全的英雄本色和卓越才能。据学者考证，早在远古就有耶利哥城倒塌之说，《圣经》的记载，将这一传说巧妙地移入约书亚的功绩之中。

这里的故事富有神奇幻化色彩，语言文字极其夸张，接近民间口头讲唱的原形(包括后续一系列故事)。其中，"喇合的红线绳"、"祭司的羊角号"(或"约书亚的羊角号")、"众民的呐喊声"、"耶利哥城墙应声倒塌"等，常被马克思主义经典作家和文学家作为典故运用到著述与创作中去。马克思在《路易·波拿巴的雾月十八日》中评论民主党人指出，他们是相信使"耶利哥城墙应声倒塌的喇叭声音的力量的"，他们站在"专制制度墙壁"面前时，就力图重视"这个奇迹"。17世纪英国作家班扬在寓意讽刺小说《天路历程》中，称以谎言骗走追兵的喇合为"虔诚的撒谎者"。

灾难谷里砸亚干　日月停转克迦南

充满胜利喜悦的以色列人，在约书亚的统帅下，向第二个目标——艾城进军。

艾城是一个小城，约书亚听侦察员汇报说，小城里大都是老人和幼儿，青壮年不多，征服他们并不难，只要 2000 多人马就足够了，无须大动干戈。

约书亚放松了警惕，仅派出 3000 个士兵前去攻城。谁知，艾城人民虽被邻城耶利哥的遭遇震惊，但誓死不愿当亡国奴，他们奋勇抗战，拼命反击，致使以色列人伤亡惨重，全线溃败。

进军艾城一败涂地的事实，使约书亚和长老们感到吃惊和羞愧，他们悲伤地撕裂衣服，头上蒙灰，俯伏在约柜前长跪不起：忏悔、祈祷、乞求上帝解释缘由。

直到傍晚，上帝才回答说："因为有以色列人对我不忠，违背我的命令，私自隐瞒了必须毁灭的战利品，犯了罪。只有查清这一罪行，把赃物烧毁，才能消灾除祸，赢得胜利。"

第二天，约书亚大清早就起床，集合所有的残兵败将，要求犯罪的人站出来自首。可是，罪犯抱着侥幸心理，不愿承认错误。约书亚见没有人认罪，很是生气，就一个支族、一个家族的查问。结果，查出这些坏事是撒底家族中一个叫亚干的人干的。

智取艾城

在铁的事实面前，亚干不得不招供："我拿了一件很漂亮的外衣，大约两公斤重的银子，还有大约半公斤重的金子。"

约书亚派人搜查他住的帐篷，把搜查出来的赃物、牛羊、帐篷，连同亚干本人以及他的家属，都集中在一起，让民众按以色列的传统，用石头砸亚干和他的家人，烧毁所有的东西，并将石头堆在亚干的尸体上。大家给这个地方取名"灾难谷"。直到如今，人们还沿用这个地名。

上帝知道约书亚惩治了罪人，才平息了怒气，鼓励约书亚再攻艾城。这一次，约书亚挑选了 3 万精兵强将，连夜出发，他让一部分人埋伏在城外山区，自己领着一部分人直冲城门。

守城部队见攻城的人少，以为是前几天的败兵，便打开城门，出来迎战。约书亚佯装战事失利，转身往山区飞跑。守城部队紧追不舍，到了一个狭隘的山口，约书亚停下来，摇动绑在长矛上的布片。霎时，喊声四起，杀声震天，伏兵跃出战壕，个个如同猛虎下山，迎着敌人挥刀斩首。

艾城人腹背受击，遭到惨败。以色列人乘胜进城，见人就杀，见房就烧，那天晚上，迦南上空一片火光。以色列人宣布：从此，迦南土地全部属于以色列，谁胆敢反对他们，就是违抗上帝旨意，上帝的子民定会严惩不怠！

以色列的强大攻势，使约旦河西边的山地、高原和平川地带的国家深为忧虑，他们想团结起来，共同对敌。可是，事情并不是他们想象的那样简单。

耶利哥附近有个基遍城，国小民穷，不是以色列的对手，于是，他们企图施用诡计来瞒过以色列人，求得自身的安全。

一天，黑夜刚降临，有几个陌生的汉子来到以色列营地，求见约书亚。他们声称是基遍的使者，走了好几天的路程，是专程来拜见统帅的，约书亚不得不接见。当他看到来人个个精疲力竭，满面尘土，穿着的旧衣破鞋上沾满泥沙，随身携带的一点点食品也发霉了，便问："你们从哪里来？"

他们有气无力地回答："是从遥远的基遍城来，我们差一点累死在路途中。我们的首领说，我们全城人都希望同你们和平相处，订立永远和睦的条约。这是因为我们听见上帝为你们所做的一切，甘愿做你们的盟友。"并一再强调，同千里以外的城民相交往，没有利害关系，是很好相处共存的。

约书亚信以为真，没有求问上帝就与基遍王立约结盟，起誓保全基遍城和全体居民的生命安全。立约之后，以色列人发现基遍城并不遥远，离他们仅有三天的路程，而且正是他们进军的必经之地。约书亚感到上当受骗，非常气恼，但自己又不能违背神圣的誓言，便愤怒地宣判：基遍人永远是以色列人的奴隶。从此，基遍人失去了自由，只能无偿地为以色列人挑水劈柴，干活当苦工。

耶路撒冷王亚多尼洗德听到基遍人与以色列人订立了和约的消息，很是气愤，要狠狠地教训这些屈膝投降、苟且偷生的人，他与希伯伦王、耶末王、拉吉王和伊矶伦王结盟，联合进攻基遍。

基遍人求救以色列，约书亚当仁不让，立即派遣援兵，奔赴基遍与五国联军作战。结果，联军溃不成军，丢盔卸甲，仓皇逃窜。途中又遭冰雹袭击，砸死砸伤的人更多。

遭受惨败的五个国王，躲藏在玛基大的山洞里，很快被追击残

士兵们拖出五王打翻在地

兵败将的以色列人发现。他们便用大石块堵住洞口，待夺取全胜后，再来处置五王。

这时，残余的联军看看天色已晚，便停下来，作顽强的抵抗。他们认为只要坚持到天黑，就可以乘黑暗逃生了。

为了全歼联军，不让联军乘黑夜逃亡，约书亚仰望苍天，求助上帝，他高呼："日头啊，你要停在基遍！月亮啊，你要止在亚雅仑谷！"这样就能延长白天的时间，有利以色列军队继续攻打追击敌人。

上帝显灵，立即命令日月停止转动，使以色列军队借助日头，乘胜攻击，穷追猛打，大获全胜。

这时，约书亚派人推开石头，带出困在山洞内的五个国王，召集自己部族的首领，要他们用脚踏五个国王的颈项，以示彻底胜利。他对首领们说："不用惊慌，不要害怕，要勇敢刚强，相信上帝与我们同在，任何与我们作对的敌人，都会落得如此可悲的下场。"然后将五王绞死，尸首分别挂在五棵树上示众，以惩罚反贼，鼓舞士气。

约书亚杀死五王后，又率军攻打玛基大、立拿、拉吉等迦南各国，以色列军队节节胜利。这消息传到夏琐王耶宾那里，夏琐王急忙与玛顿王、伸仑王、押煞王，以及北方山地的一些国王结成新的联盟，要与以色列人决一死战。这是一支庞大而又强大的队伍，他们人数之多，如同"海边的沙粒"，并且，粮草充足，车马众多，装备精良，指挥有素。新联军在米伦水边摆开战场，气势汹汹地向以色列人宣战，志在必夺。

面对这样的劲敌，身经百战的约书亚镇定自若，因为除了以色列人的坚强勇敢，还有万能上帝的晓谕。上帝一面鼓励约书亚沉着应战，一面指示他"用利刀砍断敌人坐骑的蹄筋，用火焚烧敌人的车辆"。

约书亚听从上帝的战术指导，带领全军战士砍马烧车，击杀敌军，攻城灭邑，斩了各地的王，缴获了大量的战利品。他们以摧枯拉朽之势，雷霆万钧之力，攻克各地城池，征服迦南诸王，大军长驱直入，全面占领迦南。

* * * * *

本篇选自《旧约·约书亚记》第7～12章，记述约书亚率领以色列人在艾城之役的初期失利，惩罚私藏战利品的亚干后攻陷艾城；继而挥师南下，大败亚摩利人生擒五王，攻破联军，占领南北诸城，最后征服迦南全境。

据考古研究，"艾城"（含"荒堆"之意）系迦南中部古城，于公元前1200年以后才有人烟，由此断定，约书亚于公元前1200年之前攻陷的并非此城。不过，《圣经》中常有虚构性的传说，仍有现实意义，如后人将"亚干的罪"转喻为"贪赃枉法"。约书亚率领队伍进攻迦南，如不严肃军纪，那是很难克敌制胜的。

故事夸张地宣传，约书亚使太阳停止在基遍，并使月亮停止在亚雅仑谷，后世人认为这是"犹太人的天文神话"，不必信以为真。马克思称赞哥白尼丝毫没有因为这则"天文神话"而感到"惶惑不安"。

划分土地建家园　逃城避难无冤魂

　　约书亚胜利完成老一辈交给他的任务：自他带领以色列人横渡约旦河以后，激战数年，斩杀了 31 个王，夺得了迦南的土地，使以色列人成为迦南之地的主人。但他年事已高，再也不能带兵打仗了，他遵照上帝的旨意，将土地划分给以色列各支派。

　　上帝对以色列人的所有承诺必将应验。当摩西知道自己不能进入应许的福地之后，曾把迦南的全部土地划分给了以色列十二支派。约书亚进入迦南后，他考虑到划分土地的有关问题，对摩西的划分法作了重新研究和确认，尽力做到公平合理，避免各支派因分地而引起争吵和混战。

　　约书亚依据上帝的指示，结合实际情况，将最南边与以东交界的土地分给犹大家族，从中划出一小块土地，也就是希伯伦，分给当年与他同去侦察迦南的迦勒。迦勒进入领地时，看到那里有外族亚衲人居住，就宣布："谁能赶走亚衲人，我必将女儿许配他。"他的侄子俄陀聂站出来揭榜，赶走了亚衲人。迦勒履行诺言，收俄陀聂为乘龙快婿，一时传为佳话。约瑟的两个儿子玛拿西和以法莲的领土，分在犹大的北面。另外划分了七片土地，由七个家族在上帝面前抽签而定，约书亚任总监。

　　便雅悯族抽到第一签，分得犹大与约瑟之间的土地；西缅族抽

用抽签的方式分封土地

到第二签，分得犹大偏南的一块土地；西布伦族抽到第三签，分得约瑟北面的土地，共12城和属城的村庄；以萨迦族抽到第四签，分得约瑟北面的土地，共16城和属城的村庄；抽得第五、第六签的是亚设族和拿弗他利族，分得的土地在最北面，左右并列；剩下的最后一签是但家族的，领土在犹大的北面，后来但攻下利善，大家同意把利善的土地也归于这个家族。据上帝的意思，利未支派专施全族的祭司，为祭司家族，肩负天地为业的重任，他们不作为一个支派参加划分整片土地，只是分散在迦南全境的48个城邑及附属的郊野。

在分散的48座城邑中，有六座是避难城，又叫逃城，这是古代以色列民族为误杀人者所设立的避难之处。当时，以色列人的律例中有一条规定："以眼还眼，以牙还牙，以命抵命。"意思是说，不管是因为什么原因，一个人如果伤害了另一个人，受害者或亲属，都有权采用同样的行动报复或处死对方。为了保护误杀者的生命和辩解权，与此同时，摩西律法还规定：无论是本国人或外邦人，凡属误杀人者，都可以跑进逃城避难，躲避复仇者的追杀。躲进逃城的人由城中长老管理，当众审判，一经查证核实，确有杀人动机的就交当事人处理或处死。如若纯系误杀，逃城就把此人保护起来，等大祭司死后，此人方可安然返回原地，任何人都不可追究或处死他。

据说，有两个要好的年轻邻人，结伴上山伐木，其中一人的斧头没有安结实，又用力过猛，不知不觉斧头从木把中突然脱开，飞落下来，正巧打在另一人的头上，把人砍死了。死者亲属闻讯赶来，极度的悲伤使他们丧失理智，想说清事实真相是不可能的了，狂怒的死者亲属要砍死他以偿还亲人性命，按律例这是完全合法的，可是对于误杀人者来说，就死得太冤枉了。这个误杀人者吓破了胆，立在原地不动，经人提醒，他方才觉醒，拔腿飞跑，躲到离他最近的逃城避难。根据摩西律法有关规定，死者亲属只得隔城相望，怒火中烧了。后经审判，此人并无杀人动机，确系误杀，长老便让此人在逃城住下来，直到现任大祭司死了，新一任大祭司继位，这个蒙冤的年轻人才回到自己的故乡，被杀者的亲属无话可说，再也不找他报复，让他过上了平安的日子。

摩西曾在约旦河东设立了三座逃城，即比悉、拉末和哥兰，约西亚又在约旦河西设立了三座逃城，即基低斯、示剑和希伯伦，以保护误伤人命的好人。

征服迦南大功告成，约书亚不忘敬奉上帝，他在示罗兴建圣幕，成立了以色列民族新宗教的中心。他不忘以色列各派的功劳，为各部落分疆划地。从这时起，在荒原旷野流浪40年的以色列人，终于有了自己的家园，像祖辈一样，过着放牛牧羊的简朴生活。

刀枪入库，马放南山。约书亚欢送流便、迦得两支派和玛拿西半支派的同胞，胜利返回自己的领地，热情祝福将士及其亲属幸福吉祥。

想当年，约书亚积极作渡河攻城的准备时，令流便、迦得两支派和玛拿西半个支派的战士作为战斗先锋，提前渡过约旦河，还要在河西与族人并肩作战。约书亚明白，要实现这一战略部署是不容易的，因为摩西生前已经把约旦河东岸所征服的土地划分给了他们，现在要他们离开自己的家园，去为征服迦南全境冲锋陷阵，这就必须晓以大义，做好巩固后方，解除后顾之忧的工作。于是，他交代将士们，好好安置妻子儿女，又吩咐属下好好照顾将士们的亲属，使两个半支派的将士及亲属十分感动，他们对关爱自己的统帅说："只要你一声令下，命令我们做什么，我们就做什么。谁胆敢不听从你的指挥，违背你的命令，就处死谁。"这两个半支派和其他支派一起，跟随他出生入死，如今，胜利完成任务，重返家园，这里融入了多少民族兄弟的情义啊！他挥手依依惜别自己英雄的同胞，祝福上帝与他们同在，风调雨顺，子孙发达兴旺。

这两个半支派的将士回乡之时，途中停留在约旦河边，修筑了一座高大的祭坛。迦南这边的以色列人听说此事，十分震惊，以为他们另拜异神，有反逆之心，当场群情激奋，要联合起来攻打他们。但有头脑清醒者，劝说大家先派代表前往调查了解情况，进行必要的交涉。经大家同意，代表们来到约旦河边，质问对方为何要建祭坛、拜偶像，冒犯上帝耶和华？这两个半支派的人听了，连忙解释说："我们怎么可能拜异神邪教呢？修筑祭坛是给后代留个纪念，因为我们中间隔着一条河，日久天长，恐怕后代忘记自己是以色列子孙；也是纪念耶和华上帝的恩泽，表达对上帝的忠诚，并让其世代流传。"

代表们听了，恍然大悟，立即打道回府，向河这边的人说明真相，解散了集结的军队，避免了一场内部的武装争斗。

年迈的约书亚为庆祝胜利，在示剑召开了一个盛大的集会，参加的人有各支派的长老，族长、审判官、官长等。他在集会上虔诚赞美上帝，衷心祝福本族众民，同时告诫喜笑颜开的以色列人，要牢记上帝为他们的列祖和他们自己所做的一切。他满怀崇敬之情，从上帝怎样将亚伯拉罕召出荒凉的吾珥城，领他来到迦南；怎样保佑雅各；怎样差遣摩西带以色列人出埃及，把他们从被奴役的苦海中解救出来；怎样在迦南旷野施神迹，帮他们度过无数次险境和难关；怎样亲自为他们征战，一直讲到现在把应许之福地赐给他们，让众子民耕种自己未曾开垦的土地，居住自己未曾建造的城邑，饱尝自己未曾栽种的葡萄、橄榄和数不尽的鲜果。他号召以色列人抛弃各种异神偶像，敬畏万能的耶和华，虔心侍奉唯一的上帝。

众子民同声回答："抛弃所有的异神偶像，唯独信奉耶和华上帝！"并在示剑立了一块石碑，将这些话刻在上面，以示见证。随后，以色列各支派就返回各自的领地去了。

约书亚胜利完成自己的历史使命后，安详去世，享年110岁，以色列人在沉痛悼念后，将自己敬爱的统帅安葬在他的世袭之地以法莲山上。

　　　*　　*　　*　　*　　*

本篇选自《旧约·约书亚记》第13～24章，讲述约书亚征服迦南诸王之后，依照上帝的旨意和摩西的遗嘱，把地产继续分给十二支派，并对以色列诸首领言说惜别之情。他临终前在示剑发表最后演说，回顾民族发展史，与民立约，永远忠诚于耶和华。

这里的故事和前面几篇关于约书亚的英雄事迹一样，凸现了史诗《约书亚记》的特性：过于夸张和理想化，离史实较远而虚构较多。主人公约书亚形象鲜明，却又按照摩西的作为而予以理想化。其目的当然是为了突出宗教性的主题，英雄的胜利都是上帝的恩赐。

在中世纪意大利诗人但丁心目中，约书亚是一个光辉的人物："在提到约书亚的名字时，我看到一片光芒横过十字架；我还没有听清名字，就已看到那个人。"（《神曲·天堂》）

以笏孤身入虎穴　左手刺杀摩押王

约书亚逝世后，以色列人失去了统帅，群龙无首。十二支派逐渐分裂，各自为政。他们明争暗斗，矛盾重重，致使族内政局不稳，信仰混乱，经济衰退，人心涣散，百姓们无所适从，怨声载道。这样的民族无力抵御外族的侵略，因此多次沦为异族的殖民地。

但每当民族危难之际，总有肩负上帝神圣使命，热爱人民，振兴民族的能人志士横空出世，挺身而出，解救以色列人于水火之中，为挽救民族危亡建功立业，人们尊称他们为"士师"。

"士师"（即"裁判者"、"复仇者"之意）。他们在战时指挥打仗，领导百姓抗敌救国；平时充当司法官，审判案子，管理民众，主持内务工作。是以色列人推崇的宗教、政治和军事的领袖人物。

当时，有些以色列人混杂居住在迦南人、赫人、亚摩利等外族人之中。他们在日常生活中互通有无，潜移默化，无形中受到外族人的宗教和文化的影响，大多违背律法，与外族通婚，叩拜各种地方神灵和偶像，遭到上帝的惩罚，被米所波大米亚王古珊利落田征服，过着被奴役的生活。

痛苦中的以色列人哀求上帝。上帝虽然气他们侍奉外神，背弃自己，但怜惜子民，便降灵在俄陀聂（就是当年与约书亚同往侦察迦南的迦勒的女婿）身上，使其成为"士师"，带兵击败古珊利落田王，使以色列人过了40年的好日子。

可是，过上好日子的以色列人，又渐渐忘掉了上帝的教诲，故态复萌，有的娶外邦异教徒的女儿为妻，有的在原迦南居民中找老婆，这样，就使他们的生活习惯和宗教信仰发生异化，长此以往，他们就抛弃了耶和华，丧失了同生共死的民族感情，相互指责，自相争吵，发生内讧。

消息传到邻国，周边的摩押人、亚扪人和亚玛力人便乘机强占以色列的领土。以色列人又羊落虎口，被当时的统治者摩押王伊矶伦奴役了18年之久，他们在痛苦中呼求上帝。上帝见子民遭受苦难，又有了怜悯之心，就指使以笏站出来拯救众生，打击侵略者，解救被摩押王统治的以色列人。

以笏是便雅悯人基拉的儿子，他富有同情心，乐于助人，因为他习惯用左手做事，人们都喜欢称呼他的绰号"左撇子"。

左撇子在百姓中颇有威望，大家都很相信他，拥戴他。这天，他受以色列人的委托，给伊矶伦进贡献礼。早有救民之心的他，感到机会已到，便思谋出一个除恶的好计划。他不动声色，专门找到铁匠，打了一把短剑，双刃锋利，寒光闪闪。他拿在手上掂了掂，点点头，回到家中，便绑在腿上，藏在罩袍中。然后清点礼品，由下人抬着，一路风风光光来到王府，要求面见国王伊矶伦。

伊矶伦王是个多疑的人，为了安全，他平日很少接见外人，特别是外族人。听说以色列人以笏要面见他，他左右环顾，询问下属，知道是抬着礼物来拜见他的奴仆。他骄傲了，放心了，伸手不打送礼人，况且是进贡呢。伊矶伦同意面见以笏，但还是令手下严格搜身。搜身的卫士根据人们一般用右手的习惯，着重搜查了他的右边，对左边却轻易放过了。

国王伊矶伦在众侍从的簇拥下，高高在上，懒洋洋地坐在王位上。以笏献过礼品，便打发抬礼物的人先走，自己留下，然后上前一步，悄悄地对摩押王说："王啊，我有一个重要的情况，要当面禀报你。"

肥胖的伊矶伦，见到以笏神秘兮兮的样子，以为与内部的叛乱有关，他最害怕有人谋反，所以，立即把以笏带到凉楼，命令左右侍卫："下去，下去，你们回避吧。"他只让以笏单独留下，丝毫也不提防这个左撇子。

待侍卫们退下后，凉楼上只剩下他们两人，以笏这才轻步走近国王，说："我奉上帝旨意，向你禀报一事，请你靠近一点。"还示意地招招手。

国王怕听不清楚，就微微站起身，侧耳细听以笏的密报。

说时迟，那时快，以笏用左手，从腿上拔出隐藏的剑，猛地向国王的腹部刺去，国王万万没有想到，左撇子的行动迅雷不及掩耳，手劲又是如此之大，想躲闪已经来不及了，双刃锋利的剑由前腹直通后背，夹在肥肉中，连剑柄都刺进去了。伊矶伦王一声未吭，就立马一命呜呼了。

早把生死度外的以笏，没有拔出剑，他整理了一下自己的衣衫，镇定自若地关上所有的门楼，走上游廊，悄悄离去。

以笏走出凉楼后，国王的侍卫见楼门锁上了，还以为国王在大便，就立在远处等候。好久好久不见动静，大家都奇怪了，走上前用钥匙打开楼门，进门一看，现场的景象把他们惊呆了：国王倒在地上，腹部插着剑，鲜血从伤口汩汩流满一地。待他们略为清醒，这才吓得魂不附体地放声喊叫："不得了！快来人啊！我王被人行刺了！"

在这一段时间，以笏早已经过凿石之地，逃到了西伊拉，那里是以色列人的军事基地，他决定乘此机会，带领本族民众揭竿起义，推翻摩押人的统治，赶走侵略者。他马不停蹄，健步登上以法莲山地，吹响战斗号角，召集同族兄弟。

嘹亮的号角声响彻长空，成群结队的以色列人从四面八方赶来，集合在以笏的旗帜下。以笏激动地鼓动大家说："族民们，上帝在召唤我们，把仇敌摩押人交到我们的手中，我们要为上帝而勇敢地战斗！族民们，大家随我向前冲吧！"

于是，以色列人举起武器，大声呐喊，跟随以笏一路冲锋陷阵，来到约旦河边，他们在以笏的指挥下，把守通往摩押国的渡口，禁止任何人渡河，以堵住摩押军队的退路。果然，溃不成军的摩押人退到约旦河边，他们见渡口有重兵把守，更加慌乱了，有的跳下水、有的从陆地拼死往摩押方向逃命，以笏和他的族民开展阻击战，一举击杀敌方官兵近万人，制服了强敌摩押国，争得了独立自由。

取得赫赫战功的以笏，被族民一致选为以色列人的"士师"，领导以色列人过了一段太平富裕的日子。

随着时间的推移，以色列的士师一个个衰老，许多坚强的士师，在任期内坚持与侵犯边界的敌人作斗争，因为外来侵犯者多，致使边界战事不断，而且愈来愈激烈，甚至号召妇女参战。

这段时期，大多数战役是发生在以色列人与非利士人之间。这个与以色列为敌的民族，是一支用铜盾铁剑和装甲马车武装起来的队伍，以色列的木盾石矢和弹石竹叉当然不是他的对手，所以，非利士人是当时严重威胁以色列的强敌，他们时常窥视以色列人的动向，以伺机侵略以色列的领土。

在以色列内地，和平安定的生活，使一些以色列人淡忘过去，信仰动摇，道德败坏，战斗力日趋削弱。当士师珊迦刚刚去世时，以夏琐为中心的迦南王耶宾乘机崛起，立即越过边界，强抢牲畜，击杀民众，掳掠妇孺，强占土地，以强大的军事力量，欺压以色列人20年。

*   *   *   *   *

本篇选自《旧约·士师记》第1～3章，主要记述约书亚逝世后，以色列十二支派明争暗斗，多次受到其他部族压迫；在民族危难中涌现了俄陀聂、以笏一类英雄的"士师"，他们是部族或部族联盟的领导人，率领族民和联盟群体对付外来压迫者（迦南土著和非利士人）。

　　故事的主要部分是"以笏刺杀摩押王"。它从侧面反映了当时的部族之间的激烈斗争，即以色列人进入迦南地区之后，与当地的诸部族进行了长期而艰苦的战斗。著名的《圣经》研究专家朱维之先生认为，"以笏刺杀摩押王"颇似我国古籍《战国策》中的"荆轲刺秦王"，前者获得成功，后者失败牺牲。两者之间确实存在着"可比性"，有其同异。以笏和荆轲都是大智大勇的英雄人物，前者充满胜利豪情，后者涂上了悲壮苍凉的色彩。

底波拉智战铁车　雅亿义杀西西拉

　　以笏死后，以色列人又忘记过去，再一次背叛耶和华，上帝一怒之下，把他们交到迦南王耶宾手里，任其制服和蹂躏。

　　耶宾王的强大，主要依靠军事统帅西西拉。西西拉是埃及人，生性残暴，有丰富的军事知识，熟悉新战术和新武器。他建立了一支用马牵引的铁甲车队，在战场上横冲直闯，冲锋时就像快刀斩黄油一般，置对方于死地，使约旦河两岸的王国和民众感到极大的威胁和恐惧。

　　当时的以色列人正是在这个强大的耶宾王的统治之下，过着被奴役的生活。但刚毅的民众不屈不挠，住在以法莲山地的以色列妇女底波拉就是其中的一个。底波拉是拉比多的妻子，具有一种特殊的技能——未卜先知，周围各地的乡亲都信任她，每当遇到出行、出征、经商或婚丧嫁娶等事，都要请她指点。这位女先知常常坐在以法莲山地拉玛和伯特利之间的一棵棕榈树下，接待来访者，传达神旨，辨明是非，处理事务，解答难题。

　　她是一个爱民、爱族的女子，时常鼓励以色列人与敌人战斗，夺取自由和幸福，也暗中物色正直诚恳，能冲锋陷阵的勇士。当她听说拿弗他利部落的巴拉可以担当这一重任时，就派人把他召来，共同商量、策划攻打迦南耶宾王的计划。

底波拉的劝告

见到这位英气勃勃、骁勇善战的勇士后，她建议他充分发挥自己的特长，带兵与西西拉决一死战。她对他说："我的勇士，听着！上帝成全你，让你从拿弗他利和西布伦支族中募集一万人，在基顺河边消灭耶宾的统帅西西拉。"

巴拉听说与西西拉交战，心中有些胆怯，暗暗思忖：西西拉拥有 900 辆铁甲战车，在战场上所向披靡，无往不胜，面对这么强大的敌人，轻率动武，那岂不是鸡蛋碰石头，开玩笑吗？他犹豫了一会儿，回答说："对于西西拉这样的劲敌，光凭勇敢和蛮力是不够的，还需要你的智慧配合，如果你答应去，我就去，如果你不想去，我也不去了。"

底波拉认为自己肩负人民的重托，应该亲临战斗第一线，便满口答应，对他说："好吧，我们一起去。不过，我要告诉你，这次战斗如果打了胜仗，大家不会归功于你，而是记在我的功劳簿上哟。至于西西拉嘛，也不用你动手，上帝已将他交给一个柔弱女人的手里了。"

巴拉半信半疑，但他是条汉子，说干就干。他很快集合族人，率领一万以色列青壮年，急行军奔赴战场，来到他泊山，放出风声说，"我们反了，从今往后，再也不服从迦南耶宾王的命令了！"

情报传到耶宾王那里，他暴跳如雷，决定大动干戈，打击以色列人的嚣张气焰。他传令西西拉，调动900辆铁甲战车，还动员所有的军队，从夏罗开往基顺河。900辆战车在耶斯列平原上，威武雄壮地摆开战场，准备迎战从他泊山下来的以色列人。

敌强我弱的阵势，使以色列处于不利境地。这时，上帝伸出援助之手，命令上天下雨，于是，"哗啦啦"的倾盆大雨落到地上，很快浸透了土壤。底波拉和巴拉见了，喜出望外，立即抓住战机，指挥军队发起攻击。在嘹亮的号角声中，以色列军队有如猛虎下山，扑向敌阵。

敌人万万没有想到，以色列人会在瓢泼大雨中冲锋陷阵，一时措手不及，慌乱一团。西西拉命令900辆铁甲战车全部出动，谁知，西西拉自命不凡的铁甲战车，在稀烂泥土中越陷越深，最后陷在泥泞之中不能自拔。顷刻，敌军阵脚大乱，将士纷纷逃命。被老天挫败了的西西拉，锐气一落千丈，他在不得已的情况下，只好弃车步行逃跑。底波拉见状，急忙发起总攻。主将巴拉冲在最前面，他集中兵力消灭敌军和铁甲战车，带领以色列勇士，穷追猛打逃跑的敌军，直至夏罗。此时，西西拉全军覆没。

西西拉在逃跑时，不禁大汗淋漓，全身酸痛，从来养尊处优的他，再也跑不动了。当他逃到与耶宾王要好的基尼人希伯家时，已经精疲力竭，惶惶然如同丧家犬。

希伯不在家，希伯的妻子雅亿接待了他。她早已听说战事，立即认出这个头戴金盔，垂头丧气的外国人，是迦南王耶宾的军事统帅西西拉。她不动声色，有礼貌地把他让进帐幕，给这位不速之客敬奉茶水，请吃食物，看他疲劳至极，便劝他躺下休息。

西西拉担心以色列人追来，雅亿答应他："啊！统帅，请你放心好了，如果有人追来，我一定叫醒你，帮你逃跑。"

西西拉看她身材纤细，体质羸弱，性情温柔，言语和善，又是耶宾王的好友之妻，打心眼里信任她，对她说的话深信不疑，倒头便沉沉入睡，不停地打着呼噜。

雅亿见他睡熟，便悄悄拿来一把小锤子和一颗钉帐幕用的钉子，对着西西拉脑袋上的太阳穴钉去。就这样，西西拉连哼都没有哼一声，糊里糊涂地在睡梦中死去了。

战事结束，巴拉打扫战场，没有发现西西拉的尸体，急忙带着士兵沿途搜查，当他的人马追赶到希伯的帐篷时，雅亿笑脸盈盈，出门迎接，恭敬地对巴拉说："将军请进，看看这个人是不是你们要找的。"巴拉跟进屋，眼前出现的，竟是不可一世的军事统帅西西拉的尸体，头上还钉着一颗大钉子。

以色列人干净彻底地铲除了西西拉和他拥有的 900 辆铁甲战车，狠狠地打击了迦南王，耶宾大伤元气，不久也被以色列人制服。

在城西，有一个贵妇人正坐在窗前等待西西拉，那便是西西拉的母亲，她自言自语：今天，我儿的战车怎么迟迟未归呢？也许他们打了胜仗正狂欢哩，也许每人分得好几个姑娘正嬉戏哩，也许他们正在分发战利品哩，也许……然而，这个杀人不眨眼的刽子手再也不能回到母亲身边了。

胜利后，底波拉和巴拉作歌赞颂上帝：

> 要赞美耶和华！
> 以色列决心作战，
> 人民自愿从军。
> ……
> 我看见以色列的首领献身报国，
> 心中多么喜乐！
> 你们要赞美耶和华，
> 骑白驴的、坐马鞍上的、步行的都要传扬。
> 听啊，在井旁打水的妇女传出欢呼！
> 她们在述说耶和华的胜利，

雅亿杀西西拉

她们在庆祝以色列的凯旋。
耶和华的子民走向城门欢呼，
底波拉啊，兴起！奋发！歌唱！勇往直前！
亚比娜庵的儿子巴拉啊，奋起！
带走你的俘虏，忠信你的人走向他们的首领，
耶和华的子民集合在他面前准备作战。
……
耶和华啊，愿你的仇敌都这样灭亡！
愿你的朋友都像东升的旭日！

人们骄傲自豪地高唱《底波拉之歌》，拥戴底波拉当士师，在底波拉的领导下，以色列人又享受了40年太平安定的日子。

* * * * *

本篇选自《旧约·士师记》第4～5章，记述女先知、女士师底波拉召来大将巴拉率领以色列人击败并制服迦南王耶宾的经历，其中，信守本族与以色列结盟的雅亿钉死迦南大将西西拉和"底波拉之歌"为全篇最精彩的部分。

　　故事中的底波拉和雅亿是两位古代智慧女勇士的形象，光彩照人。底波拉之名寓有"蜜蜂"之意，喻为"追求甜美生活的人"。《底波拉之歌》运用古代战歌和民间口头创作形式，讴歌底波拉、巴拉率众战胜迦南王的事迹，将历史事件的描写、人物心理的刻画、浓郁的抒情气氛和虔诚的宗教信仰有机地结合在一起。德裔英国作曲家海德尔曾以圣经故事为题材创作了一系列风琴曲，其中包括《底波拉之歌》。在后世，有人把雅亿的锤子和钉子喻为"平凡而奇妙的武器"。

公众英雄勇基甸　出奇制胜克顽敌

　　女士师底波拉为以色列人带来了幸福，可是，40 年的太平日子使年轻一代完全忘了上帝和他们的约法，只顾吃喝玩乐，恣意享受。

　　上帝发怒了，他差遣米甸人前来惩罚以色列人。米甸人得到上帝的支持，气势汹汹地冲进以色列人的村子，杀人放火，抢劫财物，无恶不作。特别是每年谷物成熟季节，可恶的米甸人便来到庄稼地里，明抢暗偷，还将村民的牛羊顺手牵走，可怜辛勤劳累了一年的庄稼人，盼到丰收，自己却没有落下一点粮食充饥。到后来，以色列人刚刚播下种子，米甸人、亚玛人和东方人都带着族人和牲畜一起打过来，就地安营对垒，把当地的种田人赶跑，自己也不劳作，于是，地里的庄稼无人耕作、管理，农田也被糟蹋得乱七八糟。

　　以色列人眼睁睁看着外族人践踏土地，却无力反抗，只好跑到山中挖洞躲藏，有时米甸人闹腾厉害了，他们还得在洞穴里蹲到第二年，播种季节错过，土地荒芜；家中无人看管，牲畜失散。再后来，万般无奈的以色列人，索性不下地种庄稼了。人们没有粮食吃，到处闹饥荒，不少人因饥饿而死亡。

　　灾难深重的人民呼天叫地，求助上帝。上帝见以色列人有了悔改之心，便派使者来到俄弗拉，坐在亚比以谢族人约阿施的橡树下。

　　约阿施是个胆大的农民，他不怕外族人捣乱，和几个不信邪的

基甸精选战士

农民一起坚持种地。但是，他不遵守本国约法，不敬奉唯一的上帝，却信仰当地居民崇拜的异神，还专门为太阳神巴力建立了一座祭坛。

坐在橡树下的上帝的使者，见约阿施的儿子基甸正在酒窄里打麦子，便显灵现身，对他说："看样子你是一个能人，能人啊，上帝与你同在！"

基甸不满地回答："上帝若与我们同在，我们怎会遭灾遭难呢？我听说，我们的祖宗是上帝领出埃及的，现在，上帝抛弃了我们，将我们交给可恶的米甸人奴役。他完全可以帮我们消灾灭祸，可他为什么不伸出救助的手？上帝的仁慈到哪儿去了？上帝的神力又到哪儿去了？"

听完基甸一席理直气壮的话，上帝仔细观察基甸后，对他说："你是有思想的人，也有过人的本领，完全可以靠自身的能力拯救你的同胞，现在，你听着，我就差遣你去完成这项任务。行吗？"

基甸吓了一跳说："主啊！你让我去拯救以色列人吗？我有何

德何能呢？在玛拿西支派中，我家最穷，人口最少；在我父亲家里，我的地位最卑微。"

上帝的使者鼓励他说："这个你不用怕，我与你同在，我可以保证，你击打一群米甸人好像击倒一个人那样轻松。"

基甸听上帝亲口说要支持他，马上提出要求："如若我能蒙福，求你给我一个证据，证明和我说话的就是上帝。"

他想了一下，接着说："好，请你等一会儿，不要离开，我去拿圣品来奉献给你。"他边说边跑出去，宰了一只山羊羔，做了一盆无酵饼，还准备了肉和汤，来到橡树下，供奉在使者面前。

上帝的使者吩咐基甸说："你把肉和无酵饼放在这块磐石上，把汤倒在上面。"他照着办了，使者伸出手中的杖，触了触肉和饼，磐石中冒出火花，一下子烧尽了肉和饼，上帝的使者也不见了。

基甸深感上帝的威力，他忏悔地说："主啊！我有罪，因为我当面看到了上帝的使者。"

上帝宽慰他："你放心好了，不要害怕，我赐福予你，你是不会死的。"上帝又吩咐基甸："你把你父亲的巴力神坛拆掉，砍去坛旁的木偶，在这块磐石上筑一座上帝的坛，将那只有七岁的第二头牛作为燔祭，用你砍下的木偶当柴烧。"

基甸立即遵照上帝的旨意做事，他怕白天干活遭人反对，便找来几个贴心的仆人，连夜赶紧干活，到夜色褪尽，黎明到来时，这里已经发生了醒目的变化：在巴力神坛地，立起一座上帝的祭坛，新筑的祭坛上还供奉着新鲜圣祭牛犊。

清晨，当地人来到这里，突然发现他们熟悉的巴力神坛无影无踪，换上了新的祭坛，连旁边立着的木偶也被全部砍掉，个个目瞪口呆，奇怪地互相询问："这是怎么回事，究竟是谁干的呀？"

经过查访，众人知道这是约阿施之子基甸干的好事，非常生气，他们纠集在一起跑来找约阿施，威胁他："你的儿子拆了巴力的神坛，砍了木偶，你快快把他交出来，我们要治他的罪。"

约阿施通情达理，自有主见，他不慌不忙地回答众人说："你们生什么气啊，何必这样为巴力瞎操心呢？如若他是真神，谁拆了他的祭坛，他自然会找谁算账，知道处置谁。"众人听了，觉得这话有理，便哑口无言，各自散开了。

后来，以色列恢复了信仰，大家认为基甸很有胆识，都很敬重他，拥戴他，尊称他为公众英雄，使基甸威名远扬。

可当时的形势是很严峻的，米甸人、亚玛人和东方人都聚集扎营在耶斯列平原，攻击以色列人，占领以色列的土地。基甸听从上帝的召唤，在族民中吹起战斗的号角，号召以色列人奋起反抗，亚比以谢族人、玛拿西人、西族人、布伦人、拿弗他利人共 3.2 万青壮年战士响应号召，集合在基甸的旗帜下。

基甸精细过人，他没有马上出兵打仗。为了确定上帝是否会保佑他们打胜仗，他请求上帝说："主啊！你如果借我的手拯救以色列人，请证明给我看吧。现在，我把一团羊毛放在禾场上，请你显灵。如若你答应施恩予我，明天，就让这团羊毛上积满露水，其他地方都是干燥的。"

到了第二天，基甸放在禾场上的羊毛果真湿润润的，用手一挤，露水流满盆子。

基甸还是有些不放心，又对上帝请求说："主啊！恕我无罪吧。我还要再说一次，因为我肩负民族重任，做事不得不稳妥。请允许我把羊毛再试一次，如果你确保我们胜利，请你再显一次灵，让我手中的羊毛，晚上不沾露水，其他的地方全是露水。"

这一夜，上帝也做到了，遍地都是露水，唯独基甸放的羊毛是干的。基甸的心踏实了，他勇气十足，信心倍增，领着以色列人放手大干，安营在哈律泉旁，紧靠米甸军营。

作为统帅的基甸，他从热情奋起到冷静思考，为确保战争胜利，他认真分析军事形势：自己虽然带领 3 万多战士的庞大队伍，但与敌军相比，无论从人数、素质到给养都还是处于弱势，而在沙漠中与强敌作战，不可硬干，也不可拖拉，只可出奇方能制胜，不宜大兵团行动。于是，他宣布："凡是害怕的兵士，可以回家。"

决定公布后，一下子就走了 2.2 万人，只留下 1 万勇士。但他认为人数还嫌过多，便按上帝的旨意，让勇士们到泉水边喝水。这时，他在一旁仔细观察：发觉有一种人放下武器，不顾一切地跪在地上喝水；还有一种人，用手捧水，拿舌头舔水喝，眼睛却警惕地望着对岸。他看出后一种人很机智，警惕性很高，具有精兵素质，便留下 300 个用舌头舔水喝的勇士，命其他人回营留守。

这支只有 300 个战士的精锐部队，带着食物和号角上山，监视平原上敌军的行动。到了夜晚，基甸敬拜上帝，上帝告诉他，可以攻营了。基甸便宣布："起来吧，勇士们，上帝已将米甸的军队交到我们手中了！"

进攻前，基甸把 300 人分成三个分队，发给每人一把号角和一个装着火把的空罐子（这是为了不让火光外泄）。然后命令他们："你

基甸率兵追杀米甸败兵

们要听从我指挥，看我怎么干，你们就照着干。我和随从吹响号角，你们也要在营地周围吹响号角，一起呐喊，'上帝和基甸的刀！为上帝杀敌！为基甸杀敌！'"

半夜里，基甸带着100人，悄悄来到米甸的营房，打破手中的罐子，吹响号角。其他人都跟着砸碎罐子，举起火把，吹响号角，大声喊叫："上帝和基甸的刀！"

号角、喊声和火光，惊动了敌军，米甸人大惊失色，军营大乱，士兵们四处逃窜，上帝让敌人相互冲撞厮杀。基甸抓住战机，乘胜追击，召集更多的以色列人追赶米甸人，他们把守了约旦河渡口，捉住了两个米甸人的首领，将一个首领杀死在俄立磐石上，将另一个首领杀死在西伊伯酒窄。从此，以色列境内平安无事40年。

* * * * *

本篇选自《旧约·士师记》第6～8章，继续描述以色列和迦南地区各部族在长期的战争中涌现出来的"士师"的英雄事迹。基甸立志反侵略反迫害、率领300名以色列勇士消灭米甸大军的故事是全篇的中心部分。

基甸是农民的儿子，在贫寒的家里不被父亲重视，但他确有优秀的品质和不凡的才干。他脱颖而出，为以色列人建立奇功后，受到以色列人的拥戴；他虽然拒绝称王，却又承担了王的任务。基甸其人其事，令人难忘。

基甸遴选精兵的方式，基甸利用号角、瓶子和火把击败敌人，都表现了奇特的想象力和智慧，饶有兴味，吸引着后世作家。英国作家班扬的寓言小说《天路历程》提及的"施行奇迹的工具"中，就有基甸的"号角、瓶子和火把"；但丁在《神曲·净界》第24篇引用了"基甸遴选精兵"这一典故：那些在跪着饮水时"显出懦弱的希伯来人"，基甸由高原冲向米甸的时候，不愿意把他们当作"部下"带去。

树王寓言责恶兄　妇人扔石铲暴君

　　基甸完成历史使命，当政 40 年后去世。因为他生前多次结婚，生养了 70 个子女，组成了庞大的家庭。众子安葬好父亲后，便商议集体执政问题。其中，亚比米勒很不愿意，因为他有野心，不愿意与兄弟们一起管理国家，而是想独霸王位。

　　亚比米勒是基甸和示剑外妾所生养的儿子。为了夺取王位，他偷偷跑到母亲的娘家，游说示剑人拥护他为王，并鼓动城民说："请各位好好想想，是基甸 70 个儿子都来管理你们好呢？还是由我一个人来管理你们好？大家要清楚，我可是你们的骨肉至亲呀！"他还封官许愿，答应给示剑人不少好处，他的母舅们也四处串联帮他宣传。

　　示剑人被他说服了，决定归顺他，助他称王，便从巴力比利土神庙里拿出 70 块银子借给他。亚比米勒用这笔钱雇来匪徒，回到父亲家里施行阴谋，一夜之间，杀死了他的众兄弟，其中最小的兄弟约坦跑掉了。

　　基甸家的人死的死，逃的逃，只剩下亚比米勒了，示剑人和米罗人便聚集起来，到示剑橡树旁，立亚比米勒为王，并召开庆祝大会。

　　躲藏在山里的约坦，知道这事后，非常气愤，便悄悄从山里出来，出其不意地站在基利山顶上，谴责他邪恶的哥哥，他对众人大声喊叫："善良的示剑人啊！请听我讲一个故事（这就是有名的树王寓言)。"他说：

"那是很久很久以前，森林里生长的树木繁盛茂密，它们需要立一个王来管理众树。于是，它们找到橄榄树，对它说：请你做我们的王吧！

橄榄树回答：我的任务是产油，我怎么可以不产油，供奉上帝和人类，而让自己飘摇在众树之上呢？

它们找到无花果树，对它说：请你做我们的王吧！

无花果树回答：我的任务是结果子，我怎么可以不结甜美的果子，献给上帝和人类，而飘摇在众树之上呢？

它们找到葡萄树，对它说：请你做我们的王吧！

葡萄树回答：我的任务是结葡萄，我怎么可以不结葡萄，让上帝和人类饮不到美酒，而飘摇在众树之上呢？

遭到橄榄树、无花果树、葡萄树的婉言谢绝后，众树无法，只好找到荆棘，对荆棘说：还是你做我们的王吧。

荆棘马上回答说：好呀，如果你们真心推举我为王，你们就得投于我的荫下，不然，我就起火，烧死所有的树木，毁灭森林。"故事讲到这里，他话锋一转：

"善良的示剑人啊！从前，我父亲冒着生命危险，九死一生，为拯救你们而战，亚比米勒却为了个人称王的野心，杀死了他的儿子们。现在，你们推举这个恶人凶手为王，攻击我的父家，难道这就是你们对基甸家的报答吗？天理难容啊！但愿天火从亚比米勒发出，烧灭示剑人和米罗人，也愿天火从示剑人和米罗人发出，烧死亚比米勒！"

说完这席诅咒哥哥的话，他吐出了胸中的恶气。可是，亚比米勒派去捉拿他的人已经来到山顶，约坦知道哥哥心狠手辣，为避免哥哥的伤害，他便夺路而逃，去到比珥，落脚定居。

亚比米勒如愿以偿，登上了以色列王的宝座，从此凶相毕露。他为王三年，施政残忍暴虐，坏事干尽，遭到示剑人的强烈反抗，他们意图杀掉亚比米勒，推翻他的统治，常常派人埋伏在山顶，还抢劫从那儿经过的人的财物，但终究成不了大气候。

这时，有个名叫迦勒的人和他的兄弟，来到示剑，宣传他们正义的主张。人们都愿意投靠他，摘下葡萄，捧来好酒，设宴摆席，盛情款待他们，并诅咒亚比米勒。

迦勒不屑一顾地对众人说："亚比米勒是谁？不就是基甸的儿子吗，我们为什么要顺从他。我们可以服侍他的父亲，为什么要服侍他呢？"

他鼓励大家，起义造反，废除暴君。他向亚比米勒挑战说："派你的军队出来吧！"

被激怒了的亚比米勒，连夜分兵四路，埋伏在田间。第二天太阳一出，他的主将西布勒便带领人马攻城。迦勒和跟随他的人一同来到城门口，见伏兵人数众多，便想用心计吓唬敌人，他对西布勒说："你看哪！山顶上有人走下来了。"

西布勒回答："那是山的影子，不是人。"

迦勒想了想，又说："你看哪！有一队人从那棵橡树的路上走过来了。"

西布勒再也不理会他编造的谎言，回答说："你不要瞎扯了，你不是夸下海口，说亚比米勒是谁呀，我们为什么要服侍他呢。现在站在你面前的就是你所藐视的臣民，他们要与你交战。"于是，迦勒只好率领示剑人迎战，结果大败而逃，伤亡惨重，尸体堆满城门。

得胜的西布勒又来到田间，击杀郊区的民众。亚比米勒和他的部下，整天攻城杀人，连最初支援和拥戴过他的人也不放过。示剑楼的头头们，听说亚比米勒的残暴行为，吓得躲进巴力比利土神庙中的高楼里。

亚比米勒得到密报，气呼呼地站起身来，手拿斧头，领着随从上山，砍一根树枝扛在肩上，回头对随从说："你们都照我的样子办。"众人不知亚比米勒葫芦里卖的什么药，只能顺从地各砍一枝，扛到示剑楼，照他的样子，堆放在庙的周围。亚比米勒要放火烧庙，他一声令下，熊熊烈焰立即吞灭了这座古老的高楼。这次大火烧死的大约有 1000 多人。

后来，亚比米勒攻打提备斯城，城民们吓得慌乱一团，男女老少一起逃进城中的一座高塔里，他们认为，这座塔坚固无比，敌人是攻不破的，便闩上塔门，爬到塔顶，死守不降。

亚比米勒眼看久攻不下，就命令部队砍来树枝，堆放在塔下，企图像上次一样烧死城民。谁知，当他傲慢地上前点火时，塔中有个机智的妇人，急忙来到塔口，推下一块她早已准备好了的石磨，沉重的石磨从高高的塔顶坠落下来，不前不后，不左不右，恰好砸在亚比米勒的头上，打破了他的头盖骨。

奄奄一息的亚比米勒，从晕迷中苏醒，他叫来手拿兵器的士兵，吩咐他说："快快拔出你的刀，杀死我吧，免得日后人们议论我，说我死在一个女人手里。"士兵遵命刺死了他，结束了这个残酷暴君罪恶的一生。

亚比米勒的如此下场，正好应了基甸小儿子约坦的诅咒。

*　　*　　*　　*　　*

本篇选自《旧约·士师记》第 9 章，主要记述基甸的 70 个儿子之一亚比米勒为了争夺王位杀死了众兄弟，成为君王后又残酷屠杀反抗暴政统治的民众，最终死于士兵之手的故事。

故事批判了野心家亚比米勒的残暴和罪恶，表彰了鼓动人民起义的迦勒兄弟，颇有道德教训意义。从历史角度看，关于亚比米勒反对众兄弟"集体执政"，不惜用血腥手段独霸王位的描写，形象地反映了部族上层集团的权力之争。

在这篇故事中，基甸唯一存活下来的小儿子约坦所讲的智慧的"树王的寓言"，颇能发人深思。这个寓言以荆棘丛比喻一意孤行而妄自尊大的邪恶者，以橄榄树、无花果树和葡萄树比喻全心全意为他人的善良劳动者，突出了惩恶扬善的主旨，巧妙地鞭挞了罪恶的暴君。它已成为《圣经》中著名的寓言作品。

绿林好汉耶弗他　献女燔祭守誓言

推翻亚比米勒的暴力统治后，边界战事和各部落之间的纷争一直没有停息。其中，亚扪人野心大，兵力强，时常打进以色列领地，骚扰百姓，烧毁村庄，抢劫民财，还攻打基列等地，闹得鸡犬不宁，民不聊生。

这时，受害的人们才意识到，分散的以色列人根本无法对抗外族侵略，只有停止内部纷争，团结一致，才能对付强敌。于是，基列的长老们聚集一堂，商议请耶弗他出山，担任基列部落的首领。

耶弗他是何许人也，这么备受长老和众人的信赖？

原来，耶弗他是一个大能的勇士，只因母亲是个妓女，经常遭到正室出生的兄弟的羞辱，他们容不得他，常常谩骂他："你是什么东西，一个妓女生的贱货，还不滚蛋，赖在这里干什么，你休想继承父辈的产业。"随后被兄弟们驱逐出门。

耶弗他举目无亲，只好住在陀基伯，与当地的土匪无赖结成同党，充当绿林好汉。但是，这个年轻人很自重，为人刚强正直，很讲义气，只劫富济贫，从不滥杀无辜，颇受人们的尊重和敬爱。

长老们来到陀基伯，找到耶弗他，告诉他外族入侵后，民众受苦受罪的事实，以及以色列处于灭族的危险境地。长老们请求他："眼前我们的人如同一盘散沙，请你回去做我们的首领，统率我们与亚扣人打仗吧！"

耶弗他回答："以前，我的兄弟们骂我、恨我，把我赶出父亲的家门，你们从不出面主持公道，说句帮我的话。如今，你们遭到危难，我还是从前的我，你们又为何到这儿来请我回去呢？"

长老们连忙解释："过去我们有些回避，不问你的家事。现在是救助民族的大事，大家认为你有本事、有能力担当基列一切居民的领袖，能够团结、带领众民一致对外，赶走入侵者，保卫我们的家园，你就答应众百姓的要求吧！"

耶弗他急众人所急，他不好一口拒绝，便说："如果上帝把亚扣人交给我，让我打胜仗，你们大家都肯听我的话，我就跟你们回去，做你们的首领。"

长老们高兴地表态："有上帝做证，我们必定听你的，照你说的话做。"

为了反抗外族人的欺压和保护百姓的利益，耶弗他不记前仇，跟他们一起回到生育自己的故乡。民众见了，无不欢欣鼓舞，立即拥戴他作领袖，当统帅。

流浪、自立的生活锻炼了耶弗他，使他不但坚强勇敢，而且具有聪明才智和军事头脑，在对付劲敌亚扣人时，他有自己的战略，那就是先礼后兵。

他首先差遣使者见亚扣人的王，转达他的意思："我们和你们是两个不同民族的人，我们之间有何相干之事，你为什么要占领我国的领地，攻打我们的百姓呢？"

亚扣人的王说："因为你们从埃及来的时候，占领了原本属于我们的亚嫩河、雅博河和约旦河，现在你们应该归还我们。"

听了使者的回报，耶弗他又派遣使者见亚扣人的王，对他说："我们的耶弗他统帅说了，以色列人从埃及出来，是经过旷野到红海，来到加低斯的。当时，以色列人请求以东王准许我们从他的领土穿过，没有得到允许；随后，我们又派人请求摩押王允许我们从他的国家通过，也遭到拒绝；以色列人无法，只得绕过以东和摩押，长途跋涉来到亚嫩河边安营扎寨，亚嫩河只是摩押的边界河，以色列人并没有进入摩押的领地。我们来到了亚嫩河，又去请求亚摩利人准许我们借地过境，他们不帮我们，还兵戎相见。后来，上帝出面帮助我们把亚摩利人赶出亚嫩河、雅博河和约旦河，这个地方属于以色列人已经三百多年了，不存在归还的问题。这根本不是我们的错，你却出兵攻打我们，实在太无道理，愿万能的上帝耶和华为以色列人和亚扪人评判是非。"耶弗他的使者就是这样一件件，一桩桩地回溯历史经历，与之辩论是非。

但是，亚扪人的王横蛮无理，不听使者的劝说，坚持武力入侵，耶弗他只好准备武力对抗，与之开战。

出征前，耶弗他心中无底，没有必胜的把握，只是一心想赶走入侵强盗，救百姓于水火，他来不及多想，更未仔细琢磨，就急忙向上帝祈求援助。在祭坛前，他向上帝发誓说："主啊！如果你把亚扪人交到我手里，帮我们以色列人打败敌人，赶走侵略者，待我凯旋时，一定将最先从家门出来迎接我的人或牲畜，无论是谁，都献给你作燔祭。"

上帝听了耶弗他的祷告，便帮以色列人对付亚扪人。这一仗打得轰轰烈烈，十分漂亮。耶弗他率领部队，一路势如破竹，速战速决，接连攻克了20座城邑，征服了亚扪人，大获全胜。

胜利使耶弗他红光满面，意气风发，充满了自豪和喜悦，他决定履行自己的誓言，向上帝献燔祭。当他踌躇满志、无上荣光地回到米斯巴来到自家门口时，谁也没料到，第一个欢天喜地跑上来迎接他的，竟是他最疼爱的独生女。

天真活泼的爱女，手拿皮鼓，跳着欢快的舞步，旋风似地转到父亲面前，还撒娇地放开银铃般的嗓音唱着山歌。

耶弗他见了，立刻呆若木鸡，他的心境仿佛从天堂掉下地狱，他的情绪一落千丈。只见他面色惨白，两眼发直，全身僵硬地呆滞原地，半天说不上话来，接着，眼泪像断了线的珠子滚滚而下。

他悲痛欲绝，撕裂衣服，失声恸哭，哽咽道："女儿啊，你为什么跑得这么快来迎接我呢？"

不知情的女儿马上回答："因为你是我最亲爱、最尊贵的父亲呀！"

耶弗他无可奈何地摇着头，告诉女儿说："我亲爱的女儿啊，你叫我如何开口向你说呢？我实在为难，我实在发愁呀！因为我无法反悔，无法更改自己的誓言，我曾向上帝许过愿，只要他帮助我们以色列人，我就把第一个从家里出来迎接我的人，献给他作为燔祭。女儿啊，现在我该怎么办哪？"

女儿听了父亲这番话，如同晴天霹雳，泣不成声，苹果似的小脸上流满了泪水。

父女俩相对号啕大哭之后，还是女儿先开了口，她说："亲爱的父亲啊！既然你向上帝许了愿，就决不能反悔，以免上帝降罪我们的民族。请你照你的誓言去办吧！因为上帝已经在亚扪人身上为我们民族报了仇。"

深晓大义的女儿体谅父亲的难处，她只向父亲提出一个要求："我亲爱的父亲啊，你的爱女只向你求一件事，容我和我的女伴上山住两个月，我要哀哭我终身为处女的不幸命运。"

耶弗他只能愧疚地点头同意。两个月后，女儿和她的女伴们从山上走下来，回到父亲身边，完成父亲对上帝的许诺。

当她与女伴们分手时，没有掉一滴眼泪，只是情意绵绵地嘱咐自己的同伴："请不要忘记你们的朋友，她是含笑离开人世的。"然后，从容地跟着父亲走上祭坛。

耶弗他含泪与女儿诀别，他恪守自己的誓言，将爱女作为燔祭，献给了上帝。

从此，在以色列人中间，自然形成一种风俗：凡是以色列的女子，每年同一时间，不管什么地方，都要为基列人耶弗他的女儿致哀，恸哭四天，以示纪念。

战争让耶弗他失去爱女，也给他带来荣誉。以法莲人不服，聚众闹事，责问他为什么不通知他们一起打仗而独吞名利，他们不听解释，还恶毒地谩骂和侮辱他。耶弗他在忍无可忍的情况下，召来基列的以色列人，跟他们打了一仗。不堪一击的以法莲人被打得落花流水，四处逃窜。耶弗他派兵把守渡口，凡过河者，都必须说"示播列"三个字，因为地域方言的关系，以法莲人常把"示"字说成"西"字，守兵们听了便可分辨，只要是以法莲的逃兵，一概格杀勿论，当天，愤怒的基列人在渡口杀死了四万想逃命的以法莲人。

* * * * *

本篇选自《旧约·士师记》第11章，讲述了两个感人至深的历史故事。一是以色列人的士师、大能勇士耶弗他率领本族人民击败并制服强悍的亚扪人，反映了各部族争夺土地之战的史实；一是耶弗他为了抗敌的胜利向上帝许愿献出独生女儿，而且实践了诺言，展示了耶弗他时代（约公元前11世纪）以子女祭神的风俗。

这里的故事颂扬了耶弗他的言必信、行必果的忠信品格，讴歌了他女儿为民族利益"含笑而死"的献身精神。其中"献女祭神"和亚伯拉罕"燔祭献子"一样，表达了一种宗教信仰，是一种原始的宗教仪式。其他民族古代神话传说中也有类似的故事，如古希腊神话里的阿伽曼侬也曾以女儿伊菲革理亚来祭祀女神阿耳忒弥斯。必须指出的是，日后《圣经》"律法书"的编纂者多次强调禁止献祭子女的野蛮习俗。

英国诗人拜伦曾在他的一首抒情短诗中赞美舍生取义的"耶弗他的女儿"；18世纪英国作家菲尔丁的小说《汤姆·琼斯》则从另一侧面引用了此典，认为"耶弗他的轻率许愿"、不慎重的"誓言"会带来"重大恶果"。

英雄难过美人关　高歌悲壮参孙亡

以色列人内外征战，起落兴衰，不知不觉又在非利士人的统治下苦度了40年。这期间，琐拉城有个但族男子叫玛挪亚，结婚多年无子，夫妻俩祈求上帝施恩，妻子才怀孕生子。他们按上帝在梦中的指点，怀孕期间，不饮酒，不吃不洁之物，婴儿生下地，不剃头发，起名参孙。

参孙从小就以力大出名，成年后，更是力大无比。他生性豪爽，勇猛异常，且机智过人。但是，这个青年人不修边幅，平时不梳头，不理胡髭，衣衫不整，特别贪恋女色，一旦遇上可心的女人，便如痴如醉，性情变得如同绵羊一般温顺。

有一次，他在亭拿出行，偶遇一非利士女子，便一见钟情，即刻向父母表态，非娶她为妻不可，父母只好认同，并与他一起到亭拿女方提亲。

中途，他离开父母，独自一人来到亭拿葡萄园玩耍，看见一头雄壮的狮子，不停地朝他吼叫。他生气了，赤手空拳地迎上前，用双手举起狮子，并轻巧地把狮子撕裂成块，丢在树丛中，这事他没有告诉任何人，包括他父母。

到了黄道吉日，他前往亭拿娶亲，弯道来到葡萄园，想看看那头被他撕死的狮子，只见一群蜜蜂正在死狮嘴里筑巢酿蜜，就用手取出来吃，觉得香甜可口，特意带一些送给父母，也不告诉蜂蜜的来历。

参孙家按当地风俗，在新娘家摆宴设席七天，以款待宾客。对方也按当地风俗，请了30个年轻人陪伴新郎。席间，参孙兴起，与陪伴们行乐打赌，他说："我出一个谜语，你们若猜对了，我给你们每人一件内衣和一套礼服。如果你们猜不着，那么，你们每人送我一套。不过时间要限制在七天筵宴之内哟！"

众人回答："可以，你出谜语吧。"

参孙对他们说："吃的从吃者出来，甜的从强者出来。"

众人开始觉得容易，可是三天过去了，他们怎么冥思苦想，也不着边际。这群好强的年轻人，为了不在外族人面前丢脸，他们找到参孙的新婚妻子，半求半威胁说："你帮我们探探口风吧，哄你丈夫说出谜底，你再告诉我们。要不然，我们就用火烧你和你父亲的家。"

新娘碍于情面，也有些害怕，便在丈夫面前撒娇，说："我发现你并不爱我，你连谜语的意思都不告诉我。"

参孙回答说："我连父母都没告诉，岂能告诉你呢。"

到了第七天，她真的急得啼哭起来，逼得参孙无法，才将谜底告诉她，妻子马上转告陪伴们。当日落时，也就是他们约定的最后时刻，陪伴们来到参孙面前，笑嘻嘻地对他说道："你出的谜语一点也不难猜，现在，我们告诉你，有什么东西比蜜甜？有什么兽比狮子还强？"

参孙一听，知道是妻子透露了谜底，自己上当受骗了，他二话没说，跑到亚实基伦杀了30个人，剥下他们的衣服，送给30个陪伴。一气之下，参孙丢下新婚的妻子，回到父母家。

过了一段时间，参孙想念妻子，他带着一只山羊羔去看望她，不料，妻子已另嫁他人。参孙感到自己被遗弃，迁怒于岳父。为了报复，他从山里捉来300只狐狸，把狐狸的尾巴捆在一起，在两条尾巴中间点上火把，然后赶到非利士人的庄稼地里。狐狸被火烧着，疼痛得乱窜翻滚，火星引燃了禾捆堆，禾捆着火了，接着，成熟的

大力士参孙

庄稼也着火了，火势蔓延到葡萄园和橄榄树林，一夜之间，全都烧成灰烬。

非利士人暴跳如雷，到处追问："这是谁干的事？"

有人回答："是亭拿人的女婿参孙干的。"非利士人便用火烧死了他原来的妻和岳父。

参孙听到这一消息，心里非常难过，决意报仇。他找来自己的一帮兄弟，打进非利士人的领地，击杀非利士人。然后，钻进靠利希的一块磐石下的洞穴里躲藏起来。

非利士人集结队伍，追到以色列人居住的地方，就地扎营。以色列人问："你们为什么要攻击我们？"

"我们是来捉拿参孙的，他击杀我们的人，我们也要击杀他！"他们气愤地回答。

以色列人无法，只好请出本地有威望的人，下到石磐洞穴与参孙谈判：你击杀非利士人，现在人家找上门来与我们算账，请不要连累我们大家，应该一人做事一人当，你这样躲躲藏藏也不解决问题，不如让我们将你捆绑起来，交给非利士人，我们决不伤害你。

参孙是一条汉子，自愿让同胞捆绑。人们便将捆绑着的参孙带出洞穴，交给非利士人。

被捆绑的参孙一到利希，非利士人蜂拥而上，愤怒地高喊："击杀他！击杀他！"参孙发现他们心狠，便作好准备，等他们都围上来时，轻轻摆动了一下臂膀，捆绑的绳子就像被火烧焦的麻一样，立刻从双臂上脱落。他顺手捡起路边的一块驴腮骨，冲到非利士人中间，左右挥骨击杀，当场，被击杀的死者竟有1000人。他扬眉吐气，放声高喊："我用驴腮骨杀人成堆！"他边喊边丢掉手中的驴腮骨。

这时，他感到口渴难忍，便祈求上帝，说："主啊！你既然借仆人的手施行这么大的神通，为什么要让我渴死，重新落到敌人之手呢。"上帝听到他的祈祷，就让利希的洼地裂开，喷出清泉，参孙喝了这些凉水，顿时神清气爽，力气恢复。从此，参孙闻名千里，敌人不战而栗，他们认为，公开与参孙交战不会取胜，只有找机会暗害他。

参孙没有想到这些，继续我行我素。有一次，他在迦萨见到一个妓女，两人眉来眼去，并秘密来往。有人向迦萨人告密："参孙到这里来了。"

迦萨人连夜行动，派50名全副武装的战士，悄悄埋伏在城门处，只等天亮，便冲进妓女家，击杀参孙。参孙粗中有细，他睡到半夜，发现情况有异，就离开妓女家，来到城门口，将城门拆下来，扛到希伯伦前的山顶上，以示警告。敌人见了，畏惧不前，只得收兵回营。

以色列人不喜欢他的作风，但崇敬他的勇猛和能力，一致推选他当士师，由他带领大家生活了近20年。

后来，参孙在梭烈谷又爱上了非利士女子大利拉。其实，大利拉并不爱他，但受到族人的威胁和利诱，要她嫁给参孙，弄清他力大无比的秘密，以便找出办法制服这个大力士。并告诉她，成功了，赠送她一大笔钱财，否则，就用石头砸死她。

结婚后，大利拉对他甜言蜜语，一方面奉承丈夫，称赞他的肩膀多么宽呀，手臂多么壮呀，一方面刺探秘密，撒娇地问："你怎么会有这么大的力气呀？用什么办法可以捆绑你，让你挣脱不开呢？"

参孙虽然人粗，心却细，他笑笑，玩笑说："如果用七条未干的青绳子捆绑我，我就会像常人那样软弱无力了。"

大利拉信以为真，一五一十告诉非利士人的首领。首领将湿青绳交给大利拉，并命令族人预先埋伏在室内。大利拉奉命将参孙捆绑起来，叫道："参孙哪，非利士人抓你来啦！"参孙睁开睡眼，轻松地挣脱青绳，像弄断经过火烧的麻线一般。大利拉见了，知道自己受骗。

第二次，大利拉又连哄带骗地对他说："你上次对我说谎，欺骗我，如果你还把我放在心上，那么你就告诉我，你怎么有这么大力气，用什么方法可以捆绑你，让你挣脱不开呢？"

参孙有警惕，还是玩笑说："用新绳子捆绑，我就会像常人那样软弱无力了。"非利士人的首领闻讯，便送来新绳子，大利拉又遵命捆绑参孙。待室内埋伏的人出来时，她又喊道："参孙哪，非利士人抓你来啦！"参孙一起身，新绳便断了，就像上次一样轻松。

这一次，大利拉含怒对参孙说："你总是对我说谎，欺骗我。"见丈夫有愧疚的表情，她接着说："这次你可要说真话，你的力气从哪儿来，用什么方法可以捆绑你，让你挣脱不开呢？"

参孙想了想，还是玩笑说："你若将我头上的七根发辫放在布机上，与纬线同织，我就会像常人一样软弱无力了。"于是，大利拉将他头上的七条发辫与纬线同织，还用橛子钉住。见他睡着了，又喊道："参孙哪，非利士人又来抓你啦！"参孙从梦中惊醒，一见埋伏的人，立刻翻身坐起，将机子上的橛子和纬线，一起都拔出来了。

大利拉佯装惊诧，撒娇说："你对我说了三次谎，不愿把你的秘密告诉我。既然你这么不相信我，还谈得上爱我吗？我们分手吧。"

参孙禁不住心爱女人的撒娇嗔怪，软磨硬逼，只得将实情相告，他对大利拉说："我从生下来就没有剃过头，因为这是上帝的旨意，若是有人剃掉了我的头发，我的力气也会随之失去，我便和常人一样软弱无力了。"大利拉得知真正的秘密后，喜出望外，急忙差人告诉非利士人的首领，并要求他们再来一次。非利士人的首领手里拿着银子，来到妇人家。

大利拉使出百般温柔，让参孙枕着自己的膝盖睡觉，趁参孙熟睡之时，唤来埋伏在室内的族人，剃掉了参孙的头发，然后又喊道："参孙哪，非利士人抓你来啦！"参孙从甜蜜的梦中惊醒，心想，我睡的时间太长，现在也该活动活动筋骨了。

大利拉计诱参孙

谁知，他全身无力，健壮的双臂再也举不起来了，这时，他才发现自己的头发已剃光，力气也离他而去。他和常人一样软弱无力，一下子就被非利士人推倒在地，用绳子捆绑起来。他们挖了他双眼，加上铜链，掷到监狱里推磨。从此，参孙服苦役，挨酷刑，受尽人间折磨。

过了好长好长一段时间，参孙的头发渐渐长出来，但是，被胜利冲昏了头脑的非利士人，根本没有把这些放在心上，他们毫不在意地继续整治他，羞辱他，折磨他。

一次，非利士人的首领们欢聚一堂，给他们的大衮神献大祭，当他们谈到制服参孙的胜利时，个个得意洋洋，欣喜若狂。筵席前，有人提议："叫参孙出来，为我们戏耍戏耍吧。"

于是，看守把戴着手镣脚铐、双眼失明的参孙带出来，让他站在两根柱子中间。听说要戏耍当年赫赫有名的大英雄，看热闹的非利士人更多了，屋里挤不下，人们便爬上房顶，男女老少足有几千人。

参孙听见场上的吆喝声、辱骂声和各种耻笑声，他满腔仇恨，只在心里祈求上帝："主啊，请你眷念你的仆人吧！万能的上帝啊，再赐给我一次力量吧！我要报仇，我要雪恨！"他停在原地，要求摸一摸顶房的柱子，看守就让他摸柱子，当他左手摸一根柱子，右手摸一根柱子时，突然双手紧抱两根柱子，竭尽全力，大吼一声："来吧，我情愿与非利士人同归于尽！"

话音刚落，"轰隆隆"一声巨响，断墙裂壁，柱子倒了，房子塌了，首领和几千看热闹的非利士人全被压死。参孙死时击杀的敌人，比他活着时击杀的人要多得多。

参孙——这位勇敢反抗和战斗到底的士师名留千古，他的这一壮举，成为以色列民族中一段可歌可泣的悲壮史诗。

*　　*　　*　　*　　*

本篇选自《旧约·士师记》第13～16章，描写以色列人的士师参孙出世奇迹、他的一生遭遇、他抗击压迫者非利士人的功绩以及他与敌人同归于尽的结局。

"参孙的谜语"、"参孙的驴腮骨"、"参孙的复仇"等故事都引人瞩目，表现了参孙的无穷力量和勇敢精神，赞扬了这个大力士敢于把抗恶斗争进行到底的坚强毅力。在后世西方，参孙已成为"大力士"的同义语。17世纪英国诗人弥尔顿以参孙其人其事为题材写作诗体悲剧《力士参孙》，这里的参孙已被理想化为当时强有力的资产阶级革命战士的形象，从而表达诗人自己对战斗的渴望和反对封建复辟的坚强意志；我国现代作家茅盾曾借鉴参孙宁死不屈、与敌人血战到底的故事，写作并发表小说《参孙的复仇》（1942），歌颂了抗日战争时期中华儿女浴血奋战的英雄气概。

"参孙和大利拉"的故事是《旧约》历史纪事中精彩的片断之一，颇有东方民间传说的章法风格。后世人常把大利拉喻作阴险卑劣的"女骗子"、"女出卖者"。有的学者也指出了大力士的弱点，"英雄难过美人关"。意大利画家塞巴斯蒂亚诺曾以参孙受大利拉诱骗被剃去七条发绺为题材，创作名画《参孙和大利拉》。

歹徒行恶起内战　便雅悯人险灭族

力士参孙死后，没有士师接班，很长一段时间族内无人主管政事，匪徒盗贼出没，经常骚扰百姓，整个局面又陷于混乱无序的状态。就在这样的时候，一群歹徒行恶，在便雅悯支派与各支族之间引起冲突，爆发了一场战争，几乎使便雅悯人遭到灭族的危险。

故事发生在以法莲山和伯利恒之间的基比亚城。有一个住在以法莲山脚下的利未人，娶了个脾气不好的犹大女子为妾，夫妻俩经常拌嘴吵架，丈夫一气之下，将妾赶回了娘家伯利恒。

所谓一夜夫妻百日恩，过了一段时间，利未人又想念起那个妾，就备了一些礼物，带着一个仆人，赶着两头驴来到岳父家接妾回家。

老丈人马上把女婿引进家门与女儿见面，当天夫妻俩就和好如初，做父亲的自然高兴，要他们多住几天，每天用好酒好肉招待，十分周到。三天过后，利未人提出该回家了，老丈人盛情挽留，他们又多住了一天。第五天利未人打算起程，热情的老丈人让他坐下来喝酒，说难得一聚，吃饱喝足后再起身。盛情难却，利未人只好坐下来陪酒，酒过三巡，日头快偏西了，老丈人又要他们过一夜再走不迟。这一次，利未人无论如何也不答应，他拿起行李，带着家眷，告别岳父，踏上了归途。

黄昏时分，他们才走到耶路撒冷附近的耶布斯，仆人怕路上不安全，提议就在耶布斯人的城里过夜。利未人说："不行，我们不能进外邦人的城，还是赶到基比亚去住宿比较好，那里是我们以色列便雅悯支族的地盘。"

一行三人继续往前走，天黑时才赶到基比亚，利未人在那里没有亲戚朋友，只好坐在街上休息。

这时，正好有一个在地里整田的老汉经过，看见他们，就客气地问："尊贵的客人们，你们从哪里来？到哪里去？为什么坐在大街上。"

利未人连忙起身回答："老人家好，我们从伯利恒来，到以法莲山去，谁知，走到这儿天就黑了，我们打算露宿街头。"

老汉说："那怎么可以呢？如若你们不嫌弃，到寒舍住一宿如何？"三人感谢盛情邀请，跟着老汉往家里走。

回到家里，老汉打来热水让他们洗脚，帮他们喂好牲口，还拿出自家好吃好喝的招待他们。

正当他们围在一起畅饮欢快之时，门外忽然传来急促的敲门声和嘈杂的喊叫声："屋里人听着，把那两个进你屋的人交出来，供爷们玩耍玩耍。"

老汉一听，急忙起身开门，只见一群匪徒围在他的门口，凶神恶煞般的威胁他："你快快给爷们交出人来，否则对你不客气！"

老汉劝阻道："兄弟们哪，有话好说嘛，不要做这么缺德的事，这人既然进了我家，便是我尊贵的客人，我决不会交给你们行恶。"

那些人不依，挥动拳头，要冲进屋里。老汉无法，只好硬着心肠说："这样吧，你们一定要做丑事取乐，我有一个还是处女的女儿，你们拉去玷污吧。"那帮人还是不依。

利未人知道是祸躲不过，只好将自己的妾推给他们。匪徒们抢走了利未人的妾，整整糟蹋了一个晚上。

第二天清晨，彻夜未眠的利未人推醒仆人，准备去寻找他的妾。不料，他一推开门，妾已倒在门前的血泊中，脸色惨白，头发蓬乱，他用手一摸，已经断气身亡了。

便雅悯人抢妻

利未人悲痛欲绝，他将妾的尸体驮在驴背上，告别老汉，回家去了。

到了家中，他将妾的尸体分解为十二份，送给十二支派的人，并声泪俱下，控诉匪徒的罪行，请求他们主持公道。

十二支派的人见了，群情激奋，都说："自以色列人出埃及，从未发生过这样惨无人道的事，我们一定要严惩这群可恶可恨的匪徒！"于是，他们聚集各派人马，在米斯巴上帝的会幕前起誓，决心抓住匪徒，严惩不贷，为利未人报仇。而且商议决定：往后，不论谁家的女儿，都不嫁给便雅悯人为妻。

事情发生在便雅悯人的领地，以色列人派代表找他们商量，动员他们主动交出罪犯，以免伤了兄弟族之间的和气。便雅悯人不表态，代表们就质问说："你们便雅悯人是怎么管理族人的，你们当中竟有人行这等可耻的恶事，实在可气可恨，现在请你们交出凶手，我们要治他们死罪，除掉以色列人的败类！"

便雅悯人不听兄弟族的话，一心护短，企图包庇罪人，他们不仅拒绝，还召集 2.6 万本族的士兵，与基比亚城的 700 个射击手汇合，准备对抗到底。

一场内战不可避免。最初，联军对便雅悯人的军事实力估计不足，第一次交锋就损失了 2.3 万联军士兵。

悲痛的以色列人求问上帝："可否再与便雅悯人打仗？"

上帝回答："可以去攻击他们。"

第二天对阵时，又让便雅悯人钻了空子，打出基比亚城，杀死联军战士 1.8 万人。

以色列人痛心疾首，到伯特利跪拜上帝，禁食献祭，请示上帝："我们是攻打，还是罢兵？"

上帝回答："当然攻打，明天我将把他们交到你们手里。"联军立刻部署新的战术。

第三天，他们仍然去迎战，待便雅悯人冲到跟前时，士兵们佯装败退，引诱对方离开基比亚城。便雅悯人连连获胜，早就冲昏头脑，放松了警惕。他们穷追不舍，还洋洋得意地说："这些手下败将，今日又要遭杀了。"

谁知，正当他们沾沾自喜之时，身后忽然响起如雷般的呐喊声，只见尘土飞扬，伏兵四起，联军乘机杀进基比亚城，当天就杀死 2 万多便雅悯人。

便雅悯人遭到突然袭击，死伤惨重，剩下的 600 多人，在联军的穷追猛打下，只得往旷野逃生。之后，联军又到便雅悯支派所属的城镇，烧杀人畜，捣毁城邑，逼得便雅悯人无家可归，在沙漠地带的临门磐住了四个月。

战后，以色列人召开全族长老大会，处理善后，讨论有关问题。首要的问题是，今后便雅悯支派是否继续存在。因为以色列人曾经在上帝面前起过誓，谁都不准把自己的女儿嫁给便雅悯人为妻。现在，这个支派的女人全死光了，只听说还有 600 个男人逃亡在外，他们娶不到妻，无法生儿育女，传宗接代，这个支派便会灭绝。

正当众长老为难之时，有人来报告，基列雅比城的长老一个也不到会。这事激怒了大家，大会当场宣布：将基列雅比的男人、老人、小孩和已婚妇女全部杀掉，只把处女们带到示罗，分给 600 个便雅悯人为妻。

长老会又派人去临门磐告诉那些逃亡者，以色列人允许他们回来娶妻生子，养育后代。这样，光棍们才回到迦南安家，其中还是有 200 多人娶不到妻室。长老怜惜他们，允许在每年节庆时，他们可以在利波拿以南，伯特利以北，示剑大路以东的示罗等地，抢女为妻，这样，便雅悯支派才没有绝种。

* * * * *

本篇选自《旧约·士师记》第 19～21 章。故事发生在士师时代的后期，记述便雅悯人的恶德败行及其遭受的惩罚。主要内容包括六部分：利未人到伯利恒迎接其妾回家，基比亚匪徒劫色作恶，民众攻打恶徒便雅悯人，内战中以色列人求问上帝，便雅悯人最终惨败，以色列人又为战后仅存活的便雅悯男丁"娶女为妻"。

故事中的便雅悯人是雅各之爱子便雅悯的后裔，在士师时代已失去昔日"果敢善战一族"的风采，沉湎于基比亚城的"男色之风"，其淫邪腐化大大超过了族长时代的所多玛城的恶人（见《创世记》第 19 章第 4～11 节）。便雅悯匪徒终夜凌辱利未人之妾，将她轮奸至死，无论过去和现在均令人发指。这种丑恶的罪行引起富有良知的以色列人的公愤是必然的，也会获得现代人的赞同。与此同时，利未人为了保护自己竟将爱妾献给恶人，这也从侧面反映了当时妇女任人处置和蹂躏的可悲地位。与此紧密联系的还有篇末关于便雅悯人抢夺示罗等地的女子为妻的记述，客观上披露了当时的抢妻风俗。

令人饶有兴味的是本篇故事所记述的战争起因，与古希腊荷马史诗《伊利昂纪》所记述的战争的起因颇有相似之处。从表层情节上说，便雅悯人抢劫并玷污了利未人之妾，引起以色列各支派的公愤，由各族军事首领联合 40 万大军发动战争；古希腊各城邦军事首领联合 10 万大军围攻特洛亚城，也是由于特洛亚王子诱拐了希腊的斯巴达的"绝代佳人"海伦王后。就深层实质而言，前者和后者都有历史的必然性。本篇故事客观上反映了士师时代后期世风颓废、道德沦丧、宗教不兴、支派内部争权夺势、支派之间连年战斗的混乱局面。《伊利昂纪》也是如此，希腊人和特洛亚人彼此都有觊觎之意。无论前者还是后者，文学性的战争起因描写，并不违背历史的真实。

最后士师撒姆耳　第一国君归扫罗

　　士师们一个接一个地担当以色列人的领袖，到士师时代接近尾声时，先知以利担任了这个职务，并在示罗神殿做祭司。以利是个老实软弱的人，敬奉上帝忠心耿耿，富有同情心。不幸的是，他的两个儿子常常借他的权势，行恶使坏，胡作非为，藐视上帝的祭物和律例，与会幕门前做勤杂工的妇女调情说爱，玷污了神圣的殿堂。对于干尽坏事的儿子们，以利常常劝告："儿子们哪，你们为什么不学好，专行恶呢？这会得罪上帝遭到报应的，到那时，谁也救不了你们，我的儿子们啊！"

　　儿子们把他的话当成耳边风，依然我行我素干坏事。老祭司对不肖子孙非常失望，感到后继无人，更是一门心思侍奉上帝。

　　虔诚的以利，常常看到一妇人长跪圣殿，哭拜上帝，乞求神恩。这天，以利坐在会幕自己的位子上，特别注意观察，发现这妇人的嘴唇不住地微微张合，却听不到声音，心中有些奇怪。其实，这位妇人正默默地向上帝祈祷："仁慈的、万能的上帝啊！你知道你的仆人有多苦，有多难，有多委屈啊！你若垂顾你的仆人，赐给你的仆人一儿半女，我必送他到神殿，终身服侍你。"

　　坐在一旁的以利当然听不到这些，他以为妇人心中愁苦，大量饮酒，以酒浇愁哩。于是，他站起身走过去，对那妇人说："你怎么啦，喝醉了酒吗？一个妇道人家，何必喝这么多酒来麻醉自己呢？你若心中有什么愁苦，就像其他信徒一样大声说出来，乞求上帝为你解脱不好吗？"

这妇人听了，泪水夺眶而出，她叹道："主啊！我是个好女人，不是坏女人，我专做善事，滴酒不沾，我是心中太苦，在向上帝默默倾诉哩，苦水多了，倾诉的时间也就长了。"然后，她把自己受的委屈一五一十地告诉了这位祭司。原来，这位妇人来自以法莲山地的拉玛琐菲，名叫哈拿，丈夫利加拿娶了两个老婆，一个是她，另一个叫毗尼拿。哈拿没有生养，毗尼拿却儿女双全，无后为大嘛，毗尼拿经常讥笑和讽刺她。这个上帝的信徒受到极大刺激，心里很难受，所以祷告上帝赐福生子，还向上帝许愿立誓。

以利同情她，安慰她说："慈善的上帝必眷顾子民，满足你的祈求，还是回家去吧。"

哈拿听从大祭司的话，回到旅馆。第二天，她洁净身体，前来敬拜上帝，离开了示罗。

过了一年，哈拿果然生子，取名撒母耳。在孩子生活可以自理时，哈拿履行诺言，她准备了一些供品和一头小牛，领着孩子，一并送到示罗神殿，献给上帝，对上帝说："上帝啊！蒙你的恩典赐给仆人一个儿子，现在仆人把他交给你，让他一生侍奉你。"哈拿回去后，每年还给孩子缝纫特制的以弗得（神职人员的职业服装）小外袍，到献年祭时，同孩子的父亲一起送到圣殿。以利理解慈母之心和爱子之情，祝福他们说："愿上帝垂念你们，再赐给你们一个儿子，好代替撒母耳对你们行孝。"没想到先知的话应验了，哈拿一连生了三男二女。

在圣殿，撒母耳跟随师父左右，又能干又听话，很招人喜欢。以利看这孩子长相英俊、天资聪颖，很疼爱，并暗暗把希望寄托在撒母耳身上。

有天夜晚，撒母耳睡在圣殿里，忽听有人在呼唤他的名字："撒母耳，撒母耳！"他以为是老祭司，忙去以利房间。以利有些奇怪，对他说：“我并未叫你呀，快回去安心睡觉吧。”

这样的事反复发生过多次，有时一个晚上呼唤几次。以利猜测出是上帝的声音，便告诉他，如果再听到呼唤声，你要立即回答：“上帝啊，仆人正在这里恭候哪，请你吩咐吧。”

当天晚上，撒母耳又听到有人在呼唤自己，急忙按以利的交代回答。上帝告诉他：“我的孩子，以利的儿子犯了渎神罪，罪不可恕，他们家要遭厄运了。”

第二天，撒母耳吞吞吐吐，不敢把上帝的话告诉师父，以利鼓励他说，上帝的话是圣旨，应该传达给世人。于是，撒母耳把头天夜晚上帝说的话一字不漏地告诉以利，以利听了，非常忧伤恐惧，但他知道这是上帝的旨意，神命难违啊，只能听天由命了。周围的人听说撒母耳可以直接与上帝对话时，认为这孩子充满圣灵，长大后必成大器。

以利待撒母耳如亲子，精心培养照顾他，使他健康成长。后来

扫罗躲避重任

因撒母耳睿智机敏，又乐善好施，得到人们的崇敬，成为以色列历史上的最后一个士师。

在当时，以色列人正和非利士人打仗，战事连连失利，原因是什么呢？他们以为是未带上帝的约柜出征。长老们提议，快到示罗把上帝的约柜抬来，让它发挥神力，打击敌人，拯救民族。于是，大祭司以利下令抬来约柜，并命两个儿子负责护送约柜去军营。结果，以色列人还是遭到惨败，阵亡的将士就有三万人，以利的两个儿子死于敌人的刀下，连上帝的约柜也被敌军抢走。噩耗传来，98岁高龄的以利，承受不了巨大的打击，悲伤过度，当场死亡。

以利逝世后，撒母耳以先知、大祭司和士师的身份，接替了以利的位置。

撒母耳担任了以色列的领袖不久，在米兹帕召开以色列人大会，号召人民起来反抗外族侵略，他告诉族人们："你们不要害怕，耶和华上帝与我们同在，只要大家铲除外神，一心归顺上帝，唯独侍奉上帝，他必将从非利士人手中拯救我们！"众民受到鼓舞，异口同声表态，只敬奉耶和华这个唯一的上帝！并禁食献祭，表示忠心。

非利士人闻讯以色列人集会，便调动大批军队前来镇压。以色列人听了，惊慌失措，恳求撒母耳为大家祷告，乞求上帝挽救以色列人的生命，帮他们脱离非利士人的蹂躏和威胁。

撒母耳愿意为民请命，他将一只小羊羔献给上帝作燔祭，为子民呼求上帝。上帝宽恕子民的罪过，应允了他的请求。

这时，非利士大军压境，要与以色列人交战，扬言必灭绝这个民族。但上帝给了以色列人勇气和力量，撒母耳临危不惧，及时领导全族民众奋起反抗。在强敌面前，上帝援助他们，呼风唤雨，大显神威。一时节，倾盆大雨，电闪雷鸣，吓得非利士人惊恐万状，溃不成军，不战而败。撒母耳见状，立即抓住时机，率兵冲进敌营，大举击杀，获得全胜。同时，他们还收复了被非利士人侵占的领土，并立石为界，维护本国领土主权。

事后，撒母耳在米兹帕与耶撒纳之间立了一块石碑，取名"厄本厄则尔"（意思是：直到这时上帝救助了我们）。

非利士人遭受惨败后，再也不敢侵犯以色列的领土，以色列人过上了和平安乐的生活。作为士师的撒母耳，不敢怠慢公务，他严格要求自己，勤于宗教事务，管理民政，治理国家，每年都到各地视察，为以色列人做了不少好事，后来还在自己的家乡那玛为上帝建了一座祭坛。

渐渐，撒母耳年事渐高，精力不济，就将手中的权交给两个儿子。他的两个儿子无德无能，还贪图钱财，收受贿赂，冤屈无辜，以致怨声载道，政局不稳。非利士人见状，又动侵略之心，调兵遣将，蠢蠢欲动。

众长老对形势发展深感忧虑，一同拜见撒母耳，请求另外膏立君王。撒母耳虽然不情愿，但还是祈祷上帝，上帝说："撒母耳，听着，凡民众向你说的，你必听从，但要明确告诉他们，统治他们的君王必享受君王的权利，让他为自己的行为负责。"

撒母耳向众长老转告了上帝的话，并遵照上帝旨意，告诉他们君王所享受的权利，他说：大家听清楚，你们选的君王享有征用你们的儿子当兵，当车夫、马夫，造兵器，供他使唤的权力；有征用你们的女儿为他配制香料、烹调食物，供他享用的权力；有征收你们庄田、庄园、葡萄园和橄榄林的税收，赐给他臣仆的权力；有征收你们庄田和葡萄园产品的十分之一，羊群的十分之一，赐给他的宦官和臣仆的权力；有使用你们的仆婢和牛驴替他做工的权力；还有让他的儿子们占据百夫长、千夫长等官职，让你们为其服务的权力。当然，你们自己和你们的后代都是他的奴隶，供他奴役。这些事情你们要想好，到时候，你们不满意自己选的君王，再找上帝，上帝是不会理睬你们的。你们要求做的事，一概由你们自己负责。

众长老不听他的话，坚持说："求求你为我们选一位君王吧，我们非常需要他来治理我们的国家，率领我们出征打仗。"

撒母耳见众人态度坚决，立王的呼声越来越高，又多次请示上帝，上帝说："那好，你就给他们选一位君王吧！"撒母耳答应众长老，自己会尽快物色国王人选。

这天，遵循神旨前来寻找国王人选的撒母耳，在茫茫人海中，偶见一气宇轩昂的少年迎面走来：高高的个头，俊美的相貌，矫健的脚步，浑身上下充满了青春的活力和朝气。上帝对撒母耳说："看哪，这正是你要物色的君王，他必会治理好国家。"

撒母耳心中一阵喜悦，高兴地迎上去。经打听，了解到他原来是便雅悯人基士的儿子，名叫扫罗，奉父命带着仆人出来寻找家中丢失的几头驴子，他挨村询问，毫无下落，正急着寻找先知，想请先知指点，正巧遇到撒母耳。就这样，以色列的两代英雄偶然相会。

撒母耳对年轻人说："你不必担心你家丢失的那几头驴子，现在已经找到了。你知道以色列人所仰慕的是谁吗？就是你和你的全家呀！"

扫罗一听，受宠若惊，急忙说："我家在便雅悯支派中最小，你为什么对我说这些呢？"

撒母耳喜欢这个单纯可爱的青年，笑了笑，特别邀请他与自己一起进餐，完了，让他吩咐仆人先走，自己要单独与他对话。交谈后，撒母耳非常满意，决定把权位交给这个年轻人，他高兴地将膏油抹在扫罗头上，并吻了他，告诉他：现在你先去伯特利，那里有一群先知等着你，他们受神的感应，都会击鼓、弹琴、奏笛、吹箫，还能预言未来，你和他们一起，就会受到感染，充满圣灵，变成新人，那时的你就可以担当君王重任了。不过，你不能久留，要赶紧到甲吉去，我在那儿等你。

扫罗果真在伯特利遇到一群先知，他走在他们中间，立刻感到灵气十足，不禁和他们一样预言未来。有些以前的熟人，感到惊讶，议论纷纷："扫罗怎么会在先知中呢？"后来这句话传为成语，当人们遇到意外之事时，总爱说"扫罗怎么也列在先知中呢？"

在甲吉，撒母耳召集各支派，在上帝面前抽签立王。抽签结果，十二支派中，便雅悯人抽中，在便雅悯人中，又被刚刚到场的扫罗抽中。

撒母耳早就作好准备，精心安排为扫罗举行涂油礼，并与臣民们见面。谁知，扫罗不见了，人们到处寻找也不见人影。只好求问上帝："这人到哪儿去了？"上帝回答："瞧，他不就在行李中。"

原来，这个纯洁的年轻人十分害羞，听说自己中签了，便悄悄地离开人群，躲藏在父亲装行李的货车上，侍从们将他从货车上拉下来，他又躲藏在货箱后面，准备逃跑。

撒母耳严厉地批评他，要他严格要求自己，好好接受宫廷培训，以便具有当好国王的一切素质。扫罗只好低着头，站在比自己矮一头的众民中间，聆听前辈的教诲。最后，撒母耳骄傲地对众人宣布："臣民们，你们看哪，这就是上帝为你们挑选的人，你们之中，有谁能和他比呀！"

众民见小伙子身材魁伟、仪表堂堂，都大声欢呼："愿我王万岁！万万岁！"从此，扫罗便是以色列的第一任国王。老士师撒母耳在交权时，回顾了自己一生的战功业绩，还利用雷雨电等自然现象，教诲大家敬畏上帝，以维护自己的尊严和宗教大权。

担当以色列第一任国王的扫罗，在众臣中并不享有绝对威信，他要学的和做的事很多。首先面临的是如何统帅以色列军队，击败侵略领土的外族人。当时，亚扪人入侵以色列，扫罗率领 33 万大军，兵分三路，采取夹击的战术，挫败亚扪人，在群臣和百姓面前威名大振。

第二年，非利士人挑衅，他又调集兵力准备抗击。按宗教条例，作战前必先请大祭司敬拜上帝，全营士兵集中在甲吉，等候大祭司撒母耳主持祭礼。可是，约定的七天时间过去了，还不见撒母耳的到来。百姓们等烦了，纷纷离去；将士们站久了，士气低落。扫罗见此情景，便自作主张，开始祭拜仪式。他刚刚献完燔祭，撒母耳赶到了，双方都很尴尬。扫罗马上走去迎接，撒母耳认为扫罗不尊重他，篡夺了自己的宗教大权，生气地问："你这是做的什么事啊！"

扫罗连忙解释：你没有来，自己害怕百姓厌烦，军队逃散，又害怕敌人打来了自己还没有拜祭上帝，因此迫不得已才向上帝献了

撒母耳立扫罗

燔祭。撒母耳不听他解释，当场斥责扫罗："你真糊涂，如若你听从上帝的吩咐，上帝必为你巩固君王的地位。现在，你违反了上帝旨意，王位必不会坐久，上帝定会另选君王。"一气之下，撒母耳离开了甲吉。

以色列因为战事不休，装备不良，给养也不足，扫罗不愿正面与前来挑战的非利士人开战。不料，虎父无犬子，他的儿子约拿单却初生牛犊不怕虎，避着父亲，带一帮少年偷袭敌营。

约拿单让其他人隐藏在身后，自己先摸上山。他刚爬上山，就被敌人的哨兵发现，他们看见只有一人，以为是来投降的，就吆喝他出来说话。约拿单心里想："好家伙，一定是上帝把非利士人交到我手里了。"他一跃而起，后面的人紧紧跟上，很快杀死哨兵。他们又偷偷蹿到山石后面，暗杀了分散而没有提防的守兵二十多人。不明真相的敌人，以为是以色列的大军赶到，慌乱一团，准备逃窜。扫罗得到情报，立即抓紧战机，命令全军出击，并宣布在天黑之前，不获全胜任何人都不许吃东西，否则军法处置。

酣战一夜的约拿单，腹中饥饿难忍，他并不知道父王有令在先，就爬到树上取了一点蜂蜜填肚子，蜂蜜下肚，他感到自己的精力全恢复了。

天黑了，有人报告扫罗，说饥饿的百姓吃了带血的生肉，冒犯了上帝。扫罗听了大怒，非把这些罪人查出来处死，而且表明，即使是自己的儿子也决不放过。

他拿出两支签，一支代表他们父子，一支代表众百姓。结果是百姓都没有触犯上帝，只有他父子二人有嫌疑。

扫罗喊道："再抽，看我们父子谁有罪！"抽签结果是约拿单犯罪。扫罗审问自己的儿子："约拿单，回答我，你究竟干了些什么？"

约拿单回答说："我并没有犯罪呀，难道吃了一点野蜂蜜也算犯罪吗？"

扫罗认为儿子违抗王命，一定要以军法处置。众民急忙跪地求情，说这次战斗多亏约拿单偷袭敌营，表扬他勇敢机智，为民立战功的事迹。还说，约拿单因为先去了敌营，并没有听到王下的命令呀，不知者无罪。扫罗听民众说得有理，才留下儿子的一条性命。

扫罗连获胜利，在将士和民众中威信愈来愈高，追随者也越来越多。接着，他率兵征战南北，再振雄威。

*　　*　　*　　*　　*

本篇选自《旧约·撒母耳记》第 1～15 章。主要部分记述以色列人最早的先知之一、最后的士师、大祭司撒母耳的成长史，他拥立扫罗为第一个以色列之王的经过，以及扫罗的战功等事迹。

在这里，撒母耳和扫罗的故事显示了史传文学的性能，运用艺术渲染手法凸现历史纪实。在撒母耳、扫罗时期（约公元前 11 世

纪）还保留着军事民主制的一些方式，如由部族全体民主推选领袖
等。扫罗王的出现标志着阶级社会和国家逐渐萌生，这是符合史实
的。不言而喻，故事中描写撒母耳立扫罗为王，民众拥护扫罗为王
全是上帝的旨意和安排，把上述历史神化了，传奇化了。故事中撒
母耳斥责扫罗违背神意，一意孤行而擅自献祭，王位迟早被废去，
这也涂上了传说的色彩。其实，扫罗的"违背神意"和撒母耳坚持"敬
畏上帝"，反映了当时的政权和教权之间的矛盾。

重振雄威战疆场　少年击毙歌利亚

　　扫罗统率全军四方征战，先后击败摩押人、亚扪人、以东人、非利士人和琐玛诸王国。一次，撒母耳提醒扫罗：在他们的祖先领他们出埃及时，亚玛力人不帮忙，还派兵阻挡，这仇一定要报，按上帝的指示，要杀得他鸡犬不留。

　　扫罗奉命讨伐仇敌，杀尽了亚玛力的老百姓，还生擒了亚玛力王亚甲。在征战中，他手下留情，并未彻底毁灭亚玛力。另外，他也没有全部上缴战利品，还留下一些牛羊和贵重的东西，准备适当奖赏军队。

　　撒母耳知道后大怒，说他违背神旨，不听从自己的指挥。开始，扫罗还争辩，后来见撒母耳坚持己见，只好拉着前辈的外袍求情认罪，撒母耳生气地一转身，衣襟"哧"的一声撕裂开来，撒母耳借题发挥，说："扫罗，这是上帝旨意，你已与以色列断绝，上帝要将这国赐予比你更好的人了。"然后，撒母耳亲手杀死亚玛力王亚甲，匆匆离去，再也不愿见扫罗。

　　后来，他见扫罗越来越刚愎自用，辜负了百姓的愿望时，很痛心，后悔立扫罗为王。

　　一天，上帝对他说："不要再悲伤了，因为我也厌弃了他，我已选定伯利恒耶西家的一个儿子，你亲自去一趟吧。"

勇敢善战的大卫

　　撒母耳便来到耶西家，请耶西召来他的众子，他先从长子看起，觉得各方面的条件不错，他想，这必定是上帝选中的人了。

　　上帝却对他说："看人不能只看外表，还要看内心。"

　　撒母耳又看次子、三子、四子，都不是上帝选中的人，他心中纳闷，问道："耶西哪，你的儿子都在这儿吗？"

　　"噢，不，还有最小的儿子大卫出去放羊了。"

　　听了耶西的回答，老祭司"哦"了一声，他全明白了，急忙催促耶西把小儿子找来。

　　过了不久，一个满头金色鬈发、脸色红润、双目清澈、容貌俊美的少年，兴冲冲地跨进门来，被众兄弟推向前，莫名其妙地站在长者面前。

　　上帝对撒母耳说："对了，就是他！"老祭司立即站起身，当众给他涂油，并把手放在他的头上，大卫顿时感到上帝的圣灵渗透全身。

大卫，这个勇敢的牧童，是耶西最小的儿子，路得和波阿斯的孙子。他在放牧时，曾两次与狮子和大熊拼斗，并在它们的猛烈攻击下，独自杀死猛兽，救出自己的羊群。这个小牧童还会唱歌弹竖琴，每当他独自一人在荒郊野地放牧时，就自写自演，在当地很有名气，人们都喜欢听他弹琴唱歌。

当时的扫罗，因撒母耳的预言和匆匆离去，总是心神不宁，喜怒无常，郁郁寡欢。有人建议他用音乐调剂神经，驱魔治病，并推荐能弹善唱的牧童大卫，从此，大卫经常进宫侍候国王，为其安神治病。

在扫罗执政期间，最讨厌的是非利士人，他们常常挑起事端，与以色列军队交战。

这一次，非利士的军队集聚在以色列属地梭哥，并扎营威胁以

大卫战胜歌利亚

色列。扫罗只好在以拉谷布置军队与之对垒，双方各霸山头，隔谷相望。开战时，只见从非利士军队中，飚出一个虎背熊腰，身高六肘零一，头戴金盔，身穿铠甲，腿绑护膝，后背铜戟，手上拿着的铁头足有 600 舍客勒，粗如织布机轴的枪杆，前面还有一士兵手持盾牌开路。

这个巨人是非利士军队中的一员猛将名叫歌利亚。他气势汹汹，昂首阔步，傲慢地面对以色列军队高声呼叫：“你们谁个敢出来和我交手。我们可以先立约，如若你们的人将我打败，杀了我，我们非利士人宁愿当你们的奴仆；如若我战胜了他，将他杀了，你们就要作我们的奴仆，服侍我们非利士人。”他还叫嚷：“今日我向以色列军队骂阵，你们胆敢应战的站出来。如若无人应战，我便天天骂阵，叫你们心惊胆战！”

听了歌利亚的叫骂，扫罗和他的部下，心里着实惶恐，只有按兵不动。非利士方面，果真从早到晚，天天骂阵，一连骂了 40 天。

这天，大卫的父亲要他为哥哥们送粮。因为耶西有三个儿子在以色列军营里服役，当时的军人，是自带粮食，耶西的三个儿子捎信父亲要粮食。耶西已经年迈，行动不便，就要小儿子大卫扛一袋玉米送到前方战场，交给三个哥哥，并问候哥哥们好。

到了军营，哥哥们进了战壕，好奇的大卫听战士议论纷纷，说那个巨人如何如何可怕，大卫不服，把粮食交给留守的士兵，独自跑到战壕，见到哥哥们问安，与他们对话。

此刻，歌利亚又从非利士队伍中走出来，如同往日一样骄狂地骂阵，以色列士兵见了都往回跑。有人指给大卫看：“你瞧，你瞧，就是那可怕的巨人，谁也制服不了他。国王有令，如果谁能胜他，必以重金奖赏；还要将自己的女儿嫁给他为妻，同时免去他一家的纳粮当差。”

大卫听了，摩拳擦掌，跃跃欲试。兄长们见了，向他发脾气：“你跑这儿来做什么？你的羊交托给了谁？我知道你很骄傲，想来显示显示自己，可是，你知道这是什么地方，这可是掉脑袋的战场呀！”

大卫不听，抢白几句，便离开哥哥们，又向另外的人打听应战之事。

有人将这事报告扫罗，扫罗打发人把他叫到跟前，问他的看法。大卫说："不必害怕那个非利士人，让你的仆人去对付那个巨人吧！"

扫罗称赞他的勇气，但还是劝他说："你不能去，你这么年轻，还是个孩子，他可是个久经沙场的老手啊！"

大卫自信地回答说："我从小为父亲放羊，有时遇到狮子，有时遇到大熊到羊群中叼羊羔，我就拼命追赶它，打击它，从它口中救出我的羊羔。它反扑过来咬我，我就揪着它的胡须把它打死。这些野蛮的非利亚人，竟敢在永生上帝的军队面前骂阵，也必将落得与狮子和大熊一样的下场。"又说，"万能的上帝能救我脱离狮爪熊掌，也必然会把我从非利士人手中救出来。"

扫罗被大卫的勇气和虔诚感动了，他说："我的小勇士，你就去吧，上帝与你同在。"说完，扫罗脱下身上的战袍给大卫穿，摘下头上的铜盔给他戴上，还给他披铠甲，挎战刀。大卫从来没有这么穿戴过，很不习惯，连路也不会走了。他笑起来，坚决不要，全部归还扫罗。他只挑了手杖，又来到河边挑选了五个光滑的鹅卵石，放在牧人衣的布囊里，拿起自制的弹弓，跳出战壕，迎战非利士人。

歌利亚见以色列那边有人出营，也迎面奔来，近处一看，是个年轻俊美的红颜少年郎，个子比自己矮半截，手上只拿着一根手杖，不禁哈哈大笑，藐视地说："看你这小子，拿杖来干什么，是打狗么？我又不是狗。我劝你别来送死，还是快快离开吧！"见大卫坚决的神情，便开口大骂起来："好小子，不想走，那就来吧。我要把你的肉，喂空中的飞鸟、地上的走兽。"

大卫面对这个高大的巨人，没有惊慌，只有愤怒，他胸有成竹，因为他敬奉上帝，是上帝的信徒。他说："你攻击我，用的是刀枪和铜戟，我攻击你，不靠这些武器，靠的是上帝的神力。今天，上帝把你交到我手里，我必击杀你，斩你的脑袋，还要把非利士官兵的尸体，抛给天上的飞鸟和地上的走兽吃。我要让天下的人都知道以色列人的上帝威力无比，还要让世人知道，攻打别人的人没有好下场。"

非利士人暴跳如雷,挥起巨剑,杀将过来。大卫急忙迎上前去,他边跑边伸手从囊中掏出石子,举起弹弓,拉满弓弦,"唰"的一声,石子不上不下,不左不右正中对方的脑袋,歌利亚来不及躲避,便"啪!"的一声扑倒在地,大卫闪电似地冲向敌人,拔出歌利亚鞘中的刀,杀死他,砍下头,带回军营,军营里一片欢腾。

非利士人见猛将倒地,头也被砍了,便纷纷逃跑。以色列人乘机呐喊,勇猛追杀,打得敌军落花流水。

扫罗高兴地接见了少年英雄大卫,并立他为战士长。其子约拿

大卫凯旋

单与大卫一般大，他们一见如故，性情相投，很快结成好朋友。

*   *   *   *   *

本篇选自《旧约·撒母耳记上》第 16～17 章，记述撒母耳后悔立扫罗为王，扫罗率领军队与入侵的非利士人对阵，以及出身于犹大支派的大卫击毙巨人歌利亚，获得扫罗父子赏识的故事。

扫罗登上王位后，领导以色列人抗击非利士人的战争旷日持久，大卫和歌利亚的决战是其中最激烈的场面之一。在《圣经》的许多描写古代战争的故事里，它是非常出色的篇章。大卫机敏勇敢，歌利亚狂妄自大，两个鲜明生动的人物形象都能给予人们审美享受。

关于大卫的一生，还有许多值得记载的故事。关于歌利亚的表现，在后世人心目中已成为貌似勇士，实则"不堪一击"的"外强中干"者的典型人物。

英雄气短妒忌人　功高盖世逃追杀

　　大卫击毙歌利亚，随大部队班师回朝时，众百姓纷纷拥上街头，欢迎英雄归来。妇女们成群结队，打鼓击磬，高唱胜利之歌，跳起欢乐的舞，她们唱道：

　　扫罗杀死千千，
　　大卫杀死万万！

　　扫罗听了，大发脾气，说："你们将万万归大卫，千千归我，那就只剩下王位没有给他了。"从此，扫罗妒忌大卫，常常怒目而视。本来，按原先的许诺，大卫杀了歌利亚，扫罗应将大女儿嫁给大卫为妻。可是，当女儿长大后，他却许配给了别的人。后来，扫罗听说二女儿暗恋大卫，很高兴，心想，我要将这女儿作诱饵，寻找除掉大卫的机会。他吩咐臣仆："你们暗地告诉大卫，说王喜欢他，臣仆们也喜欢他，所以要选他当二女婿。"

　　大卫听说后，回答说："我出身贫穷卑微，做王的女婿不是小事，是需要送很多聘礼的。"

　　臣仆回禀扫罗，扫罗吩咐："你们告诉大卫，王不要聘礼，只要100个非利士人的阳皮，帮我报仇解恨。"心里却想借敌人之手杀

大卫为扫罗弹竖琴

死大卫。

大卫听了，便带着随从，杀了 200 个非利士人，将阳皮如数交给扫罗。扫罗再也不好自食其言，只得将二女儿米甲嫁给大卫为妻。

扫罗见上帝与大卫同在，二女儿又真心实意爱大卫，而且每次打仗，大卫总是全胜而归，他更是害怕，对大卫恨之入骨。

不久，扫罗的老毛病又犯了，大卫带着竖琴，为他弹琴解闷。不想，刚奏完几个音节，扫罗突然暴跳如雷，拿起长矛便向大卫掷去，大卫急忙跳起身躲开，长矛刺入墙内。当晚，扫罗令人监视大卫的家，准备天一亮，就结束大卫的生命。

大卫的妻子米甲，深知父亲的为人，她催促大卫："你快乘黑夜逃命吧，不然，明天你就没命啦。"米甲用绳子将丈夫从窗口坠下，大卫就逃走了。为了麻痹父王，米甲将家中的神像放在床上，用被子紧紧蒙着。

天一亮，扫罗派人前来抓大卫，她谎称大卫有病，不能起床行走。扫罗不信，又派侍卫连人带床一起抬到他那里。使者进房一看，蒙在被子里的不是大卫，而是神像。扫罗听了报告，生气地问女儿："你为什么要放走他，用蒙哄的手段来欺骗我呢？"

米甲回答："我若不放他走，他便要杀死我。"

扫罗非除掉大卫不可，他命令儿子和臣仆说："杀了大卫！"

儿子约拿单是大卫的好朋友，急忙把消息告诉大卫："我父王想杀你，你快找个偏僻的地方躲起来，我看情况如何发展，再告诉你。"

大卫逃到拉玛，将扫罗的所作所为叙说给撒母耳听，并和撒母耳一起住在拿约。有人向国王禀报，扫罗便打发人去捉大卫。领命前去的使者，被先知说服了。扫罗又派人去，又被说服了。他第三次派人去，还是被说服了。扫罗便亲自出马，他来到大卫的住地。这时，上帝出面，用圣意感动他，他脱光衣服，在撒母耳面前忏悔，并赤身露体，在地上躺了一天一夜。

大卫知道扫罗爱食言，便从拿约逃到约拿单那里。他百思不得其解，问约拿单："我究竟做了什么错事，有什么罪孽，你父亲非要索取我的性命呢？"

约拿单解释说："你没有做错事，也没有得罪谁，你不会死。我也不明白，我父亲这人无论做什么，都会告诉我，为什么这事他要隐瞒我呢？"

大卫说："因为他知道我们是好朋友，告诉你这事，怕你泄密于我。"又说："明日初一，是我与王同席的时间，求你允许我藏到田野里，到第三天晚上，你父亲如果发现我不在，你帮我请求他，说我恳请王允许我回本城伯利恒，因为我全家都在那里献祭。你父亲如允许，那我就平安无事了。他如若发脾气，也就是决意杀害我了。我们是结拜兄弟，如果我真有罪，你就亲手杀了我吧，何必将我交给你父亲呢？"

约拿单连忙解释："不会的，我如果知道父亲要杀你，我怎会不告诉你呢？"

大卫说："假如你父亲决意要杀我，谁来告诉我？"

约拿单对大卫说："这样吧，三日后，我们就在这里相会，你先藏身在以前的磐石后，我向磐石边射三箭，如果我对童仆说，'箭在那头，你去捡吧'，表示我父亲饶了你，你就可以回来。如果我对童仆说，'箭在前头，往前跑吧'。表示是坏消息，你就马上逃走。你我今天的对话，请上帝做证。"

初一那天，王照常坐在靠墙的位置上吃饭，约拿单侍立，大卫的位置空着，扫罗没有说什么。第二天，扫罗问儿子："大卫为什么这两天都没有来吃饭呢？"

约拿单将大卫的请求说了一遍，并为大卫说了一些好话。扫罗听了，大发脾气，骂道："你这个大逆不道的儿子，大卫如果活着，你和你的王位都保不住，你不要认这个朋友了，快抓来交给我，他是该死的。"

约拿单反驳父亲："大卫为什么该死，他做了什么坏事吗？他并没有得罪你呀。当初，他拼命杀死非利士人，你是很赞赏、很喜欢他的。现在，你为什么一定要置他于死地呢？"扫罗气得拿起枪要刺杀儿子，被侍从抓着手拦住了。约拿单知道父亲决意要杀死大卫。

第二天，也就是他们相约的第三日，约拿单来到田野，叫跟随的童仆拿弓箭来，然后朝磐石边连射三箭，呼唤童仆："箭在前头，快往前跑吧。"童仆不懂，这是约拿单和大卫的暗号。待约拿单支走童仆后，大卫从磐石后面走出来，两人抱头痛哭。约拿单对大卫说："愿上帝与我们同在，如今没有别的办法了，你快快起身逃跑吧，祝你一路平安。"两人流泪吻别。

大卫四处躲藏，逃到了挪伯祭司亚希米勒那里，祭司把他迎到屋里，奇怪地问："你为什么没带随从，独自一个出来呢？"

大卫谎言道："因为王秘密吩咐我去办一件事，我的随从在接头处等我，你现在给我五个饼或者别的食物。"

祭司说："眼下，我手里没有现成的饼，只有圣饼，这种饼只能给予没有亲近妇人的少年人。"

　　大卫告诉他：自己已经好几天没有亲近妇人了。祭司便将撤下来的陈圣饼给了他。大卫问："你这里有没有刀枪？因为王的事很急，我连刀枪都来不及带。"

　　祭司回答："你当年在以拉谷击杀歌利亚的那把刀还在，我们用布包缠着，和我们穿的圣衣放在一起，如果你需要，就拿去吧。"

　　大卫很感激："这是一把无可比拟的好刀，谢谢你。"这些都被扫罗留在当地的臣子多益看在眼里。

　　随后，大卫逃到迦特亚吉王那里。臣仆们见了，都议论纷纷，说："这不是以色列国王大卫吗？""对呀，就是当年妇女们为之载歌载舞，唱道，'扫罗千千，大卫万万'的大英雄呀！"

　　大卫听了害怕暴露身份，便装疯卖傻，在城门上胡写乱画，让

约拿单为大卫通风报信

唾沫流满胡须。亚吉王骂下属不该引见一个疯子。大卫借机离开，来到亚杜兰洞，他的朋友和家人都跑到他那里。消息传开，凡是负债的、受苦的、被奴役的，大约400多人，都聚集在他周围，自愿听从他的指挥。

扫罗从多益嘴里打听到，大卫曾经从亚希米勒那里得到食物和大刀，立即召见亚希米勒和他父亲的全家，质问亚希米勒为什么要支持大卫，让他结党谋害国王。亚希米勒回答："王啊，在你的臣仆中，有谁比大卫更忠心，他是你的女婿，又是你的接班人，还是你目前最得力的参谋，享受着崇高威望，我一直为他祈祷。王不要把这些归罪于我和我全家。因为他是假传圣旨，我什么都不知道。"

扫罗不饶亚希米勒，吩咐侍卫："他和他全家都是该死的，因为他们帮助大卫，知道大卫在逃，却不向我禀报。"侍卫和众臣都不肯动手，扫罗就吩咐多益，多益杀死亚希米勒及其全家，同时杀了85个在神殿工作的人员，又杀了许多挪伯城的民众和牛羊驴等牲畜。

亚希米勒有个儿子叫亚比亚他，因故幸免，他逃到大卫那里，把父亲及全家遭杀之事告诉大卫，大卫伤心地说："那日，我见多益在场，就知道他必告密。现在，你全家丧命，都是因为我，我连累了大家。你不要害怕，我会用自己的生命保证你的安全。"

这时，有人报告大卫，非利士人攻击基伊拉，抢夺禾场。大卫请示上帝，上帝回答："你可以去击打非利士人，拯救基伊拉，我把非利士人交到你手里。"大卫便领着部下出征，打败敌人，夺回牲畜，挽救了基伊拉居民的生命。

扫罗听到消息，要击杀大卫。大卫穿上祭司的衣服，向上帝祷告："上帝啊！仆人听说，因为我的缘故，扫罗要灭城，乞求明示。"

上帝说："扫罗必来，基伊拉人必将你们交出来。"大卫只好领着600多弟兄，走出基伊拉，住在旷野的山寨里，常在西弗山地出没。扫罗不放过大卫，天天寻找大卫的下落。

过了些时候，西弗人禀报扫罗，说："大卫就躲藏在我们那儿的树林里，请你来吧，我们要亲手把他交给你。"

扫罗说："愿上帝赐福予你，请你查清他们的住处和行踪，看准他藏匿的地方，我和你们一同去抓他，只要他藏在以色列境内，我一定会从千门万户中把他搜出来。"

随后，扫罗追到西弗；大卫跑到亚拉巴，扫罗追到亚巴拉；大卫住在玛云旷野，扫罗追到玛云；大卫见扫罗带人从山这边走，急忙躲在山那边，指挥军队从四面八方包围大卫，准备捉拿他。

在这千钧一发之际，有人马急报，非利士人又侵入境内。扫罗只好放弃击杀大卫之事，回去攻打非利士人了。大卫又一次逃脱厄运。

赶走非利士人，扫罗又转过来追杀大卫，他从队伍中挑选 3000 精兵，寻找大卫的下落。在行军途中，他感到肚子不适，看到路边有一个山洞，便进去大解。正巧，大卫和他的部下都藏在洞的深处，有人提议："杀了他吧，这是个绝好的机会。"

大卫拦住手下人，说："他是我的主，上帝立的王，我们不能杀他。"大卫轻手轻脚摸到他身边，悄悄割下他的衣襟。随后，跟着扫罗出洞，呼叫扫罗："我主，我王！"扫罗奇怪地回头观看，只见大卫俯伏下拜，并对他说："我主，我王，你为何听信谗言，说我想谋害你。今天，在山洞里，你亲眼看到上帝已把你交到我手里，又有人让我杀你，我都没有加害于你。不信，请你看看我手中的衣襟，这就是我从你外袍上割下来的，它证明我对你没有恶意。虽然你四处追杀我，但我还是不愿得罪你，愿上帝鉴察，在你我中间判断是非，为我伸冤，解除我们之间的误会。"

扫罗听完这番肺腑之言，动情地说："我儿大卫，这是你的声音么？是你在跟我说话么？"说完，放声大哭。接着说道："我儿，你比我讲公道信义，你一直善待我，我却以恶相待。今天，上帝把我交到你手里，你却不杀我。要是遇到真正的仇敌，我早没命了。我也知道，你必为王，以色列国必归于你，现在，你要以上帝的名义起誓，一旦你为王，绝不加害于我的后裔，不埋没我的名声。"于是，大卫在上帝面前起誓，扫罗便领着他的人马返回王宫，大卫也领着自己的弟兄们上了山寨。

大卫宽恕扫罗

扫罗回到王宫，神经质犯了，又到处追杀大卫。有一次追寻到大卫躲藏的地方，他命令部队在山下扎营，以便围击。深夜，扫罗和大家一样睡熟了。大卫的部下提出："这是个好机会，机不可失，只要一剑便可刺死他。"

大卫劝阻："不可伤害上帝立的王。"他只偷偷拿走扫罗身边的长矛和水罐。然后，站在山顶上，高喊扫罗的主将押尼珥。押尼珥不耐烦地问："是谁在大声乱喊，吵醒我王，我可要严办！"

大卫回答："是我。我要问你，你是怎么保护国王的？你看，王的长矛和水罐都到哪儿去了，有人进营你都不知道，你失职了。"

扫罗听出是大卫的声音，就问："是大卫吗？"

大卫回答："是的。我王，你怎么还在追捕我呢？"

扫罗无言可对，只有抱歉地说："大卫我儿，是我错了，今晚你又保护了我的命，愿上帝赐福予你，万事如意！"大卫知道扫罗常常出尔反尔，为了以防万一，他投奔了迦特王亚吉。

雄姿英发的大卫很有魅力，爱冒险的小伙子崇拜他，跟随他。邻近老实忠厚的农民也喜欢他，依赖他，仰仗他保护，大家愿意出一点保护费，以免受盗贼之害。大卫他们也可暂时维持生活，两全其美。

可是，在迦密有一富户名拿八竭力抵制，而且态度恶劣。大卫很生气，准备集合人马，杀光拿八族。拿八有个既聪明美貌又贤惠温柔的妻子，叫亚比该。她一听到这个消息，便急忙带着礼物见大卫，声称是向击败非利士人的伟大战士赔罪的，劝大卫息怒。短时间的接触，亚比该留给大卫良好的印象，大卫消了气，取消了杀拿八族的念头。亚比该本想把这事告诉自己的丈夫，可是那天晚上，拿八喝得酩酊大醉。到第二天，她才一五一十地讲给丈夫听。拿八听了，惊吓成疾，十天后就死了。不久，大卫便向寡妇求婚，并娶亚比该为妻，生一子叫基利押。

过了不久，非利士人又出兵攻打以色列，扫罗和他的儿子们带兵抗击。不料，大败而归，他的三个儿子约拿单、麦基舍亚和亚比拿达在战斗中阵亡。身负重伤的扫罗宁死不屈，他要侍卫拔刀杀死他，以免受到敌人的凌辱。侍卫们都不忍心下手，扫罗便自己拔刀，扑倒在刀刃上殉死。侍卫们见了，也伏刀而亡。就这样，扫罗全军阵亡，非利士人还气焰嚣张地进入境内，占领了许多城邑，抢劫了无数财产，他们把扫罗和他儿子的尸体钉在伯珊的城墙上，把他们的武器放在亚斯他录女神的庙中。

基列的雅比居民中，有些勇士挺身而出，整整走了一夜，来到伯珊，他们悄悄取下扫罗父子的尸体，带回雅比，焚烧火化后，埋葬在雅比城的垂柳树下，并禁食七天，以示哀悼。

*　　*　　*　　*　　*

本篇选自《旧约·撒母耳记上》第18～31章。记述了扫罗和大卫之间恩怨的一组故事：从扫罗因嫉恨而追捕大卫开始，到雅比勇士厚葬在抗击非利士战争中死亡的扫罗父子的尸体结束。大故事中串连小故事，各部分安排有序，前后呼应，彼此关照，情节曲折生动，人物性格鲜明。

在故事中，扫罗是一个比较复杂的民族英雄形象，正面负面作为都很突出。扫罗对杀敌立功而深得百姓拥护的大卫产生忌恨，是由于他的私心作怪。他施行迫害大卫的阴谋诡计，也反映了他作为心胸狭窄的王的残暴。可是，扫罗也是为以色列人浴血奋战的勇士，他在最后一战中身受重伤而宁死不屈，不愿受非利士人的侮辱自杀而死，显示了崇高的民族气节。英国诗人拜伦以此为题材，创作了充满激情的抒情诗《扫罗王最后一战的战前之歌》。比较而言，大卫的形象更加高大，英勇善战，品德高尚，宽宏大量，顾全大局，确实是"后来者居上"。

在这里，扫罗的儿子约拿单和大卫结成"莫逆之交"的事迹，感人至深。约拿单和大卫相互帮助而不遗余力，彼此信任而以性命相托。他们的友谊是高尚真挚的，而且经受了多种考验，受到后人称赞。

弓歌父子同捐躯　大卫统一以色列

基利波一战，扫罗壮烈牺牲，三个儿子同时为国捐躯，至此，扫罗创立的以色列第一代王朝国破人亡。作为历史转折时期的领袖，扫罗战功累累，不失为以色列民族的伟大英雄。

民族悲剧和英雄之死，以非常奇特的方式传到大卫那里。当时，大卫刚刚从前线杀败亚玛力人归来，有个自称从以色列军营逃回的少年，以为扫罗是大卫的对头，现在扫罗战死，新国王大卫一定很高兴，便策马扬鞭，奔驰到洗革拉，向大卫禀报。他向大卫详细描绘了他们被杀的经过，谎称是自己偶然撞上而将他刺杀的，为王处置了大仇人。

大卫听到扫罗父子战死疆场的消息，悲痛欲绝，他撕裂衣服，放声号啕，将前来邀功领赏的少年处死，他写歌作词，用音乐和诗歌抒发自己的情怀，寄托深深的哀思，缅怀英雄们的丰功伟绩，歌颂他们宁死不屈的英雄气概，赞美他们"比山鹰更快""比狮子还强"，诅咒英雄殉难的基利波山"再无雨露"，呼唤以色列女子为他们致哀哭号，表达自己继往开来，光复以色列的决心。他在《弓歌》中写道：

以色列啊
你的尊荣者在山上被杀

大英雄何竟死亡！

……

约拿单的弓总不后转

扫罗的剑决不空还

……

扫罗和约拿单生在一起，死不分离，

神速过于雄鹰，勇敢胜于猛将！

……

英雄怎会倒在战场，

啊，约拿单！

你竟阵亡在以色列的高山下

我的兄弟约拿单啊！

你对我的爱终生难忘，

胜似美女对情郎。

英雄何竟倒下，

战刀何竟埋葬！

事后，大卫向上帝请求，他应该先去哪里？上帝指示他先到希伯伦山，因为犹大人正等待他继位。于是，他便带着妻儿和随从人员，一起来到希伯伦。犹大部落的全体成员盛情欢迎他们的新君王。与此同时，扫罗的儿子伊施波设，在元帅押尼珥的策划下，也宣布为以色列王。从此，以色列内部发生了全面内战，争斗不断。

一天，押尼珥和扫罗的儿子伊施波设及仆人，与大卫的侄子约押及仆人相遇，他们各坐一边。

押尼珥闲坐无事，对约押说："起来，少年人，在我们面前戏耍戏耍吧。"年少气盛的约押，岂肯退缩，他马上回答："可以！"

于是，伊施波设这边走过来12个便雅悯人，大卫的仆人也走过来12人，彼此揪头发，又打斗又刺杀，双方一同死亡。后来，人们称这个地方为希利哈素林（意思是"刃血的田地"）。那天打斗得

大卫成为以色列和犹大的共同君主

十分凶猛，双方毫不退让。结果，押尼珥和跟随的便雅悯人败倒在大卫侄子和仆人面前。

在打群架的人中间，有大卫姐姐的三个儿子约押、亚比筛和亚撒黑，亚撒黑是出了名的快脚，跑起来如同野鹿，他紧追押尼珥不放，押尼珥回头说："你是亚撒黑吗？"回答："是。"

追赶了一段路，押尼珥又回头说："你还是追旁人吧，何必追赶我。我不想杀你，杀了你，我对不起你哥哥约押。"亚撒黑不管这些，仍然一个劲地埋头追赶，眼看只隔一步之遥，押尼珥回身就是一刀，亚撒黑没有提防，一下子被刺穿腹部，当时倒地而死。众人赶到，都愣住了。

约押和亚比筛继续追赶押尼珥。太阳下山时，追到了亚玛山，押尼珥和便雅悯人汇合，押尼珥站在山顶上呼叫约押："刀剑不能永远杀人，我们何必为敌呢？你要追赶的弟兄们何时回去呀。"

约押气愤地说："我在上帝面前起誓，你若不说戏耍那句话，今天早上仆人们便回去了，也不会追赶你们到现在。"押尼珥无法，只得跟随从一起，绕道走了一个晚上，才回到玛哈念。

约押追赶押尼珥回来，集合众人，清点人数，发现少了19个仆人和兄弟亚撒黑，但他们杀的便雅悯人和押尼珥的随从更多。约押和跟随他的人也走了一夜，天亮时才到达希伯伦。众人将亚撒黑安葬在伯利恒，两个哥哥伤心落泪，决心寻机报仇。在这场家族纷争中，大卫家族人丁兴旺，日益强大。扫罗家族，众叛亲离，日见衰落。

押尼珥是扫罗生前的元帅，又是扫罗的堂兄弟，在扫罗家中享有极高权威。后因与扫罗的妃子私通，受到侄儿伊施波设王的责问，一气之下，打发人去见大卫表示："只要你和我立约，我一定帮你，使以色列人都归顺于你。"

大卫同意立约，但有个条件，押尼珥必须归还扫罗的女儿他的老婆米甲。他说："你们要将扣压的米甲还给我，她是我的妻子，当年，我是用200个非利士阳皮聘定的。"

押尼珥将这话转告伊施波设，伊施波设便打发人领来米甲，让米甲回到大卫身边。押尼珥一面说服以色列众长老和便雅悯人，一面到大卫那里报告喜讯。大卫设摆筵席，慰劳押尼珥和他的随从。

酒醉饭饱，押尼珥起身告辞，他说："我要回城召集以色列人来面见我主我王，与你立约，你就可以称心如意地为王了。"于是，大卫送押尼珥离去。

有人把这事告诉约押，约押立即面见大卫询问："你这是为什么呀？他来这里的目的，是打听你的行踪和计划，你真被他诓骗了。"大卫不听，约押就避着大卫，派人把押尼珥追回来。

押尼珥回到希伯伦，约押假说与他谈机密，偷偷刺穿他的腹部，为兄弟亚撒黑报了一刀之仇。

大卫听了很生气，诅咒约押和他的全家，并吩咐约押和他的随从："你们杀了押尼珥，你们是有罪的。现在，你们应该撕裂衣服，腰缠麻布，抚棺哀哭。出殡时，和大家一起，跟在棺材后面送葬。"

安葬好押尼珥，大卫不愿离去，他在墓旁放声恸哭，民众也跟着哭了。大卫还为押尼珥举哀："押尼珥啊，你为什么就这样死去呢？你的手未捆绑，你的脚不曾锁住，你死在罪孽之辈的手下。"这时，民众才知道，杀押尼珥不是王的主意。于是，民众又大哭起来。日落时，民众劝大卫吃点东西，但大卫什么也不吃，他起誓："我若在落日前吃饭或其他东西，请上帝重重降罚于我。"民众见王如此有情有义，心中喜悦。大卫还对臣仆们说："你们知道吗，今日以色列死了一个作元帅的人才，我姐姐的两个儿子会得到上帝报应的。"

伊施波设听说押尼珥在希伯伦被杀，脚都吓软了，所属的以色列人也都惊慌起来。一天，他的两个军官利甲和巴拿，邀约中午到伊施波设家里去，他们进了房间，见伊施波设正在午睡，就谋杀了他，并带着割下的脑袋，走了一夜，赶到希伯伦面见大卫："我主，我王，扫罗生前四处追杀你，是你的仇敌。今天，上帝为我主我王在扫罗后裔身上报了仇。看哪，这便是扫罗儿子的首级。"

大卫对他们说："我在上帝面前起誓，以前，有人把扫罗的死，当好消息报告我，我将他杀死在洗革拉，作为对他的奖赏。今天，你们将熟睡的人杀死，我岂不向你们讨还血债。"即令卫队执行。他们杀了利甲和巴拿，将伊施波设的首级与押尼珥埋葬在一起。

大卫的明智和义举，得到以色列人的信赖，以色列各支派及长老们都来到希伯伦拜见大卫，恳求说："我们与你是骨肉，当年扫罗王在世时，是你率领我们攻打外族侵略者，保卫国家和人民。今天，我们一致要求你，推举你做以色列的国王。"于是，大卫与他们在上帝面前立约，从此，全以色列人都归顺大卫。30岁的大卫登基，成为全以色列之王，在位40年。

* * * * *

本篇选自《旧约·撒母耳记下》第1～5章。主要部分记述扫罗之子伊施波设继承王位，大卫被犹大人拥立为王，南北对峙，经过了多年的战斗，大卫终于统一了以色列各部族。次要部分描写大卫为扫罗父子写《弓歌》，赞扬他们为国捐躯；还描写以色列王国内部矛盾重重，充满了阴谋诡计。两者结合起来，凸现了"得道多助，失道寡助"的训导意义。大卫雄才大略，而且宽厚仁义，所以获得最后胜利，成为以色列·犹大联合王国之王，在日后希伯来民族史上最负盛名。

故事中的《弓歌》是希伯来文学中著名的诗作。据《圣经》记载，大卫作此哀挽之歌，意在教导犹大人永远怀念为以色列荣誉而战的英雄们。歌词哀婉深切，悲壮激越，情感真挚，感人肺腑。

约柜面前君起舞　恩威并重治天下

大卫即位后要建新都，他选定了耶路撒冷，因为此城立在悬崖峭壁之上，位居国土南北之间，在地形上，不仅是交通枢纽，军事要塞，而且便于南北双方各支派接受，在政治上容易达到统一，获得安定团结的社会效果。可是，当时的耶路撒冷还在迦南民族耶布斯人的控制之下，大卫志在必得，便率领以色列大军与耶布斯人开战。

攻打这样一个固若金汤的城市，明打硬拼都无济于事，他便指示部下明察暗访出奇招。元帅约押打探到：因为城市坐落在险峻的山崖上，过去，居民吃水有困难，他们便挖了一条暗道，通往城外洼地，以便取水，现在水源问题已解决，便封闭不用了，因此，不为人知。大卫就命令约押带领精兵强将，偷偷从地下暗道潜入城内，与攻城的军队里应外合，一举击败耶布斯人，拿下要塞，取名"大卫城"。

胜利进城后，大卫宣布正式建都，并普查人口，大兴土木，修筑宫殿，选立后妃，确立王朝中心地位。

为了把耶路撒冷建设成全国宗教生活的中心，大卫计划为上帝建造一座圣殿，以代替多年来一直随着以色列人到处流浪的圣幕。后因战事频繁，上帝也不允许，没有进行建造。

大卫忠实上帝，心系约柜，他决定将上帝的约柜迎入城中。上帝的约柜本是以色列人的神圣之物，在以利任士师时，因与非利士人打仗失败，军队伤亡惨重，连上帝的约柜也被敌人俘去。非利士人把约柜当成战利品，高高兴兴抬到亚实突，放在大衮庙里，谁知，随之而来的怪事不断：大衮神像好端端地倒在地上，扶立起来又倒下，最后，头呀，手臂呀全都跌得断裂破碎，只剩下残缺的躯体，接着瘟疫流行。非利士人害怕极了，他们便想出法子，将约柜放在无人驾驭的牛车上，搁一些金子，让两头牛拉着随意走，只求把约柜快快运出国境，以免遭到厄运。

这两头牛拉着约柜，漫无目的地走呀走呀，走不动了，便停在大路中间。

在一个美好的早晨，天空布满朝霞，树林青翠欲滴，鸟儿叽叽，清风习习。提早下地的农夫们，来到气息清新，晨雾尚未消散的田间。

忽然，有人惊叫起来："看哪，那是什么东西停在路当中呀！"

农夫们走近一看，原来是一辆牛车，再仔细一瞧，天哪，上面载着的竟是上帝的约柜！他们不禁肃然起敬，急忙报告祭司。祭司领着大家筑起祭坛，供奉上帝的圣殿，人们纷纷从四面八方赶来祭拜。之后，他们将约柜送到利未祭司亚比拿达家里。

建立新都后，大卫亲自率领迎圣队伍前去迎接约柜，不料中途出事，大卫令队伍停止前进，又将约柜运到俄别以东家里。放了三个月后，大卫再次带领众人，将约柜顺利运到新都耶路撒冷。

这天的耶路撒冷城，像过节一样热闹非凡，欢呼声，号角声响成一片。当约柜进城时，大卫在这里举行隆重的迎圣仪式，全城人簇拥着约柜，徐徐向前，乐曲悠扬，号角声声，抬约柜的人每走六步，大卫就献上一头公牛和一只肥羊。

身穿祭司细麻布袍的大卫，兴高采烈，他快活得像小孩一样，在约柜前尽情嬉笑欢乐，还翩翩起舞，众仆从和老百姓也跟着跳舞狂欢。

大卫的妻子、扫罗的女儿米甲，听见鼎沸的人声，便来到窗口看热闹，当她看见大卫在约柜前手舞足蹈的模样，嘴角边掠过一丝轻蔑的笑意。

众人将约柜安置以后，大卫就在放好的约柜前，虔诚地向上帝献上燔祭和平安祭，同时奉上帝圣旨，给万民祝福，并且给每个在场的人，无论男女老少，都发一个面饼，一块肉和一个葡萄饼，然后宣布迎圣仪式结束，大家欢欢喜喜地回家去了。

大卫也高高兴兴地回家，他要给亲属、家眷祝福。米甲出来迎接他，见他精神焕发，满面红光，不屑一顾地冷言冷语："你今天好威风，好光彩啊！身为以色列的一国之君，却穿着祭司的服装，当着臣仆、婢女和众百姓的面，手舞足蹈，扭扭捏捏，丑态百出，简直像下人一样轻贱。"

大卫一听，火冒三丈，斥责她说："你算什么？你又懂什么？上帝不用你父亲和你的家人，却单单选我为王，我当然高兴，所以在上帝面前尽情跳舞欢乐，感谢上帝赐恩予我。我这个国君也是百姓们的奴仆，以后我在下人和百姓面前会更加随和，更加谦恭，他们也会更加尊重我。"

扫罗的女儿米甲因为轻视为上帝欢乐的人，上帝罚她终身无儿无女。

大卫当上国王后，追念与好友约拿单的旧情，他问侍臣："扫罗家还有后人吗？我要好好照顾好朋友约拿单的亲属。"

侍臣受命寻找到扫罗家一个叫洗巴的仆人，立即宣旨，让洗巴晋见国王。

大卫见了，高兴地问："你就是洗巴吗？"

回答："仆人正是。"

大卫又问他："扫罗家还有后人没有？我要遵照仁慈上帝的指示，恩待他们。"

洗巴听了，觉得国王心地善良，很讲义气，态度又诚恳，便照直禀报："回我王，扫罗家现在只剩下一个叫米非波设的瘸子了，他是约拿单的儿子，扫罗的孙子。当年他的乳母听到扫罗、约拿单战死疆场的消息，受了惊吓，抱起他就逃跑，慌忙中跌倒在地，不幸将他摔成了残疾。"

大卫心疼地问："如今他在哪儿？"

洗巴回答："他现今寄住在罗底巴玛吉家里。"

大卫立即差人召他进宫。米非波设见到大卫，伏地叩拜。大卫亲切地喊："米非波设！"

"仆人在。"米非波设赶紧回答。

大卫对他说："你不要害怕，我是你父亲的好朋友，我会恩待你，将你祖父扫罗的家产、田地和财物全都归还于你。你可以常到我这儿来玩，与我同席吃饭。"

米非波设感激涕零，连连叩拜："仆人算什么，不过是一个无家可归的孤苦人，竟蒙我王如此厚待，我感激不尽。"

为了安排好米非波设的生活，大卫又召见扫罗的仆人洗巴，对他说："我已经将扫罗的田地和他所有的家产，都归还给你家小主人了，你和你的家人及其他仆人，要好好为你家主人耕田种地，供给他丰富精美的衣食，用心侍候他。哦，我还要告诉你，他可以自由出入王宫，和我同席，如同我的儿子一样。"

洗巴保证说："仆人将遵照我王的吩咐办事。"然后，拜谢而去。回去后，洗巴将自己的15个儿子，20个仆人全都唤来，传达王的旨意，要求他们一心一意服侍好主人米非波设。

大卫是位英明的国王，有着非凡的管理才能。建都后，他积极推行新的改革制度，加强内政建设：国王之下，设有宰相、元帅、史官、书记、祭司等官职，并制定他们各自的职责范围，各行其是，分工负责。还专门设有官员，负责管理王室的府库、牲畜、田产等重要经济命脉。各地又相应配有专职管理人员，使国事井井有条。但新国君需要人拥护，因此他也徇私情。过去，利未家族中有许多人当祭司，为了继续垄断以色列的宗教权力，他们坚决拥护新君主，大卫执政后，也恩待他们。他按利未家族的意思，突出耶路撒冷圣殿，下令关闭全国其他祭堂，要朝拜者一律到首都敬拜上帝。

统一了以色列各支派，建立了新首都，改革了内部管理，处理完宗教事务之后，大卫把主要精力转向军事方面。他发挥了自己卓越的军事才能，从整顿军队入手，以"30勇士"为轴心，建立了一支由久经沙场，勇敢善战的士兵组成、由身经百战的将领指挥的正规军，军备齐全，粮草充沛，训练有素。为了战时需要，他还建有随时随地征用的后备军，这支后备军，自带武器，战时是打仗的士兵，战后是种田的农民，组织纪律十分严密。这些都大大增强了以色列的军事力量。

大卫本人骁勇善战，身手高强，在战场上总是冲锋在前，身先士卒，大小战役亲自指挥。对外南征北战，东讨西伐，四处出击，无往而不胜，获得大量战利品。他圈定王国边界，保卫国土主权；警告入侵者，狠狠打击亚扪人，不准他们骚扰民众；同非利士人签订停战协议，争取和平环境；又战胜以东人、摩押人，征服西兰人，不断扩大王国的疆土，大卫威名传播四方。

* * * * *

本篇选自《旧约·撒母耳记下》第6～10章，主要部分记述大卫登上王位初年的功绩：选耶路撒冷为新都（"大卫城"）；把上帝的"约柜"运进城内；改革内部管理制度，意欲将其发展为全国的政治和宗教中心；积极进行军事建设，扩大疆土；征服四邻，为完成希伯来的统一大业而奋斗。

其中，关于大卫围绕"约柜"跳舞和他妻子米甲的轻蔑表情的描绘，也很生动感人。中世纪意大利诗人但丁在《神曲·净界》第10篇中，曾提到故事里的这一"场景"。如把"大卫在约柜前跳舞"和他所作的《弓歌》等诗作联系起来，可从中看出大卫王的文艺才能。

在这里，大卫恩待扫罗的孙子、约拿单的儿子米非波设的故事也很重要，它展示了大卫王宽宏大量的性格和仁义兼备的品质。

忘乎所以贪美色　痛心疾首求恩宥

　　强大的王国赋予大卫无限的权力，使这个叱咤风云的历史英雄，这个英明能干，仁慈大度的王君忘乎所以，骄奢淫逸，开始暴露沉溺女色的弱点。

　　那是在与亚扪人开战的第二个春天，诸王都在前线打仗，大卫派大将约押率兵出征，自己坐镇耶路撒冷。有一天，斜阳西下，万物蒙上一层淡淡的金辉，大卫来到王宫的平台上散步，无意间，看到一个年轻娇娆的女子在湖里洗澡，容貌身段美丽动人，在霞光余辉的映衬下如出水芙蓉。大卫目不转睛，神魂颠倒，不能自制。他立即差人打听那是谁家女子。

　　侍从了解后告诉他：“那是以连之女，赫人乌利亚之妻，名叫拔示巴。”

　　大卫心中十分遗憾，但他还是迫不及待地召见拔示巴，并执意要妇人留宿，勾引成奸。不久，拔示巴托人告诉大卫，她已经怀孕了。

　　大卫虽然喜欢拔示巴，但她毕竟是有夫之妇，而且是属下的勇士之妻，长此以往，生下孩子，揭出丑行，降低威信，面子上也不光彩。于是，他心生一计，马上差人带口信给约押，要约押让赫人乌利亚回家一趟，到宫中觐见国王。

　　约押遵命，打发乌利亚去见大卫。乌利亚拜见大卫王，大卫热

大卫窥视沐浴的拔示巴

情地接待他，亲切地问约押好，官兵好，又询问前线战争情况。最后，大卫关怀地对乌利亚说："你快回家去吧，洗个澡，好好陪陪你的妻子。"乌利亚退下，大卫又派人送给他一份精美的食物。

可是，乌利亚并没有回家与妻子同房，却与他主人的仆人们一起睡在宫门外。大卫得知，奇怪地问他："你从前线那么远的地方回来，为什么不回家呢？"

乌利亚回答说："我王，现在上帝的约柜，以色列的官兵都住在帐篷里，我主约押和我主的仆人也都在荒野地里安营扎寨，我岂能回家大吃大喝，与妻子亲热呢？我向王起誓，我是上帝的仆人，王的士兵，我决不会贪图个人享受，而忘却国家的大事。"

大卫本意是让乌利亚回家住宿，达到移花接木的目的，谁知乌利亚是个忠诚王国的老实人，大卫的计谋失败了。他想了想，又想到一条毒计，说："那也好，你今天还住在这里，明天，你就可以回营了。"当天晚上，大卫召见乌利亚，用美酒好肉款待他，犒劳他。乌利亚喝得大醉，仍然同他主人的仆人们一起住宿。

次日，大卫交给乌利亚一封亲笔信，让他转交给约押。这是大卫的第二条狠毒计谋，信中写道：要把乌利亚派到最前线，委以重任，到了阵势危险之际，你们要立即撤退，千万不可恋战。

约押接到这一密令，心领神会，马上发动一次强攻，围城之时，明知敌人有埋伏，却派乌利亚领兵出征，并不告诉他战斗险情。出发前还假意称赞乌利亚是一名勇敢善战的勇士，所以这次攻城主帅派他到最危险的地方去，愿上帝保佑他胜利成功！

乌利亚信以为真，高兴领命，任攻城先锋，他只带着几个随从，冒险接近城墙并死攻，城堡上埋伏的敌军射击手，突然出击，集中发箭。约押见了，一声令下，全军后撤，冲在最前面的赫人乌利亚和几个士兵来不及撤退，被敌人的乱箭射死了。

约押马上差遣使者，将战场上发生的一切禀报大卫，并嘱咐使者："王听完你的汇报，如果发脾气，问你，你们为什么要派他接近城墙呢？难道你们不知道敌人会在城上射箭吗？从前，凶将亚比米勒就是因为在城墙下点火，被一妇人推下石磨砸死的，你们怎不接受这个惨痛的教训呢？你就回答说，王的勇士赫人乌利亚也被射死了。"

使者赶到王宫，见到大卫王，照着约押的吩咐，一一禀报。使者还向大卫报告："我王，我军与敌人在郊野打仗，我们一直追到城门口，围城、攻城，敌人便射箭，射死了几个士兵，也把赫人乌利亚射死了。"

大卫听了汇报，知道自己借刀杀人的阴谋得逞，内心高兴，表面沉痛哀伤，他说些安慰鼓励的话，要使者转告约押，刀剑没长眼睛，是不认人的，不要因为这事太懊恼难过了，叫他继续努力攻城，拿下城邑，为国立功。

噩耗传来，乌利亚的妻子拔示巴为他哀哭。守孝期一过，大卫就派人把她接进宫来，作为自己的妻子，并生下一子。

大卫以为自己的作为天衣无缝，不为人知。其实，要想人不知，除非己莫为，前线的士兵把这一秘密泄露出来，很快传遍全国，人们都知道国王为霸占有夫之妇，借刀杀人，只是惧怕王权，沉默不语而已。

上帝对大卫的罪行很不满意，便让先知约拿单传话。约拿单进宫面见大卫，对大卫说："我刚刚听到一个小小的故事，我王有没有兴趣听听呀？"

大卫本是爱好文艺之人，连忙令他讲，约拿单讲了一段寓言故事：

很久很久以前，有个富人与一个穷人为邻，富人很富，富得牛羊成群；穷人很穷，穷得只有一只小母羊。穷人爱他的小羊如命，自己吃什么，就给小羊吃什么，天气寒冷，他怕小羊冻着，就把它抱在自己怀里取暖，待小羊如儿女一般。有一天，富人家来了客人，为了款待客人，他必须宰杀牲畜，作为牛羊成群的富家，他本应该宰杀自己的一只羊。可是，他却悄悄跑到穷人家，抢来那只小母羊，宰杀给客人做了下酒菜。

大卫听了，大为震怒，非常气愤地喊到："可恶可恶，我听过许多犯罪的故事，这是我知道的最残酷的罪行，如果按我的判决，对于这个富人，一定要严加惩办，立即处死。对于丢羊的穷苦人，应予以七倍的赔偿。"

约拿单马上站起来，对大卫讲："我王，恕我直言，你就是富人那样的人，你为了占有乌利亚的妻子，杀了乌利亚。对于这种恶行，上帝将降罪于你和你的家庭，你们的孩子必将暴死，他要为父母赎罪。"

果然，拔示巴和大卫的孩子生下地就患病，无药可治，大卫很害怕，悔恨交加，把尘土撒在自己的头上，俯伏在地，禁食七天七夜，向上帝忏悔。到了第七天,他们的孩子还是病死,应验了先知的预言。从此,大卫认为孩子是自己亲手杀死的,追悔莫及,不停地向上帝祷告,说自己借刀杀人是不可饶恕的罪行,愿意以苦行赎罪,并写作了忏悔诗:

上帝啊!
求你按你的慈爱怜恤我,
按你用慈悲涂抹我的过犯。
求你将我的罪孽洗除净尽,
并洁除我的罪。
……
上帝啊!

上帝惩罚大卫

求你为我造清洁的心，

使我里面重新有

正直的灵。

……

上帝啊！

你是拯救我的上帝，

求你救我脱离流人血的罪，

我的舌头就高声歌唱你的公义。

　　上帝见他态度诚恳，有悔改表现，就没有进一步惩罚他。一年后，拔示巴又生下一子，起名所罗门。大卫甚是喜悦，有意指定所罗门为王位的合法继承人。

　　　＊　　＊　　＊　　＊　　＊

　　本篇选自《旧约·撒母耳记下》第11～12章。叙述大卫居功自傲，得意忘形，贪恋美色犯大罪：霸占大将乌利亚之妻拔示巴，并施行"借刀杀人"之计杀害乌利亚。与此同时，也记载了大卫的忏悔心情及其受到的丧子惩罚。

　　大卫所犯的罪是很严重的，"十诫"就禁止奸淫和杀人。在这个故事中，颇受众望的国王竟连犯两大罪行，充分表现了大卫的性格矛盾，也细致地描写了这个人物的复杂的内心世界。这里的记述确实有"实录风格"，不因大卫王功劳大而掩饰他如此的淫乱和暴行。

　　故事中评述的大卫命令乌利亚转交的信（给送信人带来灾难），已被后人用来表示"盲目送死"。先知约拿单劝说大卫认罪悔过的寓言中所提及的小母羊也引起了后人浓厚的兴趣，常被转喻为"最大的欢乐"或"最珍贵的宝贝"，英国作家哈代在长篇小说《还乡》中用过此典。取材于"大卫和拔示巴"的名画，有荷兰画家伦勃朗的《拔示巴浴后》和法兰德斯画家鲁本斯的《拔示巴收到大卫的信》。

爱子叛逆战父王　慈父哀悼押沙龙

　　宫廷中骄奢淫逸的生活和大卫的风流韵事，影响着王子们的成长。长子暗嫩也贪美色，他看中了同父异母的妹妹他玛。他玛美丽出众，性情温柔，暗嫩一直暗恋着，但没有机会单独接近，难以如愿。后受朋友教唆，暗嫩假装生病，当大卫去看望他时，他不怀好意地请求说："父王，儿臣生病很感寂寞，请允许妹妹他玛前来护理几天。"

　　大卫见他俩是兄妹，就答应了他的请求，他玛便来到他的寝宫，诚心诚意地照顾他，谁知他人面兽心，竟强暴了她，事后又将她赶出门去。他玛受了刺激，痛不欲生，撕衣蒙灰，哭喊狂奔。她的亲哥哥押沙龙得知此事愤怒无比，决心为受辱的妹妹讨还公道，伺机报复，暗嫩也心存戒备。

　　两年过去了，暗嫩渐渐放松警惕。一天，押沙龙邀请众王子到自己的庄园赴宴，暗嫩也去了。押沙龙仇恨暗嫩，早在餐厅里埋下伏兵，等暗嫩开怀畅饮之时，一声暗号，伏兵突起，押沙龙带领伏兵，杀了毫无防备的暗嫩，惊散了众兄弟。

　　大卫知道后，怒气悲情一起涌来：宠儿杀长子，又恨又爱，兄弟相残，家门不幸，他一时不知如何处理押沙龙。押沙龙知道刺杀长兄有罪，便远走他乡，躲藏起来。一晃三年过去了，大将约押从旁观察，知道大卫思念爱子押沙龙，又不好表白，便派人找来一智慧妇人，在大卫面前游说，大卫王被说服了，允许儿子押沙龙返回耶路撒冷。

回到耶路撒冷后，押沙龙一直等了两年，父亲都不召见他，他想请约押再次出面调解，便派人专程邀请约押，一连几次，约押都避而不见。于是，押沙龙对仆人说："约押有块大麦田就在我的田边，你去放火把它烧了吧。"仆人照他说的做了。

约押又气又急，匆匆赶到押沙龙家里，质问："你发疯了，为何叫人烧了我的田？"

押沙龙笑笑说："我三番五次请你来，你都不来。所以，我只得用这个法子请你来啊。"

约押问他有何事，押沙龙说："我托你去见我父王，对他说，儿臣若有死罪，任凭父王处决。现在，他既然允许我回京，为什么又不愿见我呢？"约押只得将押沙龙求见的意思启奏大卫王。

大卫听了，心里很不好受，就召见儿子。押沙龙俯伏在地，向父王请罪，大卫心软，原谅了儿子，并与之接吻，父子重归于好。

其实，大卫很宠爱自己的老三，在众多王子中，押沙龙长得最英俊且聪明过人。他有一头又密又长的金色鬈发，每年剪一次，剪下来的头发，足有两公斤重。押沙龙成人后，金发披肩，朱唇皓齿，更是仪表堂堂，气宇轩昂，有美男子之称。在押沙龙外逃期间，大卫又痛恨又思念自己的爱子。

但押沙龙并不完全理解慈父的心，尤其听说大卫有立所罗门为王的意向，更是野心勃勃，觊觎王位。为了达到目的，他着手培植亲信，笼络人心，扩大势力。于是，每当清晨，人们常常见到在通往城门的大道上，有一英武俊美的青年坐着马车，前面还有50人开道，一路张扬地来到城门口。这便是王子押沙龙，他站在大道旁，看见告状的、打官司的、喊屈鸣冤的民众，都叫到自己身边，亲切关心地询问对方："你是哪里人？从哪里来呀？"他还认真而仔细地倾听他们的申诉。

听完之后，他总是表示同情："我认为你说得很有道理，可惜王没有派人直接听你倾诉。我要是士师就好了，凡有关争讼求判的事，大家都可以直接找我，我一定会秉公断案，给你们一个满意的答复，决不会让你们这么辛苦无奈。"如果有人要求见他，他必伸手拉住对方，并与之亲嘴，以此手段，笼络人心。

久而久之，他的目的达到了，老百姓都知道有这么一个圣贤的王子，大家都敬重他，依赖他，把他当成主。

就这样，时光又流逝了四年，押沙龙认为时机成熟，假说自己住在亚兰的基述时，曾向上帝许愿："如若有一天，我回到耶路撒冷，必将前来侍奉我的上帝。"求父王准许他到希伯伦去还愿。

王说："那你就平平安安地去，平平安安地回来吧。"谁知，爱子这一去，就走上了不归路，永不复返了。

押沙龙拜谢父王后，很快出发，带走了200个不知真情的随行勇士。一路顺风到达希伯伦。他在献祭时，一面打发人找来共同谋反的谋士亚希多弗，一面派探子到以色列各支派传令，说："只要号角声一响，你们就可原地宣布，'押沙龙在希伯伦称王了，我主我王万岁'！"

一时间，民众纷纷投入他的门下，跟随他的人越来越多，反叛声势浩大。当叛军向耶路撒冷挺进的消息传来，王宫里一片混乱，大卫感到大势不妙，为了避免血光之灾，他也不愿与自己的亲骨肉开战，就急忙带着臣仆、卫队及家眷离城出走，只让十个嫔妃留守王宫。跟随大卫出走的都是忠实于他的臣仆和勇士，还有拥护他的民众。

在随从中，有个叫以太的迦特人，王对他说："你是外邦人，他们不会怪罪你，我劝你还是带着你的弟兄们回城吧，何必跟着我们吃苦受累冒风险呢？愿上帝赐福予你！"

以太回答："我敢在永生的上帝面前起誓，无论时局多么危险，无论生活多么艰难，王到哪儿，仆人跟到哪儿，决不离开王的左右。"

大卫听了点点头说："那你先过河吧。"以太就带着跟随他的人过了河，接着过河的是妇女、孩子和民众，最后，王也过了河。

过河后，大卫见另一名勇士撒督与利未人抬着上帝的约柜走过来，便让他们放下约柜，对撒督说："你将上帝的约柜抬回城吧，我若蒙恩，上帝必将恩准我回城。倘若上帝不喜欢我，那也就罢了。"又对他说，"你不是先知吗？你回城去吧，你是绝对安全的。你的儿子亚希玛斯和亚比亚他的儿子约拿单，都可以与你同行，我在渡口等你们的消息。"于是，撒督和亚比亚他一群人抬着上帝的约柜，回到耶路撒冷，并留在城里。

爱子的反叛使大卫又悲又悔又恨，他蒙头赤脚，登上橄榄山向上帝请罪，他一面上山，一面哭，跟随他的人，也蒙头痛哭。有人告诉他，亚希多弗也跟着叛变了。

亚希多弗原是大卫最得力的谋臣，他的反叛无疑对自己不利，于是，大卫向上帝祷告："上帝啊！求你将亚希多弗变得愚蠢无能，使他所有的计谋都失败吧。"

在山顶，他对好朋友户筛说："你也回城去吧，见到押沙龙对他说，你愿意像侍候我一样侍候他，尽力取得他的信任，破坏亚希多弗的计谋。你可以把你在王宫听到的情报，让撒督和亚比亚他的儿子报告我。"户筛领命，回到耶路撒冷卧底。

大卫来到京城东边的一个小村庄，不巧遇到了扫罗族基拉的儿子示每，示每一见到他，便张口大骂："你这个大坏蛋，你流扫罗全家的血，继承他的王位。现在上帝要报应你，把国家交到你儿子手里，把你也交到你儿子手里。去死吧，去死吧！"示每边走边骂边诅咒，还捡泥土掷他。

臣仆和民众护着王。大卫姐姐的儿子也是忠实的勇士，他气愤地要杀死示每，大卫阻止说："这不关你的事，他咒骂我，是因为上帝的吩咐。"他又对大家说，"这算什么，由他骂去吧。连我亲生的儿子都要索取我的性命，何况他是便雅悯人？或许，这是上帝在施恩予我。"

押沙龙带领叛乱大军来到耶路撒冷，户筛拜见他："愿我王万岁！万岁！"

押沙龙知道户筛是父亲的好朋友，便问："你这算是什么朋友呀？为什么不跟随你的朋友一起去呢？"

户筛回答："我要归顺上帝和以色列民众挑选的王。再说，你是前王的儿子，我过去怎么服侍你父亲，今天也怎样服侍你。"押沙龙觉得此话有理，便收留了他。

占领京城后，押沙龙召集军事会议研究下一步的行动计划。在会上，亚希多弗提出建议："我王，你父亲在这里留下这么多嫔妃，你可以与她们尽情快活，求你容我带12000个士兵，连夜追赶大卫，乘他们现在还没有立足，先杀大卫，他们的王一死，所有的人马便会自行土崩瓦解。跟随他的臣仆和民众必将归顺你，你就能平安无事地称王了。"大家都认为这计谋可行。

押沙龙犹豫不决，提出召见户筛，想听听他的意见。户筛来后，押沙龙便将亚希多弗的建议告诉他，并征求他的意见。户筛为了给尚未喘息的大卫争取时间，他想了想，对押沙龙说："亚希多弗出过许多好计谋，只是这个计谋不妥。为什么这么说呢？你知道，你的父亲是英雄，跟随他的人都是勇士，如今，他们遭此变故，心情必然暴躁，就像丢了崽子的母熊一般，现在，谁也不知道他们藏在哪儿。他们在暗处，万一他们偷袭成功，先杀了你的人，张扬出去，定会动摇军心，影响战局。依我之见，不如把以色列人都集中在你身边，由你亲自率领。这样一来，无论他们藏在哪儿，我们就追到哪儿，一个不留地全部消灭他。"

押沙龙听后，点点头，说："这个计谋比亚希多弗的更好。"亚希多弗见押沙龙不听从自己的计谋，预测叛乱必败，就骑上驴，回到家乡，留下遗言，上吊自杀了。

军事行动一定，户筛就私下对撒督和亚比亚他讲了押沙龙的军事秘密，要他俩赶紧打发人报告大卫，叫王今晚务必过河，千万不要在渡口过夜，以免被押沙龙的突然袭击挫败。

他俩令儿子约拿单和亚希玛斯秘密送信，不料被一童子发现，报告押沙龙，押沙龙派人追捕，两少年送信人急忙跑到一妇人家里，妇人让他们藏在水井中，加上水盖，还在盖子上撒一些碎麦。押沙龙派来的人随后追来，问妇人："你看见两个少年人吗？"

妇人指指前面，说："我看见他俩往河边跑了。"来人追赶到河边，什么也没有发现，只好打道回府。妇人连忙把他俩从井中吊上来，他们连夜急行军，以最快的速度，将情报送到大卫手里。大卫得到情报，令全体人马起来，抢渡约旦河。

天一亮，大卫的队伍全部过了河，他带领部队来到玛哈念，兵分三路，对抗叛军。大卫对官兵们说："官兵们，我和你们一同出征！"

官兵们不允，他们说："我王，你怎可出战呢，你比谁都重要呀！我们就是死一半人，他们也不会在意。而你不一样，你是统帅，你的英明决策，是胜利的保证，强似我们万人，你还是坐镇指挥战斗吧！"

大卫明白部下的意思，他表示："你们怎么说，我就怎么做。"他送官兵们出征，当着众将士的面，吩咐约押、亚比筛、以太："你们不可加害押沙龙，看在我的面子上，宽待这个少年人吧。"

大卫的部队，在以法莲树林里打了一场硬仗，叛军大败，死伤者达两万多人。

战败的押沙龙骑上骡子拼命逃跑，飞跑的骡子，经过大橡树下时，茂密的树枝缠住押沙龙的头发，他的坐下骡，仍然不停蹄地往前冲，就这样，押沙龙被高高地悬挂在半空中。

有人发现了，向约押报告，约押埋怨报信人："你既然看见了，怎么不把他刺死？如果你刺死他，我奖赏你十舍银子，外加一条带子。"

报信人回答："将军，你就是给我再重的奖赏，我也不敢刺杀王的儿子。因为我亲耳听见王吩咐你们几个当官的，要善待少年押沙龙。我若刺杀他，就是你自己也不会饶恕我，这事是瞒不住王的。"约押不愿再拖延时间，亲自拿起三杆短枪，带着一帮侍卫，赶到橡树林，将悬挂在橡树上的押沙龙活活刺死，丢在林中的大坑里，用石头掩埋。

押沙龙的头发

　　据说，押沙龙生前曾在耶路撒冷附近的一个谷地，特地为自己立了一根石柱，他当时说：我没有儿子为我留名，就让自己立柱流芳后世吧。直到如今，那根石柱仍然立在原地。

　　押沙龙被刺死后，撒督的儿子亚希玛斯要求说："将军，请让我将此事报告王。"

　　约押一边阻止："今日不要报，改日再报吧。"一边又令古示人快去报信。

　　亚希玛斯继续要求说："求你准我和古示人一起去。"

　　约押回答："你去报这种信，又得不到王的奖赏，何必呢。"经过再三要求，约押同意他跟着跑去。

　　大卫坐镇两城之间等候战报，他令守卫登城观望，随时向他汇报。此时此刻，大卫的心境十分矛盾而复杂：他希望自己的部队获胜，又怕对方统领——自己的爱子遭遇不测。守卫看到平原上有一人跑过来,便大声告诉王。

大卫说:"如果他是独自一个跑来,必是报口信的。"接着,守卫报告他,又看见一人跑过来。

大卫说:"这人也是报口信的。"

人影渐渐近了,守卫报告,我看他的跑法像撒督的儿子亚希玛斯。大卫说:"他是好人,必是报好信的。"边说边站起来观望。

亚希玛斯跑到城边呼叫:"我主,我王,平安了!"然后,俯地叩拜说:"称颂万能的上帝,他将攻击我主的人交给我王了。"

大卫急忙问:"少年押沙龙可平安?"

亚希玛斯回答:"约押打发仆人来时,仆人只听见民众在喧闹,不知发生什么事。"

大卫说:"你退下,站在一边。"

这时,古示人也跑到了,说:"我主,我王,仆人有事禀报,今天,上帝向攻击你的人报仇了。"

大卫急忙问:"少年押沙龙可平安?"

古示人回答:"愿一切与我王为敌的人都和少年押沙龙一样灭亡。"

大卫一听,王军大胜,王子死亡,不觉悲从中来,泣不成声,他一步一泣地爬上城楼,关在自己的房间里哀哭:"啊,我的儿!我的儿押沙龙啊!我恨我不能替你去死。我的儿,我的儿啊!"

胜利的官兵,听说王为他的爱子悲哀恸哭,一个个垂头丧气,像斗败了的战士一样羞愧,都静悄悄地退回城里,胜利的欢乐变成满城的哀伤。

*　　*　　*　　*　　*

本篇选自《旧约·撒母耳记下》第13～18章,主要部分叙述大卫王的宠儿押沙龙叛逆父亲,兵败被大将约押刺杀的过程;次要部分记载押沙龙在叛逆父王之前为受玷污的胞妹他玛复仇、设计杀死同父异母的长兄暗嫩的事件。

从"押沙龙叛乱"到"押沙龙之死"可说是大卫传记和押沙龙传记中的佳作，语言文字优美，故事情节生动，叙述层次分明。尤其是关于大卫性格二重性和复杂心理的描写，真实而细致，艺术感染力很强。作为叱咤风云的君王，大卫为了巩固王权立即调动大军镇压叛乱；作为宠爱押沙龙的慈父，大卫连续下令保护爱子的生命，并在押沙龙死后大放悲声。原作中的这一段文字，确如英国作家哈代所称赞的那样，表现出极高的"艺术技巧"（《答〈双周评论〉问》1887 年）。

押沙龙精明而强悍，却又有取代父王地位的野心，导致悲剧结局。押沙龙计杀暗嫩为胞妹复仇的故事，不仅揭露了大卫家的丑事，而且突出了大卫家庭不和的悲剧，甚至预示往后会愈演愈烈。美国作家福克纳曾艺术地借用大卫王室的这一段故事，写作小说《黑屋子》后改名为《押沙龙，押沙龙！》。

所罗门王固江山 多才多艺建国家

大卫班师回朝，欢迎的人群挤满街头，拥护支持他的人来了，反对背叛他的人也来了。有来赞美祝福的，也有来请罪求饶的，其中包括扫罗的仆人洗巴和他的 15 个儿子。悲痛万分的大卫，无心理会和计较这些，他都一一饶恕了他们。回到宫里，他一直沉浸在悲痛之中，常常从宫殿的这一头走到宫殿的那一头，来回不停地哀号，思念他的爱子押沙龙。

不久，又传来便雅悯人示巴策反的消息，大卫派兵遣将，要亚玛撒挂帅出兵平叛。约押得知，心里明白这是大卫对他表示不满，记恨他杀死押沙龙，要夺他的军权，心中不免惶恐，便思谋一计。这天，他以接应前方和慰问为名，带着军队来阵地面见主帅，两人见面自然免不了行礼，约押乘拥抱亲吻之机，杀死竞争对手亚玛撒，并耍弄阴谋和权术，镇住前线将士，又重新掌握了以色列的军事大权。

约押本是勇敢机智之人，又多年领兵作战，颇具军事才能，他继亚玛撒之后，乘胜追击。示巴在约押的猛烈攻击下，逃进亚比拉避难。约押就下令包围了这座城，吩咐士兵沿城墙筑起攻城的土垒，并从墙底下挖洞，松动墙角，让城墙自然倒塌。

眼看亚比拉城危在旦夕，全城官吏个个自危，百姓人心惶惶，乱糟糟地犹如一盘散沙。这时，众人中走出一妇人：精明亮眼、嗓音宽洪，她对围困的百姓们说出了自己的看法，她认为当务之急是保城，只要城在，大家才能活命。众人听罢，非常同意她的看法，一致推举她出面和谈。于是，她站在城墙上，对着攻城的士兵喊话："喂！下面的人听着，去请你们的元帅来，我要与他对话！"

约押来到城下，那妇人说："尊敬的元帅，你知道亚比拉是以色列的一座名城吗？它一直和平而安定，你为什么要毁灭它呢？"

"你说得不对，我并不想毁灭这座城！是因为叛徒示巴煽动民众造反，一心与我王为敌。只要你们交出示巴，我们立即退兵，保你们全城安全。"约押赶紧回答。

妇人说："行！我知道该怎么办了，请容我与城民商量一下。"她退回城里，从全城安全和众人性命的大局出发，说服城中民众。

大卫立所罗门为王

众人一拥而上，杀死了示巴，并将示巴的人头丢给约押，约押遵守诺言，立即退兵。

在此之后的几次武装冲突中，以色列都取得全面胜利。

渐渐，大卫进入暮年，老迈体衰，忌冷畏寒。有贴身的臣仆向他提议："我王，找个童女，为你温被暖身，可否？"大卫想了想，点头同意，他们便在以色列境内，挑选了一个叫亚比煞的美貌童女入宫，日夜侍候王的起居，大卫对待她如同亲孙女一般（从未亲近她）。

王子们见大卫风烛残年，都想争夺王位，尤其是亚多尼雅和所罗门两王子，争夺得最为激烈，宫廷内部和群臣也自然而然分为两派。

元帅约押从自身利益出发，力图主张亚多尼雅为王，并和祭司亚比亚他联合，支持亚多尼雅王子密谋篡位，并开始行动。这天，亚多尼雅背着大卫举行盛大宴会招待众弟兄和群臣，为登位作准备，在邀请的宾客中唯独没有邀请所罗门一派的人。这事被先知约拿单知道了，他忙将这一消息告诉所罗门的母亲拔示巴，让她速速去见大卫王。

拔示巴听了，赶紧进宫，跪拜大卫王，说："王啊！你不是曾经答许立所罗门为王吗？现在亚多尼雅要称王了，你却一点也不知道。我王啊！全以色列人都眼睁睁地看着你，等你下圣旨立王。如果亚多尼雅擅自为王，我和我儿必将被他判为罪人。"

正说着，先知约拿单赶到，证实拔示巴说的话："我主，我王，亚多尼雅称王确有其事。"

大卫对拔示巴说："我向永生的上帝起誓，你的儿子所罗门必将接替我的王位。"并命令祭司撒督、先知约拿单等人，按新王登基的规矩，让所罗门骑着自己的骡子，在基训膏所罗门为以色列王。

拔示巴俯伏在地，叩拜谢恩："愿我王万岁！"

撒督、约拿单奉旨行事，在基训举行膏油仪式，正式宣布所罗门为全以色列之王，民众欢呼："所罗门王万岁！"声音响彻四方。然后，吹响号角、笛子，在众民的簇拥下，新君回到王宫，坐在大卫的位置上。

这边，刚刚散席的宾客们听到欢呼声、号角声和乐曲声，知道局势大变，都惶恐掩面四散，亚多尼雅惊慌失措，急忙进宫，向所罗门跪地求饶。所罗门平静地对他说："你起来，回家吧。"

大卫临终时，情深意切地告诫所罗门："要像男子汉一样刚强勇敢，要遵守上帝旨意，要按祖先历法行事，约押杀了以色列的两个元帅，罪不可赦，要恩待我逃难时送食物给我的人；要惩罚曾经狠毒咒骂我的示每。"大卫言尽而去，寿终正寝，结束了40年的君王生涯，葬在大卫城。

大卫死后，亚多尼雅自知失利，不再跟所罗门相争了，但他贪图享乐，想要侍候父王的童女亚比煞为妻，他对所罗门的母亲拔示巴说："你知道，众人都拥护我为王，我却让给了所罗门兄弟。现在，我只求你跟所罗门说，我恳请他将亚比煞赐给我为妻。"

拔示巴觉得这事不难，便应许为他说情。

所罗门听完母亲的话，对她说："今日，他请求娶亚比煞为妻，明日，他就要谋求王位了。"所罗门指着上帝发誓："亚多尼雅这是自己找上门来送命，他必死无疑。"精明果断的所罗门，乘此机会，下令杀了亚多尼雅。

为了巩固政权，所罗门对内务进行了彻底清查。他采取区别对待，各个击破的策略，逐步剪除政敌，排斥异己，安排亲信。他召见祭司亚比亚他，对他讲："你参与阴谋活动，罪该处死，但念你父亲在我父王时，抬过上帝的约柜，又与我父王共过患难，所以不杀你，放你回到自己的田地里去。"他有理有据，革除了亚比亚他的祭司之职。

约押听见风声，躲进上帝的帐幕内，抓住祭坛的角不放。所罗门得之，命比拿雅杀死他。比拿雅到圣幕传令，叫约押出来，约押回答："我不出去，我要死在这里。"

比拿雅向王汇报，所罗门说："那就照他的意思办，杀死他，葬于旷野。"并立比拿雅为元帅，又让撒督代替亚比亚他的祭司职务。

过了一段时间，所罗门召见示每，警告他："你可以在耶路撒

所罗门的梦

冷建房居住，但不能到别的地方去，如果违背旨意，你何时出外，何时必死，你的罪由你自己负责。"

　　示每心里明白，自己当年咒骂大卫犯了大罪，所罗门王对他的处理是宽大为怀，所以他连声回答："好，好，仆人一定按王的旨意办。"之后，示每在耶路撒冷一直住了三年。一天，示每的两个仆人逃到迦特王玛迦的儿子那里，示每得知，叫人备驴找自己的仆人。

　　回来后，所罗门召来示每，对他说："我早就警告过你，不能离开耶路撒冷，何日出外，何日必死，你亲口答应过。你对我父王所做的恶行，你心里最清楚，所以，上帝让你对你自己的恶行负责，现在，你的死期到了，还有什么话说。"示每想到自己以前做的事，又想到自己曾应许过不出耶路撒冷的承诺，他无话可说，所罗门随后令人杀了示每。

　　所罗门开始执政，娶埃及王法老的女儿为妻，并与妻子一起到基遍的丘坛（因为当年大卫忙于征战，上帝也不同意，尚未为上帝建筑神殿，百姓们都在丘坛献祭，所罗门也只好去到丘坛）为上帝献祭，他献上 1000 个牲畜作燔祭。

是夜，他做了一个梦，梦见仁慈的上帝，和蔼可亲地问他："所罗门，你希望我赐给你什么呀？你可以求。"

他不假思索地回答："我永生的上帝啊！你的仆人——我的父亲大卫，以诚实、公义、正直、善良的心，为你行事，你就给予他恩惠，并赐给他一个当王的儿子。可我是一个平庸之辈，又年幼无知，如何为你办好事呢？所以，我求你赐给我智慧。"

上帝见他不为自己求福、求寿、求报复人，只求智慧，以便为民办好事，认定他是一个英明、卓有远见的明君，便应允了他，还补充说："我应允你所求，赐给你聪明智慧。还要赐给你没有求的富

所罗门修建圣殿

足和尊荣，使你成为最完美的国君。"

所罗门自然兴奋无比，醒来却是一场梦。但他还是高高兴兴地回到耶路撒冷，站在上帝的约柜前，献上燔祭和平安祭，感谢上帝的关爱。

上帝的确关爱所罗门。以色列人出埃及后，过了几十年的流浪和战争生活。而今，战事稀少，生活安定，人口繁衍，国家富强，这些都为所罗门文明治国提供了优越条件。在和平的环境里，所罗门首先要为上帝建造圣殿，完成他父辈未尽的事业，在他即位的第四年便破土动工。聪明的所罗门与推罗国王希兰立约，利用推罗国丰富的自然资源，为建殿提供大量建材，还在推罗国请来许多能工巧匠，利用这些人才为建殿献计出力。同时，他在国内也调动了十万建筑大军，集中人力、物力和财力，用了七年时间，建成了一座宏大的圣殿。

圣殿长 60 肘、宽 20 肘、高 30 肘，呈长方形。殿内分三层，庭院、圣所和至圣所，庭院中有祭司院，院中设有全燔祭坛、铜海和十个能移动的盆架，还有百姓们聚会的地方。圣所内有焚香的祭坛，祭司们在这里焚香，还有两个灯台和陈设饼桌。至圣所内立着雕刻精致的两个伸展翅膀的小天使，守卫着上帝的约柜。圣殿入口处，两边各竖高 10 米，直径 1.8 米的铜柱，一名雅斤，一名波阿斯。圣殿旁的三层厢房，专供存放祭祀器具。大殿墙壁、地面和殿顶内镶杉木板，外饰金。包金的檀香大门上雕着花卉和棕榈树。铜质的祭坛，立在圣殿外院"祭司广场"，供祭司和广大百姓祭拜。

圣殿落成后，所罗门召集全以色列的长老和各支派的首领，举行盛大仪式，隆重地将上帝的约柜迁入大殿内。在圣坛前，所罗门传达上帝旨意，为众民祝福，并带领民众向上帝行奉献之礼。

所罗门花钱如流水，接下来，他又用 13 年的时间为自己建造了豪华的王宫。这是一座巨大的建筑群：周围是用石块雕砌的围墙，香柏木装饰的门面。高高的城墙内有国王接见臣民、审理案件的库房；有供研究国事的堂皇殿堂；有供国王和侍从休息的厢房；有嫔妃居住的后宫；有供国王后妃娱乐和观赏的庭院和花圃。这些地方富丽堂皇，光辉耀眼，许多殿堂和庭院可以直接通往圣殿。

这段时期，外交平和，周围邻邦都按时进贡。为了与国外通商，所罗门开设港口，兴办船厂，造大船航海，从海外运回大量金银、象牙、香料、猿猴、孔雀等珍贵的物品和动物。

国泰民安，使本来就多才多艺、颖悟绝伦的所罗门能潜心做学问，他作箴言3000句，写诗1005首，在动物学和植物学的研究方面也做出了成果，还善于审判断案。人们称道他集君王、学者、诗人、文学家、自然科学家和律师于一身。相传，他的智慧超越东方人和埃及人，也胜过以斯拉人以探、玛曷等人的儿子希幔、甲各、达大一类极有智慧的人，他的智慧盛名远扬，四海之内无人不知。

*   *   *   *   *

本篇选自《旧约·撒母耳下》第20章,《旧约·列王纪上》第1～2章,第6～7章。主要记述大卫的晚年生活，亚多尼雅和所罗门的"王位之争"，以及所罗门王清理内务、剪除政敌、文明治国的作为。

在故事中，所罗门恪守大卫遗训，发扬刚毅勇敢精神，努力巩固王权，积极推进文化和物质建设，创建了一个国泰民安、繁荣昌盛的时代。这里的描写，难免有些夸张，却又大体上符合历史。透过一系列情节也可以看出：所罗门治理天下受惠于扫罗和大卫统一以色列王国的功劳；建立在"劳民伤财"基础上的所罗门时代（公元前970－931年）的"荣耀"，深深隐伏着日后出现的社会危机。

关于所罗门建造圣殿和兴建王宫的记载细致翔实，反映了古代犹太人卓越的建筑才能，为日后研究古代建筑提供了重要的资料。英国诗人、小说家哈代曾在长篇小说《德伯家的苔丝》中提及"所罗门的王宫"。

其中所罗门轻福、禄、寿而重智慧才能的情节虽不是全文的中心，但极具教育意义。

智慧巧断争婴案　聪明妙娶美女王

　　所罗门是以色列的贤德国君，也是为民审讯判案的高手，他断案准确、公正，有许多大案、要案一经他的手，便真相大白，得以公平、合理的解决，因此获得民众的信赖和好评。其中，巧断"争婴案"，便是所罗门闻名于世的杰作。

　　一天，有两个妇人争吵叫骂来到王的面前，求王判断婴儿的亲生母亲。

　　原告申诉："是她晚上睡觉不小心，把自己的孩子压死了，却趁我睡熟之机，偷偷将死孩子放在我身边，抱走了我的活孩子，请王为民做主。"

　　被告申辩说："我没有偷换她的孩子，这活孩子明明是我的亲生儿子，她自己的孩子死了，却编造出这样可耻的谎言，妄图达到占有我孩子的目的，请王明断是非。"

　　原来这两妇人都是妓女，她俩合住一间屋子，原告生了一男孩，过了两天，被告也生了一男孩。当天晚上，原告给孩子喂奶时，发现孩子是死的，天亮后仔细一瞧，这孩子并不是她亲生的儿子，因为只有她俩同居一室，没有第三者做证。俩妇人赌咒发誓，互相对骂，争执不下，所以相互扭打到公堂，请王断案。

　　所罗门听了案情，稍加思索，便大喊一声："拿刀来！"

　　这出其不意的一声喊叫，镇住了所有在场的人，大家面面相觑：难道说审判还要动刀？谁也不知他要做什么？全场鸦雀无声。

　　王对俩妇人说："你们不用争吵了，我将这个活孩子劈成两半，你俩各得一半，这样总该是公平合理的吧！"

　　一妇人听后，脸色煞白，连连摇手，并俯伏在地，痛哭流涕地请求："别，别，我主，我王，别劈孩子了，我宁愿把孩子留给那女人！"

　　王征求另一妇人的意见："你说呢，是否同意我的作法？"

　　那妇人回答说："按王的意思办，把孩子劈了，我得不到，她也休想得到。"

　　所罗门当机立断，将孩子判给了泪流满面的妇人。他解释说，原因很简单，因为孩子的亲娘不忍心杀害自己的亲骨肉。全场报以热烈的掌声，围观民众个个心悦诚服。此事很快传出来，以色列人广为传播，大家都很敬佩所罗门王。与此同时，巧断"争婴案"的故事也传到国外，使他博得世界声誉。

　　所罗门的聪明智慧、所罗门的富足荣华、所罗门的圣殿和王宫、所罗门的英明和贤德举世闻名，使以色列进入历史的鼎盛时期，也引起世界各国的关注，他们都派使者前来参观访问，听他讲学。连阿拉伯半岛上著名黄金产地的示巴女王，也慕名前来拜访。这位女王统治着埃塞俄比亚和阿拉伯南部所有国家，当时，以色列与这些

示巴女王见所罗门

国家之间，常有黄金、象牙、建材和药材方面的贸易往来，所罗门在建造圣殿和王宫时，他们为所罗门提供过许多建筑材料、象牙和香料，埃塞俄比亚还专门给所罗门王送来大量优质木材。

这位阔绰的女王，乘着一辆富丽堂皇的大篷车，带领着众多随从，用797头骆驼、骡马组成的驼队驮着香料、宝石、金子和大量贵重礼品进入以色列。除此之外，这位好奇的女王还带着许多难题，她要当面考察、见识这位著名国王的智慧究竟有多高。

所罗门礼貌周全地接待了这位不仅拥有金钱和权力，而且年轻貌美的奇特女子，在相互交谈中，女王提出一系列难以解答的问题，请所罗门王回答。所罗门不卑不亢，当着她的面，旁征博引，侃侃而谈，在极其轻松愉快的氛围中，毫不费劲地回答了她所有的难题。

作为国君，所罗门陪同她进行各种外事活动。她参观了所罗门建造的圣殿和王宫，出席了盛大的国宴和隆重的燔祭仪式。那宏大的建筑群、美观壮丽的宫殿、精巧细致的雕塑；那宴席上的珍馐美味，群臣分列而坐、仆人侍立两旁的礼仪以及他们的服饰……都使她惊叹不已，她被国王的智慧和以色列金碧辉煌的宫殿折服了！

她真诚地赞美所罗门："真乃百闻不如一见，我在本国常听说你的政绩和你的智慧，今日亲眼看见，你是名不虚传呀！在我看来，你实际上的智慧和福分大大超过了我听到的传闻。你的臣仆多有福

啊，他们侍候在你左右，随时可以领略你的智慧；你的上帝是应当称颂的，他喜悦你，永远爱以色列，所以立你为王，使你秉公行义。"

示巴女王在所罗门宫殿里住了六个月后，宣布要返回自己的王国。所罗门情急了，半年前，当他第一次见到女王时，就被她的天姿国色所吸引，拜倒在她的石榴裙下。六个月的相处、相陪，参观、赴宴、论谈、歌舞、娱乐，特别是女王对他情溢言表的赞美之辞，敬慕之意，更增加了他的倾慕和勇气，他决意把上帝赐予他的这位美貌女子永远留在身边。

聪明绝顶的所罗门，不愿用言语表达爱意，也不愿托人从中说媒，而是别出心裁，付之行动，于是，他暗自盘算，设下计谋。

即将告别以色列的示巴女王，将自己带来的金子和宝石，以及很多香料全部馈赠给所罗门，以表敬意。所罗门也回送她一份厚礼，略表地主之谊。

为了欢送示巴女王，他专门为女王摆设告别宴会。宴会前，他密令臣仆在菜肴里多加调料。宴会结束时，他作为好客的主人，特别提议，邀请女王和以前来访的国王一样，睡在宫中贵宾室，最后一夜体验、享受以色列的王宫生活，按规格，以色列王要一陪到底。

女王不好意思拒绝，她犹豫片刻后，同意睡在宫中贵宾室，但有个条件，要所罗门起誓，不侵犯她的贞操，所罗门欣然应许，发誓尊重她。同时，所罗门也要女王起誓，决不拿宫里的任何东西。女王听后，几乎笑出了声，来自黄金之国的女王，什么珍宝没有，岂看得上你的宫中之物，当然也答应了。双方达成协议，如若哪一方不遵守誓言，另一方也可毁约。

晚上，他们来到王宫贵宾室，走向摆放于室中两端的两张床铺，分别躺在各自的床上睡觉。到了半夜，女王醒了，因为晚餐吃了太咸的东西，特别感到口渴。她睁眼一看，忽见卧室中间摆着一个水罐，她本不想起床，以免引来是非，但清凉醇甜的水诱惑着她，她侧耳细听，另一端除了鼾声，别无动静。她想，所罗门已经鼾然入睡，不会出什么问题了。便悄悄走下床去取水喝，不料，水刚入口，所罗门一个鲤鱼打挺，翻身下床，冲上来紧紧抱住了她。

慌乱的女王指责他违背了自己的誓言，侵犯了她。

所罗门反问："谁先违约？是你首先打破誓言的。"

女王质问他："我没有拿你宫中的任何东西呀，怎么说我先违约？"

所罗门指着水罐说："这是什么？"

"我拿走你的水罐吗？我只是喝了一口水呀，水不应该算东西吧。"女王急忙争辩。

所罗门又反驳道："请问，世上有什么东西比水更可贵呢？正因为你首先毁约，我才跟着违背誓言。"

示巴女王对所罗门的反驳无话可说，也是出自内心所爱，便应允与他成亲，所罗门借机纳娶示巴女王为妻，后来生下一子。

这个传闻显示了所罗门的聪慧机敏、幽默风趣的性格，虽不属圣经史传，人们也记录相传下来。

繁荣的时代，鼎盛的国势，使所罗门大有作为，也使他陷入满足和陶醉之中。后来，他很少离开王宫，不理国事，恣意享乐。传说他的后宫，嫔妃如云，1000个嫔妃中有700位是公主。他宠爱异邦女子，并随之信奉异神偶像。民众不满，上帝也大怒，到处都隐藏着反叛情绪。

有一天，某工地监工耶罗波安，在路上行走时，遇到一个从示罗来的先知，但见此人身穿崭新的外衣，梳洗得干干净净。耶罗波安感到很奇怪，因为先知都比较贫穷而且多在旷野活动，一般不修边幅，只穿破旧的衣服，这位先知怎么与众不同呢？不料，这位先知停下来，说自己名叫亚希雅。耶罗波安更奇怪了，他正在思忖这人为什么向他作自我介绍时？先知突然靠近他，脱下新衣，"刷、刷、刷"接连撕成12片，把10片交给他，并预言以色列王国必将分裂，耶罗波安将成为以色列10个部落的首领。

消息传到王宫，所罗门立即下令逮捕、处死耶罗波安。耶罗波安急忙逃往埃及，得到示撒法老的保护，因为示撒法老早有与以色列为敌之心，只因这个王国太强盛，不敢轻举妄动。现在，机会来了，他要利用耶罗波安分裂以色列，除去这个巨大的威胁。后来，示撒听说所罗门去世，儿子继位的消息，便让耶罗波安回到以色列争王。

当时的以色列王国，表面繁荣昌盛，但国库收入多用于官吏、臣仆、卫队、工匠的薪金，满足王宫各种各样的奢侈生活。有关大兴土木、扩充军备、对外开支等经费，全部摊在平民百姓的头上，而经济负担最重的是北方（因为所罗门的京都建在南方，对南方，他有特别的优惠政策），因此，北方民众尤其不满。

所罗门死后，各部落都派代表前来拜见新王。回到以色列的耶罗波安，同北方 10 个支派的代表一起，对新王提出要求："所罗门王给予我们的经济负担太重了，你要是能减轻一些，我们就归顺你，拥你为王。"

新王罗波安回答说："三天后，我给你们答复。"

罗波安是在宫廷娇生惯养长大的王公贵族，他很少与臣民接触，根本不了解国事和民情，只好请当年父亲的手下帮忙出主意。老人们说："你父王交给民众的负担实在太重了，现在，他们已不堪重负，如果你想当个好王，你就要虚心听取民众的呼声，体恤他们的痛苦，满足代表们的要求。这样，他们才会归顺你，效忠你。"

新国王想：如果同意减轻民众负担，宫廷就得节省开支，过简朴的日子，这是他极不愿意的。他撇开老人们，又去征求宫中年轻人的意见，年轻人过惯了奢侈生活，又没有治国的实践经验，当然支持罗波安不切实际的主张。

第三天，罗波安生硬地回答北方的代表，说："很好，你们说我父王给你们的负担过重，那么，我这个新国王呢？一定不会减负，反而要加重你们的负担。如果我父王是用鞭子抽你们，我将用带刺的鞭子抽你们！"

一席话，说寒了人心，代表们气愤地喊道："走啊，走啊！我们回去吧，让罗波安自己拥戴自己去吧。"

在 12 个支派中，有 10 个支派的人反对新王，他们另选耶罗波安为北方以色列王，建都撒玛利亚。而愚蠢、自以为是的罗波安只剩下犹大和便雅悯两个部落的拥护者了。

北方 10 个支派脱离了联合王国的统治，以色列王国一分为二，从此，结束了以色列联合王国鼎盛的黄金时代。

* * * * *

本篇选自《旧约·列王纪上》第 3 章、第 10～12 章，以及中东古代传说。主要记述贤明的所罗门王巧断"争婴案"的过程，凭智慧与示巴女王喜结良缘的故事，还描写了所罗门死后以色列王国面临分裂的危机。后世的学人认为，他的思想和知识博大精深，集君主、学者、诗人、文学家、法学家、自然科学家于一身。后人常把"智慧的所罗门"喻作"聪明绝顶"的人，上帝赐给所罗门智慧，这当然是一种宗教性的宣传，所罗门的智慧显然来自善于学习、思考和实践。

所罗门判断"争婴案"充分展示了智慧的光辉和威力，"贤明的所罗门"被后世人喻作"断案如神的法官"，"示巴女王访问所罗门"的故事和"所罗门智取示巴女王"这一中东古代传说都很吸引人，妙趣横生。示巴女王被后世人喻作美丽而富有的贵夫人。爱尔兰女作家伏尼契在自己的小说创作中用过此典（《牛虻》）；17 世纪意大利画家对女王航海去考验所罗门的智慧很感兴趣，创作了名画《示巴女王乘船》；美国民俗作家约瑟·布雷多克认真研读过所罗门智取示巴女王的有关材料，故在《婚床》里对此作出了细致而生动的介绍。

王国分裂各为政　亚哈霸占葡萄园

在北方，以色列王国内忧外患，政局动荡不安；天灾人祸，民众苦难深重；自分裂至亡国的 200 年中，接连改换了九个朝代，先后立了 19 个国王，政治中心也由示剑迁到得撒，后又迁至撒玛利亚。

在众多的国王中，暗利是一个比较英明和有作为的领袖，他曾建立传承四代的王朝，在一定程度上恢复了过去的强盛和繁荣景象。

暗利王在位时，竭力效仿前辈大卫和所罗门，在内部谋求和平稳定，与犹大国友好；对外联合腓尼基人，共同对付侵略顽敌。他又从政治、军事和商业利益出发，让儿子亚哈娶腓尼基推罗王的女儿耶洗别为妻。儿子亚哈继位后，他又将孙女亚他利亚许配给犹大王约沙法的儿子约兰。这期间，南北两国联手，击败摩押，移民亚嫩河北部，使以东成为犹大的一个省，严格控制进入阿拉伯北部的商路，扩充疆域，并在难攻易守的山城撒玛利亚建都。这些都对当时的政治、经济和国内建设起到了积极的促进作用，但却放松了对宗教的管理，让异神偶像随着外族妻妾一起进入崇尚一神的国家，为以后国势的发展种下了祸根，对上帝犯了不可饶恕的罪行。

暗利死后由儿子亚哈继位。亚哈王没有继承上代的创业精神，使国势保持欣欣向荣的景象；却在宗教方面继续采取放任自流政策，尤其是他的王后耶洗别，肆无忌惮地将腓尼基人的太阳神引进以色列，在首都的中心建造了一座太阳神庙，供养了450个巴力先知和祭司，实施宗教恐怖政策，建立宗教法庭，凡是拒绝信奉太阳神的人处以死刑或流放，残酷迫害上帝的信徒。

上帝不容崇拜异神偶像，令先知以利亚向国王亚哈传达惩罚他的旨意。

以利亚遵命找到亚哈，严肃地对他说："你的国家将面临旱灾、饥荒，瘟疫也会接踵而至。"果真，三年里，以色列的土地干裂，饥荒遍野。

到了第三年，上帝为了民众的生存，也为了打击太阳神的祭司，挽救忠实的仆人，又差遣以利亚正式拜访亚哈王。

亚哈王一见以利亚便埋怨起来："你这个使以色列遭殃的人，现在可来了。"

以利亚回答："你错了，使以色列遭殃的人不是我，而是你和你的父亲，你们父子俩不信奉以色列人的上帝，却敬拜异神偶像。三年前，上帝就警告过你，你不思悔改，所以才给民众带来这么大的灾难。"见亚哈无言可对，他继续说："今天，上帝派我来，就是解除旱灾，制止瘟疫，为民除害。你去召集民众和巴力的先知、祭司以及巴力的信徒，一起到迦密山来见我。"亚哈听说可以解除旱灾、制止瘟疫当然愿意配合。

很快，大家都来到迦密山。以利亚对众民讲："大家听着，你们自己要拿定主意，如果认为耶和华是真正的上帝，你们就敬拜他。如果认为巴力是真正的上帝，你们就拜巴力。"

因为信仰混乱，民众无所适从，大家一言不发。以利亚提议当场验证，他说："现在，你们去牵两头公牛来，一头给巴力的先知，一头给我。我们双方都把牛杀了，切成碎片，放在柴火上，不许点火。再让双方禀明各自的上帝，如若哪方的柴火烧着了，哪方的上帝便是真正的上帝。这样做，大家同意不同意？"

百姓众口一词："同意！"

以利亚说："巴力先知的人多，让他们先开始。"

巴力的先知便按程序做了，然后大声呼喊，请示他们的神："巴力神啊，请答应我们吧！"没有任何反应。他们又围着祭坛唱歌、跳舞，直到中午，什么反应也没有。

以利亚在一旁开玩笑说："你们的声音再大一点嘛，或许他睡着了，或许他出门了，或许他上山狩猎去了，声音这么小，他怎么听得见呢？"

那些先知亮开嗓门，拼命祷告，并拿出刀和短剑，按他们的风俗和仪式砍伤自己，鲜血直流。这样一直折腾到下午，他们的大呼、乱叫、狂舞毫无作用，肉片下的柴火一点动静也没有。

这时，以利亚对众民说："现在，轮到我了，请大家到这边来。"于是，众人一拥而上，围绕着他。他首先拿来代表 12 个支派的石块，筑起一个祭拜耶和华上帝的祭坛，围着祭坛挖了水沟，隔开周围的民众和其他东西，让人抬来几桶水，灌满水沟，再把牛肉片放在柴火上，并浇水浸透。做完这些事，他才慎重地向上帝祷告："耶和华啊，你是亚伯拉罕、以撒、雅谷的永生上帝，求你施恩显灵，证明你是以色列人的上帝。求你答应我，使你的子民全都知道，你是他们的上帝，让他们回到你身边来。"

上帝降天火

没过一会儿，火从天降，点燃了柴火，随着"吱、吱！"的水汽声和爆裂的柴火声，祭牲烧着了，并烧焦了石头和地面，接着，沟里的水也被烧干了。众民见了，俯伏在地，大声喊道："耶和华是上帝，唯有耶和华是我们的上帝。"

以利亚乘机指着巴力的先知和祭司对在场的人说："抓住他们，除掉这些骗子，别让他们逃跑了！"众人蜂拥而上，把他们捉住，带到基顺溪旁都杀了。这时，以利亚告诉亚哈王："上帝满意了，黄昏前就解除旱情。你快回去吧，以免淋雨。"

亚哈王有些疑惑，正让仆从观看天色，忽然，乌云从海边扑过来，密布天际，接着，豆大的雨滴，"噼噼啪啪"地落到地上，瞬间，泻满枯焦的田野。

回到家里，亚哈把在迦密山发生的神迹告诉耶洗别，耶洗别大发雷霆，要治以利亚谋杀罪，下令逮捕他，但这位先知已经消失得无影无踪。以利亚虽然消失了，亚哈王却终日惶恐，便从撒玛利亚迁居耶斯城。

不久，他发现了一个美好的葡萄园，位置紧挨行宫，他很想扩充到宫里来。就找到葡萄园的主人拿伯，对他说："你的葡萄园正好靠近我的行宫，能让给我作园子吗？我可以用更好的葡萄园与你交换，也可以付你银子买过来。"

拿伯回答："我敬畏上帝，不敢将祖宗传下来的遗产让给你。"

亚哈碰了壁，心中不痛快，闷闷不乐地回到家里，饭也不吃地躺在床上。王后耶洗别见了，走过来问："我王，你有心事？怎么郁闷得连饭也不想吃呢？"

亚哈回答："我今天向耶斯列人拿伯提起葡萄园的事，不论是交换还是付现款，他都不同意让给我。"

王后对亚哈说："这算什么大事，你现在不是以色列的君王吗？我自有办法将拿伯的葡萄园弄过来给你。你放心好了，快起来吃饭吧。"亚哈不理。

王后乘亚哈卧床之时，借亚哈的名义，写了一封信，盖上王的印章，派人送给与拿伯同城居住的长老和贵族。信中写道："你们可以召集民众，当众宣布禁食，让拿伯坐在民间的高位上，再找两个匪徒坐在他的对面，控告他亵渎上帝和国王，犯了诽谤罪。之后，让民众拉出去，用乱石砸死他。"那些收到信的长老和贵族畏惧王权，便依信办事，拿伯就这么不明不白地被众人用石头乱砸，冤屈地死去了。办完事，他们立即派人见王后，汇报了处死拿伯的全过程。

耶洗别高兴地告诉亚哈："你快起来，去看看耶斯列人拿伯的那块葡萄园吧。他已经死了，葡萄园自然归你所有。"亚哈听说拿伯已死，葡萄园属于自己的了，喜出望外地跑到葡萄园。

上帝知道了，便差遣以利亚："你去见以色列王亚哈吧。他已经把拿伯的葡萄园弄到手了，现在正在园子里乐呢。你要告诉他，'耶和华上帝说，你杀了拿伯，让狗舔了他的血，现在告诉你，狗在何处舔拿伯的血，将来也必在那个地方舔你的血。'"

亚哈见到以利亚，畏惧地说："你真是我的对头，我的克星呀！现在又要找我吗？"

以利亚回答："正是，我要找你，因为你做了恶事，上帝发怒了，上帝说，'灾祸要降临到你身上。你家里所有的男丁，都必除尽，凡属亚哈的人，死在城里的，被地上的狗吃掉，死在田野的，被天上的鸟吃掉'。对于耶洗别，上帝说，'狗就等在耶斯列，它们必吃耶洗别的肉'。你呀，自己害了自己。"

亚哈听后，不寒而栗，惶惶不可终日。他忏悔地撕裂衣服，浴身禁食，脱下锦衣穿麻布，走路也低头慢步。

上帝对以利亚说："你看，现在亚哈在我面前显得多自卑谦恭呀！冲着这一点，我在他的有生之年，决不降祸予他，等到他儿子即位后，我必降祸予他家。"

亚哈王心虚胆怯，害怕自己被人打死，总在琢磨逃脱厄运的办法。他认为自己在国内的统治很牢固，臣民们加害不了他，那么，要他命的人一定是外国人了。于是，他积极鼓动犹大王约沙法起兵侵略别人，并与之立约，联合攻击大马士革。开战的时候，他又竭

亚哈之死

力怂恿约沙法穿戴威武雄壮的国王服饰，而他自己呢，却穿着普通士兵的军装，他认为，在拼杀的战场上，叙利亚人会紧紧盯住带兵的人，当他们一旦发现国王约沙法，便会集中力量对付他，所有的箭必向约沙法射击，在这样的情况下，谁也不会注意到他这个装扮成普通士兵的人，约沙法定会变成箭下鬼，自己必是享受胜利果实的英雄。但结果却是，身穿大红王袍的约沙法经过激烈交锋后却安然无恙；而假装普通士兵，身穿破衣烂衫的亚哈正中暗箭，伤重身亡。

将士们将他的尸体运回耶斯列城安葬，按王宫仪式要求，必须冲掉国王留在战车上的血迹，当将士们正在冲洗时，突然从大街上跑来几只狗，争着舔亚哈的血水，恰巧，这个地方正是耶斯列人拿伯的葡萄园旧址。

亚哈死后，继位的是他的长子亚哈谢。摩押人看国王变更了，就改变主意，不想向以色列进贡。亚哈谢听到这一消息很恼火，心里不痛快。一天，他从撒玛利亚王宫的窗口摔下来，受了重伤的亚哈谢，差遣仆从到太阳庙里占卜。

以利亚奉上帝旨意截住仆从，告诉他：“亚哈谢的伤不会痊愈，别再求神问卦了。”

亚哈谢听了非常生气，派兵追捕以利亚，追兵一到，就被以利亚呼来的天火烧死了。亚哈谢又派追兵，还是被以利亚呼来的天火烧死。亚哈谢第三次派追兵，带兵的长官见了以利亚，下跪求请，才免于厄运。

以利亚跟着这队人马回宫，当面对亚哈谢王说：“你的伤好不了，你必死无疑，因为你的上辈和你背叛了上帝。”不久，亚哈谢王死去，因为他无子，就由弟弟约兰继位。

*　　*　　*　　*　　*

本篇选自《旧约·列王纪上》第 16～22 章。主要部分叙述希伯来联合王国分为南朝和北朝之后，北朝以色列亚哈王霸占葡萄园等一系列恶行及遭受恶报的始末；还记载了先知以利亚对亚哈王及王位继承人亚哈谢的恶行的批评与斗争和为民除害的事迹。

在以色列历史上，联合王国的分裂给南朝和北朝双方都带来了内忧外患的大灾难。确如史家所说，它是“这个民族的大悲剧”。这里的北朝故事从一个侧面揭示了希伯来民族的悲剧，可作为“分裂衰亡”时期的“史传”之一。

亚哈王和王后耶洗别霸占耶斯列人拿伯的葡萄园，反映了当时统治者对人民群众的掠夺和迫害。在这里，先知以利亚借上帝之口谴责亚哈和亚哈谢父子的恶行，从“善恶有报”的宣传也可以看出，处在水深火热中的百姓的愿望。

“亚哈和耶洗别霸占拿伯的葡萄园”、“以利亚斗败巴力先知”

等故事，都已成为后世人喜爱的圣经典故。据有关资料记载：亚哈转喻为"贪婪之徒"，耶洗别转喻为"心狠手辣的女人"，拿伯转喻为"无辜受害者"，葡萄园转喻为"令人垂涎的东西"。德国著名作曲家门德尔松曾作合唱曲《以利亚》，赞颂这位先知的智慧和勇气。

耶洗别血溅宫墙　耶户计除巴力徒

亚哈的儿子约兰继承长兄的王位后，曾与亚哈的女婿犹大国王亚哈谢（与亚哈长子同名）结盟，联合攻打叙利亚王哈薛。作战时，约兰负伤，正在耶斯列疗养，亚哈谢前来看望。

这时，上帝令以利沙趁以色列王约兰养伤之机，完成另立新王之事。以利沙立即派门徒到基列拉末的军队总部，膏立军人耶户为王。耶户是一名勇敢的军人，他很有特点：骑马飞奔，快！射箭如神，准！追敌不舍，狠！要这个快、准、狠的军人，担当推翻旧王朝的重任是没有问题的。

耶户被膏立为王后，连夜乘战车火速奔往耶斯列。约兰听说耶户来访，赶紧和前来探望的犹大王一起前往迎接。见面时，约兰发现耶户眼露凶光，杀气腾腾，知道要出事了，急忙回头就跑，想乘铁甲车逃遁。可耶户是有备而来，他眼疾手快，拉弓放箭，约兰被利箭穿胸，当场死亡。耶户的后续部队赶来，把约兰的尸体丢在拿伯的葡萄园处，任路边的野狗撕咬。

犹大王亚哈谢看到这一血腥场面，吓得拼命往自己的国土逃跑，耶户的部队紧追不放，一直追到玛拿西部落。亚哈谢被乱箭射伤，又撑着跑到米吉多，最后还是没逃过死亡的厄运。

听到耶户击杀以色列王的消息，耶洗别料定自己离死期不远，她默默回到寝宫，要宫女为她沐浴梳洗，换上庆典服饰，全副王后打扮，端坐在王后的位子上等候。耶户带着军队杀进王宫，令人将作恶多端的耶洗别从窗口扔到大街上，然后驾车从王后身上轧过，不久，耶斯列城中的一群野狗跑来，将王后的尸体撕成了碎片。几个不忘旧恩的下属趁夜色来到大街上，冒险寻找尸体，想按王后之礼安葬耶洗别，可是他们再也无法找到王后的尸体了。

杀了国王和王后，耶户差人去撒玛利亚送信，因为亚哈有70个儿子在京城，耶户在信中通知那里的长老和负责教养众王子的人："你们那里有你家主人的众子，又有车马和兵器，还有易守难攻的京城，收信后，你们可以挑选一个贤明能干的王子，继承他父亲的王位；你们也可以跟随他，为你家的新主人与我征战。"

长老和教养众王子的人看了来信，都很惧怕，他们商议说："以色列的约兰和犹大的亚哈谢二王都斗不过他，我们怎能抵挡得住他呢？"一致决定投降，对耶户表示说："我们不另立国王，你就是我们的主人，我们的王，凡是你的指示，仆人们遵照执行就是了。"

耶户又给他们回信说："你们若想跟随我，明天就带着众王子的人头来见我。"

得到回信，他们便将众王子全部杀光，把头装在筐子里，赶急送往耶斯列。耶户见天色已晚，命令卫队将首级分成两堆，放在城门口。到了第二天早晨，耶户对围观的民众讲："你们都是公正的，上帝曾对先知以利亚说过，'我在亚哈王有生之年，决不降罪予他，等到他儿子即位后，我必降祸予他家'。现在，我背叛我主人，将他们杀了。这证明先知以利亚受上帝所托，说的话句句是实，全都兑现了。"耶户的这番话和他的作为，使大家畏惧和尊敬他，达到了杀鸡给猴看、以此儆戒对抗者的目的。

接着，耶户杀尽亚哈家在耶斯列所剩下的人，包括亲友、臣仆和祭司也都杀光了。

耶户一路杀红了眼，凡是与亚哈有关的人，只要被他遇到，便一律击杀。一天，耶户到撒玛利亚去，遇到一群人也往前走，耶户问：

耶洗别血溅宫墙

"你们是谁？到什么地方去？"

对方不知他是耶户，也不知叛乱之事，便回答："我们是亚哈谢的弟兄，现在要去向王和太后的众子问安。"

耶户一听，火冒三丈，不问青红皂白，大声命令："活捉他们，一个也不放过！"随从们立即将这 42 人全部捉拿，就地杀死。可怜这些不明真相的亚哈谢的弟兄们，高高兴兴前来做客，却糊里糊涂地做了耶户的刀下鬼。

耶户无端杀死 42 个无辜者后，继续往前走，恰巧遇到利甲的儿子约拿达来迎接他，他非常高兴，因为约拿达是利甲族的族长，在民众中威信甚高，耶户想要约拿达帮自己树立威信，因此，他热情地向他问安，然后试探地问："你能像我对你一样诚心诚意地待我吗？"

约拿达回答说："是的！"

耶户说："若是这样，请上车吧。你和我同去，看我是怎样热心地为上帝做事的。"

到了撒玛利亚，他又下令将亚哈家族剩下的人全杀光。因为亚哈家族崇拜异神巴力，耶户要全部诛杀。为了彻底消除巴力的影响，一网打尽巴力的先知、祭司和信徒，耶户用了一计，他召集民众，对他们说："过去，亚哈侍奉巴力不够热心，今天，我要热心敬拜巴力神，为巴力献大祭，因此，我要请巴力的众先知、众祭司和一切拜巴力的人全都到场，不可缺少一人，凡不到者，就是冷淡巴力，必不得活命。"

耶户一面向民众发话，一面差遣使者走遍以色列，通知那些先知、祭司和信徒。这天，所有的人都到齐了，整个巴力庙站满了人，耶户吩咐礼服管理员，把礼服分发给每一个拜巴力的人，让他们穿戴，这些人高兴地穿上礼服，等待耶户的到来。

耶户进庙前，在庙外安排了80个官兵，低声对他们说："现在，我把这些人交到你们手里，要是从谁手中跑掉一个，我就要谁的命。"然后和约拿达一起走进巴力庙，对集中在庙里的人说："这里只容拜巴力的人留下，你们再仔细察看察看，你们当中有没有上帝的仆人？"

待这些人回答说没有时，耶户和约拿达就走近祭坛，献平安祭和燔祭。举行完祭祀仪式，耶户和约拿达信步走出巴力庙。这时，耶户对官兵们发布命令："你们进去杀吧，不可放过一人！"

那些巴力的先知、祭司和信徒看耶户这么敬奉巴力神，正满心欢喜，忽见一队杀气腾腾的官兵冲了进来，待他们有所醒悟时，已经人头落地了。接着是抛出尸首、烧掉偶像、拆毁庙宇，并把巴力庙当作厕所，直到如今，那个厕所还立在当年的巴力庙旧址。

耶户一举解除异教统治以色列王国的危险，消灭了罪恶累累的亚哈家族，登上了以色列国王的宝座。耶户死后，由他的儿子约哈斯继位。

以色列国王的统治就这么一代一代往下传。这期间，战争频繁、外族入侵，抢劫掠夺，内部争端、天灾人祸不断。到最后一个国王何西亚时，国土仅仅剩下约旦河西一隅，他们只得对外纳贡称臣，以求生存。后来，何西亚听说亚述人要攻打京都，便急忙与埃及结盟，但援军尚未赶来，撒曼以色已打过边界，击败以色列军，俘虏了国王。

敌人一边把国王送回首都尼尼微囚禁起来，一边围攻撒玛利亚城。撒玛利亚人以巨大的勇气和力量，背水一战，坚守了三年多，后来，还是被亚述新王沙贡击败，约10万以色列人被放逐，掳掠到亚述。

从此，撒玛利亚成了巴比伦、古他、亚瓦等异族的移民地，10个以色列部落的残余人口和他们住在一起，年深日久，形成一个新的种族叫"撒玛利坦人"，起先属叙利亚，后属亚述、马其顿和亚马。以色列王国覆灭后，再也没有组成一个独立的国家。

*　　*　　*　　*　　*

本篇选自《旧约·列王纪下》第9～10章。主要内容包括耶户大将叛逆约兰，自立为以色列王（公元前843年），残酷镇压以色列的巴力崇拜者，尽力消除巴力的影响，全面诛戮罪恶累累的亚哈家族，耶洗别王后也死无葬身之地。

这里的故事有其认识意义，从客观上记述了耶户在亚哈家族血泊中建立起自己的王朝的历史。耶户王朝取代暗利——亚哈王朝不仅反映了奴隶主贵族内部的激烈斗争，而且突出了政治斗争（政权之争）与宗教斗争（教派之争）的密切关系。所谓先知以利沙受命上帝派门徒将膏油抹在耶户的头上，从而完成立耶户为王的仪式，究其实质不难看出：大先知以利亚的继承人以利沙是这一场"改朝换代"斗争的"总策划"，耶户的政权和以利沙的教权结合起来了。耶户恣意屠杀巴力信徒、毁灭耶洗别和她兴建的太阳神庙，这一切巩固政权的作为也足以说明：犹太教为强化自己的至高地位而迫害其他信仰"异神"、"异教"者的事实。

王太后阴谋篡位　约阿斯七岁登基

统治南方犹大王国的君主，虽然都是大卫血统，但约兰王所娶的王后亚他利亚，是以色列王亚哈和王后耶洗别（耶洗别是腓尼基推罗王的公主）的女儿。亚他利亚的丈夫死后，由他们的儿子亚哈谢继位。当亚哈谢王被耶户追杀致死的噩耗传来，作为王后的亚他利亚并不为亲人之死悲伤。她趁国内无君、众人无首之机，大耍阴谋，控制朝廷，剿灭王室成员，篡位夺权，自立为王。

在这场宫廷政变和血腥的大屠杀中，亚哈谢的妹妹约示巴，冒着生命危险，从众多被杀的王子中，救出尚在襁褓中的婴儿约阿斯，这是她哥哥剩下的唯一骨肉。此时的王宫，早被亚他利亚控制得严严实实，想逃出王宫真是插翅难飞，她只好趁混乱之时，将约阿斯和他的奶妈带进自己的闺房。为了避人耳目，免遭杀害，她又将他们藏进了上帝的殿里，这一藏就是六年。

在亚他利亚篡位的第七个年头。一天，约示巴的丈夫耶何耶大，秘密找来迦利人和管辖宫内官兵的众百夫长。耶何耶大是犹大王国的著名祭司，也是犹大王约兰的女婿，亚哈谢王的妹夫在宫中享有很高威望。他先向众人提起宫廷政变之事，并与众人立约，让众人在上帝殿里起誓后，这才把当年救幼主的全过程告诉大家，并请出七岁的约阿斯与众人见面。

大家听了事件的来龙去脉，都愿意辅助幼君，听从祭司的统一指挥。于是，耶何耶大便与众人共商大事。他对他们说："在星期天也就是安息日这一天，你们应该分成三个班，把守王宫，拦阻闲人入内。一个班看守王宫，一个班守卫上帝殿的西侧门，还有一个班在护卫院的后门。这样一来，就有三分之二的人在上帝殿里保护王子了。这些卫兵每人手里要有兵器，王子出入时，要跟随左右，寸步不离地保卫王子的安全。每个班的人员要固定，上下班要仔细清点，凡是混进来的人，一定要处死。"

众百夫长就按耶何耶大的吩咐行事，各自带着安息日值班的人来见祭司，耶何耶大把藏在上帝殿里的枪和盾（这是当年大卫时期使用过的精锐武器）交给众百夫长，全副武装的官兵各就各位。一切准备就绪，祭司领着约阿斯走出来，在上帝殿的祭坛前给他戴上皇冠，将律法书交到他手里，膏他为王，卫兵们立即围过来，保护新王君。这时，众人拍手呼喊："愿我王万岁！"喊声在王宫回响。

正在寝宫休息的王太后亚他利亚，忽听得有人在高喊"愿我王万岁！"，心头一惊，急忙跑出来看个究竟。她走进上帝殿时，只见王子站在国王应站的柱子旁，左右侍立着百夫长和号角手，众臣仆击乐吹号，欢庆高呼："愿我王万岁！"

昔日高高在上，耀武扬威的王太后，被此情此景吓呆了，待她清醒过来时，她大声喊叫："反了！反了！"

祭司命令百夫长："把她赶出去，凡跟随她的，必杀无赦！"众官兵立即闪开一条路，让她走出去，因为祭司事前告诉过他们，不可在上帝殿里杀死她。待亚他利亚走出圣殿时，他们便用刀把她杀死了。

耶何耶大让新国王与上帝立约，作上帝的子民；又与众民立约，承认约阿斯为新王。立约后，众百姓一起拥进巴力庙，砸烂祭坛和偶像，杀了坛前的巴力祭司，拆毁了巴力庙。这时，祭司耶何耶大派官兵看守上帝殿，自己率领百夫长、迦示人、护卫兵和民众，请新王从上帝殿走下来，进入王宫，坐在国王的位子上。众民大庆，城中太平。

就这样，七岁童子登上了犹大王国的国王宝座。在耶何耶大的辅助下，约阿斯敬奉上帝，修建圣殿。耶何耶大死后，约阿斯改信异神亚舍拉，受到耶何耶大儿子的谴责，约阿斯不服，令众人用石头将其打死。不久，亚兰王哈薛率领大军进攻耶路撒冷，约阿斯害怕打仗，慌忙求和，他拿出圣殿和国库中所有的金子作赔款，哈薛才退兵回国。最后，约阿斯在米罗宫被叛臣杀害。

他死后，由他的儿子继位，接下去传位于子孙。到了希西家为王时，亚述王亚拿基要经过犹大国远征埃及，衰落的犹大国之王希西家只有采取"权宜之计"，筹集了大量金银，送给亚述王，以避免战乱之灾，取得暂时和平。

后传说亚拿基王想毁约，要攻击犹大国首都，耶路撒冷的民众非常恐慌，人人自危，他们见国王没有行动，就求助先知，先知耶利米鼓舞大家"誓死保卫耶路撒冷，上帝定会施神迹保佑大家"。结果，他的预言实现了。因为亚述军队在经过尼罗三角洲时，陷入沼泽地带，军队不能继续前进，又加上瘟疫流行，许多士兵死在那里。剩下的人被怪异现象吓倒，害怕传染瘟疫，拒绝打仗，亚述军队不得不班师回国。

这时的亚述被迦勒底人征服，迦勒底人组成了一个新国家，建都巴比伦，由尼布甲尼撒统治着。后尼布甲尼撒与埃及发生分歧，由友好转为仇敌。西底家王认为时机已到，可以渔人得利了，他不再向迦勒底进贡，乘机宣布独立。

尼布甲尼撒听说此事后，大怒，立即发兵围攻耶路撒冷，西底家与巴比伦军队展开了殊死搏斗，时间长达两年之久。因为西底家没有想到巴比伦军队会死死围困耶路撒冷，时间一长，城中粮食奇缺，饮水艰难，瘟疫流行，统治者和民众都有休战的愿望，只有先知耶利米不愿投降，立志抗战到底。饥饿和疾病中的民众，失去了理智和斗志，一致反对耶利米的主张，还把他禁闭在地牢里。后来耶利米被一位好心的卫兵救出来，一直藏在卫兵室里。

犹大国在强敌的围攻下别无选择，只有举手投降。就在正式投降的前夕，西底家——这个犹大王国的最后一个国王，带领几个随从向约旦河逃跑，被尼布甲尼撒的军队抓获，带回军营后，当面杀死他所有的儿子，还挖去他的双眼，锁上铜链，送往巴比伦，并在迦勒底皇帝的凯旋仪式上游行示众。过了不久，西底家便死在巴比伦狱中。

耶路撒冷城被摧毁了，犹大王国投降了。巴比伦军队大肆抢劫财物、掳掠百姓，放火烧毁耶路撒冷城和以色列的宗教中心耶和华圣殿。最后一个独立的犹大王国也覆灭了，它比北方以色列王国多存在一个多世纪。

从此，以色列人开始了"巴比伦之囚"的奴隶生涯，"巴比伦之囚"标志着分国时期的终结和囚居时期的开始，它揭开了以色列民族历史上最悲惨的一页。

* * * * *

本篇选自《旧约·列王纪下》第 11 ～ 12 章、第 13 ～ 17 章、第 18 ～ 25 章，记载王太后亚他利亚（以色列王亚哈之女、犹大王约兰之妻）从篡夺国位到被大祭司耶何耶大处死的经历，这是全篇的重点之一。此后，关于犹大国从约阿斯王经过亚哈斯王、希西家王到西底家王的事略，则是全篇的另一重点。

王太后亚他利亚来自北国王族，野心勃勃，趁耶户杀亚哈谢之机篡位，其目的在于剿灭犹大王室。耶何耶大拥立并辅佐约阿斯为王，完全符合当时的民意：厌弃暴虐的亚他利亚，渴望新王出现。17 世纪法国古典主义作家曾取材于此创作悲剧《亚他利亚记》，描写这个贪权的太后抢夺孙子的王位，激起了群众的愤怒，被群众打死后，孙子获得了应有的王位。

北朝以色列的京都撒玛利亚，在何细亚王九年被亚述进军攻陷，北国以色列被亚述合并了。这一重大事件震惊了南朝各代为王者，在此后犹大诸王和先知中，也不乏奋发图强者。比如，希西家王虽曾有过进贡求和作为，但试图摆脱亚述的控制、不再进贡称臣却是主要的表现，他改革宗教和政治、寻找南国复兴之路的功绩也是不可忽视的。先知耶利米的卫国抗敌精神更值得赞扬，获得了民心和"神助"。

这里所提到的"巴比伦之囚"，系指公元前6世纪上半叶新巴比伦攻陷耶路撒冷、毁灭犹大国、掳掠犹大人的历史事件，这一历史事件标志南朝北朝分立时期（公元前933～586年）的终结，屈辱的囚居时期（公元前586～538年）的开端。

宗教主角以利亚　精神领袖以利沙

以色列联合王国分裂，南北各自为政的初期，是以色列宗教史上最混乱且最危难的时期。

这个时期，两个王国都在暗利家族的统治之下：北方，有王后耶洗别执政，她实行专制，暴政统治着以色列王国；南方，有耶洗别的女儿亚他利亚参政，控制着丈夫约兰王和犹大王国。她们都是腓尼基巴力神和亚舍拉的虔诚信徒，在两个王国内，大力推举巴力神，并为异神立庙、设祭坛和柱像，供养大批巴力先知和祭司。耶洗别还实施宗教恐怖政策，建立宗教法庭，流放处死拒绝信奉太阳神的民众，杀戮上帝的先知和忠实的仆人，强迫整个国家改变宗教信仰，使异神偶像占上风，上帝的势力在各地受到遏制，得不到发展。

这时候，代表神、人的先知以利亚和以利沙等挺身而出，勇敢地与推行异教的统治者作斗争，坚定地捍卫以色列宗教的纯洁性。

在激烈的斗争中，他们创造了许多神迹奇事，在民间广为传播。

先知以利亚是提斯比人，他头发浓密、性烈如火，脾气倔强而孤独，常年游居旷野沙漠，行踪飘忽不定，常常出其不意地出现在人们面前，发表预言、提出警告，当人们尚未完全领会他的深刻含意时，他已神秘地消失得无影无踪了。

正当亚哈王族强制人们敬奉巴力神时，先知以利亚突然闪电一般，出现在以色列王亚哈面前，向他宣布上帝对他的惩罚：两三年内，以色列不会下雨，也不会降雾，除非我出面祈求上天。说完话，便神秘地不见了。

从这天起，以色列天旱缺水，饥荒遍地。亚哈王归罪于以利亚，派人到处寻找他。可是，以利亚已经遵照上帝旨意，越过以色列高原，藏在约旦河东边的基立，住在溪边的简陋小茅屋里，这里不缺水喝，但没有食物充饥。

上帝体贴以利亚，及时吩咐乌鸦送东西给他吃，并告诉他："你不会挨饿的，看看天空吧。"以利亚仰天长望，只见一群乌鸦远远飞来，有的嘴里叼着饼，有的嘴里叼着肉，——飞到他身边，张开嘴把饼和肉丢给他，这些上帝的忠实小天使天天如此，早晚各一餐，一日两餐，坚持给以利亚送饭。

大地干旱严重，连基立溪的水也干涸了，以利亚只得离开那里，去到西顿的撒勒法城。在城门口，他感到口干舌燥，便求一个正在捡柴的妇人："大嫂，请你给一点水我喝。"

那妇人看了看他，说："好吧，跟我来。"她把他领回家，准备进屋拿水。

"还麻烦你带点饼来。"以利亚又提出另一个要求，因为他觉得肚子也饿了。

那妇人听了立住脚，一声长叹："唉，天哪！你这不是在为难我吗？我哪有吃的东西给你啊。眼下，我们孤儿寡母就剩一把面粉和一点橄榄油了，我今天出去捡点柴，是准备做最后一个饼，吃完这顿饭之后，我们就只有等着饿死了。"

以利亚见她一脸愁苦，满腹辛酸，便暗暗祷告上帝，然后对她说："大嫂，你别着急，烤你的饼去吧。只是，你要先为我烤一个小饼，把剩余的面和油做饼留给你母子吃，可以吗？"那妇人点点头，照着做了。以利亚证实妇人的心特别善良后，马上告诉她：上帝已答应，你碗里的面粉，瓶里的油，必将取之不尽，直到上帝降雨的那一天。果真，那妇人发现碗里的面粉，瓶中的油天天都用不完，母子俩总

先知以利亚

是吃得饱饱的。

以利亚住在孤儿寡母家里，过了一段时间，这家小孩突然患重病停止呼吸，寡妇悲痛欲绝，哭着怪罪以利亚："啊！我的上帝，你在惩罚你的仆人，可这全是以利亚带来的厄运呀。"

以利亚见了，急忙将孩子抱上楼，放在自己房间的床上，焦急地大声祷告上帝："我仁慈、万能的上帝啊！你为什么要降祸予这个可怜的寡妇呢？她一直善待我，是个善待上帝先知的好人呀！”以利亚三次伏在死孩身上，用自己的心贴着孩子的心，连声祈求上帝："耶和华，我的上帝啊！我祈求你，使孩子的灵魂回到孩子的肉体。"上帝答允，孩子很快恢复心跳，慢慢苏醒过来。以利亚高兴地抱着孩子跑下楼，交给他的母亲，说："好了，你的宝贝儿子活啦。"

因悲痛过度而焦躁不安的寡妇，又惊又喜，紧紧地搂着孩子，又哭又笑，感激涕零地对以利亚说："我知道你是真正上帝的使者了，你说的话是上帝的声音。"

到了第三个旱灾年，以利亚又受上帝指示，去告诉亚哈王，上帝要降雨解除旱灾了。这次以利亚施神迹，呼来天火，烧了祭物，消灭了巴力的先知、祭司和信徒，并降暴雨，滋润大地。耶洗别王后听说此事，勃然大怒，决意杀掉以利亚。以利亚早有准备，他已经去到旷野，向圣山——西奈山前进。因为长途跋涉，劳累饥饿，他再也走不动了，就坐在一棵罗腾树下歇息。

人静下来，思绪万千，他想想自己是唯一剩下的先知，要是累死或饿死，那不是一切都完了吗？此时此刻，悲哀和绝望缠绕着他，他忧郁地渐渐入睡。这时，他仿佛看到天使从天而降，亲切地拍着他的肩膀，说："起来，吃吧。"他惊醒了，睁开眼一看，身边放着一个烤饼，还有一瓶水。

此刻，他腹内正饥肠辘辘，赶紧狼吞虎咽，完了，又倒在罗腾树下熟睡了。梦中，他又见那位天使来到他身边，关切地拍着他的肩膀，说："起来，吃吧。"于是，以利亚又惊醒，身边仍然放着一个烤饼和一瓶水，他坐起来，照样吃喝了。以利亚反复做同样的梦，吃喝同样的食品，吃饱了，喝足了，睡够了，体强气盛，一连走了40个昼夜，来到西奈山，这是当年摩西拜见上帝，并接受"十诫"的圣山，以利亚要在这里向主禀报世情，接受上帝下达给他的使命。

他住进山洞，在黢黑的山洞里，他突然听到一句轻微的问话声："以利亚，你在这儿干什么？"

以利亚意识到，这可能是上帝的声音，他马上回答："我为万军之上帝耶和华行事，我禀报我主耶和华，如今以色列堕落了，它抛弃了'圣约'，捣毁了你的祭坛，杀害了你的先知、祭司和敬奉你的仆人。如今只剩下我一人了，我和他们斗争，报复了他们，他们却在追捕我，要我的性命，我不知怎么办好？求万能的上帝指点。"

那声音又传来了："你从山洞里走出来，站在我面前吧！"以利亚听吩咐，刚刚走出山洞，忽然一阵暴风骤起，飞沙走石，除了"呼呼"的山风和"隆隆"的石头滚动声之外，什么也听不到。他急于想听上帝的指示，便到处寻觅。不料，一场山火陡起，燃遍山野，除了"吱吱"燃烧的树木声，还是什么也听不到。过了一会儿，大火渐渐熄灭，暴风慢慢减弱，以利亚万分喜悦，因为这时他听到一个平静而微小的声音，他知道，这必是上帝的声音，仆人是不能直面上帝的，他急忙用斗篷蒙住脸。

上帝又问他："以利亚，你在这儿干什么？"以利亚重复了一遍前面说的话。

那平静而微小的声音对他说："你不用绝望和担忧，你不是一个人，我在以色列人中间留下了700个不拜巴力神，也不屈服强权的人。你快回去执行我吩咐你的任务吧。"以利亚听了，感到莫大的鼓舞和安慰，因为他不是孤立的，还有700个教友和他一样，不畏耶洗别的打击和威胁，正在为保护上帝而顽强斗争。

以利亚接旨后，返回以色列，他首先找到以利沙。以利沙是个年轻憨厚的农夫，他就是700个忠于上帝的人中的一个，他曾勇敢地拒绝崇拜耶洗别的偶像巴力。

远远望去，以利沙正赶着12头牛，在父亲田里耕作，上帝给以利亚一个信号，以利亚便从大道走下农田，来到以利沙跟前。开始，以利沙有些奇怪，但见先知脱下自己的外衣，披在他肩上，他立刻明白了先知的意思，这是一种确立接班人的宗教仪式。他郑重地接过外衣，表示愿意领受先知的暗示和召唤，不过，他请求说："老师，让我与双亲辞别吧。"

以利亚打量了他一下，说："好，你去吧。"以利沙的父母感到荣耀，非常支持儿子的决定，还宰牛庆祝，招待以利亚和众乡亲。

以利沙跟随以利亚走了，这一老一少互相照顾，以利沙把以利亚当成自己的父亲一样，尊敬和爱戴他。以利亚也喜欢这个真诚的后生，如同对待自己的儿子一般帮助和教导他。可是，年龄不饶人，以利亚毕竟衰老，上帝要接他上天了，以利沙难分难舍紧跟其后，与 50 个送行的先知，一同来到约旦河。以利亚脱下外衣打水，河水自然分开，让他们师徒俩走过河去，其他人在河边等候。

以利亚依依惜别，对以利沙说："在我离开你之前，你有什么要求，只管提吧。"

以利沙要求先知将灵气和力量传给自己。

以利亚说："你所要求的东西，不是那么容易得到的，但我升

以利亚升天

天时，你若能看见我，就一定能得到。若看不见我，那就得不到了。"

他们一路走一路谈，忽然，狂风大作，天外飞来几匹火马，拉着一辆喷吐火焰的火车，旋风似的将他们隔开，以利亚登上火车，旋风一过，幻象消失了，以利亚也消失了。

以利沙悲伤地大声呼叫："我父，我父啊！以色列的战车兵马啊！以色列人的保护者啊！"他忧伤以色列失去了胜过全部军队和战车的最强大的保护力量。他撕裂身上的衣服，拾起以利亚身上飘落下来的外衣。

回到约旦河边，他也用外衣打水，边打水边说："上帝啊，以利亚的上帝在哪儿？"河水自然分开，让他走过约旦河。

50 个先知一见以利沙，便俯伏在他面前，说："在你身上有以利亚的灵气和力量！"从此，以色列人都把以利沙当成以利亚先知的接班人。

以利沙继承了老师扭转乾坤的本领，他能预言未来，知晓敌军谋略，可让河水断流，叫水浮起铁块，还包治百病……

在叙利亚，有位颇受国王器重的统帅，叫乃缦，他英勇善战，曾侵入掳掠过以色列，妻子的小女奴就是当年被掳到叙利亚的以色列姑娘。这个小女奴渐渐发现，富丽堂皇的元帅府，充满着一种使人压抑的哀愁气氛。高贵荣华的元帅夫人也常常唉声叹气，而德高望重的元帅，更是终日默默无语。这是什么缘故呢？后来，她才知道乃缦患了可怕的麻风病，而且病情在不断恶化，却无人无药能医治，他迟早会死于这种不治之症。小女奴同情他们，她想起在家乡时听到的有关以利沙的传说，便找到女主人，说出了自己的想法："主人，我听说在撒玛利亚城，有个无所不能的先知叫以利沙，你要是能见到这位先知就好了，他一定能治好元帅的病。"

听到这一消息，元帅家像抓到一根救命稻草，立即充满生机。乃缦向国王提出请求，国王同意，并给以色列国王写了一封信。乃缦接过信，带着随从，还带了 3 万块银子，6000 块金子和 10 套精致的衣服，连夜起程，急匆匆赶到撒玛利亚，拜见以色列王，并呈上国王的亲笔信。

以色列国王打开信，信中写道："我派臣仆乃缦面见你，见信后，望你为他治好麻风病。"

以色列国王冲着臣仆们大发脾气，嚷道："岂有此理，我怎能治好他的麻风病呢？他把我当成什么人，我又不是上帝，叫人死人便死，叫人活人便活，这明明是借口挑起事端嘛。"

这事传到以利沙那里，以利沙托人给国王捎口信："你何必为这事烦恼呢？你尽管叫他到我这儿来。来了，他便知道以色列有一个先知。"

乃缦又急忙策马扬鞭，来到以利沙的住处求见。门开了，从屋里走出一个仆人，对他说："先知让你到约旦河中去洗澡，洗过七次澡之后，你的肉就可新生复原了。"

乃缦一听，像迎头被浇了一盆凉水，十分生气地说："我抱着多大希望啊！原以为先知必出门迎接我，站在他的上帝面前祈祷，瞧瞧我的患处，用手来回摇摇，用心治病。现在倒好，派个仆人出来应付我，让我到约旦河洗澡。如若这样，大马士革的河水岂不比约旦河里的更好，我何必辛辛苦苦跑这么远的路呢？"他怒气冲冲，扬鞭抽马，转身就走。

在路上，几个随从劝他："主人，我们是到这里来求医的，你不如按他嘱咐的办，先洗洗澡，何必拒绝人家呢？"乃缦转念一想，也对，到约旦河洗个澡有什么不好，即使治不了病，也没什么害处呀。于是，他下到约旦河，一连洗了七次。当他第七次走上岸时，惊奇地发现，自己的肌肉果真洁净光滑得如同童体一般。喜从天降，乃缦高兴得说不上话来。他满心欢喜地带着随从、金银和服装，专程拜访先知以利沙："现在我知道以色列的上帝，就是普天下的上帝了，求你收下仆人菲薄的礼物吧。"

以利沙拒绝收礼，他说："我站在永生上帝面前起誓，我治病概不收礼。"乃缦再三恳求，先知坚决不收。最后，乃缦提出一个非常特殊的要求，请先知赐他一点泥土，他说："从今往后，我不再为

以利沙的神迹

别的神燔祭了，我回国后，要站在这些泥土上，将燔祭献给耶和华上帝。"以利沙答应了他的要求，并祝愿他一路平安。

后来，叙利亚国王向以色列开战，他与臣仆商议扎营的地方，这本是军事秘密，可是，以利沙却一清二楚，并把这事告知以色列王。以色列王下令，加强那个地区的防守，谨防叙利亚人的埋伏。就这样，叙利亚人每次商讨的计谋都泄露出去了。他们很奇怪，经查证落实，确定是以利沙所为，国王便派大队人马，赶到以利沙的住处多坍去捉拿他，因为天黑了，他们就先将这个城市包围起来。

大清早，以利沙的仆人发现了这一情况，便慌慌张张报告主人："老师，糟了！叙利亚军队包围了我们的城市。"

以利沙镇定地说："不要害怕，我们的人比他们多得多。"说完，他祈祷上帝开仆人的眼。于是，仆人看见主人周围，布满了火马火车，就高兴地叫起来："啊！老师，真了不起，你还积蓄着这么多精锐、奇特的部队呢！这下我可放心了。”

眼看敌人的军队打过来了，以利沙祈祷上帝，瞎了敌军的眼。然后，以利沙告诉他们走错了路，答应带领他们去到要找的地方，就这样，全部眼花目迷的军队跟着以利沙进了撒玛利亚城。以利沙又祷告上帝，开了他们的眼。这些军人糊糊涂涂，相互观望，疑惑不解，不知这地方是走对了还是走错了。

以色列王也莫名其妙地问以利沙：“他们好大胆，竟敢打到我这儿来了。你看，要不要杀了他们？”

以利沙回答：“不！不要杀他们，给他们吃饱喝足，全部放他们回国吧。”以色列王便大摆筵席，让他们大吃大喝。完了，打发他们回国。有情又有威，使叙利亚人敬重又惧怕，他们再也不敢随意侵犯以色列了。

但是，过了一些时候，他们又出兵围困撒玛利亚城，长时间不退兵，以至城内断粮缺物，人们到了易子而食的悲惨地步。以色列王归罪以利沙，想派人杀掉他，以免遭灭顶之灾。

对于国王的责难和处置，以利沙泰然处之，并告诉大家：“你们不用着急，再等等吧，明天撒玛利亚城就会恢复正常。那时候，你们会有充足的粮食和物品，一切转危为安。”

人们等待奇迹的发生。到了第二天，有探子急报：“叙利亚人全部撤离，因为他们听说埃及人与赫人联合攻打他们的国家，便丢下了大量的粮食和物品，仓皇弃营回国了。”这些东西，及时解除了撒玛利亚城的灭顶之灾，挽救了挣扎在死亡线上的民众。

过了不久，叙利亚国王便哈达生了病，四处求医无效。有人告诉他：以色列的先知以利沙正在大马士革，你可以去求助他。国王听了，大喜，连忙差遣大臣哈薛带着礼物，面见以利沙，咨询求医。哈薛见了以利沙，介绍了国王的病情后，问王的病可否痊愈？”

以利沙回答：“按上帝的旨意，此王必死无疑。但你回去可以宽慰他，说他的病会好的。”说完，以利沙的眼睛盯着哈薛看。哈薛感到先知的眼神僵直而寒光闪闪，忽然，那双眼里滚落出晶莹的泪珠。

他害怕而奇怪地问："尊敬的先知，你怎么啦，为什么要哭？"

以利沙抹掉眼泪，回答说："因为我知道你心硬，会对以色列作大恶，犯大罪。你将会烧掉他们的房屋，摧毁他们的堡垒，屠杀他们的青壮年，摔死他们的孩子，剖开孕妇的肚子，做出许多暴虐残忍的事，加害于以色列民众。"

哈薛一听，吓得全身冷汗直冒，害怕而百思不得其解地问："先知。你怎么这样说我啊？我算什么呀，不过像一条被别人使唤的狗，怎么可以做那么大的事呢？"

以利沙叹了口气："你会做的，因为上帝告诉我，你将成为叙利亚的王。"

一语道破天机，哈薛的心为之一动，他怀着忐忑不安的心情，回到便哈达王身边。国王问："先知对我的病怎么说？"

哈薛回答："他说你的病会好。"当天晚上，哈薛一夜未眠。第二天早上，他用一条浸过水的毯子把国王闷死了，秘密篡位，自立为王。哈薛当上国王，在国内施暴政，对外多次攻打以色列，侵占城邑、烧杀掠夺，无恶不作，是一个凶狠的国君，更是一个残暴的侵略者。

天有不测风云，以利沙不幸得了不治之症，当时执政的约哈斯王去探望他，边哭边喊："我父，我父啊！以色列的保护者啊！"哭得十分伤心。

以利沙安慰王，让王拿起弓箭，通过窗口对着叙利亚拉开弓，射出箭，只听得箭"刷！"的一声穿过窗口。以利沙马上说："这是上帝的箭，他要用这支箭，胜过叙利亚。你将在亚弗跟叙利亚人打仗，直到全胜。"接着，又让王拿起另一支箭，对他说："我王，你用这箭击地。"王照办，连击三下后，便停了下来，以利沙不无遗憾地说："可惜了，你怎么只击三下地呢？这预示你只能赢叙利亚三次。你应该击五、六下就好了，那样，你才能彻底打败叙利亚。"后来，约哈斯王在与叙利亚的交战中，只胜了三次，始终没有将叙利亚灭亡。

* * * * *

本篇选自《旧约·列王纪上》第 17～19 章、《旧约·列王纪下》第 2～5 章。继续记述以色列历史上著名先知以利亚的神迹奇事，同时补述以利亚的继承人先知以利沙的神迹奇事。以利亚和以利沙的神迹奇事颇多，如乌鸦送饭、寡妇烤饼、死儿复活、同样的梦、轻声细语、油面不尽、火马火车、外衣打水、水到病除、瞎眼军队、空城来粮、窗中射箭，等等。以利亚的神迹宗教色彩浓重，以利沙的神迹政治性突出，而两者（宗教性与政治性）又是相互渗透的。

这里的一些故事已成为后世人常用的"典故"。比如，以利亚的火马火车被人们转喻为"幻想的运载工具"。以利沙利用约旦河水治愈乃缦元帅麻风病而却酬的故事，深深地感动了法国画家克洛德，创作了著名的风景画《在约旦河沐浴的乃缦》。

异国女子立麦田　孝敬媳妇结良缘

　　这是士师统领以色列的时期，有一年，各地连续发生灾情，饥荒不断。

　　住在利伯恒城的富裕居民以利米勒和全族人一样，全家老小啼饥号寒。为了活命，他只得带着妻儿逃荒到摩押投亲靠友，因为辛勤劳作，不久客死他乡，留下了妻子拿俄米和儿子玛伦、基连。两个儿子长大成人后，分别娶了摩押女俄珥巴和路得。他们一起生活了十个年头，一家人和和睦睦，感情甚笃。谁知，好景不长，两个男人又先后去世，只剩下两代寡妇苦熬光阴。

　　可怜的拿俄米，中年丧夫，老年丧子，又身在异国他乡，她终日悲痛愁苦，思念故乡。一日，她听说家乡的年景好转，决定离开悲伤之地，返回家园。可是，俩媳妇怎么办呢？她必须为她们着想呀！

　　于是，她对两个媳妇说出了自己的打算：“媳妇们哪，现在，我想落叶归根，准备回国去了，我虽然很喜欢你们，但也不能把你们带到我的国家，让你们生活在陌生人中间呀。”见媳妇们要说话，她用手制止了她们，继续说：“你们呢？我建议还是各自回娘家，找个好人嫁了，重建幸福美满的小家庭。愿上帝恩待你们，就像你们恩待自己的丈夫和我一样。”说完，准备吻别她们。

可是，两个媳妇舍不得婆婆，她们失声痛哭："婆婆呀，我们决不离开你，要跟你一块回到你的国家。"

拿俄米心里也很难过，她与两个媳妇相处得如同亲母女一般，但她还是含泪规劝她们："女儿们哪，听我的话，回到你们亲人身边吧，何必跟我一块背井离乡，去那不熟悉的地方受苦呢？"两个媳妇坚持自己的意见。她又说："如今，我年岁已大，再也不能生儿子做你们的丈夫了，你们何苦独自一人孤苦伶仃地活一辈子？即使我现在生子，你们也不能等他们长大而不嫁人呀！"

两个媳妇放声大哭。不得已，俄珥巴只得与婆婆含泪吻别。路得无论如何也不愿离开婆婆，她要陪伴她，照顾她，尽一个媳妇的孝道。

拿俄米劝她："好女儿，你看，俄珥巴已经留在本国，回到娘家去了，你就跟着回去吧。"

路得决心已定，她回答："你怎么说也不行，如今，你年事已高，身边需要有人照顾，我必跟着你，你的国家就是我的国家，你的上帝就是我的上帝。你往哪儿去，我也往哪儿去；你住在哪儿，我也住哪儿；你死在哪儿，葬在哪儿，我也死在哪儿，葬在哪儿。"

拿俄米见路得的态度如此坚决，就不再劝她回娘家，而是带着她回到自己的故乡——伯利恒。

当两个寡妇出现在伯利恒时，全城人都很惊讶，乡亲们问："这不是当年逃荒出去的拿俄米吗？"

拿俄米回答："乡亲们哪，不要再叫我拿俄米（甜美的意思），我不再是幸福的人了，我很痛苦。你们看，我满满出去，却空空回来，这是上帝对我的惩罚。对于我这个苦命人，你们应该叫我玛拉（苦涩的意思）。"

当人们知道了她的不幸遭遇，了解到她媳妇的一片孝心时，无不感慨万千，同时对路得格外的赞扬和尊重。

婆媳二人回到原来的家，只见多年无人居住的祖宅破败不堪，四周荒草丛生。路得马上卷起袖子，打扫清理，毫无怨言。

　　两个寡妇，两手空空，她们必须找事做，自己养活自己。当时，正是开镰收割季节，路得和婆婆商量说："婆婆呀，为了糊口，让我到田里去拾点麦穗吧。"婆婆无可奈何地点点头，嘱咐她早去早回。

　　路得来到城外麦田里，跟在收割人身后，捡漏下来的麦穗。她捡麦穗的地方，是本城财主波阿斯的田地。正巧，刚从伯利恒城回来的波阿斯来到麦田里，他客气地对仆人们打招呼："愿上帝与你同在！"

　　仆人们都热情地回答："愿上帝赐福予你！"

　　他放眼望去，只见成熟的麦穗，在微风下轻轻摇曳，大垛大垛的麦捆，一排一排地立起，蓝天白云下，大地一片金黄。忽然，他发现一个陌生的女子，正弯腰在田里拾麦穗，便好奇地向监工打听："那是谁家的女子？"

　　监工回答："那是跟随拿俄米回来的摩押女子，名字叫路得，她要求在地里捡点麦穗，让她们婆媳俩吃饱肚子。她从早上一直捡到现在，中间只休息了一会儿。"

　　波阿斯走过去，主动与路得打招呼，路得见了主人有点害怕，波阿斯笑笑，温和地说："路得姑娘，你放心，只管在我这儿拾麦穗，不要再到别人田里去了。以后，你就跟着我的仆人们，他们在哪儿收割，你就在哪儿捡，口渴了，就喝他们打来的水。我已经吩咐过他们，不许欺负你。"

　　路得听了，叩拜谢恩，说："我是外国人，承蒙你照顾。"

　　波阿斯回答："你不用客气，我已经听说过了，自从你丈夫死后，你很孝敬婆婆，为了照顾婆婆，你离开自己的国家和亲人，到这个陌生的地方来谋生活。愿上帝眷念你，赐福予你。"

　　路得听了很感动，她说："主啊，谢谢你能理解我，我们虽然不熟悉，你却说出这番话来安慰我。"

　　到了吃饭的时间，仆人们围坐在一起，只有路得一人躲在麦堆后面。波阿斯见了，立即招呼她："路得姑娘，到这儿来和大伙一块吃吧，拿面饼蘸点酱，很好吃的。"

路得与波阿斯

　　路得便来到仆人中间坐下，波阿斯递给她一些烘麦饼，她只吃了一点点，把余剩的收起来，准备带给婆婆吃，自己又继续捡麦穗。

　　波阿斯看在眼里，私下嘱咐仆人："你们听着，大家要善待那个拾麦穗的姑娘，她就是在捆好的麦堆里拾取，你们也不要吼她，羞辱她。还要有意抽一点麦穗丢在地上，让她去捡。"就这样，路得一天捡了许多麦穗。

　　收工后，她把麦穗带回城里，摊开给婆婆看，又把烘麦饼拿给婆婆吃。婆婆看她丰收了，便问她："你今天是在谁家田里捡麦穗呀？愿上帝保佑那个好心人。"

　　路得告诉婆婆："我今天是在一位名叫波阿斯财主的田里捡麦穗，他真是一个好人。"

　　拿俄米立即明白了，她说："愿上帝恩待他，他是本族人，我们家的一个近亲。"

　　路得又告诉婆婆：波阿斯让她在他田里捡麦穗，直到收完庄稼。

拿俄米高兴地说：“那是再好不过了，你不要往别家田里去了，免得人们议论他不照顾亲戚。”于是，整整一个收割季节，路得都是早上离开婆婆出城捡麦穗，晚上收工回家照顾婆婆，天天如此。

孝敬媳妇遇到慈善的婆婆，拿俄米常常为路得着想，通过这段时间的观察了解，她明白波阿斯和路得之间互有好感，有心成全这桩婚事。

一天，拿俄米对路得说：“女儿哪，作为长辈，我应该为你找个安身之处，让你好好享享福。按我族习俗，近亲应该娶本家的寡妇做老婆，生下的长子过继到死者名下，以便继承产业，传宗接代，不让人死家空，名字在人间消失。我看波阿斯是个好人，又是近亲，不知道他愿意不愿意娶你？”为了试探一下对方，她对路得说出了自己的计谋：“女儿哪，你不是在波阿斯田里捡麦穗吗？今天晚上，他定会在禾场簸麦，你快去沐浴抹膏，梳洗打扮一下，换上新衣裳，去到禾场，别让他认出你是谁。等他吃完饭睡觉时，你就进去掀开他脚头的被子，躺在那里，顺从他的意思。”

路得回答：“我听你的，按你的吩咐办事。”

晚上，路得照婆婆说的做。到了半夜，波阿斯翻身，发现一个女人，惊醒地问：“你是谁？”

路得回答：“我是你的仆人路得，求你用你的衣襟遮盖我，因为你是我的近亲。”

波阿斯立刻明白了对方的来意，他说：“路得姑娘，愿上帝赐福予你，你后来的福定比先前的大。因为你可以找一个年轻人嫁了，好好享福，你却不嫁，要孝敬你的婆婆，善有善报。现在，你不要怕，城里人都知道你是个贤惠淑德的女子。我呢？的确是你的近亲，但还有个人比我更亲，明天，我要征求他的意见。如若他愿尽一个亲属的本分，就由他吧。他如若不肯，我在上帝面前起誓，一定为你尽本分，娶你为妻。今晚，你就在此住宿，好好休息，躺到明天早晨。”说完话，他俩各自安寝。

第二天，东方发白，路得便起身，波阿斯说：“你赶快离开吧，不要让人家知道你昨晚在这儿，以免闲言闲语，坏了你的名声。"然后，撮了六簸箕大麦，让她用外衣包好，扛在肩上进城去了。

婆婆见了，关心地问："女儿哪，事情办得怎么样？"

路得就将波阿斯的一言一行向婆婆叙说了一遍，婆婆安慰她说："你只管放心等候，那个人是很讲信誉的，他不办成这事，决不会罢休。"

波阿斯送走了路得，自己也进了城，等待那个比他更亲的亲属。当那个亲属来到城门口时，他招呼说："你坐下吧，我有事与你商量。"同时，波阿斯请来四位长老，也招呼他们坐下，回头对那个亲属说："拿俄米从摩押回来了，想卖我们族兄以利米勒的那块地，我与你都有资格赎买那块地，但你比我更有资格，你可以当着我和几位长老的面，说说你的想法。"

那位更亲的亲属说："我当然赎买。"

波阿斯说："你赎买那块地可以，不过，按习俗，赎买这块地的人，必须娶拿俄米家的寡妇路得为妻，使死者在产业上有个名分。"

那个近亲摇摇头说："那我就不买了，还是你自己买吧。"边说边脱下鞋子递给波阿斯（按当地规矩，做交易或决定什么事，其中一人要脱下鞋子给另一个人，以作凭证）。

波阿斯当场宣布："请各位长老做证，凡属以利米勒和玛伦、基连的，我都从拿俄米手中赎买下来了，同时，娶摩押女子路得为妻，好在产业上给死去的人留个名分，以免他们在本族灭绝。"

几位长老和周围的民众都说："我们可以做证，愿上帝保佑你们，蒙福、发财，赐你们后裔。"

于是，波阿斯名正言顺地娶了路得，后生下一子，妇人们祝福拿俄米："上帝眷念你，没有撇下你这个孤苦伶仃的老太婆，我们称颂永远的上帝！这孩子将来一定会爱你，孝敬你，因为他是爱你的媳妇所生。有这个媳妇，比有七个儿子还强。"

拿俄米高兴地把孩子抱在怀中，做他的养母。有人建议："拿俄米晚年得子，就给他起名俄备得吧。"

后来，这个俄备得生了耶西，而耶西就是英雄大卫的父亲。

* * * * *

本篇选自《旧约·路得记》第 1～4 章。描述士师时代摩押女人路得在丈夫玛伦（犹大族人）逝世后仍孝敬婆婆拿俄米，在拿俄米的关爱中与亡夫的近亲波阿斯恋爱结婚的故事。

《路得记》因其中主要人物"路得"（意为"美丽"）而得名，在《旧约》中属"圣著"一类，不作为先知书部分。据学者考证，它源自大卫时代的宗教传说。可以把它当作古希伯来文学中较早出现的独立的短篇小说来阅读。

全篇主旨可归纳为二：其一，通过路得两次与犹大族人结婚的情节，反对"禁止异族通婚"的狭隘的民族主义，宣扬各民族间的团结友好；其二，歌颂婆媳之间互敬互爱的真挚亲情，拿俄米仁慈通达，路得贤惠忠贞。

在后世文艺作品中，常常再现路得故事。19 世纪英国诗人济慈在《夜莺歌》中凸现了路得跟从拿俄米的忠贞形象，她在异国的麦田里含泪苦思家乡，强忍心中忧愁而无微不至地照顾婆母；17 世纪法国画家普桑以路得拾麦穗巧遇波阿斯为题创作名画《夏天或路得与波阿斯》。

以斯帖智斗哈曼　阴谋害人反害己

　　地处西亚的波斯·米底亚帝国灭了巴比伦后，大力兴邦，扩展边界，进入繁荣的顶峰时期。它从印度直到古实，统辖127个省，可谓疆域辽阔，幅员广大。

　　在亚哈随鲁王登基第三年，国王举行庆祝盛典，宴请所有的首领臣仆、来客贵宾。之后，又开放御花园，专程招待首都民众，赏酒犒民，宴请百姓七天。一时节，富丽堂皇的书珊王宫中，灯红酒绿、玉罍金樽、山珍海味、欢声笑语；雕梁画栋的御花园里，仙乐齐鸣、轻歌曼舞、鲜花香果、游人如织。大显皇室气派，大展康泰国威。

　　到了第七天，西哈随鲁王饮酒作乐，乘兴吩咐一旁侍立的户曼、比斯他、哈波拿等七个太监，说："请王后着凤冠霞帔到前厅来，我要让各路贵宾和众臣，瞻仰王后的美貌和风采。"

　　正在后宫摆筵设席，招待各路妇女及女宾的王后瓦实提，一方面因为忙碌，也是性情高傲狂妄，竟不听太监所传的王命，抗旨不出。国王感到有失尊严，面子上很难堪，龙颜大怒，动了惩罚王后之心。

　　按王的规矩，办事作决定，必先询问知例明法的人。当时，坐在国王左右的，有通达时务的明哲人波斯、玛代的七个大臣。王问他们："王后不听太监传的王命，该如何处置。"

　　七臣中的米母干首先回答说："我认为王后的行为不妥，她不仅抗旨得罪了王，而且这事传出宫有害各省的臣民，今日波斯和玛代的众夫人都在场，如若不处理，众妇人都会以她为榜样，藐视自己的丈夫，从此必将大开轻视丈夫之端。所以，我建议王将这一妇女之道，下旨写进律法中，固定下来，教育所有的妇女，不管丈夫贵贱，都必尊重他们、服从他们。对于王后瓦实提必废之，将王后之位赐给比她好的妇人，并将谕旨下达全国各地。"

大家都认为米母干说得对，王立即下诏书，用各种文字和各民族的方言，通知各地，确定丈夫当家做主的地位，同时，下旨处置王后瓦实提。这样，亚哈随鲁王的怒气才慢慢平息。

废了王后，内宫无主，有侍臣建议：不如派人到全国各地挑选美貌的处女，带到书珊城的女院，交有关太监调理，王可在众美女中选自己喜爱的人，立为王后，代替瓦实提。王点头应允，下属照办。

王的谕旨传出，各地招了许多貌美的处女，交给掌管女子的太监希该管理。在这群少女中，有个叫以斯帖的妙龄女郎，婀娜多姿、善良柔顺、聪慧过人，深得希该的宠爱，总是最先发给她需要的香品和份内的分银，又派七个宫女服侍她，还安排她和她的宫女住在女院中最好的房间。但人们一直不知道这女子的籍贯和宗教信仰。

这位天生丽质的美好女子究竟是谁？原来她是亡国奴末底改的养女，论地位尊卑，他们也是犹大王国的贵族和名门之后，自从他们被尼布甲尼撒从耶路撒冷掳掠后，全家就在巴比伦定居，不久，以斯帖的父母双亡，由表亲抚养成人。如今，末底改在异国他乡的波斯宫中任职。以斯帖入选后，末底改一再嘱咐她，不可暴露自己的种族、出身和宗教信仰，以防不测。并天天在女院门前徘徊，打听养女的消息。

众女子到女院后，按先例洁身 12 个月，待满期时，再挨个晋见西哈随鲁王，晚上进去，第二天回到女子第二院，由掌管嫔妃的太监沙甲看管。从此，任何女子也不能随意进宫了，除非国王召见。

一日，亚哈随鲁王召见以斯帖，她才被引入宫内。她的姿容和温柔深深地吸引了王，得到王的钟爱和宠幸，王便给她戴上王后的

以斯帖被立为王后

桂冠，册封她为新后，正式代替瓦实提。王春风得意，大摆筵席，宴请众首领及众臣仆，又免去各省税收。

这时，抚养她的末底改有资格经常出入王宫了。有一次，末底改在前厅，无意中听到两个守门的内侍在窃窃私语。原来，他们仇恨亚哈随鲁王，计议阴谋弑君。末底改急忙将此事告诉以斯帖，王后随即报告国王。经调查，情况属实，国王下令，将两内侍吊死在木架上，以告诫叛逆者。宫廷规定，这样重大的事，都要一一载入王朝史册。当时，国王虽然没有嘉奖末底改，但末底改在宫廷里的名声和地位明显提高。

末底改的名声引起哈曼宰相的不满，这个亚哈随鲁王的宠臣自命不凡，目中无人，出入宫廷，众臣仆无不下跪拜安，只有末底改不弯腰低首，不亢不卑，加上他俩一个属亚玛力部落，一个属犹大部落，本来是世仇，哈曼早就瞧不起他，又见末底改对自己如此不恭，更是耿耿于怀，伺机报复。于是心生一计，不仅要除掉末底改，还要灭绝犹大全族。

他居心险恶，策划行动，首先就是屡进谗言，以引起亚哈随鲁王对犹大人的疑心；接着向王禀报说：犹大人都发财了，他们是如何如何富裕，并借机指着犹大人居住的豪华住宅，让国王看，国王从未见过绝大多数犹大人居住的贫民窟，就信了他的话；他还进一步对王讲：犹大民族的习俗、律法均与波斯相悖，容留他们与王无益，建议王灭绝此族。国王平时受了他的影响，又不了解民情，更不知这是一计，便批准了哈曼的奏请，摘下手中的戒指（王权的象征）交哈曼处理。

哈曼受命后，周密布置一切，并用抽签的方式，确定大屠杀的日期，结果抽到亚达月（即 12 月）13 日。哈曼便擅用国王的诏书，

以斯帖指控哈曼

以各族文字传令全国，定于这一天统一行动，诛杀犹大全族男女老少，并没收全部财产。哈曼在进行这一系列阴谋活动时，没有忘记报复末底改，他专门在高山之巅，搭了一座绞架，要将末底改"吊得比所有人都高"。

旨意传遍书珊城，全体犹大族民众禁食哭泣，末底改撕裂衣服，披麻蒙灰，在城中行走，痛哭哀号，直到宫门口，因为王宫禁止穿麻衣出入，他只好停步。

以斯帖从宫女和太监那里听说此事，忙派太监哈他革出宫，找末底改了解详细情况。末底改让人传话："速请王后向国王求情，设法挽救全族性命。"

以斯帖又吩咐哈他革给末底改回话：宫中有定例，无论男女，若不蒙恩，又无王伸出手中金杖的示意，擅自入内院见王者，必治死罪。国王已30天未召见王后了。

末底改又劝说以斯帖：不要以为在宫里就可幸免这场灾祸了。此时，你若闭口不言，犹大人一旦从别的方面得以解脱，幸被拯救。那么，你的父亲家必遭灭亡。现在，你住在王宫，正是为民族立功的大好机会。

以斯帖又回话："你去召集书珊城所有的犹大人，三天三夜不吃不喝，为我禁食。我也在宫中，照样禁食。之后，我便违例见王，王若判我死就死吧！"

禁食三天后，以斯帖着凤冠霞帔，盛装进入王宫内院，站在殿前。当时，国王坐在宝座上，正好面向殿门，一眼看见自己心爱的王后来了，立即伸出金杖，赦免她闯宫之罪。她放心了，轻轻举步，缓缓向前，摸了摸金杖。

国王疼爱地问："我的王后以斯帖啊！你有何事？你现在要什么都可以，即使是半壁江山，王也赐给你。"

她微微启动朱唇，莞尔一笑，说："我特别为王摆设了一桌筵席，若蒙我王施恩，就请跟哈曼宰相一起，前来品尝用餐。"

国王一听，高兴地命令左右："快传哈曼来，照王后的话去做。"

于是，王带着哈曼共赴王后的筵席。在酒席上，王又问以斯帖要什么，求什么必赐予她。以斯帖娇柔地说："谢主隆恩，我在王眼里蒙恩受宠，真是三生有幸。我有所要，我有所求，王若愿意赐我要求的，准许我明日说明，请王带哈曼宰相再次赴我专门为王预备的筵席，我将不胜荣幸。"

那天，哈曼感到无上荣耀，正洋洋得意地从王后内宫出来，又见末底改正站在宫门外，既不向他行礼，也不回避，心中十分恼怒。他回到家中，先对朋友和妻子炫耀自己的荣华富贵、子孙满堂；国王如何如何赏识他，让他位于一人之下，万人之上；王后又如何如何另眼相看他，专门请他一人陪同国王赴家宴，明天，还要再次请他赴宴。可是，他的话头一转向末底改就怒火中烧："该死的末底改却叫我扫兴，叫我发怒，我一见到他，就觉得一切荣华富贵对自己都毫无意义了。"

他的朋友和妻子见他对末底改恨之入骨，就给他出主意说："你既然这么恨末底改，不如先准备一个75英尺高的刑架，明早请示国王将他吊在上面，你就可以安安心心，快快乐乐地随王赴宴了。"哈曼觉得这个办法好，就令人做了刑架。

那天夜里，国王也兴奋得睡不着觉，便令人拿出王朝史册念给他听，直到清晨，当侍臣念到末底改举报两内侍阴谋弑君之事时，王问："末底改立了大功，可赏赐他尊荣爵位？"

"没有。"侍臣回答。

这时，哈曼正巧走进王宫外院，他是专程为吊死末底改之事，前来请示国王的。王听见脚步声，问："谁在外面？"

臣仆回答："是宰相哈曼。"

王叫道："进来吧！"然后问他："如若王想褒奖自己喜欢的人，你看该如何对待他才好呢？"

哈曼一听，心中大喜，以为王要褒奖的人定是自己。他马上回答："就给他穿上王袍，骑上戴冠的御马，由最尊贵的大臣在前面为他牵马，游遍书珊城的大街小巷，并当众喊，'凡是王褒奖的人，王就会

晕倒在亚哈随鲁王前的以斯帖

如此对待他'！"

王对哈曼说："那好，你快把这袍，这马送给坐在宫门外的末底改，由你牵马，全照你说的办，不许漏掉一件。"

王的话给哈曼当头一棒，他窝着一肚子火，无可奈何地让末底改穿上王袍，骑上御马，自己牵着马，满街满巷地喊："凡是王褒奖的人，王就会如此对待他！"

游完街，哈曼累得全身腰酸背疼，心中羞愤恼怒，脸上红白交加。回到家里，他愤愤不平地向朋友和家人讲了此事，众人听了，感到情况不妙，对他说："这一次你败在他手里，他如果是犹大人，你必胜不了他，他会看到你的败落。"正谈时，宫里的太监到，催促哈曼快去王后那里赴宴，哈曼不敢耽误。

国王和哈曼再次来赴以斯帖的酒宴，酒席筵前，国王又问以斯帖："王后以斯帖啊！你究竟要什么？求什么？尽管说，就是半壁江山，王也赐给你。"

这时，以斯帖赶紧跪下，声泪俱下，对王说："蒙王施恩，求我王饶我一死，也饶我全族同胞的性命。我是犹大人，我和我的同胞被人出卖了，如果卖后为奴，臣妾不敢麻烦王；可是，我们全族人都被卖给了侩子手，他们要赶尽杀绝，我们要遭灭种之灾呀！我王，快救救我们吧！"然后俯伏在地，泣不成声。

国王听了，气愤地问："那人是谁？竟敢蒙蔽王做这种事！他在哪里？"

"那仇敌就是恶人哈曼！"以斯帖马上回答。

哈曼没有一点思想准备，顿时惊惶失措，哑口无言。国王暴怒，起身离席，走向御花园。哈曼见大事不好，便俯伏在王后的靠榻上乞求饶恕。

正在这时，国王从花园转回，见此情景，更是大发雷霆："你好大胆，竟敢在王宫当着王的面侮辱王后，你是不想活了！"

话一出口，有人就蒙了哈曼的头，太监哈他革启奏国王："哈曼做了一个75英尺的刑架，企图吊死王的功臣末底改，现今放在哈曼家里。"

盛怒的国王下令："把哈曼自己挂上去吧！"于是，侍卫们将哈曼挂在他专为末底改预备的木架上。处决哈曼之后，王心中的怒气方平。

就是在这个决定犹大民族命运的宴席上，以斯帖才透露了自己的种族出身，也将养育自己的堂兄——末底改的有关事情，一并禀报国王。国王理解他们的苦衷，原谅了他们。并将哈曼的家产赐给王后以斯帖，还摘下手中的戒指交给末底改，用以代替玉玺发布诏书。末底改奉命写谕旨，"准许各省城的犹大人聚集一起，武装自己，剪除阴险仇敌，夺取不义财产。"遂交驿卒，快马加鞭传到各处。

到了原定杀绝犹大人的日子，全国各地的犹大人，群起击杀哈曼的党羽。在京城书珊的犹大人也于13、14两日大举行动，15日摆设筵席，欢庆胜利。

末底改升职后，代替哈曼做了宰相，他下令把这两天定为"普珥节"，作为犹大人脱离仇敌之手而得以生存，转危为安，转悲为喜的吉日。在这个节日里，各地的犹大人都要聚集一堂，高声朗读"以斯帖记"；公开诅咒哈曼；有钱人须慷慨解囊，周济穷人，以纪念贤惠王后拯救全民族免遭灭绝之义举。从此，犹大人有了"普珥节"的风俗。

* * * * *

本篇选自《旧约·以斯帖记》第 1～8 章，第 8～10 章。前 7 章记述了犹大女人以斯帖生活经历中的两件大事：一、波斯王废黜王后，将以斯帖选入王宫，立为新后；二、以斯帖和养父（实为堂兄）末底改为了挽救犹大全族免遭屠杀，与王朝宠臣、飞扬跋扈的哈曼斗智，导致哈曼自食恶果。后 3 章记述犹大人转危为安后杀戮诸仇敌，并确立"普珥日"（即"掣签日"，犹太历 12 月，约在公历 2、3 月间）。

以斯帖有"星"的含义，喻为犹大众女中光彩照人的"明星"。后世犹太人心目中，她是历史上的女英雄，也是古今女人的楷模。关于以斯帖其人其事的描写，颇有小说笔法，情节曲折生动，并无宗教迷雾。它通过犹大人在波斯时代（公元前 538～公元前 333 年）的传说，鼓舞了当时犹大人抗击暴政斗争必胜的信心。《以斯帖记》已成为犹大人在普珥节必定朗读的作品。

意大利文艺复兴时期雕塑家、画家米开朗基罗以《以斯帖和哈曼》为题，在西斯廷小教堂绘制了著名的壁画；17 世纪法国古典主义悲剧作家拉辛以以斯帖其人其事为题材，创作了悲剧《以斯帖》（一般译作《爱丝苔尔》），赞美以斯帖关怀、庇护犹太民族，但美化了喜怒无常的波斯王。

风浪鱼腹躲上帝　蓖麻之喻传博爱

对尼尼微城的居民作恶多端，罪恶深重之事，上帝十分恼怒，决定对他们降灾降祸，严加惩办。这天，上帝在巴勒斯坦召唤迦特希弗人亚米太的儿了约拿，郑重地向约拿发话，令他速速前往尼尼微城，警告那些犯了大罪的人，上帝要降罪惩罚他们了。

约拿听了很反感，因为亚述是以色列人不共戴天的敌国，尼尼微是亚述帝国的首都，亚述人曾起兵灭亡犹大王国，并大肆屠杀、掳掠以色列人，破坏、烧毁圣地耶路撒冷及其他城邑，约拿打心眼里仇视这个国家，巴不得快快灭绝它，岂能通风报信，让他们逃过劫难呢？同时，他心里想：仁慈的上帝心软，经常因惩罚的对象改变态度，而收回已传出去的旨意，如若这次又后悔，那我约拿说过的话，岂不是不算数，不灵验了吗？于是，他决定采取逃避的方式，拒绝接受这一任务。

他来到约帕港，乘海船去西方的他施，这可是相反的方向呀。约拿当然明白，他是有心这么做的，他知道尼尼微城在巴勒斯坦的东北面，路途遥远，应该骑骆驼从陆地向远东方向走。正是为了躲避上帝，他故意向相反的方向行。

海船迎着金阳扬帆启航，可是离港不久，天气突变，狂风大作，海浪滔天，海船随时都会倾覆，全船人吓得魂不附体。水手们只有将船上所载的货物抛入海中，以减轻船体的重量；水手尽最大的努力，采取了好些技术措施，也难以对付惊涛骇浪的袭击。

在这危难时刻，一切努力都无济于事，人们只有求助各人信奉的天神了，他们用各种语言，念不同经文，请各路神仙前来消灾灭祸、救人性命。只有约拿无事人一般，独自在底舱酣然大睡。船长发现了，有点生气地把他叫醒，对他说："你这人怎么啦，这样危险的时刻，你还能安心沉睡？快起来吧，求求你信仰的神，快来救我们这些受难者吧。"

人们的各种乞求丝毫不灵验，风暴仍然不停，海浪仍然咆哮，海船仍然在风浪中颠簸起伏。处在生死关头的人们无法可施，他们只有相互试探："来吧，我们都来抽签，看看是因为谁的缘故，使我们大家面临灾难！"意图用这种方式，寻找那个给大家带来这场灾难的人。结果，约拿中签。

大家围过来问："你是做什么的？是哪国、哪族人？从哪儿来，到哪里去？"

约拿回答："我是以色列人，我敬奉耶和华上帝，就是那个创造白天、黑夜、大地、海洋，人间万物的天上的神。"

大家听了，非常惧怕。又问："你做了什么事，冒犯了上帝呢？"

他回答："我为了躲避耶和华上帝，违背神旨，不去尼尼微，而乘船去他施。"

刚说完，一个潮头打来，带着暴风巨浪扑向海船，大家惊骇地大声叫嚷起来："你这是在连累大家呀！现在，我们怎么办，才能平息上帝的怒气，使海面平静呢？"

约拿冷静地告诉大家："不用害怕，我知道，都是因为我，使大家遭受这么大的风暴，处于这么危险的境地。现在很简单，你们把我抬起来，抛入海中，海面就会平静下来。"

船上的人都不忍心这么做，水手们奋力荡桨，想把约拿送到岸上。可是，他们是白费力气，海船根本无法接近岸边。最后，大家便求助耶和华上帝："耶和华，伟大的上帝啊！我们乞求你，不要

先知约拿

因这人的性命灭亡而责怪我们，不要因无辜者流血而归罪我们，因为我们是按你的意旨在行事啊！"祷告完毕，众人齐力将约拿抬起来，抛入白浪翻滚的海洋中。

霎时，暴风收敛了！海浪平息了！船上的人被眼前的神迹折服了，他们崇拜永恒的上帝，敬畏万能的上帝，高唱赞美诗，向上帝献祭许愿。海船在风平浪静中向前行驶。

约拿自己也领悟到，这是上帝的旨意，他甘心情愿接受惩罚。可是，当他被抛入海中时，上帝指令一条大鱼将他吞进腹中，他在鱼腹里待了三天三夜。他终于明白了，上帝是躲避不了的。于是，他在鱼腹中向上帝祈祷，忏悔自己的错误："上帝啊！在我遭遇危难之时，我在阴间的深处向你呼求，你就俯听我的声音吧。在我的灵魂即将消失时，我想念永生的上帝，愿我的祷告进入你至高无上的殿堂，呈现在你的面前，我必用感激的声音献祭予你。我所许的愿，我必偿还，乞求上帝施恩。"

上帝听到约拿的忏悔祷告，又令大鱼游出水面，将约拿吐到岸上。他第二次向约拿发话："你起来，去到尼尼微城，向城里居民宣告我的旨意。"

这一次，约拿再也不敢怠慢，急忙遵照上帝的指示，走了三天路程，才赶到尼尼微城。这是一座大城，他用整整一天的时间，到处奔走，呼号预言："尼尼微人犯了大罪，上帝警告你们，如若再不悔改，等到 40 天一过，尼尼微必将毁灭。"

上帝的警告、先知的预言震惊全城，居民们畏惧开天辟地的上帝，相信约拿传达的神旨，他们自发地宣告：从最老的到最小的，一律穿上麻衣，以示哀求；洁身禁食，以示忏悔。

尼尼微王听到这一消息，带头忏悔，他从国王的宝座上走下来，脱了朝服，换上麻衣，坐在灰中，通令全国：要求国民们从此改邪归正，远离恶行，丢弃强暴。他说："我们只有真心实意痛改前非，或许可以平息上帝的愤怒，旨外施恩，挽救我族性命。"

上帝听到尼尼微国王和城民忏悔的祷告，观察了他们忏悔的行为，认为他们已经信服了先知约拿的预言，听从了他的警告，决定宽恕他们，并且许诺他们，不再按约拿传达的旨意，惩罚降罪他们了。

约拿心中大大不悦，特别恼怒的是，上帝果真如他预料的那样，原谅了敌国的罪恶，自己说的话落空，没有应验。便生气地祷告上帝："上帝啊，我当初就是这么想的，我知道你是慈爱的，有怜悯之心的神，不轻易发怒，也不轻易降灾予人，所以我不想接受你的任务，急忙逃往他施躲避你，如今，果真如此，我求你让我死吧，因为我觉得活着比死了还难受。"

上帝说："你发这么大的脾气，合乎情理吗？"约拿怎么也想不通，他在城东边搭了一座棚子，坐在棚子下，无所事事地观望着城中来来往往的人群和他们相互交易的情景。

上帝见了，知道约拿心中的怨气和不满，便有意在约拿面前安排了一棵蓖麻树，让它长得高过约拿的棚子，为他遮盖火热的日头，送他一片阴凉。第二天清晨，上帝又故意安排一条虫子，咬坏这棵蓖麻树，使之干枯，待太阳出来，上帝又吹来一阵灼热的风。约拿的棚子在烈日、热风的蒸烤下，火烧火燎，使约拿热得七窍冒烟，头昏眼花，他怀念那棵为他遮阴挡阳的蓖麻树，十分惋惜它短促的生命。他心中烦恼不堪，又向上帝求死说："上帝啊！你让我死吧，死了比活着还好。"

上帝说："约拿，你仅仅因为这一棵小小的蓖麻树发脾气，合乎情理吗？"

约拿回答说："我发怒，以至求死，都是合乎情理的。"

上帝说："这棵蓖麻树又不是你栽种的，也不是你培育的，一夜生长，一夜干枯，你尚且这般爱惜，这么大个尼尼微城，城中那么多人，还有许多牲畜，我岂能不爱惜呢？"

* * * * *

本篇选自《旧约·约拿书》第 1～4 章，摘要改写。原文可纳入故事或小说体裁一类，是"十二小先知书"的一部分。全篇记述以色列王耶罗波安二世时代（公元前 783～743 年）先知约拿的几段传奇经历：1. 约拿因亚述是以色列的敌国，故拒绝上帝之命去尼尼微（亚述首都）传道；2. 约拿违命受罚，身陷鱼腹，忏悔而获救；3. 约拿受命去尼尼微，上帝谅宥改恶从善者；4. 约拿的不满情绪和上帝的谆谆教诲。

这篇故事的表面情节宣扬了上帝的意旨不可抗拒的宗教思想：谁违抗上帝的命令谁就会受到惩罚。但这里的上帝又是通情达理的、充满了人性和理性的神；他教导约拿冲破犹太教的褊狭性，在重视本族、本国的同时，也关注他族、他国。其积极的教育意义更为重要和突出。

在后世，约拿成为人们心目中的"走投无路"者的典型形象，英国作家哈代在小说《远离尘嚣》中运用过"约拿的蓖麻"这一典故（朝荣暮枯，喻指"昙花一现之物"）。

善人多比复见天　苦女撒拉有归宿

在亚述王国的首都尼尼微城，有个被大家公认为义人的以色列人叫多比。他是在撒缦以色为王时，全家被遣送到亚述王国，后定居尼尼微城的。此人一生信奉上帝，每当宗教节日，他总是按律法规定，带着初熟的谷物，十分之一的头生牲畜和新剪下来的羊毛，定时不误地奔赴耶路撒冷，庆祝神圣的节日。他行善布施，经常接济孤儿寡母，并恪守律法，娶本族女子亚拿为妻，生了儿子叫多比雅。

在异国他乡，多比见到自己的同胞身受苦难，非常同情和关照他们：常常将自己的衣物送给那些缺吃少穿的人们；只要发现被弃置的同胞尸体，他都要暗中殓埋。由于他心善诚恳，处世公道，上帝看重他，国王也启用他，让他担任宫廷官商，负责采购王室用品。

撒缦以色死后，儿子西拿基继位执政。西拿基是个暴君，骄横霸道，滥杀无辜，屠杀了许多以色列民众，以致横尸遍野。多比流着眼泪，偷偷掩埋安葬受害者的尸体。事后，被人告发，国王下令斩杀多比。多比生命危在旦夕，只得逃跑，秘密隐藏起来，但全部家当被查抄充公。

过了一段时间，残酷的西拿基被自己的两个儿子暗杀，由另一个儿子撒哈顿继位，并任命多比的侄儿亚希卡担任财务大臣。经亚希卡向国王请求，流落四方的多比，才回到家里与妻儿重新团聚。

但他善心不改，仍然为同胞做好事。收割节那天，家里做了一些美味佳肴，多比对儿子多比雅说："孩子，我们的同胞流放在这儿，生活过得太凄惨，快去请他们到我家，和我们一起分享节日的宴席吧。"

依照父亲的吩咐，多比雅到外面去找人，不一会儿他就回来了，悲伤地告诉父亲：有一个同胞刚被人勒死，尸体还抛在市场里。

多比听了，饭也顾不上吃，就急忙跑到街头，把尸体移到自家棚子里（因为要等日落才能安葬），他忍痛沐浴洁身，草草吃完晚饭，忧伤地想起先知阿摩司对伯特利人说的话，潸然泪下：

> 你们的节日，
> 将化为葬礼，
> 你们的欢乐之歌，
> 将变成痛苦的哀哭。

看看日落西山，多比便出门掘了一个坑，把那人埋葬了。邻居们都认为他发疯了，说他不接受以往的教训，还要吃亏受罪的。

那天夜里，天气特别闷热，他洗完澡背靠院墙纳凉，由于辛苦过度，竟然睡熟了。不料，栖息在墙头上的燕子拉屎，热屎恰巧落在他的眼里，从此，他双眼蒙上了一层白色的角膜翳，多方医治无效，最后完全失明了。

多比失明四年后，供养他全家的侄儿到外地工作，儿子又尚未成年，他们完全失去了生活来源。为了养家糊口，他的妻子西拿不得不外出打工。由于她做事勤快，又干得比别人出色，雇主除了发给她正常工资外，还奖励她一只羊，她高高兴兴地牵着羊回家。

多比知道了，大发脾气，追问她："这山羊是从哪儿来的？是你偷来的吧？你快快送还原主。"

"不！"妻子当然不接受丈夫说的冤枉话，反复解释，多比怎么也不相信，硬说这是不义之财，坚决让她退还人家。于是，两人你一言，我一语，大声争吵起来。相骂无好言，妻子叫道："现在我才看清你的真面目，你不关心别人，一心只为自己，是个伪善的人。"

多比听后，冤屈难忍，羞愧难当，苦不堪言。他叹息、流泪，向上帝哀祷："主啊，请下命令，把我的一切烦恼驱向尽头，收回你的仆人吧，使我得到永久的安息！"

无巧不成书。与此同时，在玛代的伊克巴他拿城内，也有一名女子痛不欲生，她正流着泪，准备悬梁自尽。这个苦命的女子叫撒拉，结婚七次，每次新婚之夜都有恶魔作祟，每个丈夫都未圆房就被恶魔杀死。外面流言蜚语漫天飞，屋里连女仆都讥笑她，她本想一死了却人生。可是，当她想到自己是独生女，父母爱她有如掌上明珠，她若死去，对孤苦的双亲，无疑是致命的打击。她不得不放弃轻生的念头，转而乞求神灵，她伸出双臂，仰望苍天，向上帝祷告："主啊，求你救救你的仆人，求你说句话，让我摆脱这凄凉悲苦的人生！"

上帝在高高的圣殿，同时听见这两个悲惨的声音，他为之动容，同情苍生，忙派天使拉斐尔下凡，搭救多比和撒拉。

多比认为自己既然向上帝乞求死亡，那么将不久于人世了，想想自己一生贫寒，没有什么可留传给儿子。这时，他想到20年前的一件事：那是在宫廷当官商时，他经常出差到玛代地区，有一次，他出差到玛代拉格斯城，将3万块银子存放在朋友的儿子甘比尔那里，后因时局动荡，去玛代的路上不安全，自己的眼睛又看不见，所以一直没有取回那笔款子。如今儿子已经成年，家里正缺钱用，便将儿子多比雅叫到面前，对他交代后事：

"我儿啊，我去世后，你要孝敬母亲，照顾她的晚年，等她死后，和我安葬在一起；你活在世上，要把我主上帝牢记在心上，凡事小心，远离罪恶，切莫违背主的诫命；你要以公行事，慷慨对人，多行善不作恶；你还要严格遵从律法，找个本族女子结婚。"一切该交代的都说了，最后，他对儿子说："我的儿啊，为父还要告诉你，我曾经将一大笔银子存放在玛代拉格斯城甘比尔那里，你要去把钱取回来。"

听了父亲的嘱咐，多比雅表示："父亲，请你放心好了，我凡

多比雅和天使拉斐尔

事照你的话做。不过，去玛代的路我不熟，也不认识甘比尔，人家怎会随便相信我呢？"

多比手中虽然有当年签订的字据，但多比雅毕竟年轻，既无阅历，路途遥远，又不认识甘比尔，他确实不放心，很想找个人陪儿子一块去。正在此时，多比雅碰到幻做人形的天使拉斐尔。拉斐尔自称是出来找工作的以色列人，非常熟悉去玛代的路，自告奋勇当向导和保镖。多比雅把拉斐尔带回家，多比看他诚实可靠，准许多比雅与之同行。

多比雅吻别父母，就和拉斐尔一起出发，他俩一直走到日落西山，才在底格里斯河畔住宿。两人来到河边洗脚，多比雅忽见一条大鱼突然跃出水面，紧紧咬住他的脚趾，他吓得"哎呀"大叫一声！

拉斐尔急忙嚷道："快，快，抓住这条鱼，别让它跑掉了！"多比雅赶紧抓起鱼，拉斐尔又指导他剖开鱼肚，取出胆囊、心脏和肝脏，作为药材带在身边。然后，将鲜鱼肉烹熟一半，当天吃了；将另一半腌上，准备留着路上吃。第二天天亮，两个继续赶路。

路上，多比雅好奇地问拉斐尔："朋友，你说这鱼胆、鱼心和鱼肝可以治病，它们到底能治什么病呀？"

拉斐尔回答："把鱼心、鱼肝燃烤，可以驱逐恶魔；这鱼胆能治眼疾，让瞎眼人重见光明。"多比雅听了，心中大喜，他要为父亲治病，使他的双眼恢复视力。于是，十分珍贵地将这三样东西好好保存起来。

当他们来到玛代境内，拉斐尔对多比雅说："今晚，我们到伊克巴他拿城过夜，就住在你亲戚拉格尔家里。你们是近亲，按照以色列的律法，你有权娶他的独生女撒拉为妻，还有继承他财产的权利。撒拉为人诚实、聪明、勇敢，并且长得很美丽。她的父亲是个好人，今晚我们就同他谈论你的婚事，好吗？"

多比雅有些顾虑，说："我听到一些有关撒拉结婚的事，传说有恶魔缠住她，因此她的七个前夫都在新婚之夜死掉了。我可有些害怕，我是独生子，如果也送了命，那我的父母双亲怎么办呢？"

拉斐尔对他说："多比雅啊，你难道忘了你父亲的嘱咐吗？他要你娶一个本族女子为妻。你听我的，不必害怕恶魔，只要你在洞房之夜，将带进新房的鱼心和鱼肝，放在香火上点燃，那气味定会把恶魔赶跑，你们小两口不就没事了，大胆地和撒拉结婚吧。不过，在你们圆房之前，必须向上帝祈祷谢恩，求上天之主怜悯你们，保护你们。我说朋友，你别害怕，撒拉生来就是你的，你把她从恶魔手中营救出来，她将和你共同生活，生儿育女。所以，你不必为这事发愁了。"经拉斐尔这么一撮合，多比雅的忧虑解除了，而且对陌生的撒拉似乎有了好感。人逢喜事精神爽，他们脚步匆匆，很快来到伊克巴他拿城。

多比雅家的亲戚拉格尔，仔细询问了多比雅家的情况后，含泪深情地说："上帝保佑你，我的孩子。你的父亲是一个高尚的人，竟然双眼失明，这是多么可怕的悲剧呀！"他的妻子和女儿撒拉也站在一旁流泪。

认亲之后，拉格尔全家热情欢迎他们，用好酒好肉盛情款待。这时，拉斐尔和多比雅向拉格尔提出求婚要求，拉格尔虽然真心高兴，但以往的经历，使他犹豫不决，他对多比雅说："我的好孩子，你最有资格做我的女婿，我当然高兴。只是，我要实话告诉你，我曾经把她许配给七个亲戚，这七个年轻人都是在走进洞房时，一个一个死去的。现在，我们不谈这事，大家吃饭好了。"

多比雅说："在你没有做出决定之前，我不吃也不喝。"

拉格尔见多比雅态度诚恳且坚决，而且毫不在意以往发生的惨事，就同意了，说："好吧，我答应将女儿撒拉许配给你，既然上帝已经缔结了这一良缘，你就娶她为妻吧。"说罢，拉格尔叫女儿出来，当场拉着她的手，交给多比雅，同时祝福道："愿你领着她，平平安安回到你父亲家里，愿上帝赐你们喜乐和顺。"举行了必要的仪式后，他们才欢欢喜喜吃饭饮酒。晚上，拉格尔夫妇将撒拉和多比雅送进新房。

新婚之夜，恶魔又来作祟，多比雅记住拉斐尔的嘱咐，在洞房里点燃鱼心、鱼肝，恶魔嗅到气味，拔腿便逃，拉斐尔紧追不放，一直追到尼罗河上游，才逮住恶魔，将其手脚捆绑起来，以免它再残害世人。

新婚夫妇在洞房中向上帝叩拜谢恩，赞美上帝：

我们列祖之上帝啊！

你当得到赞美，

天地生灵颂主名，

浩荡造物恩，

荣耀永无疆。

……

主啊！我选中撒拉，

皆因本乎正义，

并非出自情欲，

许我们白头偕老。

阿门！

　　然后，一对新人安然入睡。撒拉的父母虽然满意这桩婚事，但还是暗地叹惜，根据过去的经验，他们以为多比雅在劫难逃，便半夜起身，流着泪为新女婿挖掘坟墓。可是，到了天亮，两老却见女儿女婿双双前来请安，又惊又喜，急忙宰牛杀羊，热热闹闹操办婚事，欢宴两周。这期间，多比雅担心日子待久了，父母双亲会挂念，便与拉斐尔商量，请他帮忙前去取回银款。拉斐尔就带着几个仆人，去到拉格斯甘比尔家，拿出多比当年签署的文书，替多比雅取到银款，并邀请甘比尔参加多比雅的婚宴。

　　儿子的婚礼，耽搁了行程。多比老两口日夜牵挂，忧心如焚，特别是多比雅的母亲，不听任何人的劝告，每天都要站在大路上，向儿子归来的方向遥望，直到日落月出。其实，正在举行婚礼的儿子，也是归心似箭。待两周喜宴一结束，多比雅就谢绝岳父母的再三挽留，带着新娘和钱财，与拉斐尔一起，日夜兼程，急急往家里赶路。

　　幸福的一刻终于来到了，站在大道旁的白发老人，突然听见一声熟悉的呼叫："父亲，母亲，儿子回来了！"天明地亮，惊喜交加，多比猛地站起身，跌跌撞撞地向儿子呼叫的方向跑去。多比雅手举鱼胆囊兴奋地迎上去，无比高兴地说："父亲，现在好了，你别犯愁，你的眼睛有救了。"他一进门就丢下行李，在拉斐尔的指点下，将鱼胆敷在父亲的眼睛上，又小心翼翼地取出眼中的阴翳，让父亲睁开双眼。

多比睁开眼，四处光辉灿烂，他狂喜地用双臂抱住儿子，哽咽起来，放声喊道："我看见你了，我的儿啊！我又能看见天，看见地，看见世上的一切了！"这时的多比，欣喜万状，儿子平安归来，顺利取回存款，带回美丽媳妇，自己的眼睛突然复明，四喜同临，快乐和幸福之情一起涌上心头。他赞颂上帝，搂着儿子和老伴，泣不成声。喜事带来欢乐，全家摆酒设筵，大肆庆祝。

酒宴完毕，多比拿出一半家产，送给拉斐尔作为酬谢，拉斐尔这才表明自己的身份，说："这些钱你们留着，用于周济穷人，我只是上帝派来的天使，你们要谢便谢上帝吧！"说完话，便升天而去，消失在半空中。多比全家俯伏在地，同唱赞美诗，向上帝感恩：

> 赞美上帝，
> 赞美他的大能，
> 赞美他的众天使，
> 愿他继续保佑我们。
> ……
> 即使在天涯海角，
> 上帝的大能也能彰显，
> 以色列人哪，应答致谢的言词。
> 让所有在世的人，听见你们的赞美。
> 主永远是我们的上帝和父亲。

从此，多比一家过着丰衣足食、享受天伦之乐的生活。但他慷慨救济穷人、乐善好施的本质不变。他始终赞美上帝，到处演说主的伟大。在他享年112岁后，才安详平和地死去。临死前，他对儿子多比雅说："我的儿呀，我相信先知所宣布的预言，上帝对尼尼微的惩罚即将降临，你带着妻儿去玛代吧！"

多比死后，他的儿子多比雅全家迁居玛代，与他岳父母同住。

待多比雅进入老年时，果真传来尼尼微被毁灭的消息，亲眼见到上帝对尼尼微和亚述人的惩罚。

* * * * *

本篇选自《次经·多比传》(《旧约》补篇），全文共 14 章。主要内容可分为三部分：1. 以色列拿弗他利族的后裔多比在尼尼微的不幸和祈祷，少女撒拉在玛代的不幸和祈祷；2. 多比和撒拉的祈祷感动了上帝，上帝派天使拉斐尔帮助多比和撒拉，并教导多比之子多比雅战胜恶魔；3. 多比雅和撒拉结婚后，多比雅为父治好眼疾，拉斐尔完成全部任务升天而去，多比全家赞颂上帝，安享幸福生活。

这篇故事再现了古代犹太人的家庭和社会生活，包括生活习惯和婚姻关系、父母子女间的关爱和亲情。它的主旨在于训导世人坚守信仰，追求高尚的道德生活；鼓励世人克服一切困难，争取最后胜利。多比不幸失明和一心向善启发了荷兰艺术大师伦勃朗的创作灵感，他创作了腐蚀铜版画《瞎眼的多比》（1651 年）。

理论好人何受苦　约伯执着寻真理

在古时乌斯地区，居住着一个正直诚实，虔信上帝，远离恶事，乐善好施的义人，名叫约伯。这人在生活上万事如意，膝下有七儿三女，拥有 7000 只羊，3000 头骆驼，500 对公牛，500 头母驴，家中奴仆成群，是当地人人羡慕的富贵有福之人。

小辈对上人孝敬，儿女们之间也友好和睦，他们常常摆酒设席，相互邀请，欢聚一堂。有一天，约伯的长子办酒席款待兄弟姊妹，儿女们都欢欢喜喜赴宴去了。

这天，正值上帝在天上召集众天使聚会，撒旦（魔鬼）也混在其中朝拜上帝，上帝见了，问："你从何处来？"

撒旦回答："我刚刚从大地返回。"

上帝便说："你是否见过我的仆人约伯？那是一个世上最好的人，他敬奉我，行事公正，从不违抗神命，作恶犯罪。"

撒旦阴险地一笑，说："这算什么，他家人丁兴旺，生活富足，过着幸福的日子，全是上帝恩赐赏予的，他自然敬奉你，这不足为奇。"接着挑拨说："假如上帝将他现有的一切毁掉，他还会这么虔诚地对待你吗？"

上帝听了，觉得不无道理，便同意撒旦随意考验约伯，但不许伤害他的性命。撒旦欣然领命，开始考验约伯了。

撒旦试探约伯

天上人间，正在人世享福的约伯，万万没有想到，他这个洪福齐天的人顷刻间陷入痛苦的深渊，家中的悲剧不断出现：

有人前来报信说："牛正在田里耕地，驴正在田边吃草，忽然有群示巴人跑来，掳去牲畜，杀死耕田的仆人，唯有我一人逃脱，向你报信！"

来人的话还没有说完，又有人前来报信说："在放羊的牧场里，忽然降下天火，烧死了所有的羊群和放羊的牧童。唯有我一人逃脱，向你报信！"

来人的话还没说完，又有人前来报信说："骆驼正在牧地养息，忽然闯来三队迦勒底人，夺走骆驼，还杀死照看骆驼的牧人，唯有我一人逃脱，向你报信！"

来人的话还没说完，又有人报信说："你的长子正和你的儿女们喝酒吃饭，忽然刮来一阵狂风，折断了屋中的顶梁柱，房子倒塌了，将他们全部砸死，唯有我一人逃脱，向你报信！"

一个接一个凶讯，击打着约伯的心，他面对接二连三的天灾人祸，欲呼无声，欲哭无泪，便站起身，撕裂衣服，拔光头发，俯伏在地，拜叩上帝，祷告说："我赤身而来世，也必将赤身而归回；赏赐的是上帝，收回的也是上帝；我一生清白正直，从不作恶犯罪。现遭此横祸，我仍将称颂上帝，谢我主万恩！"

上帝听了，觉得约伯果真忠厚，受了这么大的打击和委曲都无怨言，非常满意，回头责备撒旦。可是，撒旦却不以为然地说："这不过是个小小的伤害，身外之物，何足惋惜，一切都可以重新开始嘛。如果你让他自身伤筋动骨，那就大不一样了。到那时，他还会这么敬拜你，而不背叛你上帝吗？"

上帝觉得撒旦这样的家伙，不碰得头破血流是不会低头认输的，便再一次允许他考验约伯，但告诫撒旦，可使其皮肉受苦，不准伤其性命。撒旦从上帝面前退下，想法折磨约伯。

这一次他直接降灾予约伯的肉体，让约伯好端端的身体，忽然从头到脚，浑身上下长满毒疮。约伯痛苦难忍，只好坐在炉灰中，用瓦片刮身体，以求减轻疼痛。他妻子见了，忍不住大骂苍天不公，劝丈夫不要再相信上帝，不如背弃主而痛快死去，以免活受罪。约伯听了，指责妻子愚蠢无知，依然笃信上帝。

约伯有三个生死之交的好朋友，听说约伯遭此劫难，赶紧前来探望他。当他们见到约伯遍身长满脓包，时昏时醒的惨状时，不禁失声大哭，他们撕裂衣袍，把尘土扬在身上，陪着他静坐了七天七夜，一言不发。

当约伯从昏迷中苏醒，便向他的三个好友以利法、比勒达和琐法述说自己的不幸，他说："愿怀我胎的那夜和生我的那天，都受到诅咒！因为它没有把怀我的门关闭，反而让我生下来遭受这么多苦楚。巴不得死在母腹之中，从未呼吸，也未见过亮光。希望自己夭折，那样就可以宁静地长眠，得到休息。"他唏嘘哀叹："我所害怕的，都发生在我身上，我并不好逸恶劳，却饱尝种种苦难；我盼望幸福，到来的却是灾难；我期待的是光明，到来的却是黑暗。我烦恼不安，困苦的日子接连不断。我的琴音变为悲歌，我的箫声变成哭喊！"

三个朋友听他说完这些话，便轮番开导他。

以利法提醒他：过去你看到别人遭难，总以好言相慰，以行动相助，帮助别人克服软弱，度过难关。现在，不要因为自己遭到祸患而失去理智，相信上帝不会行不公义之事，只要坚信上帝，以后

约伯和三位老友

会平安无事的。约伯认为：自己一生为义，一世清白，不知自己究竟犯了什么过错而遭此大劫。

比勒达晓以大义：上帝公正无私，你受难不因己过，或许因为儿女犯罪的缘故。如果自己一贯正直虔诚，就应该坚持下去，上帝决不会丢弃好人。约伯认为：自己没有犯过任何过错，历来对儿女们管教甚严，他们也无任何越轨行为。因此呼唤上帝做证，或指出他们的犯罪事实。"上帝若知道我无罪，又不救我，希望上帝让我死得畅快！"

琐法则责备约伯：你自称自夸为义，应当感到惭愧。你受罚，必定有罪，你若将心安正，就应向上帝忏悔，除掉自身罪孽，上帝必不抛弃你。约伯意识到，这些灾难是上帝降下的，他说：上帝的箭射中了我，这些毒箭射穿了我的心，他安排的一切恐惧，接二连三地来攻击我。

二个朋友的共同观点是：上帝是伟大的，因此，上帝实施的赏善罚恶是公正的，既然上帝如此公正，那么，约伯受惩罚，必定是事出有因，是犯有罪恶。所以，要想免于惩罚，约伯必须向上帝认罪悔过。

约伯无法接受朋友们的观点，不同意自己受罚就一定是有罪，他极力为自己的清白辩护。他说："看看吧，我在你们面前说过谎吗？请你们公平一点吧！不再无端地指责我，因为我全然正直，我会是非不分吗？我能不辨奸恶吗？"他还用讽刺的语气反驳朋友们：你们赐予我多大的帮助！你们给予我何等的拯救！你们的话多么有智慧！你们简直使我茅塞顿开！如此超卓的见解，真亏你们想得出来！他坚持自己有义，受罚不可理解。

四人各执己见，争论不休。这时，一个年轻人从旁边经过，他叫以利户，听了他们四人的辩论，也参与发表自己的看法，他认为约伯自己称义不对，而三位友人的规劝也不对头。他陈述己见："上帝降罪惩罚人，有时并不因为人本身作恶犯罪，而是为了考验义人真伪，激励真正义人坚持行善行为，增强他们行善的决心，更好地

约伯脱离苦海

积德，以拯救其生命。"还说："世人也包括智慧的义人在内，不可能全部洞察理解上帝的无穷奥妙和神秘意向。"因而他奉劝约伯全身心地信赖上帝，归荣上帝。

约伯听了，忽觉耳目一新，为自己口出怨言，说了过头话而深感不安，乞求上帝宽恕。这时，一阵旋风卷来，上帝在旋风中显现，居高临下，他以造物之妙来诘问约伯：

"谁用无知的言语，使我的旨意暗昧不明？快准备作战吧，现在我要向你发问，你必须回答我……雨水有父亲吗？露珠是谁生的？坚冰从何而来？霜雪的母亲是谁？你能操纵星宿吗？你能约束昴星，释放参星吗？你能按时领出十二宫吗？你能引导北斗星和它的卫星群吗？你认识宇宙间的规律吗？你知道这些规律怎样治理大地吗？你能呼叫云霞从天上降下大雨吗？你能任意发出雷电吗？……"

接着，又用禽兽之性来考问约伯："它打喷嚏，水花就溅起光芒，它的眼睛犹如火花般闪耀，它的呼吸燃烧着煤炭，它的口中喷吐出火焰，它的肉结实而坚固，它的心刚硬如磐石。它视铁如干草，视铜如朽木，利箭不能把它吓走，弹石对于它只是碎秸。它的扰攘使深渊翻腾，使海水如锅中滚开的膏油……"

上帝连珠炮似的发问，使得约伯头昏目眩，张口结舌，无言以对，只有认罪自责。

上帝见约伯已经领悟，并对自己过激的怨言有所悔意，就除掉他肉体的痛苦，将他从悲惨的境地中解救出来，并且，对他敬神的义行和精神上的折磨，加倍偿还。

约伯恢复健康后，一连生了七个儿子和三个女儿，而且拥有成群牛羊，万贯家产。接着，儿孙满堂，日子过得丰衣足食，幸福美满。享尽天伦之乐的约伯，活到140岁，才寿终正寝，离开人世。

*　　*　　*　　*　　*

本篇选自《旧约·约伯记》第1～2章，第3～37章，第38～42章。记述传奇义人约伯经受一系列反复考验而苦尽甘来的故事。全文分为四部分：1.故事的"引子"，撒旦以约伯是否虔敬上帝为"赌注"向上帝挑衅；2.约伯面临撒旦的严峻考验，丧失财产、儿女并遭受脓包折磨时仍信仰上帝；3.约伯与三友关于好人受苦的原因及其意义的辩论，约伯与上帝的"对话"，这是全文的主体，其中约伯与上帝的"对话"是高潮。4.尾声，约伯经受住考验而蒙恩得救，重获财富和儿女。

《约伯记》在《旧约》中属"圣著"部分，作者和写作时间均不详，书名来自故事中的主人公约伯。引子和尾声采用叙述文体，其余大部分采用"对话"形式，风格清新，诗意浓郁。这里故事的主旨提出了人生常有的问题："为什么好人也会受苦受难？"同时通过上帝之口解答了这个问题：苦难（上帝"惩人以苦"）并非总是降临恶人头上，有时也会借此考验义人，义人如经受住考验就可能更加坚定行善的决心，并进一步光辉其生命。

故事中有些人物、事件已成为后世的典故：撒旦喻指魔鬼，约伯喻指"蒙难的义人"，"约伯的信使"喻指"报凶信的人"；"约伯的贫穷"喻指"一无所有的贫穷者"；"约伯的忍耐"喻指"极度的耐性"。莎士比亚笔下的人物福斯塔夫说过，"我是像约伯一样的贫穷，可是却不像他那样有耐性"。

但以理巧解怪梦　三童理直赴火刑

　　那是巴比伦军队攻陷耶路撒冷，灭了犹大王国，大肆掳掠财物和臣民后，就带着战利品浩浩荡荡回到巴比伦。从此，以色列人便成了巴比伦的俘虏，这些巴比伦之囚长期生活在巴比伦。

　　当时，国王尼布甲尼撒当政，他想培养几个得心应手的少年侍从供自己差遣，便下令要太监长在俘虏中物色几个少年，进宫学习迦勒底语言和各种知识，接受宫廷教育，以备选用。挑选的条件当然是严格的，要貌美，聪明，还要有特长才气。太监长按才貌双全且具特长的标准，选中了但以理、哈拿尼雅、米沙利、亚撒利雅等四个少年，并给每人另取新名，分别为：伯提沙撒、沙得拉、米煞、西伯尼歌。

　　但以理出身以色列王族，他和三个小伙伴笃信上帝，进宫后，他们遵守本族戒律，坚持食素、饮水，不吃喝宫廷供应的好酒好菜。太监长为难地说："这怎么办呢？也只好先试十天再说吧。"

　　十天过去了，他发现四个食素的少年，比食用御膳的孩子们长得更红润俊美，就放心按他们的习惯供应食物。这四个天资聪慧的少年勤奋努力，学业进步很快。但以理还具有特异功能，能解析各种各样的异象和梦兆。三年期满，太监长带他们去见国王，经过面试，国王对他们十分满意，留在身边当侍从。

有一天，国王从梦中惊醒，感到心烦意乱，郁郁寡欢，便召见术士、巫师前来圆梦。谁料到，这位国王竟然忘了自己做的梦，却又固执无比，非要众人圆梦，还要告诉他做的是一个什么样的梦，否则处以死刑。众人瞠目结舌，慌乱惶恐。国王见了，气得大发雷霆，命令护卫长将众人推上断头台。当护卫长执行命令时，但以理站出来请求转告国王，只要宽限一天，他保证定能圆梦，给王一个满意的答复。国王听了禀报，许可他的请求。

当晚，但以理向上帝祷告，观察夜间异象，经过上帝显圣和一个通宵的思索，他明白了国王梦境的奥秘。

第二天，但以理来到宫里，国王问："你能告诉我所做的梦，并能解析梦吗？"

但以理回答："是的，我可以，王所做的梦不是那些术士、巫师的法术可以回答的，只有永生的上帝才能告诉你，并能通过梦境预示你的未来。"国王便聚精会神，细听但以理说梦解梦。

但以理说："你梦见一个很高、很大、很光耀、很可怕的偶像立在你面前，它的头是纯金的，胸和臂是白银的，腰和腹是黄铜的，腿是生铁的，脚是半铁半泥的。忽然，你看到飞来一块石头，打碎了半铁半泥的脚，接着，整个金银铜铁的躯体随之破裂、倾倒、粉碎，随风吹得四散。而那块石头却变成一座充满天下的大山。"

国王点点头，自己好像是做了一个这样的梦，他要求但以理详细解析梦兆。但以理说："王啊，你是诸王之王，一统天下，自然是金头；在你之后兴起的另一国，比你差，那就是银上身；第三个兴起的国应该是铜体；接着的第四国是坚硬的铁；最后是半铁半泥之国，那就是民族掺杂不齐，半强半弱，今后，必然发生内讧，分裂覆灭。那块巨石呢，是指日后兴起的强国，它将粉碎一切，立于不败之地。"国王听完但以理的解说，惊恐失色，立即俯伏在地，敬拜但以理，还令人奉上供品和香料。

但以理连忙解释说："这并不是我个人智慧超人，而是神明的上帝指点迷津。"

但以理

国王赞颂道:"以色列人的上帝啊,你是'王中之王'!'万神之神'!"当场立但以理为总理,掌管巴比伦所有的哲士。但以理不忘三个伙伴,推荐他们管理各省事务,自己在宫中侍候国王。

不久,年老昏聩的尼布甲尼撒沉溺于偶像崇拜,他在巴比伦杜拉平原,立了一尊巨大的金像,要全国臣民顶礼膜拜,违者处以火刑。于是,每当角、笛、琵琶、琴瑟等乐声齐鸣之时,全国人民都俯伏在地,向金像敬拜。可是,哈拿尼雅、米沙利和亚撒利雅三少年直立不跪,冒死不拜金像,他们认为自己是以色列人,只敬上帝,不拜异神。国王知道后,感到三少年胆大包天,身为官员却抗旨不从,触犯王室权威!立即命令护卫,将三少年捆绑起来,逼迫他们认罪。

可是三少年坚决不低头,并回答说:"我们只信奉世上唯一的神,只侍奉我们的上帝,决不敬拜你立的金像!"国王发怒,令护卫将他们投入正在燃烧的火窑。三少年面无惧色,他们在火焰中围着圈子走,高唱颂歌,赞美上帝。亚撒利雅站在烈火中,虔诚地祷告上帝,祈求上帝不要抛弃以色列人。他唱道:

啊，主啊，我们祖先的上帝，

我们赞美你崇拜你，

愿你的名字永远荣光

……

请你以仁慈和怜悯对待我们吧，

让我们永远不再蒙受羞耻。

啊，主啊，用你的奇迹来营救我们吧，

给你的名字带来荣耀。

将耻辱和羞愧降给所有那些迫害我们的人吧。

解除他们的强权，

粉碎他们的力量。

让他们知道，你是独一无二的主和上帝，

全世界在你的主宰之下。

　　国王听了窑中传出的颂歌赞美诗，气急败坏，令护卫们往窑里加油，加木柴，加沥清，加亚麻，让窑火越烧越旺，直至冒出 20 多米高的火焰，连站在窑边的巴比伦人，也被喷出来的火焰烧死烤焦。上帝听到他们的声音，立即派来天使，将窑中火焰推到一边，并为三少年送来习习凉风。三少年的斗志越来越高，他们齐声高唱赞歌，颂扬上帝，他们唱道：

哈拿尼亚，亚撒利雅，还有米沙利，

同心合意赞美主啊，唱诗赞美他，荣耀永无疆！

他营救了我们，脱离死亡的深渊，

他拯救了我们，脱离死亡的强权。

他领我们走出窑炉，他救我们脱离火焰。

拜主之人赞美主啊，他是万神之神，

感谢主啊，他完美无缺，他的怜悯永世长存！

歌声高昂明亮，冲出火窑，响彻广场。国王见状，惊异不已，急忙命令护卫把三人放出来。当三少年出窑门时，衣服没有破洞，头发没有焦黄，全身没有烧伤的痕迹和火燎的气味。国王更加感到吃惊和恐惧，他向三少年表示，今后要尊重他们的民族信仰，并下令，允许各地百姓敬拜以色列人的上帝，还提拔三少年当大官。

过了些时候，国王又做了一个奇梦，他百思不得其解，便传来众哲士为他圆梦。这次他清晰地记得当时的梦境：他看见地上长了一棵枝繁叶茂，硕果累累的参天大树，人们用来养生，走兽用来息阴，飞鸟用来夜宿。突然，有一人从天而降，劈倒了这棵树，还砍掉枝叶，摇落果实，赶走飞禽走兽，只把树根留在土里，用铁圈和铜圈箍住，让它像野兽一般吃草。听完国王的讲述，众哲人面面相觑，无法圆梦。最后，只好召见但以理。

但以理解析说："王啊，这棵树就是你呀，请恕我直言，你将被赶出王室宫殿，与世隔绝七年，这七年里，你只能过着和野兽同居，与牛羊同食的生活。"国王心里明白，自己犯有大罪，沉默无语。

果然，一年后，尼布甲尼撒王生重病，以至神智不清，被赶出宫门，他只能面对野兽和牛羊，与它们同食同穴。他从不理发，头发长得像鹰毛；从不剪指甲，指甲尖得像鸟爪。这样的日子整整折磨了他七年，他才恢复理智，重回王宫执政。

尼布甲尼撒王死后，他的儿子伯沙撒继位。一次，他在设宴款待众臣的宴会上，兴高采烈，忘乎所以，令人拿出稀有的金银器皿，以便助兴。这些都是他父亲从耶路撒冷圣殿里掠夺来的圣物，因此，犯了大忌。正当大家酣饮醉酒之时，突然在王宫的白墙上，呈现出一只神秘的手指在写字。国王吓得心惊肉跳，忙问众臣："你们谁能辨认白墙上的字？"没有人敢吱声，因为是阿拉米文，谁也不认识。他急得无法，便以重任封赏激发能者，还是无人敢答。

这时，闻讯赶来的太后向儿子推举但以理，国王急令人请来但以理，并以紫袍、金链、国位第三的重任相许。但以理仔细辨别白墙上的字后，回过头来，指责国王动用上帝的圣物来饮酒作乐。他说：

"你太狂妄骄傲了，这字乃上帝指头所写，是对你的警告，它预示着有灾难降临。"接着，他详细解说墙上所写的字是："弥尼、提客勒、乌法珥新"三个词。"弥尼"说的是伯沙撒的国位到此结束；"提客勒"是说要清算国王亏欠的罪责；"乌法珥新"是说巴比伦国即将分裂，归于波斯人。

伯沙撒王知道在劫难逃，他兑现了自己对但以理的许诺。当晚，伯沙撒国王被杀，波斯人大利乌登上国王的宝座。验证了上帝的预言。

大利乌登基后，立了三名总长治理国家大事，又立了 120 名总督分管各地。但以理被封为总长，受到国王重用，众臣嫉妒，引出彼勒、大蛇等一系列故事。

但以理一生多见异象，多听奇梦，并能准确解释各种各样异象及梦境的预兆，其中包括"海上四巨兽"、"山羊斗绵羊"、"火眼怪人"等；还作过"诸国大权必归圣民"、"耶路撒冷必有灾难"、"波斯王将攻希腊"等预言。

*　　*　　*　　*　　*

本篇选自《旧约·但以理书》第 1 ～ 6 章、《次经》(《后典》)的一卷，全称《亚撒利亚的祷词和三童歌》。全文主要内容分为三部分：1.智慧超群的犹太人但以理为巴比伦王尼布甲尼撒释梦：预言"泥足巨人"将被巨石毁灭；2.但以理的同伴"三童"在烈火中安然无恙，尼布甲尼撒王下令万民敬奉上帝；3.但以理再次为尼布甲尼撒王释梦，预言王的衰败与历史的变迁。并为其子伯沙撒王解说宫墙上的奇字，预言巴比伦即将亡于波斯。

《旧约》中的《但以理书》具有启示小说形式，常以象征手法通过梦幻和奇境反映现实生活与社会冲突。作为《但以理书》三个补篇之一的《三童歌》，也有与此类似的艺术风格。

在这篇故事里，但以理释梦与预言、三少年在烈火中安然无恙，通过一系列象征性的文字表现了犹太人的爱国主义精神，讴歌了在异教列强压迫下坚决维护民族信仰的爱国志士。

在后世，但以理常被人们喻指"具有远见卓识的预言家"。"泥足巨人"喻指"外强中干的统治者"或"必然灭亡的事物"，中世纪意大利诗人但丁的《神曲·地狱篇》运用过此典。"三少年在烈火中安然无恙"喻指"烈火见真金"或"疾风知劲草"。英国作家哈代在长篇小说《无名的裘德》里曾运用此典说明裘德看见佛劳孙像烈火中的三少年那样，在那里"安闲地散步"。

智斗彼勒见真容　身入狮群获新生

　　但以理是西伯的儿子，自从被尼布甲尼撒王掳掠到巴比伦，挑选进宫后，由于他聪慧过人，才貌双全，又会解析各种梦兆和异象，国王们都很喜欢他，并委以重任。尼布甲尼撒王在世时，他是掌管巴比伦哲士的总理；伯沙撒王即位时，他是全国第三大臣；大利乌王时代，他是波斯国的三大总长之一，一直受到帝国的赏识和重用。这些都招来众臣的嫉妒，一心想除掉他。然而，但以理为人忠厚耿直，克己奉公，工作出色，众臣们总是抓不到把柄。

　　当时的巴比伦，人们崇拜彼勒神，把彼勒当成自己的偶像，每天要用六担面粉、40头肥羊、50加伦美酒等大量祭品供奉它。国王也是彼勒的信徒，经常前去敬拜。唯独但以理不信也不拜彼勒。大臣们暗暗高兴，想借此机会除掉但以理，他们添油加醋地向国王禀报。但以理是国王的宠臣，也是国王的朋友，国王便问但以理："你为什么不朝拜彼勒神？"

　　但以理回答："我只信奉上帝，他才是开天辟地，创造万物的唯一的真神。彼勒算什么，它只不过是人们用手做出来的泥塑。"

　　国王说："怎么是泥塑呢？他是活神呀！你没看见，他每天都吃喝许多美味佳肴哩。"

　　但以理笑笑说："我王，这泥塑的彼勒，黄铜其外，泥土其内，又怎能吃喝呢？我看这分明是在骗人，其中必定有诈！"

国王听了，半信半疑，立即传来庙中的几个主管祭司问话。祭司主管回答，彼勒神的确把每天供奉给他的祭品全吃光了。于是，国王对他们说："这些祭品，果真是彼勒吃了，你们要证明给我看，那时，我会判但以理亵渎神灵，降罪于他。如果不是彼勒吃了，那么又是谁偷吃了呢？你们交代不出来，我要处死你们。"

然后，他同但以理一起来到彼勒庙。庙里有 70 个祭司（不包括他们的妻子儿女），他们参见国王说："我王，现在我们的人全部退下，由您亲手供奉鱼肉酒菜，摆好祭品，亲自督促关上大门，贴上封条。明天再请您亲自来撕掉封条，打开大门，观察现场。如果说彼勒没有吃掉祭品，我们甘愿受罚认死；要是彼勒吃掉了这些祭品，我们要指控但以理诬陷罪。"国王点头同意，他们便退下去了。

祭司们退出后，国王在泥像前放好鱼肉酒菜。但以理想了想，对他的仆人说："你们快去弄些木屑来，谁也不许出声。"然后，当着国王的面，将木屑撒满寺庙，并小心翼翼地关上庙门，贴上加有御玺的封条，这才和国王一同离去。

时至深夜，彼勒神桌下的地板被轻轻挪开，钻出几个大人小孩，像往日一样，把所有的祭品全部吃光。原来，这是祭司们私下设的机关，他们在供桌下面挖了一个通道，可以随时出入庙堂。平时，他们就是经过这里，潜入庙堂偷吃供品的。所以，他们有恃无恐地答应国王"悉听尊命"。谁知他们的诡计被聪明的但以理一眼识破，使出了破案的绝招。

第二天早上，国王和但以理一块来到寺庙，国王问："但以理，你看封条是否有问题？"

但以理回答："完好无损。"他们便撕掉封条，打开庙门。

国王一眼看到供桌上干干净净，没有剩下一点东西，便高兴地叫道："好啊！彼勒神，你诚实无欺，真了不起！是个真正的神！"

但以理却笑着拦住往前举步的国王："对不起，请保护现场。

我王，请你先看看这里。"

国王低下头，仔细一瞧，说："我的确看到地下有许多脚印，有大人的，也有小孩子的。"

"那么，请王追究这些脚印的来历吧！"但以理请求说。

国王龙颜大怒，下令追查，终于查出祭司们弄虚作假的罪证，怒不可遏的国王就按情节轻重处罚，罪重者处以死刑。并委派但以理全权处理此次事件。但以理砸烂彼勒像，捣毁了庙宇。

![但以理身陷狮坑]

但以理身陷狮坑

除彼勒之外，巴比伦人还敬拜当地的一条大蛇，祭祀活动很普遍。失败了一次的大臣们很不甘心，又生一计：他们奏请国王下令，在 30 天内，国人只能敬拜大蛇，不许祈祷其他的神灵，违者扔进狮子洞喂狮。因为他们认定但以理定会坚持自己的信仰，企图藉此置但以理于死地。他们的估计完全正确，但以理还是像平日一样，坚持早、中、晚三次面向耶路撒冷，双膝跪地向上帝祷告，从不拜大蛇。

众臣向国王状告但以理。国王对但以理说："你总不会认为，大蛇也是黄铜其外，泥土其内吧，它可是能吃能喝的永生的神啊！你应该敬拜它。"

但以理回答："只有上帝才是我崇拜的主，他才是唯一永生的神。我王，只要你允许，我可以不用棍棒、刀剑之类的武器杀死它。"

国王点头，说："你得到我的允许啦。"

但以理便用柏油搅和羊脂、毡毛，混合熬煮后捏成团，喂给大蛇吃，结果，大蛇被撑死了。但以理讥笑道："这就是巴比伦人顶礼膜拜的神呀！"

大臣们听了，怒火中烧，指责国王站在异族人一边，捣毁神像，处死祭司，违抗禁令，杀害大蛇。他们煽动群众，举行声势浩大的游行示威，气势汹汹地逼迫国王交出但以理，否则，就造反叛乱，杀死国王全家。国王见群情激愤，众怒难犯，只好被迫交出但以理。不明真相的巴比伦人，愤怒地将但以理扔进狮子洞，洞里有七头狮子，平时，他们每天要丢下两个人和两头羊给它们吃，自从扔下但以理后，他们再也不喂食了，有意让饥饿无比的狮子把但以理吃得精光。

一天，二天，三天……但以理在洞中与七狮同穴，一直待了六个日日夜夜。

这一天，有个名叫哈巴谷的以色列人，正准备给在田间劳作的人送饭。遇到上帝派遣的使者，使者对他说："主让你把饭菜送给巴比伦狮子洞里的但以理吃。"

哈巴谷不知地址，也不知但以理其人其事，他虔诚地询问这些事。上帝的使者看时间紧迫，便提起他的头发，风驰电掣般地把他送到巴比伦的狮子洞口。哈巴谷高声地对着洞口喊道："但以理，但以理，主给你送饭菜来啦，快来吃吧！"

但以理感激涕零，连连谢恩："万能的、仁慈的、永生的上帝啊，你从来不会抛弃那些爱你的人！您没有忘记您虔诚的仆人，永远敬奉您的信徒呀！"但以理起身吃完饭菜，上帝的使者又把哈巴谷送回家中。

到了第七天，国王以为但以理必死无疑，他忧伤地来到狮子洞悼念自己的臣仆和好友，待他往洞里一瞧，奇迹出现：只见但以理静坐洞中，安然无恙。

国王惊呼："啊，但以理，你的上帝多么伟大啊，世上只有上帝才是永生的真神！"说罢，他高兴地命令手下将但以理救出狮子洞，并将谋害但以理的坏蛋扔下洞里。这些罪犯刚落地，便被饿狮抢着吃光了。

*   *   *   *   *

本篇选自《次经·彼勒与大蛇》，《旧约·但以理书》第6章。叙述聪颖、智慧的但以理破除异教的偶像迷信和消解异教的动物崇拜的传奇故事。主要内容分为四部分：1. 但以理不信不拜巴比伦的彼勒神；2. 但以理机智地战胜彼勒的祭司；3. 但以理杀死巴比伦人崇拜的假神大蛇；4. 但以理获救出狮坑而毫发无损。

《彼勒与大蛇》是《旧约·但以理书》的三篇增补之一，大约成书于公元前2世纪下半叶，作者不详。其主旨在于赞颂"巴比伦之囚"以后希伯来的精英人物的爱国护教精神，同时也强调了上帝是宇宙间唯一真神的信念。这里的传奇故事也反映了当时宗教之争的激烈。

在后世，有些作家、艺术家常在但以理其人其事中提取创作题

材。比如，15世纪法兰德斯画家凡·德·固斯的《但以理智胜彼勒》
(《但以理的生平组画》之一)，凸现了但以理毁坏彼勒偶像的场面；
17世纪法兰德斯画家鲁本斯创作了油画《但以理杀死大蛇》；19世
纪英国诗人拜伦在长诗《唐璜》中曾引用过"但以理的狮子坑"典故，
比喻"胆大包天"。

苏撒娜蒙冤通奸　持公道真相大白

　　住在巴比伦的犹太人约亚金是个有福之人，他除了拥有百万家财外，还娶了个年轻漂亮、美艳绝伦的妻子苏撒娜。苏撒娜出身于信奉上帝的以色列家庭，从小受到摩西律法的教育，是个虔诚的信女。出嫁后，她恪守妇道，贞洁纯朴，受到丈夫的钟爱和家人的尊重。

　　约亚金家的豪华住宅，坐落在一个大花园中，早中晚关上园门，便是他们一家了，当地的以色列人喜欢到这里聚会，有两个负责诉讼事务的长老审判官，还常常出入约亚金之家。

　　女主人苏撒娜非常喜欢这座美丽的花园，每到中午人静之时，她总是带着女仆到花园散步，沐浴大自然的风光，欣赏迷人的鸟语花香。不料，她的行动被两个长老审判官发现了，这两个伪君子总是色迷迷地窥视苏撒娜的丰姿绰约、娇艳秀美的体态，想入非非，渴望有一天能够占有她。但他俩又假装正经，既不相互表白私欲，又相互忌妒对方盯视美人，都想"独占花魁"。

　　一天，两个歹徒在约亚金家讨论案件，到了中午，他们各怀鬼胎，一个对另一个说："现在是吃午饭的时间了，我们还是回家吧。"另一个回答："是啊，我们该回家吃饭了。"

　　两人出门分手后，各绕一个圈，又偷偷转回花园，恰巧在门口相遇，彼此会心一笑，再也无须隐瞒了。于是，他们肩并着肩，互诉衷肠，说出了各自内心迷恋苏撒娜的欲望，并达成共同窥视美女的协议，还商量了伺机作案的办法。

　　这是一个赤日炎炎，热气逼人的夏日。苏撒娜和平常一样，带着女仆走进花园，打算在湖里洗个澡凉快一下，回头吩咐女仆："你们查查园内是否有人，没有人就把园门关好，去拿浴油和肥皂来，我想洗澡。"女仆按她的吩咐，四周看了看，小心关上园门，从侧门出去了。

苏撒娜遭诬陷

谁知，那两个道貌岸然的长老，早就躲藏在园中丛林深处，见女仆离去，便从隐蔽地奔跑过来，对正待洗澡的苏撒娜说："你看，现在园中没有别人，只有我们三人了，园中的门也紧闭着，不会被人发现，我们爱慕你，你就成全我们吧。"见苏撒娜惊恐万状，他俩便进一步威胁说："如若你不应许，我们就告发你与人私通，被我俩当场抓获，你必将被处以死刑。"

惊魂未定的苏撒娜，双手放在胸前，暗暗地想：这下我可难了，如若不从，定会遭恶人诬蔑不贞，会被众人拿石头砸死，这是以色列人的风俗，我再也无法洗清自己。但苏撒娜是个信徒，面对恶人的恐吓，她想到了上帝，她宁死也不会在上帝面前犯罪。于是，她不顾一切地大声喊叫。仆人们听见园中传来喊叫声，害怕女主人出事，就从侧门冲进来。

两个长老恼羞成怒，贼喊捉贼地抢先打开园门，向闻声而来的仆人们讲述他俩捏造的谎言，并且互相做证，弄得苏撒娜有口难辩。

第二天，众民聚集在约亚金的家中，由办案官主审。两个长老审判官为了羞辱她，将她置于死地，故意在众民面前煽动性地高叫："提审苏撒娜，提审那个无耻的女人！"

苏撒娜戴着面纱，随着她的父母和子女以及所有的亲戚一起来到现场。两个恶人见站在被审席上的苏撒娜格外光彩夺目，更加美貌动人了，便情不自禁地走上前去，命令她揭开面纱，好让自己目睹她的芳容，以饱眼福。

老奸巨猾的长老又当众把手放在苏撒娜头上，开始指控苏撒娜的通奸罪行。他们说：那天，他俩在花园僻静处散步，亲耳听见这个女人支开女仆，并吩咐女仆关好园门。接着，看见一个高大威猛的青年男子从躲藏的树丛中走出来，他俩觉得很奇怪，便躲起来想看个究竟。于是他们看见这对奸夫淫妇就在一棵大树下干起了坏事，他俩便跑出来当场捉奸，谁知那男人力气大，挣脱他们的手，打开园门逃跑了，所以他俩只捉住了这个无耻的女人。说完诬告词，他们还对天起誓，以示自己诚实。

　　众人见他俩是长老，又是负责诉讼的官员，便相信了这一弥天大谎，并按律法规定处死苏撒娜，两个长老还用手把她的头往下按。她的朋友和所有看她的人见此惨状，都泣不成声。

　　苏撒娜对强加于自己的奇耻大辱，感到极大的愤怒，但她没有反证，不能为自己辩护。她悲痛恸哭，仰望苍天，祈求上帝主持正义："主啊，我永生的上帝啊！什么秘密都骗不过你，现在我就要死了，唯有你知道，我是无辜的，这些人在说谎，为什么死的必定是我呢？"上帝听到她喊冤叫屈，当她被压赴刑场处死时，便让以色列青年但以理出面主持公道。

　　聪明勇敢的但以理挺身而出，拦住怒吼的人群，众人感到奇怪，质问他为何挡道？他大声对众人说："以色列人哪，你们没有详细审问，也没有认真调查，就随意判决一个妇人的死罪，这不是太草率了吗？"他劝大家冷静对待，弄清事实真相，审查证词真伪，然后再判案定罪也不迟呀。大家听后，觉得很有道理，刚才只顾气愤，有些事的确没有弄清楚，于是，大家就回到原来的地方，重新开庭审判。

　　办案官员见但以理有胆有识，便对他说，上帝给你的智慧超过了你的年纪，那就请你坐下来和我们一起处理这个案子吧。但以理便和他们一起分析案情，出谋划策，他建议将两个证人分开审问。

　　他们接受了建议，先叫来一个长老，劝他老实不要说谎，否则天理难容，罪加一等。这一恶人坚持原来的证词。但以理见他死不悔改，只好往下问："你既然抓住淫妇，那么你告诉大家，他们是在哪儿通奸的呢？"

　　对方不假思索地回答："是在一棵大树下。"

　　"那是一棵什么树呢？"

　　"一棵乳香树。"

　　"你没记错吗？"

　　"绝不会错。"

但以理说："好极了，这个谎言马上就要你的命了。"

他们又叫来第二个长老，还是规劝他坦白，不要诬陷好人，要不然，天使将把他劈成两半。第二个恶人也咬定原先的证词，一字不改。但以理问："他们二人是在哪棵树下通奸的呢？"

对方肯定地回答："我们看得很清楚，他们是在一棵橡树下。"

众人一听，两个证人说的话彼此相悖，马上意识到自己上当受骗，他们全都赞扬上帝，因为只有上帝，才能用仁慈的手救助那些虔信他的人。同时，他们都转变原来的立场，反对那两个长老审判官，愤怒高呼："处死两个可恶的审判官！释放无辜的苏撒娜！"

办案官员依据摩西律法规定，谁做了伪证，谁就应该受到被告可能受到的处罚，当场宣布：释放无辜的苏撒娜，处死两个无耻的恶人！

苏撒娜全家和众人一起，赞颂万能的上帝。

从此，苏撒娜一家过着幸福的生活，但以理也在民众中享有崇高的威信。

*　　*　　*　　*　　*

本篇选自《次经·苏撒娜传》，系《旧约·但以理书》的一个补篇。叙述美丽贞洁的以色列信女苏撒娜，被两个淫邪的长老审判官诬告犯有通奸罪，后由睿智的但以理为她鸣冤雪耻的故事。苏撒娜传共分四部分：1.苏撒娜艳如桃李，婀娜多姿惊长老；2.两长老想入非非，妄图奸淫苏撒娜；3.狡诈恶人先告状，苏撒娜蒙冤被判刑；4.但以理智救苏撒娜，辨明冤情惩歹徒。在这里，"苏撒娜"意指"百合花"，借此象征"美丽纯洁"；"但以理"意指"上帝必定审判"，借此象征"公正严明"。

《苏撒娜传》颇有以色列"公案小说"的风格，也是世界文库中最早的侦破作品之一。据考证，最初是异教故事，后经犹太人改编，汇入但以理系列传说，流行于公元前2世纪初。它凸现了广大人民群众的心愿：美战胜丑，善战胜恶。

文艺复兴时期英国戏剧诗人莎士比亚特别欣赏智慧而公正的但以理为苏撒娜伸冤，把他当作"聪明法官"的代称。莎士比亚在喜剧《威尼斯商人》中，通过一个戏剧人物之口说女扮男装的"律师"鲍西娅是"但以理再世"。

巾帼英雄杀敌酋　犹滴智勇为人民

亚述帝国的尼布甲尼撒王，自称全世界的大王和主，命令元帅何罗孚尼挑选 12 万精锐步兵，1.2 万优秀骑兵射手挑战西方列国，践踏着西方民族的领土。接着，大军一路势如破竹，迫使地中海沿岸的城市都俯首投降，直逼以色列人的北土利亚山城。

以色列人听说何罗孚尼元帅在外国的所作所为，非常惧怕，因为他们刚刚从流放之地返回犹大家园，百废待兴。这时，耶路撒冷向全国各地发出警报，正在耶路撒冷的大祭司约雅金也给北土利亚和贝托麦斯城（当时亚述军队已在犹大山区主峰附近安营扎寨）的居民写信，命令他们占据通往犹大腹地的山路。北土利亚城接到命令后，立即行动起来，他们集结兵力，修筑要塞，封锁山路，储水积粮，准备决一死战。

何罗孚尼得到这一情报，便调动十几万大军，团团包围了首当其冲的山城北土利亚。

围困一个多月后，城内所有的蓄水池、贮水器的水全都用光了，储存的粮食也吃尽了，不少以色列人因缺水晕倒，因断粮饿死，士气低落，民心涣散，不少人埋怨长老。长老们在无可奈何的情形下，做出了五天后把城市交给亚述人的决定。

以色列面临亡国之危，一个叫犹滴的寡妇愤怒了。这位容貌秀丽、身材窈窕，性格温柔的女人，一贯恪守妇道，平日以麻布束腰，身着丧服，素食禁欲，深居简出，凭着她丈夫留下的遗产，足够丰衣足食一辈子。可她是上帝虔诚的信徒，她认为在上帝子民面临存亡的紧要关头是不能逃避，更不能向敌方投降的！她主动找到城里的长老们，义正词严地指责他们说："你们都听着，谁给予你们交出城市的权力？交出城市等于投降、背叛！这是多么可悲可耻的行为啊！"她当场宣布，自己要出城，在城市交出之前，做一件惊天动地，值得流传子孙后代的大事。人们忧虑疑问的目光"齐刷刷"地注视着她，她声明说：你们不要问我做什么，问我也不会说，上帝会借我的手拯救以色列！事后，大家会明白一切。

长老和民众大受感动，一起向上帝祈祷，祝愿她顺利成功。然而，眼前的形势不得不叫人心急如焚。他们相互告别，忧心忡忡地离去。

此时的犹滴表面镇定自如，内心却不安，她虽然胸有成竹，但深感肩上担子的重量。晚上，她来到神庙烧晚香，往头上撒灰，敞开外衣露出里面的丧服，俯伏在地，祈求上帝："主啊，我祖之上帝啊！请听一个寡妇的祷告，敌人凭借自己的武力，用刀剑砍下圣坛之角，企图亵渎你受礼拜的圣殿，他们是何等的狂妄自大！愿你将愤怒倾注在他们的头上！我不过是个寡妇，但愿你给我力量去执行我的计划。"她虔诚呼求上帝伸出援助之手，挽救水深火热中的人民。

烧完香，正在谋略国家大事的她，赶紧回到自己的房间，脱去丧服，沐浴全身，抹擦香油，梳理头发，穿起艳装，换上凉鞋，带好耳环、手镯、足钏和各种珍贵的首饰。又取出一坛食油，一袋米面，一皮囊酒，还有无花果干和精制面包以及各种器皿，让女仆背着，一起走向城门。

众长老等在城门处为犹滴送行，但见她浓装艳抹，一改平日的素妆淡雅。一方面觉得她娇艳美丽，一方面感到不可理解，但又不便询问，只是再一次为她祝福。犹滴敬拜上帝后，转身要求卫兵，说："快开城门吧，我要上路去做我计划的事情，希望你们在五天内继续坚守城池。"然后，她与女仆一起向城外走去。城中人目送她们走下山岭，进入峡谷，直到看不见人影。

主仆二人翻山越岭，直奔亚述人军营。当她们接近军营时，忽然传来严厉的喝令声："站住！你们是什么人？从哪里来？"原来这是亚述哨兵在盘问她们。

犹滴镇定地回答："我们是希伯来人的女儿，因为我们得知上帝要灭绝他们，所以从城里逃出来，要面见何罗孚尼将军，有重要情报向他禀告。"

哨兵继续审问她是什么重要情报？她回答说："我要告诉他一个绝密消息，可以不动用一兵一卒，就能轻易夺取这座山城。"

犹滴的俊俏形象和动人言语，引起哨兵们的好感和爱慕，他们听说她要见将军献计献策，便讨好地应许道："我们马上派人送你去帐幕，你到了那里不要害怕，只要你把刚才说的话对他讲清楚，你就可以保全性命。像你这样美貌的女人，将军是会好好待你的。"当时，他们就挑出 100 人护送她去何罗孚尼的帐幕。

当犹滴被带到何罗孚尼帐幕，站在外面等候时，消息已经传遍军营，许多军官和士兵都争着围观，不停地赞美她。同时，他们又惊异地纷纷议论说："以色列有这等妇女，谁还敢轻视它。我们最好杀死他们所有的男子，如若任其发展，他们必将征服全世界。"说话间，何罗孚尼的亲信和侍从走出来，把犹滴引入帐幕内。

此时，何罗孚尼正在床上休息，华贵的帷帐轻垂拂地，织在上面的紫绢、黄金、翡翠和宝石闪闪发亮，金光耀眼。听了侍从的禀报后，何罗孚尼起身，犹滴缓缓上前，伏地跪拜，侍从们急忙将她扶起。何罗孚尼见了美貌女人，立即心悦神愉，对她说："女人啊，你不必害怕，请放心，我们决不伤害愿意服从世界之王尼布甲尼撒的人，如若你们这儿的人不藐视我，不与我对抗，我怎会举枪对付他们呢？好了，现在你要告诉我，你为什么要逃出北土利亚到我这儿来？不过，我可以告诉你，你来了你就有救了，从今夜起，你不会有危险，我会吩咐我的手下好好待你，如同对待我主尼布甲尼撒王的仆人一样。"

犹滴夜刺何罗孚尼

　　犹滴谢恩，说："祝愿全世界的主——尼布甲尼撒万寿无疆！他派你保护大地生物，你不仅使所有的人尊敬他、侍奉他，还使天上的飞鸟，地上的走兽长命，与尼布甲尼撒及其王朝万世永存。"接着对统帅大加赞扬："我早就听说，你有超人的智慧和巧妙的谋略，全世界的人都仰慕你这个最勇敢的人。你还有大能大智，建立过赫赫战功。"见何罗孚尼笑容满面，凝神静听，她继续往下说："我的主，请听你奴婢说的实话，只要你按奴婢的话行事，上帝一定会保佑你成功。那个亚基果，就是在你面前为以色列民族说好话，被你惩治的人，因为北土利亚人救了他的命，所以他把自己讲的话全都告诉了我们。我的主啊，我可要说实话，他讲的话一点没错，确确实实是真的！求你对以色列人不要掉以轻心。我们的民族若不得罪上天，是不会受惩罚的，任何人也无法用刀剑挫败他们。他们若做了坏事，激怒了上帝，那就一定会遭到报应和灭亡。我的主啊，现在时机来了，他们必死无疑。"

何罗孚尼马上问："什么时机？"

犹滴停了停，兴奋地说："你知道，如今的北土利亚弹尽粮绝，连水源也被你们切断。现在他们决定吃光初熟的谷物和瓜果，喝掉十分之一的酒和油，还要吃上帝不准他们吃的东西。他们已派人到耶路撒冷向以色列议会索取特许证，只等特许证到手，他们就开始罪恶的行动了。到那时，上帝必发怒，一定会将他们交到你手里，让你毁灭惩治他们。你的奴婢，我得知这一切便逃了出来，向我主禀报这一秘密。上帝委派我做的事，会使全世界的人听后大吃一惊。"

何罗孚尼听到这里，喜形于色，洋洋得意地直点头，说："这可是一件好事，上帝派你到这里带给我们胜利，并且消灭那些敢于冒犯尼布甲尼撒王的人，你立了一大功。"

犹滴趁此机会要求道："我的主啊，奴婢是白天黑夜侍奉上帝的信女，现在要跟你们住在一起。不过，每当明月当空，夜深人静之时，我必须到峡谷中向上帝祷告，万能的上帝会将他们犯罪的具体时间告诉我，我便马上通知你，那时，你可以调动军队出奇制胜，一举灭绝他们。待到胜利时，我将领着你走遍犹大地区，直到耶路撒冷，我把你的座位放在城中间，你驱使他们好像驱使没有牧人的羊群，连狗也不敢在你面前吠叫。这些事本是上帝启示我的，我就照样奉告你。"

这番话说得何罗孚尼和他的侍从们喜笑颜开，他们惊叹她的美貌绝伦和聪敏智慧。何罗孚尼动情地对她说："你给了我信心和力量，感谢上帝派你从你的民族中出来，帮助我去毁灭轻蔑我的敌人。你天姿艳丽，头脑精明，言语伶俐，善于演说，如果你说的话能够灵验，那么，你的上帝就是我的上帝，你将住在尼布甲尼撒大王的宫殿，名扬四海。"当即命令手下："允许她自由出入，任何人不得阻挠。"并吩咐手下带她们到放满银器的餐室里，用准备给自己吃的精美食品和好酒款待她。

她婉言谢绝，说："我不能吃你的东西，我们以色列人有自己的习惯和律法，免得违背家规，我还是吃喝自己带来的东西吧。"

何罗孚尼笑着说："那么，你吃完自己带来的东西后怎么办？我们这儿又没有你民族的人，我可没有同样的东西给你吃啊。"

犹滴也笑着说："凭我主的生命起誓，不等奴婢吃完自己带来的东西，上帝就会借我的手，完成他预示的事业。"

当天晚上，侍从们把她们主仆安排在帐篷里休息，睡到半夜三更，天尚未破晓，犹滴便带着女仆一起到峡谷向上帝祈祷，并在泉水里洗澡，洗完澡，又祷告上帝，然后，她返回大营，一直待到晚餐时节。接连三天，天天如此。

到了第四天，何罗孚尼再也按捺不住了，他特意设宴摆酒，不请官员，专门招待众奴仆，他对总管说："你把留在你那儿的以色列女子请过来，让她与我们一起共进晚餐，如果和这样美丽聪明的女人在一起，不与她取乐玩耍，占些便宜而让她白白离去，那岂不是个大傻瓜，让人笑话吗？"

总管心领神会，专程来到犹滴居住的帐篷邀请她："美人儿啊，奉元帅之命，请到我主人那儿去玩玩吧，他会尊重你爱护你的，从今天起，你就是一个亚述女人了，放心大胆地与我们一同饮酒作乐，就像在尼布甲尼撒宫中一样。"

犹滴回答说："谁敢违背我主的意思呢！我正梳装打扮，准备去做他喜欢的事哩，这将成为我一生的光荣。"于是，她涂脂抹粉，更换新装，整理首饰。女仆把主管送给主人的羊皮铺在何罗孚尼前面的地上，好让主人吃饭时坐靠。

当犹滴穿金戴银，雍容华贵地赴宴时，何罗孚尼早已心迷情痴，春心荡漾了。其实，他早就贪恋她的美色，时时在窥视机会挑逗她，迷惑她，占有她。此刻正是大好时机，他举起酒杯，意醉神迷地对犹滴说："来呀，端起你的酒杯，让我们一起开怀畅饮，一同寻欢作乐吧！"

犹滴大方而高贵地站起身，拿起自己带来的酒杯，斟上自己带来的酒，高高举起，回敬道："我的主呀，承蒙你对我这么好。今天，我要陪你痛饮，因为这是我最重大的日子。"她一边饮酒，一边吃着

犹滴平安返回北土利亚城

自己带来的食物，还频频给何罗孚尼敬酒。兴致勃勃的何罗孚尼狂喜酣饮，一杯接着一杯，他从没有饮过这么多酒。

到了夜静更深时，何罗孚尼已酩酊大醉，手下人也都累了，主管让仆从们赶快退下，亲自关好幕门，又招呼贴身侍卫休息，只剩下犹滴独个留在帐幕里。

此时的何罗孚尼烂醉如泥，合衣躺在床上，死一般地趴卧着。犹滴早就吩咐女仆待在寝室外面，她向主管解释说，今天，她要和平时一样让女仆陪着出去祈祷。眼见所有的人都离去了，周围万籁俱寂，四处无兵把守，她立在何罗孚尼的床栏前祷告上帝："我敬奉的主，以色列的上帝啊！现在是时候了，帮我去做挽救以色列人、实现消灭敌人的计划吧！"

此时，犹滴充满了信心和力量，她稳步走到床边，取下床头挂着的宝剑，抓住何罗孚尼的头发祷告上帝："求万能的上帝，赐给我力量吧！"边说边使尽全力向何罗孚尼的头颈砍去。手起刀落，一连两次，砍下了他的头颅。她又将他的躯体推开，翻滚在地，伸手拉下床柱上的华盖帐子。过了一会儿，她让自己恢复精神后，这才迈步走出寝室，把何罗孚尼的头交给女仆，装进粮食口袋里。然后，她俩像往常一样，去到峡谷做祷告，谁也没有注意她们。

走出军营，她们一路小跑，绕峡谷，登山坡，来到北土利亚城门。

犹滴喘着粗气，用激动得颤抖的声音喊叫守城士兵："开门，快开门，上帝，我们的上帝和我们同在！他显示神威，帮助以色列对付我们的仇敌了！"

城中人听见她的声音，都急忙奔向城门，长老也跑来了。他们开了城门，欢迎她胜利归来，并燃起火把，把她围在中间。她无比激动地说："我赞美上帝，上帝赐恩以色列，今天，他借用我的手，毁灭了强大凶狠的敌人。"说完，她从粮食口袋内取出何罗孚尼的人头，高高举起让大家观看，并且骄傲地说："你们看，这就是亚述人的元帅何罗孚尼的头，再看看他醉卧时床上挂着的华盖。是我的容貌引诱他毁灭，但我没有让他污辱我，我对永生的主起誓，我是清白的。乡亲们，赞美我们的上帝啊！是他用我一个女人的手斩了仇敌，保佑我顺利成功。"众人惊异万分，一齐俯伏，同声赞颂万能的上帝。

拂晓，犹滴和城中的长老让以色列人把何罗弗尼的人头挂在城墙上，号召大家立即反攻。将士们纷纷拿起武器，冲下山岭，向敌营发起进攻。

亚述人见了，好生奇怪，赶紧层层上报，长官们跑到何罗孚尼帐幕前报告总管："快快叫醒我们的统帅吧，那些以色列人竟敢下山来向我们挑战了，简直是自取灭亡。"

总管急忙去敲帐幕的外门，没有人回应，他以为将军正和犹滴睡觉，只好开门走进寝室，发现将军竟死在门槛上，头都没有了，遍地是鲜血。他大声呼叫，号啕痛哭，又是捶胸顿足，又是撕扯衣服。待他稍稍清醒，便急急忙忙跑到犹滴的帐篷，却找不到主仆二人的身影，他气得大声呼叫："奴婢们背信弃义，一个小小的以色列妇女却羞辱了我们尼布甲尼撒王。你们看，何罗孚尼死在地上，连头都没有了。"亚述的将军们听了这话，气急败坏，悲愤得撕碎上衣，高声哀号，军营上下一阵喧哗骚乱。

各帐篷的官兵得知整个事件真相，个个大惊失色，不寒而栗。人人自危的官兵，谁也不敢留下，纷纷逃往四方，有的逃往平原，有的逃进山中。驻扎在北土利亚城四周山地的士兵得到消息，也仓皇逃窜。以色列的战士们乘胜追击，并派人到各城镇报告胜利的消息，动员他们积极出兵参战，结果，英勇的人民大胜，缴获了大量战利品。

大祭司约雅金和以色列议会代表，从耶路撒冷赶到北土利亚城祝贺他们的胜利，还专门接见了犹滴，赞扬她说："你是耶路撒冷的无上荣光，以色列的女英雄，众民的骄傲，你独自为以色列赢得了这场伟大的胜利，全能的上帝喜悦你的所作所为，愿他祝福你一辈子。"

众民同声回答："阿门！"

全国举行了隆重的庆祝活动，妇女们载歌载舞，犹滴头戴橄榄叶花冠，手里挥舞着常春藤走在队伍的最前头，和妇女们一道唱歌舞蹈。以色列的男子们也都头戴花冠，手持武器，唱着赞歌，跟在后面。

获得殊荣之后，犹滴拒绝所有的求婚者，释放家中奴仆，把财产分给亲属，安度晚年的清静生活，享年105岁。她在世时，再也没有人胆敢来冒犯她的国家。她死后，人民也过了一段较长的太平日子。

* * * * *

本篇选自《次经·犹滴传》，系《旧约·次经》中特别动人的篇什。叙述"犹太女子"犹滴美慧兼备、智勇双全，她凭借自己的美色和智力计杀敌军元帅，鼓励以色列人击溃敌人的进攻，解救了民族危亡。全文分为三部分：1.亚述大将何罗孚尼奉命挂帅，率领大军围困犹大山城北土利亚；2.寡妇犹滴带使女深入敌营，智杀何罗孚尼并带其首级凯旋；3.以色列人采纳犹滴之计谋，击退敌人，反败为胜，万民为犹滴庆功。

《犹滴传》的作者及其写作时间均不详，内容也不完全符合史实，大体上是作者的虚构，可当作具有一定历史背景的小说阅读。作品通过犹滴的言行，讴歌了犹太人不畏强敌的英雄气概和爱国主义精神。犹滴的形象极具艺术魅力和积极的思想意义，被人们喻指"女中英杰"、"巾帼英雄"、"民族之花"。

15世纪意大利雕塑家多纳泰罗对犹滴非凡的民族意识、超常的思维能力、战胜强敌的信心和自我牺牲精神十分敬仰，他精心铸制了铜塑《犹滴》；据有关材料记载，19世纪剧作家贾科美蒂编写的剧作《犹滴传》在舞台演出时，常常获得观众们"暴风雨般的掌声"。

祭司挺身斗邪教　义打游击勇献身

　　叙利亚的安提阿哥王野心勃勃，他攻打并占领埃及之后，又派大军进犯以色列地区。他们长驱直入耶路撒冷，不可一世地闯进圣殿，掠走圣殿所有的圣物，连圣殿前面的金子也刮下来，运回了自己的国家，又屠杀了许多老百姓，还在圣殿北面筑起了高墙和塔楼，屯集武器、装备和粮食，派一些犹太叛徒驻守，形成一座坚固的城堡，严重威胁着耶路撒冷居民的安全。

　　与此同时，安提阿哥颁布一道命令，规定"在帝国之内的各个民族，均要放弃原有的宗教信仰和风俗习惯，成为纯然一体的人民"。强迫犹太人信奉邪教、崇拜偶像，违者处以死刑。同时命令在犹大所有城邑的官吏，要指派专人监督执行。

　　一时，白色恐怖布满以色列大地：在耶路撒冷的圣殿上竖起"邪物"；邪教祭品摆满房前屋后的大街小巷；官吏们见到有关律法的书，就立即销毁，并追查、逮捕保存者，处以死刑；一旦发现接受婴儿受割礼的母亲，就将婴儿吊在母亲的脖子上，连同全家人一起处死。

　　各地官吏更是采取高压手段，责令当地民众效仿外国人；不许在圣殿里献燔祭、谷物祭和葡萄酒祭；不许守安息日；强迫他们修筑邪教坛、庙宇和祠堂，并且用猪（犹太人认为是不洁之物）献祭；禁止行割礼。使以色列人忘却摩西律法及诫命。

残酷的高压手段，激怒了以色列人，他们拼命抗争，誓死拒绝吃不洁之物，斗争进入白热化。

在莫得因，有个叫玛他提亚的犹太祭司，他是从耶路撒冷迁移来的居民，当他亲眼目睹人们在犹大和耶路撒冷的惨状时，极其悲愤，即挥笔疾书，以诗言志，表达自己愤怒之情：

> 为何我生而目睹，
> 如此可怕的惨状？
> 我的人民遭涂炭，
> 我的圣城变废墟。
> 眼看城邑归仇敌，
> 圣殿落入异邦人手中，
> 难道我能坐视不管？
> ……
> 我还活着，
> 有什么用呢？

满怀仇恨与痛苦，玛他提亚和他的五个儿子——迦地、太西、马加比、阿弗伦和亚腓斯撕裂衣服，披上麻布，悲痛欲绝。

这时，那些迫使民众背离上帝的官吏，把众民（玛他提亚和他的儿子们也在其中）集中到邪教祭坛旁，要他们服从国王的命令献邪祭，众人无动于衷，以示拒绝。

官吏无法，特别规劝玛他提亚说："你是祭司，在城民中威信高，影响大，又有这么多儿子和亲戚，他们尊敬你，拥戴你，你为什么不站出来带头执行国王的命令呢？现在，所有的异教徒、犹大民众，还有一些留在耶路撒冷的人都已经归顺国王了。如果你能带这个头，那么，你的儿子们必将获得大公爵位，你们全家都会得到重赏。"

玛他提亚再也听不下去了，他高声回答："对于异教徒是否服从国王的命令，放弃他们祖先的宗教，我管不了。但是，我和我的儿子们、亲戚们则会坚持遵守上帝与我们祖先立的约。在上帝的援助下，我们永远不会抛弃他的律法，违背他的诫命。对不起，我们不会服从国王的命令，也不会改变我们的宗教信仰和礼拜方式！"

话音刚落，就有个莫得因人走出来申明："我愿意服从国王命令，向祭坛献祭品！"并向邪教祭坛献祭品。

玛他提亚见了，义愤填膺，怒火万丈，几步冲上前去，把那人杀死在祭坛旁。他见事情已经闹大，干脆一不做二不休，顺手将站在一旁大声斥责的官吏也杀死了，带头拆毁异教祭坛，动员在场的民众起来造国王的反，当场自愿跟随他的人不少。

为了捍卫民族独立，保持宗教纯洁，玛他提亚和他的儿子、亲戚以及跟随他的民众一起揭竿起义，反对暴政。他走遍全城，大声疾呼："以色列人哪，你们要听清楚，想明白啊！这些恶人是在亵渎神圣、毁我大地、绝我民族呀！所有忠于上帝圣约，服从上帝律法的人们，跟我来呀！"人们听从他的召唤，成群结队的人跟随他打游击。祭司和他的儿子们，抛弃了全部家产，带领人们逃进了大山。

人心所向，许多不堪受辱，信守上帝律法，寻求上帝公义的以色列人，携儿带女，赶着牲畜，也离开了城市，跑到野外生活。

消息传来，官吏和驻守在耶路撒冷城堡里的士兵们惊慌失措，他们听说有些藐视王命的人，逃到野外藏起来了，就急忙派出大批士兵追剿逃亡者，与犹太人面对面地安营扎寨，准备在安息日那天袭击他们。

到了那一天，士兵们向躲在山洞里的犹太人喊话："里面的人听着，现在出来还为时不晚，只要你们听从国王命令，我们一定不为难你们，饶你们性命。"

山洞里立即传出回话："外面的人也听着，我们是不会出来的。我们至死不会服从国王命令，我们也决不会亵渎安息日。"这是犹太人坚决的声音。

士兵们立刻进攻他们，犹太人遵循自己说的话，一点也不反抗，既不用石块堵塞藏身的洞口，也不向外扔一块石子，他们说："我们都将清清白白地死去，让天地做证。你们也要好好问问自己，为什么平白无故地侵犯我族、杀戮我们百姓。"

敌军并不手软，就在安息日这一天，袭击手无寸铁的人们，将洞中藏着的一千多人，无论男女老少全部烧死。

玛他提亚和他的朋友们听了这一消息，悲痛、赞叹之余，也互相议论道："如若我们的民众都像他们那样，毫不反抗地被人活活烧死，要不了多久，我们的民族将会灭绝。我们不能软弱地殉难，无谓地牺牲。我们应该号召众民用武力保卫自己的生命。"因此，他们作出决定，如果任何人胆敢在安息日再袭击我们，我们一定要拿起刀枪，奋起自卫，拼死杀敌，直至胜利！

后来，有一批虔诚的犹太爱国者加入他们的队伍，这些最强壮最勇敢的犹太人，全都志愿当兵，保卫律法，保卫以色列。另外还有一些逃避迫害的人也参加进来，起义军的力量不断壮大，他们击杀敌人和反教叛徒，发泄内心的愤怒；拆毁邪教祭坛，捍卫宗教信仰；一旦发现犹太人未受割礼的男孩，就强制行割礼，维护律法和诫命；追击那些狂妄自大的异教徒、官吏和士兵，打击国王的强权。这一切大大鼓舞了犹太人的士气，队伍越来越强大。

可是，游击战的艰辛和劳累使玛他提亚的身体虚弱，重病不起，他临死前对儿子们说："现在是暴力与灾难之时，狂妄的敌人嘲笑、欺侮我们。可是，我的儿啊！你们必须振作精神，忠于律法，保卫上帝，维护我们祖先所立的圣约，为了这些，你们要准备牺牲自己。你们的兄弟西门足智多谋，你们要像听我的话一样永远听他的话。你们的兄弟马加比终生强健，他将成为你们的统帅，率领你们冲锋陷阵。你们还要把所有信奉上帝，遵守上帝律法的人召集起来，团结在你们周围，向异教徒讨还血债，为民族报仇雪恨。我的儿啊！你们要牢记我们祖先在世时所完成的伟业，以他们为榜样，你们才会赢得崇高的荣誉和不朽的英名。"

玛他提亚去世后，由犹大·马加比接替他父亲，担任了起义首领，他的兄弟和他的全体忠实追随者一致拥戴他，跟随他打游击。

他常常布下奇兵，神出鬼没，以小抗大，以弱胜强，与敌人巧妙周旋，多次击败敌军，重新夺回了耶路撒冷。

在耶路撒冷，马加比命令一部分士兵继续攻打坚守在城堡中的敌人，自己领着一部分人，亲自清扫圣殿，修理庭院、墙壁、祭坛，搬进新做的各种礼拜器具，还专门派一支保卫队，维护犹太人正常的宗教生活。为了庆祝胜利，犹太人举行了大型的献祭活动，历时八天。

周围列国听说犹太人恢复了传统习惯和宗教信仰，便联合起来，派联军攻击以色列。马加比率领起义军分兵迎击，先后击败了以土买人、伯安人、以东人和非利士人，以及多利买、加利利和基列的异教徒，还力克敌军首领率领的劲旅。叙利亚国王安提阿哥四世听到联军惨败的消息，卧床不起，一命呜呼。

联军败退，驻扎在城堡里的敌人还坚持与犹太人对抗，马加比决定拔去眼中钉，组织人马准备强攻。不料，叙利亚新即位的国王得到消息，立刻派兵支援，企图里应外合，消灭起义部队。马加比急忙将包围城堡的军队撤出，迎战敌军。

敌军浩浩荡荡，奔驰而来，并有威风凛凛的大象战阵保驾，这些庞然大物分布在步兵营，每头象背上除开驭手，另外还骑着 3 名兵士，周围簇拥着 1000 名步兵，他们头戴青铜盔，身穿锁链甲，旁边还配有 500 名特种骑兵，左右两翼则是大队人马。象群掩护着大军迎面扑来，有如排山倒海。马加比毫不惧怕，勇敢地率领起义大军冲锋陷阵，勇往直前。

起义军的战士们冲入敌阵，左右杀敌 600 多人。马加比的兄弟阿弗伦看见象群中有一头特大的象，披挂着王室甲胄，以为上面坐的是国王，就奋不顾身地杀将过去，钻到大象的肚子底下，拿起锋利的剑，用尽全身气力猛地扎去，刺进象的肚皮，结果了大象。不幸的是，兴奋的阿弗伦还来不及躲闪，大象就倒下地，把英勇的阿弗伦活活压死了。

敌强我弱，起义军面对强敌，只有撤退，国王军队步步紧逼，围攻耶路撒冷。正当犹太人陷入弹尽粮绝的困境之时，叙利亚发生内讧，国王只得停止攻击，与犹太人签订和约。不久，篡夺王位的底米丢毁约，又派兵入侵犹大地区，重新挑起战火。这时，犹太人方面的一群律师找到敌方身为祭司的首领，意欲和谈，却被一律处死。

残酷的罪行激起强烈的反抗，投奔马加比的人越来越多，起义军的力量也愈来愈壮大。敌方又增派援兵，马加比与之展开生死搏斗，以获胜告终，为自己的国家和民众争得暂时的安宁。

为了摆脱叙利亚王国的统治和奴役，马加比与当时势力强大、称雄四方的罗马结盟。这期间，底米丢王又派兵杀向犹大土地，马加比的士兵寡不敌众，纷纷四散，最后，只剩几百名，但马加比没有临阵脱逃，而是义无反顾地带领勇士扑向敌阵，在浴血奋战中，马加比献身疆场，结束了自己悲壮的一生，将轰轰烈烈的民族事业、猎猎生辉的起义大旗交给了其他兄弟和忠实的追随者。

人们忘不了"以色列之战"，赞扬马加比的爱国精神和英雄业绩：

> 马加比给自己的人民，
> 带来了崇高的荣誉。
> 他身披铠甲，
> 如同巨人一般。
> 他举起正义，
> 迎着战争走去。
> 他以手中的剑，
> 保卫着自己的营盘。
> 他如凶悍之狮，
> 咆哮着猛扑过去。
> ……
> 不法之徒惧怕他，
> 慌乱成一团，

晕头转向无所从。

他以自己的行动，

推进了自由的事业。

他为许多国王，

制造落魄的生涯，

但却为以色列人带来了欢乐。

我们要永远赞美，

他所做的一切。

······

他的英名啊！

传遍大地之极。

* * * * *

本篇选自《次经·马加比传上卷》和《次经·马加比传下卷》。叙述发生在公元前180年至公元前135年的一段重要史实：犹大·马加比战争的背景、起因和经过。全文分为两部分：1.叙利亚王安提阿哥四世迫害犹太人，犹太祭司玛他提亚率众揭竿而起，展开抗敌游击战；2.玛他提亚之子犹大·马加比继续进行抗暴战争，连战连胜，并向列国开战，最后战死疆场。

据有关论著考证，《马加比传上卷》和《马加比传下卷》均以"马加比"命名，此名原为书中主要人物犹大的绰号，公元前2世纪中叶以后作为反迫害、争自由的犹太民族领袖的统称。在希伯来文中，"马加比"意谓"锤子"或"挥锤者"，在战场上克敌制胜。

透过这篇故事宗教斗争的情节，可以看出它激励犹太人团结一致顽强抗敌的重大意义。犹大·马加比其人其事以及马加比家族史迹受到后世文化人的关注。意大利诗人但丁在《神曲·天堂篇》中称赞"马加比"是"崇高的名字"。

巴比伦囚获自由　回归故国建圣都

　　巴比伦军队占领耶路撒冷，灭了犹大王国后，把许多以色列人，包括平民、贵族和官吏掳掠到巴比伦城，使他们沦为亡国奴。后来，波斯人进军巴比伦，以色列人认定波斯人必胜，一定会把他们从巴比伦的囚笼中解救出来。所以，他们对前线波斯人的征战非常关注，只要传来波斯人打胜仗的消息，他们就大唱赞歌，盼望早日结束受奴役的囚居生活。

　　这样的日子终于到来。巴比伦陷落了，波斯人灭了巴比伦，被掳掠的以色列人欢天喜地，大肆庆祝，并向新王提出"准许他们重返故国"的要求。

　　波斯王古列是个精明的统治者，他宽容所有臣服于旧巴比伦帝国的民族，不干预各国的内政和宗教信仰，并欣然下诏书，让以色列流放者集体回国，这一方面显示自己大度，有"王者之风"；另一方面他很想在腓尼基与巴比伦之间的一片荒凉地（就是现在的巴勒斯坦）重建秩序，与巴比伦形成一体，以扩宽领域，却找不到以色列王国纯粹的后代（他们与其他移民同化了）。现在，被掳掠的犹大王国国民要求回国，这正是个好机会，因为他们始终聚居在一起，保持着本民族的血统和宗教信仰。所以他极力鼓励犹大王国的以色列人，立即返回家园，重建圣殿，并许诺将40多年前尼布甲尼撒抢夺的金银器具和各种圣物，归还他们，还鼓励他们建成新都，再现所罗门时代的光彩。

第一批返乡的犹太人（为说明种族的纯洁性，从此，以色列人统称犹太人。）共5万多人，这支归国队伍本应由但以理带领，但这时的但以理已年老体衰，精力不济，波斯人便选中设巴萨（原犹大国王室远亲），可是他不久就死了，由所罗巴伯担任新建的犹大省省长。

归国的犹太人在领队的率领下，从流放地巴比伦出发，经过跋山涉水、千辛万苦，才回到自己阔别已久的故都——耶路撒冷。战争使这座城市变得满目疮痍，惨不忍睹。开始，人们忙于重建自己的家园，安排各自的生活，却忽视了对圣殿的修建。第二年，先知哈该对省长所罗巴伯和大祭司约书亚提出严肃批评："你们怎么可以放纵人们只盖自家的住房，却不组织大家修建破败的圣殿呢？对你们的行为，上帝很有意见。不要以为只要安排好自己的一切就可以过上好日子。其实不然，人们的生活如若得不到上帝的保佑，上天不下雨，地下不产出，好日子只能是兔子的尾巴长不了。希望两位把修建圣殿当作大事来抓，越快越好。"同时，他发表演说，警告百姓："因你们的缘故，天必不降甘露，地也不出土产；我命干旱临到地上、山冈，我让五谷、新酒和油，并地上的物产、人民、牲畜以及人们劳碌所得的一切全部毁掉！"

省长和大祭司心中畏惧，连忙领导民众恢复敬拜上帝的活动，组织人力物力，设计方案，调集建材，安排奠基典礼。在隆重的奠基仪式上，祭司都穿着礼服吹号，利未人敲钹，民众欢呼，赞美上帝。老人们见了这场景，抑制不住激情，竟号啕大哭。一时间，哭号声、欢呼声、号角声连成一片，直冲九霄……

重建耶路撒冷圣殿困难重重。这时的耶路撒冷城，大部分被撒玛利亚人（以色列与外族混合组成的新民族）占有，成为他们的农牧场了，现在要他们退出来，当然会遇到阻力。他们前来干扰，提出要进工程队、打零工，等等。所罗巴伯和约书亚明确回答："圣殿工程不招异教徒。"

这些人怀恨在心，给新王匿名上书，状告犹太人借重建圣殿为名，行抗拒进贡纳税之实，以便阴谋叛乱。新王为巩固自己的王位，下令重建工程暂停，进行调查后再开工。

不久，新王去世，调查之事一拖再拖，又是几年过去了，工地上杂草丛生。先知哈该又站出来通告省长所罗巴伯，谴责他懦弱无

回归耶路撒冷

能：不管国王是否批准，工程都要马上开工，再也不能耽误了，鼓励他们"刚强做工"。他又一次登高疾呼，动员百姓，他说，上帝通过他应许他们："不多时，我必再一次震动天地，沧海和旱地，我必震动万国。万国的珍宝都必远来，我必使这殿充满荣耀……银子是我的，金子是我的，这殿后来的荣耀，必大过先前的荣耀，这地方我必赐平安。"先知的意见正是省长和百姓的心愿，得到大家的热情支持，所罗巴伯又领导犹太人复工了。

这时，撒马利亚总督达乃站在族人一边，质问所罗巴伯："你们有什么权力把圣殿建造成一座正规城堡似的神堂？"

所罗巴伯理直气壮地回答："这是经过先王古列批准的！"

达乃不服，逐级上报国王。当时执政的大利乌王下令查阅档案，经查证，果然有当年古列王的批示文件，便下旨：不许任何人阻挡、干扰重建圣殿工程，总督府应拨款支持和援助，加快工程建设步伐。从此，工程顺利进行。四年后，"第二圣殿"工程竣工。在落成典礼上，众民举行盛大集会，并守"逾越节"，以示隆重庆祝。

上帝的圣殿建成了，可是，耶路撒冷的城墙依旧破损倒塌，商业贸易也恢复缓慢，所罗巴伯死后，复兴耶路撒冷的工作，都因缺少资金和人手搁置下来，一直拖到第二批回国人员的到来。

这批回国的犹太人是由祭司以斯拉率领的，当时他受命于国王。以斯拉是亚伦的后裔，思维敏捷、博学多才，精通摩西律法，很受国王赏识和重用。以斯拉动身回国时，波斯王拨给他一大笔活动经费，并委以重任。他回国后认真考究律法，针对犹太人多娶异族女子为妻，不关心宗教等现状，确立了一批懂得上帝律法的人为士师；运用律法教诲和管理民众；大力推广、实施宗教改革；责令祭司将私人占有的金银圣物，交归圣殿所有。并通过法令，打发一切异族女子返回原籍所属的国家和民族，制止犹太人与异族女子通婚的违法行为。以斯拉常常召集民众，宣读摩西的律法书，率众按规定守"住棚节"，作了一系列宗教改革。

其间，在波斯京都书珊，也有一位深得国王信任和器重的人，名叫尼希米。他也是被巴比伦掳掠为奴的犹太人，后在波斯帝国当官。一日，他的兄弟哈拿尼和几个同乡，来波斯京都看望他。老乡见老乡，话儿几箩筐，大家谈了许多话，谈得最多的是：圣都耶路撒冷颓垣断壁、破烂不堪的情景；流亡同胞归国后饱受凌辱的遭遇。尼希米听着听着，不觉心如刀绞，泪如雨下，他哭泣、禁食，立志修复圣都的城墙，他向上帝祷告，乞求上帝保佑他能得到波斯王的恩准，回归故里，重建都城的意愿。

日夜忧伤，心神不定的他，在宫中侍候亚达薛西王时，总是愁容满面，郁郁寡欢。

有一次给国王倒酒时，国王问他："尼希米，我见你近日来总是心事重重的样子，你有什么不高兴的事吗？"

尼希米连忙回答："我王英明！愿我王万岁！因为埋葬我祖宗的城遭破坏又未修好，作为子孙的我，怎会不难过呢？"

国王问他："那么你向我要求什么呢？"

他回答："如果我王恩准，我想回耶路撒冷，重建耶城。"国王当即批准他的要求，满足他返乡建城的愿望，并委任他为犹大省省长，还派骑兵护送他回国。

尼希米如愿以偿，回到耶路撒冷的头两天，他避着地方官员和祭司，半夜起床，只带几个同伴和一头驴子，出城微服私访。他们一行悄悄围着城墙走，查看城墙损坏的情况和被火烧毁的城门。到了第三天，他才和以斯拉一起召开民众大会，动员众人重建圣都城墙，以免受到异族的欺侮。尼希米的话道出了众人的心愿，大家热烈响应，情绪昂扬。

消息传出，周边的外族人纷纷前来寻衅，说他们修建城墙是背叛波斯王。尼希米回答："我们修建耶城，是得到上帝的保佑，波斯王的批准，与你们外族人无关！"

他们无法，又用武力阻止。尼希米便组织民众，严密防守，武装自卫。于是，在城墙后面的低洼处，隐藏着一支各带刀矛弓箭全副武装的民兵队伍，随时准备迎战突然袭击的敌人。在繁忙的工地上，白天，一半人做工，另一半人手拿刀矛盾牌，身穿盔甲，警惕地巡逻在工地上；晚上，守卫工地的人手拿武器，和衣睡觉，以防不测。仇敌见状，再也不敢前来捣乱了。

深入下层了解民情的尼希米，知道贫民的痛苦，这些人迫于税款、债务，不得不典田地、当房屋，卖儿女、饿肚皮。因此，他提出一些切实可行的经济改革措施：自己带头不要薪酬；动员富人给穷人提供无息贷款；命令霸占穷人田地、房屋的人全部退还原主；要求众人尽力帮穷人赎回卖掉的儿女。这些得力的措施，不仅帮助穷人摆脱了贫困，而且大大加快了施工的进程。

在建城的最后阶段，尼希米还经常收到匿名信，对手企图嫁祸于他，破坏他的声誉，扬言要暗杀他全家。仇敌们企图用造谣中伤、恫吓威胁、暗杀灭门等手段阻挠工程完工。尼希米大义凛然，排除干扰，勇往直前，和以斯拉一起，领导众人完成修建城墙的任务。在庆祝大会上，尼希米兴奋得满脸通红，热泪盈眶，与众首领在城墙上列队而行，他昂首挺胸走在最前面，频频向城下的民众招手，表达深情谢意，最后来到圣殿，向上帝献大祭，全城老少，欢天喜地。

为了建立民族内部的纪律和秩序，尼希米专门请祭司以斯拉文士，在全民大会上宣读摩西传下来的律法书。以斯拉虔诚地站在木台上，微风轻拂他的头发，他亮开嗓门诵读；台下一片静默，鸦雀无声，众民用心细听。接着，以斯拉和尼希米又分别发表了热情洋溢的讲话，与民约法三章，见众人感动得热泪盈眶，并鼓励大家振作精神："乡亲们，同胞们，上帝的子民们，为纪念上帝的圣日，你们应该去吃肥美的圣餐，去喝甘甜的美酒！"全场爆发出雷鸣般的掌声。一系列的工程建设和经济与宗教改革，使耶路撒冷城焕然一新，呈现出一派欣欣向荣的景象。

尼希米看到故都的城墙已经修复，故国逐渐复兴，便回到波斯王宫供职。几年后，他不放心，又一次请假还乡。结果，他大失所望，发现城中世风不良，祭司私人占住圣殿房屋，神职人员擅离职守，民众不守安息日，各阶层人士多沉溺酒色，与异族女子寻欢作乐、通婚联姻……犹太人故态复萌，旧病复发了。尼希米怒不可遏，再一次大刀阔斧进行改革，使耶城又恢复了安宁和正常的秩序。

重建圣殿和圣都，是犹太民众共同的心愿，也是爱国志士们的宏图大志，他们在各自的职位上，通过不同的途径和方式，向国王提出归国参加重建工程的要求。在波斯王宫里就出现了"三卫士御前大辩论"的故事。

那是大利乌新王登基后的第二年，王宫举行盛大庆典，设宴招待朝廷命官、皇亲国戚和八方来客。散席后，大利乌王心情好，余兴未尽，便让三个随身侍卫，各举一样自己认为是世上最强有力的事物，进行辩论。最后由国王进行裁决，对回答正确的优胜者，送礼发奖，以资鼓励。

三个侍卫都是争强好胜的年轻人，谁也不愿落后。他们冥思苦想，把自己的答案写在纸上，封好，放在王的枕边，等候王睡醒后评定。

第一个写道："世上最强有力的是美酒。"第二个写道："世上最强有力的是国王。"第三个写道："世上最强有力的是女人，而真理可征服一切。"

国王醒来，翻阅答案，觉得他们写的都有道理，便叫他们当众辩论。于是，一场别开生面的辩论会在王宫展开，三个年轻人面对国王和众位大臣，各抒己见，侃侃而谈。

第一个辩论道："美酒可以支配每一个饮酒者的心绪和意欲，使人喜笑怒骂，随心所欲，让人快乐无忧虑，健忘少烦恼，得到一种兴奋、满足和陶醉的感觉。不管他是国王也好，平民也罢；是财主也好，乞丐也罢，它都会发挥同样的效力。因此，美酒是世上最强者。"

第二个辩论道："美酒虽然强，但不是每个人的共同嗜好，它控制不了所有的人。人是万物之灵，统治着大地、海洋和生物。而国王是众人之主，统治着天下所有的人，支配着天下的一切事：比如和平、战争、生存、死亡、繁荣、萧条、幸福、痛苦……因此，

重建圣殿

国王才是世上最强者。"

　　轮到第三个侍卫，谈论女人与真理。这个以色列青年辩论道："与国王相比，女人更是强者。因为只有女人才能把人的生命带到世界，所以，没有女人，世上便没有一切。另外，天下男人都会为美色倾倒，国王也不例外，在众美女面前，国王也会顺从她们的心意，还要千方百计讨女人欢心。"他的发言出乎国王和众人的意料，大家都听得目瞪口呆，面面相觑。

这时，他话锋一转，大谈真理："女人虽然是强者，但美酒、国王和女人之中，仍存在不足之点，不公之处，只有真理才能胜过一切！世上万事万物都会发生变化和消亡，唯独真理永存！因此，世人尊重真理，天堂赞美真理，万物服从真理。世上也只有真理是公正的、强大的、高贵的、威严的，永恒的！"

众人听完这位能言善辩的青年侍卫的宏篇大论，不禁热烈鼓掌，向他连续欢呼："真理伟大！真理最强！"

国王欣赏他敏捷的才思，精彩的辩论，犀利的语言和正确的结论，不仅请他担任谋臣，而且问他还有何要求？

他马上向国王请求说："谢主施恩，请允许我和我们以色列人回归故国，重建耶路撒冷！"

大利乌王听了，满口答应，给众官员下令，不得干涉和阻挠以色列人重建家园的活动，并给予有力的支援和帮助。还命有关部门及时为他和即将随他回国的以色列人出具安全通行证。消息传出，各地以色列人奔走相告，聚会欢庆七天，在欢乐的日子里，同声赞美上帝。

*　　*　　*　　*　　*

本篇选自《旧约·以斯拉记》第 1～5 章、《旧约·尼希米记》第 1～7 章，第 12 章、《次经·以斯拉上卷》第 3～4 章，全文叙述所罗门子孙所罗巴伯、哈迦利亚之子尼希米返回耶路撒冷重建圣殿，修筑城垣的历史事件。

全文主要内容分为三部分（均以公元前 538 年至公元前 432 年之间犹大地域为背景）：1. 所罗巴伯与其他首领一起率领众百姓从流放地巴比伦返回耶城，与大祭司约书亚共同主持重修圣殿工程并排除阻力完成任务；2. 尼希米努力组织犹太民众克服重重困难修复圣都城墙，并积极推进宗教改革和社会改革。3. 三侍卫在大利乌王面前辩论"何为世界之最有强力之物"。第三个年轻侍卫的结论"真理无比强大"最受王的欢迎和赞赏，迄今仍有积极的现实意义。

第三部分取材于作为《次经》之一的《以斯拉上卷》，其中所谓"第三个年轻的侍卫"就是所罗巴伯。据有关学者考证，在《圣经》传说中所谓所罗巴伯意为"生于巴比伦"，同名者有三，而三者又可能同为一人。如认同此论断，则可确定这一部分青年侍卫的作为正是所罗巴伯年轻时生活经历之一。

《以斯拉记》、《尼希米记》和《以斯拉上卷》出自什么人之手，迄今难以考证，尚无定论。不过，其中关于返回耶都、重建圣殿、修复城垣、改革宗教、追求真理的记载，确实反映了历经半个世纪之久囚居生活的犹太人渴望民族复兴、重建家园的心境。

耶稣降世显奇象　圣母护婴卧马槽

在犹大加利利地区的一个山坡下，有座拿撒勒城镇，这里居住着纯朴、善良的木匠约瑟和他的妻子马利亚。他们靠自己勤劳的双手，过着自给自足的温饱生活，小日子过得安逸而平静。

老实巴交的约瑟自出生以来，一直待在镇上，从未出过远门；可马利亚不同，结婚前她在大城市耶路撒冷住过一段时间，那是因为表姐临产需要人帮忙的缘故。

马利亚的表姐夫是当祭司的，夫妇俩都信奉上帝，因年迈无子，感到孤单，常常向上帝祷告，渴望生下一儿半女，以慰晚年。一天，表姐夫撒迦利亚在庙堂里执行公务，当他在圣殿烧香祈祷，点燃香火的一刹那，忽见上帝的天使向他显现，微笑地站在香坛右边，撒迦利亚

圣母马利亚

感到惊恐不安。

天使加百利告诉他，上帝已垂听到他的祷告，并恩准他的要求，让他的妻子给他生个儿子，应取名约翰，这个孩子会给他和许多人带来喜悦。还说："在上帝眼中，这孩子是一个伟人，他将使上帝的子民们为迎接主的来临作好准备。"

撒迦利亚惊异不已，半信半疑地问："如果这是真的，我如何知道呢？现在我们夫妇都这么大年纪了。"

天使回答说："这是上帝让我传达给你的福音，到时一定会实现。不过，因为你不相信这一切，你将会变成哑巴，直到这话实现时，你方能言语。"果然，撒迦利亚走出圣殿就不能说话了。不久，妻子便有了身孕。

加百利天使给撒迦利亚传达了福音后，过了六个月，又奉主命来到加利利拿撒勒城，向童贞女马利亚报喜，告诉她将怀孕生子，可起名耶稣。这一惊人的消息，使马利亚十分惶恐，她百思不解，遂询问天使，自己虽已定亲，但尚未完婚，怎么能怀孕呢？

天使告诉她："有圣灵降临到你身上，因此受孕生子，生下的孩子乃为圣子。"

受胎告知

马利亚虔诚信奉上帝，立即回答说："我是主的奴仆，情愿照你的话成就在我身上。"于是，未婚的马利亚怀孕了。天使还告诉她，她的表姐也因主恩而年老要得贵子。

过了些时候，表姐的预产期到了，有许多产前工作要做，特来信请马利亚前去帮忙。正好，马利亚也想去看望她，所以，马利亚急忙来到耶路撒冷城郊表姐家。当她向表姐问候时，表姐忽然感觉腹中的胎儿动弹起来，全身充满了灵气。马利亚也欣喜地告知表姐，自己也因圣灵降临而怀孕了。圣母马利亚无限崇敬地赞美上帝：

> 我的心灵因上帝——我的救主而喜悦，
>
> 他一直垂念于我，他卑微的仆人！
>
> 从此，所有的人都将夸赞我的幸福，
>
> 因为全能的上帝成全了我的大事，
>
> 他的名字是神圣的，
>
> 他向尊崇他的人施以恩惠，代代相承。

马利亚一直住到表姐的孩子顺利出生，才回到拿撒勒与约瑟完婚。马利亚表姐的孩子满周岁取名字时，人们打手势征求孩子父亲撒迦利亚的意见，撒迦利亚想到天使的嘱咐，按主的旨意给孩子取名约翰，这时，他忽然开口叫出了声："约翰"。

人们惊奇地望着他，高兴地祝福说："这是孩子给你带来了幸运和喜悦。"从此，他恢复了说话的功能。

马利亚是人们公认的好姑娘，她恬静、温柔、贤惠，敬奉上帝，遵守律法。在希律王当政时，她母亲就把她许配给木匠约瑟。约瑟是亚伯拉罕的后裔，大卫的孙子，也信奉上帝，非常喜欢未婚妻。

可是，当这个义人得知马利亚怀孕的事后，心情很矛盾，正当他在考虑如何不露声色地退掉这门亲事，以免马利亚难堪时，上帝差天使来到约瑟的梦中显现，对他说："大卫的孙子约瑟，你不用害怕娶马利亚为妻，她是从圣灵怀的孕，她生的孩子实际上是圣子。

马利亚的婚礼

　　婴儿出生后,你要给他取名耶稣(源于希伯来文,意谓:上帝的拯救),因为他将要把自己的百姓从罪恶中拯救出来。这一切是应验主借先知所说的话,'必有童女,怀孕生子,人要称他为以内利(译音为:上帝与我们同在)。'"

　　约瑟醒后,立即遵照主在梦中的吩咐,将马利亚娶过门,住在拿撒勒城，他们虽不同房，但约瑟还是尽心尽力地照顾她，静待马利亚顺利生产。

当时，犹大是罗马的属地，罗马帝国为了强征税收，以供养宫廷奢侈淫乱的生活，便发布命令，进行一次全国性的人口普查，规定所有的犹太人，无论身在何处，都必须在规定的时间内，回到原籍登记注册。

约瑟是大卫的后裔，原籍应属大卫家属的大卫城——伯利恒。这时，他只得带着大腹便便的马利亚一同前往。这是一次极其辛苦劳累的旅程……路途遥远漫长，妻子还要挺着即将生产的大肚子赶路。经过一路风尘颠簸，等他们到达伯利恒时，城里已经住满了人，客店再也没有空房出租了。

夜，阴森森，北风呼啸，寒气逼人，临近产期的孕妇如何受得了。好心的客店老板可怜她，就在旧马厩的角落，铺了个临时床位，给她遮风挡寒。

"哇！"

一声洪亮的婴儿啼哭声，划破了寂静的长空。

耶稣诞生了！

惊喜的马利亚，急忙用布把婴儿包裹起来，放在旁边的马槽里。

就在这个时刻，一群在野外照看羊群的牧羊人，正在深蓝色的夜幕里露宿。他们躺在伯利恒郊外的篝火旁，用斗篷紧紧裹着身子御寒，只露出两只眼睛，仰望无穷无尽的苍穹，凝视夜空中像宝石一样闪闪烁烁的星星，耳朵却仔细静听周围的动静，警惕着野兽的侵袭。

突然，他们看到天空中出现了一颗特别闪动的星星，明亮耀眼，越来越近，最后，将他们四周照耀得如同白昼一般。过了一会儿，在耀眼的金光中，显现出天使，牧羊人惊恐得不敢动弹。

天使温和地对他们说："听着，不要害怕，我给你们带来了福音，告诉你们一个关乎万民的特大喜讯。今天是个特殊的日子，在这个日子里，一位救世主在大卫城里出生，现在正卧在马槽里，你们若

基督降生

在马槽里见到一个用布包着的婴儿，那便是新生儿的记号，也是这福音的证明。"

接着，有宏大的来自天堂的天使大军，在天使周围显现，他们齐声吟唱赞美上帝、祝贺圣诞的歌：

> 在至高之处，荣耀归于上帝；
> 在地上，平安归于他所喜悦的人！

这便是世界上第一首圣诞颂歌。

渐渐，歌声消失，天使隐退，亮光逝去。

眼前的奇观，使牧羊人惊奇地相互对视，停了好一会儿才说："我们到伯利恒去看看吧，看看主告诉我们的这件奇事。"

于是，他们匆匆忙忙进入伯利恒城，挨家客栈找寻，终于在一

东方三博士

家客店里的旧马厩里，找到那个刚刚出生的婴儿，他用布包裹着，正卧在马槽里。

牧羊人又兴奋又激动，他们向客店里的人，讲述自己亲眼见到的情景，告诉众人，天使对他们说过的话：这孩子不是一般的婴儿，而是救世主。

消息像长了翅膀，飞快地传开了。

与此同时，有三个能解天文、梦境之类事情的博士，从遥远的东方来到耶路撒冷，四处打听，逢人便问："那生下来做犹太人之王的婴儿住在哪里？我们在东方看见了他的星，因此特来拜他。"

当政的希律王听了这个信息，心中深感不安，就召集祭司、律法师和文士（民间讲经说道的文人），询问道："你们说说，弥赛亚（上帝祝福的人）当生在何处？"

这些人引经据典，急忙回答说："我王，据先知记载说，'犹大地方的伯利恒啊！／你在犹大诸城中，并不是最好的一个／因为将来有一位君王，要从你那里降生／他将牧养我们以色列民／为以色列人指引航行。'因此，弥赛亚当生在犹大伯利恒。"

希律王听了，心里更是恐慌，他秘密接见三位东方来客，详细询问那颗星是什么时候出现的，并指使他们"往伯利恒去"。还说："你们到了那里，仔细寻找那小孩，找到了就给我报个信，我也要去拜他。"

东方三博士听了，就照王的话去了伯利恒。

他们走着走着，忽然发现在东方看到的那颗星，竟在他们前面带路，一直把他们带到小孩住的地方，便停在半空中不动了。

几位博士非常高兴地进了屋，只见一位年轻温顺的妇人，正坐在马厩旁给婴儿喂奶，他们问清情况后，便向孩子俯伏下拜。圣母马利亚见这几位来客如此谦恭、尊崇的样子，很是奇怪。客人们便将事情的来龙去脉讲给她听，并打开他们从故乡带来的宝盒，拿出黄金、乳香、没药，作为礼物献给他。

这几位穿着袍服、包着头巾的外国人，引起附近居民的注意，他们都围在门口观看。不久，这新奇的见闻便广为流传。三位东方博士因在梦中受主指示，离开伯利恒后，并不回到耶路撒冷向希律王汇报，而是绕道返回东方故乡去了。

*   *   *   *   *

    本篇选自《新约·马太福音》第1～2章,《新约·路加福音》第2章。记述基督教的创始人耶稣的诞生，东方三博士来朝拜。全文分为两部分：1.公元前6～5年，天使向撒迦利亚祭司预言其子约翰降生以及约翰的出世，天使向童贞女马利亚预言圣子耶稣的降生以及马利亚因感受圣灵而怀孕；2.约瑟奉上帝之命迎娶马利亚，耶稣在伯利恒一客店的马槽诞生，天兵天使同唱赞歌，东方三博士朝拜圣子并献上"珍贵的礼品"。

    这一篇是"圣经新约"故事的"开篇"。"圣经新约"故事取材于《新约全书》，分为福音书、使徒行传、使徒书信、启示录这四大部分，各部分又包括数量不等的卷集。"圣经新约"故事所涉及的历史年代，大约始于公元前6年（施洗约翰的诞生），止于公元125年（《彼得后书》写成），约共130年。关于耶稣的一系列传奇故事带有浓厚的文学色彩，也可以当作优美的《新约》史话。

    在这里，耶稣是"三位一体"上帝的第二位即"圣子"（第一位圣父耶和华，第三位圣灵），后来作为基督教的创始者被信徒尊称为基督（意谓"救世主"）。在历史上，是否有耶稣诞生说，颇有争议。不过，犹大国希律王朝的背景却是真实的，尤其是"耶稣诞生"和圣母马利亚其人其事，充满了生活气息，已成为后世西方人喜闻乐见的故事和人物形象。

    欧洲文艺复兴时期意大利画家拉斐尔的名画《西廷斯圣母》，还有柯列乔的名画《圣诞之夜》，均以马利亚和圣子耶稣为主体。拉斐尔的油画《圣母的婚礼》凸现了这样的主题：圣洁而美丽的马利亚受到青年们的爱慕和追求，而约瑟和马利亚互换戒指终成眷属。

逃往埃及避谋杀　智慧爱心俱增长

年老多病，晚景凄凉的希律王，畏缩在耶路撒冷豪华的宫殿里，急切等待博士们返回向他报告有关奇婴的信息。当他得知东方三博士不辞而别，另择道路离开伯利恒回国之事时，感到自己受到轻蔑和愚弄，自尊心深深受到刺痛，勃然大怒。他大怒之余，又深恐那些博士的预言会实现，心里充满了疑虑和恐惧。因为他心里最明白，他以暗杀和阴谋篡夺的王位，几百年前是属于大卫的。现在，大卫的后裔突然神秘而蹊跷的出世；牧羊人津津乐道，说他"不是一般的婴儿，而是救世主"；东方三博士口出"他是犹太人未来的王"的预言；民间广为流传的神话……都一一击打着他那心虚而脆弱的灵魂，使他日夜不得安神。

多疑的希律王，翻来覆去地琢磨，博士们的到来只是出于好奇的简单拜访呢，还是另有政治企图和使命？他猜想，大卫是伯利恒人，后裔出生在伯利恒，三博士专程拜访，并到处打听，四处张扬，在伯利恒制造新闻，闹得满城风雨，他们一定是想借故打击报复他这个篡位者！于是，在这个暴君阴暗心里隐藏着一个毒计。

有关这一神秘婴儿的事，希律王早已指使他的下属，进行过秘密的调查，对一些具体的情况有所了解，除开牧羊人和东方三博士的神奇发现外，他还听到了许多奇奇怪怪的传言：

传言：天空出现了一颗新星，作犹太新王的婴儿基督就诞生了。

传言：孩子出生刚满八天，父母就给他行割礼，并按照献头生子的律法，又抱着他到耶路撒冷圣殿献祭，还依照主的律法，献上两只小鸽子作为祭品。祭礼刚刚结束，有一位住在耶路撒冷名叫西面的老人，便立即将耶稣从他父母手中抱过来，怀着虔敬的心情，仔细端详，口中念念有词，称颂上帝，祝福众民：

> 主啊！你兑现了你的许诺，
> 如今你可以让你的仆人归入宁静。
> 我已亲眼看见了你的拯救，
> 这就是你已为天下所有人准备的一切：
> 他是一道向异教徒启示你的意志的光亮。
> 并把光荣带给你的子民以色列人。

这是一位公义虔诚、受人尊重的老人，他一直盼望以色列人能够早日得救。不久前他得到神灵启示，知道自己在有生之年，必能见到上帝许诺给以色列人的弥赛亚（受上帝祝福的人），心里十分惬意。这天，他受神灵感应，进入圣殿，果真见到他日夜盼望的"圣子"，感到特别光荣和幸福。他虔诚地祈求上帝让他平安死去，他已经看到救世主了，这位救世主将引导他的人民离开邪恶和堕落的道路。

传言：也就是同一天，正在圣殿禁食祈祷的女先知，84岁高龄的西拿，亲眼目睹此情此景，分外感动，连连向上帝谢恩，说了些解脱之日已到来、自己可以无憾离去的话；并告诉马利亚，这孩子是上帝选中的救世主；还和耶稣的父母谈论关于孩子的事；又主动向到圣殿祈求上帝把自由带给耶路撒冷的人群，宣讲有关这个孩子出生的神话故事。

最大的危险莫过于民心所向，众民相信这些流传的神话，并信奉"救世主"之说。这是希律王最害怕的，他如坐针毡，惶恐不安。这个诡计多端的君王，为了把将来可能夺他王位的人扼杀在摇篮里，便施毒计，向他的军队发布命令说：将伯利恒城及四周，凡两岁以内的男童，全部杀掉。还下令立即派兵前往伯利恒执行。

但希律王的计谋并未得逞。上帝的使者赶在他的前面在约瑟的梦中显现，对孩子的父亲说："大卫的后裔，听着，现在希律要将两岁以内的男童统统除掉。你快快起来，带着孩子和他的母亲，一起去到埃及，住在那里，等待我的吩咐。"约瑟从梦中惊醒，马上起身，收拾行李，带着幼儿和妻子，一起逃往埃及安身。

后来，希律王死去，屠杀童婴的命令才告终止。上帝又派使者向在埃及的约瑟报信，天使在梦中显现说："大卫的后裔，起来，带着孩子和他的母亲一起回到以色列，因为想要杀害孩子性命的人已经死了。"约瑟梦醒，立即带着耶稣和马利亚回到以色列，他原本想在伯利恒安家，但听说新即位的犹大王是希律王的长子，性情专横暴虐，和他父亲一样诡计多端，欺压百姓，便不敢去那里。不久，上帝的使者在梦中吩咐他回到故乡拿撒勒，约瑟遵照主的指示，回到加利利的拿撒勒城居住。

加利利是由老希律王的另一个儿子，名叫希律·安提帕统治着的地区，据说，他对待老百姓，比他的父亲和哥哥要略微好一些。所以，约瑟觉得这里还比较安全，就定居下来，干起了老本行，开了个木匠店，马利亚忙于抚养子女。在平常的日子里，他们又生了四个男孩，分别叫雅谷、约瑟、西蒙、犹大，还生了几个女孩。这群兄弟姊妹和睦地生活在充满爱的环境里，马利亚精心教养他们。特别是大哥耶稣，在母亲的教诲下，懂得了许多为人处世的道理，为他日后能把爱给予全人类，顺利地为众生而死打下了良好的思想基础。

耶稣在拿撒勒城镇，跟着父亲学木匠活，过着平静的日子，他的父母是忠实的上帝信徒，每年都要到耶路撒冷去过逾越节。12岁那年，父母带他同去过节，这时的耶稣正健康成长，聪明过人，他与别的孩子不一样，对圣殿之行的兴趣特别浓厚，对献祭仪式的印象非常深刻。当主要的仪式结束后，马利亚和约瑟见儿子还对圣殿恋恋不舍，又见众乡亲和他在一起，便不带他同行，他们自己提前离开，放心地回北方拿撒勒家里去了，估计儿子要到傍晚时分才能到家。

可是，到了傍晚，不见儿子回来，到了晚上，还不见儿子的身影，担心的父母又去询问乡亲们，大家都说没有看见耶稣。毕竟只是十多岁的孩子啊！约瑟和马利亚害怕发生意外，连夜赶往耶路撒冷。

经过一天的劳累奔波，他们终于发现儿子在圣殿上听道问理，同许多师长和有学问的夫子在一起，深入探讨宗教问题。他端坐一旁，聚精会神，对答如流，每一个听他谈话的人，都惊讶这个少年人聪明机智的应对。马利亚和约瑟见了，为他的智慧和勇气吃惊，也为他的行为感到骄傲。

马利亚走上前去，又爱又气地对他说："我的孩子，你怎么可以这样呢？事先也不先打个招呼，事后也不捎个口信告诉父母一声，让我们焦急万分，到处寻找你。"

圣礼之论辩

他回答："母亲，我应当出现在我父亲的屋子里，你们为什么非找我不可呢？"约瑟夫妇和在场的人听了，个个面面相觑，因为那时候他们还不能理解这段话的意义。当耶稣见到父母被吓坏的神情和满面倦容，心里很难过，深感歉意地向父母保证，自己再也不随便乱跑了。

时间如流水，耶稣渐渐长大成人，其智慧和爱心也与日俱增："耶稣的智慧和力量，并上帝和人的喜爱他的心，都一齐增长。"

耶稣超人的智力和平等的普爱精神，都体现在他传经布道的事业中。他平易的演说、动听的故事、形象的比喻，发人深思；他显现奇迹，治病救人，药到病除，为大众造福。他为人消灾除病，扶助弱小，却不愿善名远播；他提倡"以爱己之心去爱人"、"四海之内皆兄弟"；他超越世俗，普爱和怜悯一切有生命的东西，认为不论男女老少、税务员、政治家、牧人、乞丐、圣人或罪人，在人格上都是一样的，他心目中所认可和接受的，只是那些人共有的人性。

有一天，马利亚领着他的另外几个兄弟去看望他，这时，正值耶稣和许多门徒坐在一起讲经，有人进来通报："先生，你母亲和兄弟们想见见你，他们正在门外等候哩。"

耶稣听了，惊奇地反问道："我的母亲和兄弟们？"接着，他环视一周，对坐在他周围的人说："你们还不明白呀？按上帝旨意行事的人，都是我的母亲和兄弟啊！"

有人请他吃饭，他对宴请他的主人说："……要请客就邀请贫穷的、残废的、瘸腿的、瞎眼的人，他们无力报答你的好心，上帝却会因此而赐福予你，在有德之人复活的那一天，你的善行完全会得到回报。"

一天，他的门徒跑来问他："老师，天国里谁最伟大？"耶稣想了想，说："我来告诉你们。"他叫来一个小孩，让他站在他们前面，对门徒说："你们若不返璞归真，变得如同小孩一样纯洁无瑕，是不能进入天国的。在那里，只有真诚的谦卑和孩子一样质朴的人，最伟大……"

有时候，在他讲经传道时，民众把自己的小孩子也带来了，他们很想请耶稣为孩子祝福。耶稣的门徒见了十分恼火，认为听讲的人本来就多，会场秩序很难维持，现在他们还带些不懂事的小孩来，简直是在添乱。于是，就责备带孩子的家长，并且动手赶他们出场。耶稣知道后很生气，他批评门徒的行为，说："你们不要阻拦孩子们来见我，上帝之国是属于他们的。我可以肯定地告诉你们，不能像孩子那样真正承认上帝的人，决不可能进入天堂。"然后，他慈祥地抱起孩子，一个个地为他们祝福。

他爱善良纯朴的义人，也以爱心拯救那些失足者和迷途的羔羊。

在他讲经说道时，往往有税棍和恶人也掺杂在人群中听他演讲，他并不驱逐他们，有时耶稣还接受收税头子的邀请，到他家歇脚或做客。这些事曾引起律法学者和人们的非议。他回答说："……人子降临世上，就是寻找和拯救失足者。"

耶稣在城乡四处周游，在圣殿会堂中传播天国福音，了解到许多穷人的贫困生活，看到芸芸众生凄苦无助，就像无人放牧的羊群，心里难过，他怀着普爱之心、充满怜悯之情，对他的门徒们说："成熟了的作物，却没有收获之人，快快祈求作物的主人吧，他会派人将粮食收割入仓的。"

据说，耶稣并不承认自己是救世主，他一再明确而且公开声明，他对自己的生命和个人幸福全不在乎，他最关注的是他的理想——即人与人之间的亲密关系和仁慈的上帝的爱。这些都是与他从小生活的环境和受的教育分不开的。

耶稣虽然出生在伯利恒，但他一直住在拿撒勒，直到外出传道时方才离开，因此，人们认为他是拿撒勒人，他也逐渐以"拿撒勒人耶稣"而名闻天下。

在耶稣的故乡——拿撒勒城镇，到如今还保留着一个古迹，就是一口"贞女水井"。在当年，位于耶路撒冷北面的拿撒勒，建在山脚下，不远处便是通往耶路撒冷的必经之路。来来往往的朝圣者、商人、游客，罗马的军队，来自埃及、亚洲和欧洲的骆驼队，都要经过这里，有时在这儿歇歇脚，吃喝住宿不可少。镇上唯一的水源只有一口井，所以，人们都要从这里取水饮用。于是，人们联想，当年住在这里的圣母马利亚，也一定经常到这里取水，因此起名"贞女水井"，以示对伟人耶稣的尊崇纪念。直到现在，这口井还保留着"贞女水井"这个古老的名字。

＊　　＊　　＊　　＊　　＊

本篇选自《新约·马太福音》第2章第13～23节、《新约·路加福音》第2章21～52节，以及"四福音书"中的有关章节。"四福音书"包括"马太福音"、"马可福音"、"路加福音"和"约翰福音"。所谓"福音"，原指"对传送好消息者的报酬"，后转喻为"好消息"。福音书融会风格各异的丰富的传说片断，包括耶稣的事迹和言论两大类型。关于耶稣早年（童年、少年）事迹，"四福音书"记载甚少，也不系统，甚至彼此间存在矛盾。为此，本篇故事的原材料系从各卷福音书有关片断记述中撷取出来，适当参照其他著述，并予以梳理组合成文。

全文分为三部分：1.犹大希律王搜捕圣婴，约瑟和马利亚遵上帝之命，带着耶稣逃往埃及避难；2.约瑟和马利亚接受上帝启示，带着耶稣重返拿撒勒城，虔敬上帝、智慧而勤劳的少年耶稣在健康成长；3.关于耶稣的"普爱"人性的一般表现，耶稣追求人类和谐理想和上帝全面关爱。

在这里，我们从宣扬上帝的字里行间仍可看出故事积极的思想意义：1.反映了犹大国希律王朝时期统治者迫害人民与人民反迫害的斗争；2.称赞耶稣在成长中对劳动、知识和普通人群的热爱，从而获得大家的"爱心"。

· 367 ·

施洗为耶稣洗礼　约翰遭暴君杀头

比耶稣大六个月的表亲约翰，也就是马利亚的表姐的儿子，与耶稣一样健康成长。

约翰的父亲撒迦利亚当年因怀疑天使之言，受到不能言语的惩罚，一经点化，便事事虔信上帝。他秉承上帝的旨意，预言："以色列人的上帝，为我们派来一位非凡的救世主，一位出自他仆人大卫家族的后人。"

他郑重地对儿子约翰说：啊！我的孩子，你将被称作那至高无上的上帝的先知；你将成为主的先驱，为他开辟道路，向他的子民宣告：他们将会在赦免罪过中得到拯救。我们的上帝仁慈而温存，他将使灵魂得到拯救的亮光升起，照耀着我们；他将从天堂光耀一切在死亡的罪恶阴影下生活的人们，引导我们一步步走上和平安宁的路途。

约翰性情孤傲狷介、狂傲不羁，为人严厉持重，虔信宗教，很年轻就离开了家，并辞别热闹的城市、村镇，到死海僻静的海岸，深沉地思索宗教问题；到茫茫孤寂的旷野，感受上帝的训示；到约旦河一带虔诚地为主传经布道，为民施洗。

据记载：他毫无个人的欲望和需求，一件骆驼毛的旧衣服是他唯一的财产。他的日常生活贫苦且简单，靠吃蝗虫和野蜜维持生命。

他鄙视一切财产，只爱在孤寂旷野到处游说，宣传宗教。他外表粗犷，思想敏锐，情绪激昂，用词犀利，他的演说和预言如同他本人一样直率而严厉。

他宣扬："离弃你们的罪恶并接受洗礼吧，上帝将赦免你们！"他号召人们："逃避将来的愤怒，改过自新，多做好事。"他大声疾呼，告诫人们："要为自己的罪行和罪恶忏悔！"

当他谈到上帝的最后审判日即将来临时，情绪激昂、

圣母子与幼年圣约翰

声音洪亮，激动得挥舞双臂，杂乱的长发在疾风中扬起、飘拂，使虔诚善良的众民无比敬仰尊崇，让毫无悔改的罪人感到强烈的恐惧和不安。

他的言论和行动吸引着人们，人们成群结队地拥向约旦河，要求接受他的洗礼。他教诲人们："上帝的惩罚就要来临，你们以为可以逃避吗？你们只有以自己的行为，证实你们已经离弃了罪恶。"

人们问他该怎么办？他回答一般百姓说："凡是有两件内衣的人，都要分一件给一无所有的人；凡是有食物的人，也要与众人分享。"他回答收税人说："你只能收取法定限额以内的税钱，不可收取更多。"他回答士兵："你要满足正当的酬金，不能借武力强索别人的钱财和诬告别人。"他对前来受洗的法利赛人（犹太教上层人物中的一派）和撒都该人（犹太教上层人物中的另一派）说："……谁使你们逃避将来的愤怒呢？你们要结出果子来，与悔改的心相称。……现在斧子已经放在树根上，凡不结果子的树，就砍下来，

丢在火里。我是用水给你们施洗，叫你们悔改。但那在我以后的施洗人，能力比我更大，我就是给他提鞋也不配。他要用圣灵和火给你们施洗。他手里拿着簸箕要扬他的场，把麦子收在仓里，把糠用不灭的火烧尽。""不要以为自己是以色列人，是上帝的子民，就能得到特殊的待遇，在将来要建立的新王国里，起主要作用的不是一个人的种族，而是他的本质。"

人们相信他的预言，崇敬他的人格，尊称他为施洗约翰。人们纷纷猜测："他就是我们盼望已久的救世主吧？"

约翰否认这种说法，他不停地向民众宣布，自己是上帝派来"为

基督受洗

主铺平道路的人","为那位真正的救世主来到之前做好准备的人","在我后来的那人，比我伟大，因为在我出世以前即已存在，与他相比，我相差很远，我就是蹲下身为他脱鞋也不配。"

于是，人们又纷纷猜测：他即使不是救世主，至少是先知以利亚或者是以利沙之类的人物，奉主命又到世上创造奇迹来了。

约翰也否认这种说法，他说他只是上帝派来的卑微的使者，奉主命传递信息的人，他严格按照自己选择的使命行事。

几百年来，在以色列一直没有出现过像以利亚和以利沙那样有权威、有影响的先知，如今，约翰以他的坚韧、卓识、才智、道德高洁震撼和折服了众人。于是，人们又惊又喜，四处宣扬、传递着这一消息："如今又出现了一位先知，他正在约旦河畔为人施行悔改的洗礼呢！"

消息很快传遍所有的城镇，几乎人人皆知，家喻户晓。住在加利利拿撒勒的耶稣一家听到这一消息，更是兴奋不已，因为施洗约翰不是别人，而是马利亚的表姐的儿子，他们的亲戚呀。长大了的耶稣，对当时社会上发生的一些现象很感兴趣，他听说约翰在约旦河畔讲经传道，并为人施洗，很想从这位表亲那里学些知识，共同探讨宗教问题，便悄悄离开拿撒勒的家，独自一人踏上了通往约旦河畔的旅程。

到了约旦河畔，只见这位颇带神奇色彩的表亲，身上穿着一件骆驼毛外衣，腰间紧紧地系一根皮带，蓬头垢面，长长的胡须随风飘拂。

约翰见耶稣来了，并提出要求施洗，惊讶地自言自语："为什么上帝之子还要接受我的洗礼，他有什么忏悔的罪孽呀！"他谢绝说："我当受你的施洗，你反倒上我这儿来了。"

耶稣回答说："你一定要应许我，给我施洗，因为这正是上帝要求我们去做的事，我们必须执行上帝的旨意。"在耶稣的坚持下，约翰答应了他的要求。

耶稣接受约翰洗礼，刚刚浮出水面，天忽然开了，他看见了上帝的灵，仿佛鸽子降下，落在他身上，头上传来慈祥怜爱的声音："这就是我喜悦的、钟爱的儿子！"

约翰亲眼目睹这一切，他为耶稣见证，向众人指出："耶稣作为真光照亮一切生在世间的人，耶稣从上帝之灵而生，遂成肉体，具有丰富的恩典和真理，只有耶稣才能将上帝的精神全面显示出来。"

第二天，约翰一见到人，便把耶稣介绍给他们："看哪，这就是上帝的羔羊，我们的救世主，我一直说的那个背负世人罪孽的人。我用水给他施洗，就是让全以色列人认识他。"

约旦河畔发生的这神奇场面，标志着耶稣讲经布道生活的开始。耶稣觉得自己在约旦河受益匪浅，决心像约翰一样，到孤寂的旷野去考验自己的灵魂、探索宗教的奥秘。当他从旷野归来时，约翰的事业即将结束。此后，两人很少见面。

他们的时代，正是老希律王死后，将领土一分为三（不均等）分给了三个儿子。分封统治加利利和北方大部分领土的是第二个儿子希律·安提帕，当希律和他异母的弟弟腓力被召到罗马议政期间，希律和他这个兄弟的妻子希罗底产生了爱情，而希罗底对自己的丈夫毫无眷恋，满口答应希律，但有个条件，就是必须与现在的妻子离婚。这对于有权有势的皇族来说，小事一桩，事情很快办妥，他们便结了婚，希罗底当上了王后，而她那个美貌善舞的女儿莎乐美，也跟着母亲与继父生活在一起。

这种有失体统的丑闻，在希律统治的地区尽人皆知，因此，引起加利利和犹大众民的不满和愤怒。但大家惧怕国王势力，谁也不敢表露出来。约翰却不然，他认为自己作为上帝的使者，在邪恶面前不能低头，更不能保持沉默，他抓住一切机会，大声疾呼，严厉谴责希律和希罗底。

在约翰宣传宗教、为人施洗、对众民大讲天国临近时，因为不涉及统治者的根本利益，官方没有干涉他；可是当他矛头直接向上，在社会上动员民众抑强惩恶时，统治者害怕了，他们恼羞成怒，以"扰

莎乐美

乱治安"的罪名,逮捕了约翰。

希律的心情很矛盾,处境也很尴尬。他喜欢听约翰演说,同约翰对话,并一起讨论问题,心里尊崇这个道德行为高尚的圣洁之人,但又害怕约翰坦率正直的目光和激烈愤怒的斥责。约翰的怒斥虽然让他惶恐,但他还是想保护他的生命,他本想宽恕约翰无罪,只要求约翰同意保持沉默,为他留一点面子。可是,耿直的约翰即使在地牢里,也大骂奸夫淫妇。王后希罗底曾多次要求希律杀了约翰,都被丈夫拖延过去。她一直怀恨在心,决意借机除掉对头施洗约翰。

机会终于被她盼到了。这天,正是希律的生日,国王大宴宾客,邀请了众大臣、加利利的头面人物及各界代表,王后与前夫的女儿莎乐美也在场作陪。莎乐美是个出色的舞蹈家,王后知道国王钟爱她,特别喜欢观看她表演的舞蹈,便心生一计,当众提议莎乐美跳舞,为国王祝寿,宾客们都鼓掌欢迎。

表演完精彩的舞蹈节目,希律高兴地对莎乐美说:"好孩子,你随意向我求什么,我必给你。"见莎乐美笑而不答,又得意忘形地起誓说:"今天,你就是求国家的一半,我也必给你。"

莎乐美暗地里问母亲:"我该求什么?"

狠毒的王后毫不犹豫地回答："施洗约翰的头！"

莎乐美连忙求国王说："我求父王马上把施洗约翰的头放在盘子里给我。"

这位慷慨的继父愣住了，他不曾料到莎乐美的所求竟是这么使他为难，他立即后悔自己当众发过的誓言，但作为一国之王，岂能不履行自己的诺言，在属下和众人面前自毁形象和威信呢？他只得当场判处约翰死刑，立即执行。刹那间，约翰身首分家，侍卫将放有约翰头的盘子端上来，交到莎乐美的手上，莎乐美惊恐万分，紧闭双眼，马上递给了她的母亲。

约翰的门徒听说此事，悲痛不已，他们在沉痛悼念后，便将这位为宗教献身的施洗约翰，埋葬在他生前最喜爱的旷野里。

* * * * *

本篇选自《新约·马太福音》第3章、第14章，《新约·马可福音》第6章，记述施洗约翰布道传教与惨遭希律王杀害的故事。全文分为三部分：1.约翰在耶稣之前传道，宣讲天国信息（"天国近了"），为人施洗（用约旦河水"洗涤罪恶"），劝人悔改，引导有罪者"从善得救"；2.耶稣接受约翰施行洗礼，约翰尊称耶稣为"救世主"；3.荒淫误国的希律王因卑鄙狠毒的希罗底的缘故，将约翰抓进监狱，约翰惨遭斩首。

故事中的施洗者约翰是以色列智慧的先知，常作为上帝的使者和代言人。他乐于为大众服务，为耶稣和许多人施洗。文艺复兴时期意大利画家维罗琪奥有感于他为上帝之子施洗，绘制了名作《基督接受约翰洗礼》。

约翰是耶稣的先锋，正直而刚毅，勇于和希律王以及一切坏人坏事作斗争，深受犹太百姓的尊敬和喜爱。约翰的生平事迹尤其是他被暴君斩首，揭露和批判了统治阶级的残暴。文艺复兴时期意大利画家卡拉瓦乔取材于约翰严厉批评希律王荒淫误国而被处死的故事，创作了名画《施洗约翰被斩首》。

在后世西方文化中，"莎乐美"转喻为"妖媚狠毒的女人"。19世纪下半叶英国唯美主义作家王尔德以"施洗约翰被希律王斩首"为素材，创作了戏剧《莎乐美》。王尔德笔下的莎乐美不同于圣经故事中无知而受希罗底利用的莎乐美，剧中的莎乐美主动要求国王杀死约翰，这是为了满足她内心对美和爱的疯狂私欲的追求。

旷野试探受考验　传播圣道选门徒

耶稣在约旦河畔接受洗礼后，全身充满圣灵，他觉得自己需要像约翰那样，避开喧闹的人群，独自到孤寂的旷野去梳理自己的思想和思考宗教问题。

在圣灵的召唤下，他来到旷野，经受魔鬼的试探。这魔鬼又名"撒旦"，原本是上帝的天使，因为专与主作对，触怒了上帝受惩罚成为魔鬼。

旷野里一片空寂，孤单的他禁食40天，这40天里，他粒米未沾，腹内空空，饥肠辘辘，但他咬紧牙关忍受饥饿的煎熬。魔鬼见了，就指着一块大石头对他说："听着，你若是神的儿子，就有能力让这块石头变成食物拿来充饥！"

耶稣回答："经上记载说，'人活着不单靠食物，乃是靠神口里说出的一切话'。"

魔鬼又领他登上高山，施展魔术，让缠绕山壑谷底的云雾中，顷刻间显现出天下之万国与万国之荣华，并全都指给他看，对他说："这一切权柄、荣华，原是交付我的，我愿意给谁就给谁。现在，我愿意给你，只要你向我俯伏下拜，这一切都归你所有。"

耶稣严辞拒绝，他回答说："经上记载说，'应当拜主宰你的神，专心一意地侍奉他'。"

魔鬼诱惑基督

魔鬼又领他到圣城耶路撒冷，叫他站在圣殿的尖顶上，对他说："你若是神的儿子，可以从这里跳下去，因为经上记载说，'主会为你吩咐他的使者保护你，使者们一定会用手托着你，免得你的脚碰在石头上'。"

耶稣严厉地对他说："撒旦，你退去吧，因为经上早已讲明，'不可试探主宰你的神'。"

魔鬼撒旦企图以人的生死、人间荣华动摇耶稣的信念，可是耶稣不向困难弯腰低头，不为富贵荣华所动，不畏惧生与死的考验，始终坚持自己的信仰，无限崇拜上帝。魔鬼的各种试探均以失败而告终，只得灰溜溜地暂时离开了耶稣。

耶稣经受住考验之后，开始正式传道召徒。这段时间，他与门徒曾在犹大地区住过，并为民众施洗。这事被约翰的几个门徒发现了，就跑去告诉当时尚在人世，并为民施洗的约翰，说："老师，你还记得与你一起在约旦河畔的那个人吗？现在，他也在这里为人施洗哩，人们都找他去了。"

约翰十分严肃，他回答说："你们听着，我曾经对你们说过，我不是弥赛亚，我只是他的先驱。新娘是属于新郎的，新郎的朋友只能站在旁边，当他听见新郎的声音时，就十分高兴了。因此，我已得到满足，他必定越来越发旺，而我将会越来越衰微。"

事情的发展正如约翰预言的那样，约翰的过激行为和在民众中的影响，引起政府当局的密切注意，但他们没有足够的理由抓捕这个狂热的宗教徒，因此，约翰还是自由的。当时他非常想念耶稣，便离开心爱的犹大地区，去北方会见耶稣，两人见面自然亲切无比。他们坦诚交流思想，探索宗教，这是他俩最高兴也是最后一次会面。之后，约翰因触动王朝的统治被关进监狱，他们就再也没有见面了。

耶稣开始了他宏伟的宗教事业，他传布信息说："赶快离开你们的罪恶吧！天国已经临近。"这一信息很快在众民中传开，并引起强烈反响，大家都真诚地信奉他。这样的社会效果，得力于约翰生前的大力宣传，使"弥赛亚"深入人心；同时，耶稣当时居住的地方靠近加利利的巴百农，这也应验了先知以赛亚曾说过的话：

> 加利利，那是异族的土地！
> 生活在这里的人民，
> 将要见到巨大的光芒。
> 这光芒将普照那些
> 生活在阴暗的死亡的人们。

这些都有利于耶稣传教事业的顺利发展。但耶稣明白，传播主的福音、拯救人的灵魂是一项伟大的事业，光靠一个人的力量是远远不行的，因此，他一边认真传教布道，一边注意招收门徒。

有一天，他沿着加利利海边散步，看到两个正在海上撒鱼网的年轻人，就走上前去，对他们说："跟从我吧，我要叫你们得人如得这鱼一样。"这兄弟俩，一个叫西门（后改名彼得），一个叫安得烈，都是上帝的信徒，他们听了耶稣的话，连忙丢下鱼网，跟从了他。

再往前走，他又看到两个正在船边补网的打鱼人，耶稣也对他们说"跟从我吧！"这两人也是弟兄，分别叫雅各和约翰，他们相信说话的人是弥赛亚，马上把船留给了自己的父亲，让一些雇工帮忙打点，头也不回地跟着耶稣走了。

还有一天，耶稣来到加利利海的一个小港口，看到一个收税的人正在税关忙碌，就走上去，对那人说："跟从我吧！"那人名叫利未，一看是耶稣，二话没说，赶紧站起身来，跟从他走了。

他又继续前行，看见一个叫马太的税吏，坐在桌子边，耶稣对他说："跟我来吧！"那人听从耶稣的召唤，也急忙离开收税所，跟从了他。

后来，彼得和安得烈找到了老朋友腓力，把他介绍给老师，耶稣收他为门徒。腓力不仅自己跟从了耶稣，还带来了自己的朋友拿但业，告诉他："你记得曾在摩西律法书上提到过的、许多先知也提到过的那个人吗？现在我们已经找到了，他就是约瑟的儿子拿撒勒人耶稣。"

"拿撒勒人耶稣？木匠约瑟的儿子？"拿但业不相信拿撒勒小镇能出大人物，他疑惑地重复着腓力的话。

腓力提议他前去看看，拿但业便跟随他去了。

耶稣见拿但业朝自己走来，便温和地笑着对他说："你是一个真正的以色列人，心地诚实，不会虚伪！"

拿但业听了，忙问他："你怎么认识我，知道我的品性？"

耶稣回答："腓力呼唤你之前，你站在那棵无花果树下时，我就看到你了。"拿但业一听，知道他充满圣灵，立即尊敬地叫他老师，并称赞说："你是上帝的儿子！你是以色列人的王！"

耶稣笑笑说："难道只因为你站在无花果树下时，我看见了你便相信我了吗？你将会看到比这更重要得多的事情哩。"他又对他们说："我现在告诉你们真情，你们将要看到天堂之门洞开，将要看到上帝的天使飞临并停落在人子身上。"

关于耶稣行神迹、乐善好施、治病救人的事迹，传遍加利利地区，得到众民的信服和尊崇，人们成群结队地从加利利各地、十邑城镇、耶路撒冷、约旦河对岸以及犹大地区赶来追随耶稣。

一天，耶稣登上一座山，把追随、亲近他的人召唤到跟前，在众多的跟从中，挑选了 12 个人作为使徒，一般称为"十二门徒"，意思是代表整个以色列的十二支派。这 12 个人是彼得、安德烈、雅各、约翰、腓力、巴多罗买、多马、马太、达太、西门和犹大。为了扩大影响，便于布道，耶稣对他的使徒们说："我挑选你们是要你们跟

召唤使徒彼得与安德烈

随我。""我要派你们出去传道，赋予你们驱逐邪灵的权力。"

"十二门徒"之首是出身渔民的彼得，他勇敢豪爽，最受耶稣器重，并将他的名字"西门"改为"彼得"（意为"磐石"）。耶稣曾对他说："你是彼得，我要把我的教会建造在磐石上……我要把天国的钥匙给你……"预言他将来是教会的柱石。雅各和约翰兄弟俩，性格暴烈，是耶稣最喜欢的门徒，耶稣称他们为"半尼其"（意为"雷霆之子"）。年纪最小的约翰最受耶稣钟爱。这些门徒在耶稣受难时，都信仰坚定、积极活动，坚持传教，主持教会工作，曾被保罗称为"教会的柱石"。其中，叛变教会、出卖耶稣的是加略人犹大，后感到内疚而上吊自杀。

不久，耶稣便派遣"十二门徒"单独活动，分为两人一组，外出传经布道。

他吩咐门徒们：你们除了带一根手杖之外，脚上穿一双鞋，身上穿一套衣，其他任何东西都不要带。嘱咐他们：不要到异教徒地区和撒马利亚人的城市里去，应该到以色列那些迷途羊群中去，去告诉人们，"天国已经临近！"你们要给人治病，他们无偿地供给你们食宿，因此，你们布道、治病应分文不收。在受欢迎的地方，始终住在一户人家；如果到了不受欢迎的地方，也不愿听你们讲道，你们就离开那里，离开时要跺脚，弄掉鞋子上沾着的尘土，对他们发出警告。

耶稣特别告诫他的门徒：布道时要小心谨慎，因为有人聚集在犹太会堂要鞭笞你们，逮捕你们，送你们上法庭，受到强权者和君王的审判，你们要机灵地将上帝的福音告诉他们和异教徒。当他们带你们去受审时，你们不用为如何回答而发愁，到了那时，你们会自然而然地回答他们，因为你们所说出口的话，不是你们自己的话，而是天父之灵借你们的嘴说出来的。你们也许因受到迫害，到处逃跑，这些你们都不用害怕，危难时，人子定会降临到你们身边。

门徒们身负重任，离开他们的老师单独执行传道任务，他们严格按老师的要求行事，每到一个地方，都规劝人们弃恶从善、驱逐邪灵、治病救人，反映良好。

耶稣派遣了"十二门徒"之后，还觉得宣传力度不够，又选派了72人，仍分成两人一组，先去他即将前往的地方。

他们临行时，耶稣说："田里的庄稼丰收了，却没有人到田里去收割，你们为庄稼的主人祈祷，请他派人去收获庄稼。"嘱咐他们在旅途中，不要停步与别人打招呼。不管到了哪一家，首先要对人家说，"愿你们一家平安！"如果那家人善良，你们就把祝福留下；如果那家人邪恶，你们就收回祝福。他又不厌其烦地重复了给"十二门徒"说过的话，特别强调了他们应该注意的事项。

这72人遵照老师的嘱咐，历经千辛万苦，胜利完成任务后，兴高采烈地对耶稣说："主啊！当我们以你的名义发出命令时，连邪灵也顺从地执行。"

耶稣听了，回答他们说："我看见魔鬼撒旦从天而降，像一道闪电。你们听着，我已经授权你们，你们可以践踏蛇蝎，击败敌人，任何东西也不能伤害你们。但是，你们切不要因邪灵受毁而庆幸。你们应该庆幸的是，你们的名字被写进了天堂。"

* * * * *

本篇选自《新约·路加福音》第4章、第6章14～16节，《新约·马太福音》第4章1～11节、第10章1～4节，《新约·马可福音》第3章16～19节。记载耶稣接受魔鬼的试探考验和招选门徒讲经传道的事迹。其中，夹叙了一段关于耶稣与尚在人世的约翰分别为人施洗、共同探索宗教问题的小故事。

耶稣接受魔鬼试探和"接受约翰施洗"，是他在正式传道之前经历的两件大事。耶稣经受住了撒旦的三次严峻的考验，跨过了生死关，战胜了权力、荣华的诱惑，坚定了对上帝的无限崇拜信仰，为日后成为卓越的宗教领袖奠定了坚实的基础。透过主观宗教宣传，不难发掘其客观积极意义：鼓励人们树立崇高的人生目标，不为利诱不为威屈，争取最后的胜利。17世纪英国诗人弥尔顿以耶稣经受撒旦试探考验的故事为题材，创作了长诗《复乐园》，借以讴歌在资产阶级革命年代的民主战士富贵不能淫、贫贱不能移、威武不能屈的崇高气节和道德情操。

"十二门徒"又称"十二使徒"，他们是耶稣在传道之初从出身低微、文化水平不高的无名小民中召选出来的，但是他们笃信耶稣基督，全心全意宣讲福音，并继承耶稣的事业，日后成为基督教发展史上的著名人物。在《法兰西内战》中，马克思认为那些被"反对意见"当作"无名之辈"的巴黎公社领导人可以"骄傲地回答：'当年十二门徒就是这样。'"

变水为酒宴宾客　五饼二鱼饱众人

耶稣在加利利讲道时，曾回到故乡拿撒勒家里作过短暂的逗留。

这时，耶稣的父亲约瑟已经去世，母亲马利亚贤德能干，把一个没有男人的家，料理得顺顺当当、清清爽爽，充满了亲情的爱和家庭的温暖，只要孩子们想家，随时都可以回老家享受这份温馨。作为母亲，马利亚对长子耶稣的思想和行为，以及他来来往往、四处周游的生活始终不理解。但马利亚是个好妈妈，她决不因此而干预或妨碍他的任何活动，她相信自己这个奇特的孩子是个明白人，做什么事都是很有道理的。

这一天，当她见到独自出远门的儿子归来时，喜出望外，没有责备和训斥，也没有诉苦和埋怨，而是乐滋滋地告诉他一个喜讯：迦拿村家族中有人结婚办喜事，邀请全家参加婚礼。

耶稣当然高兴，不过，他提出他要带一帮新朋友一起赴宴，因为他已经把他们当成自己的亲兄弟了。母亲也认为儿子的朋友便是家中的一员，欣然同意儿子的决定。

喜宴办得很热闹，祝贺的客人越来越多。正当筵席进入高潮时，管宴席的人发现酒用完了，这是办酒席的大忌，如果办喜事没有足够的酒给客人喝（或者临时去购买），岂不是丢人现眼的天大笑话？主人一家急得团团转。

变水为酒显神迹

在无计可施时，仆人想到马利亚，因为马利亚不仅仅是亲戚，而且是很能干的妇人，便悄悄地告诉她这件为难事，并请求她想个办法，以解燃眉之急。

知子莫若母。马利亚知道儿子有办法，她轻轻拉了拉耶稣的衣角，说："他家的酒不够喝了，你看怎么办好？"

沉思中的耶稣被这件小事打扰，心中不悦，但他通情达理，知道这事非同小可，便对母亲说："你别着急，待会再说吧。我的时机还没到哩！"

马利亚马上回头对主人家的仆人说："你跟着他，就按他说的办好了。"

耶稣不动声色地走到主人家的院子里一瞧，只见院子里立着六口大水缸（因为犹太人有行洁身礼的习惯，因此，院子里放着这些大水缸，准备随时洁身用），每口缸可以装两、三桶水。耶稣回转头对跟在后面的仆人说："你把每口缸里都装满清水。"仆人立即照办，在每口缸里都倒满了水。

耶稣又对仆人说："把缸里的水舀起来送给管宴席的人。"仆人又照他说的办，把缸里的清水舀起来，送到管宴席的人手中。

管宴席的人见仆人送上满满的新水酒，便奇怪地接过来，皱着眉头尝了尝。瞬间，眉开眼笑，因为他品尝到一生中从来也没有品尝过的好酒。他找到新郎，开玩笑地责问道："你这人真是，人家办喜宴，总是一开始上好酒，最后才拿差一点的。你呢？正好相反，现在才把最好的酒拿出来。"新郎听了丈二和尚摸不着头脑，不明白这话的意思，管宴席的人也不知这酒的来源，喝酒的人只知好喝，更不知这酒是水变的。只有仆人心里明白，他倒进去的是清水，舀出来的却是上等的好酒。

耶稣变水为酒的故事广为流传，被教会认为是耶稣第一次显神迹，并以此为依据，定为民俗"主显节"。

耶稣的名声越来越大，跟从他的人也越来越多。人们听他讲经，求他治病，忙得他吃不好饭，睡不好觉。门徒们劝他悄悄躲开，到旷野去休息几天。

谁知消息走漏，人们提前拥到耶稣要去的地方，待耶稣和他的门徒们到达目的地时，那里已经聚集着许多人在等候他，这些人如同没有牧羊人的羊群一般，东一群，西一堆，乱糟糟地坐在茫茫的旷野中。耶稣见了，怜悯之心油然而生，他顾不上路途的辛苦和身体的疲倦，当场给众民讲道，从中午一直讲到傍晚。

天快黑了，门徒对耶稣说："老师，你看天都黑了，这里是荒天野地，是不是让这些人散开，自己去买东西吃，找地方住呢？"

耶稣说："这么多人，让他们到哪儿去呢。你们得想法子给他们弄点吃的吧。"

门徒感到十分为难，回答说："人太多了，就是买二十两银子的饼也不够吃的呀！更难的是，现在到哪里去买这么多饼呢？"

耶稣问："你们手边还有多少吃的东西？"大家摇摇头，什么也没有了。

有个门徒领着一小孩走过来，回答说："这里有个孩子，他带有五个饼和两条鱼，实在太少了。"

耶稣不慌不忙地对门徒说："你们先去叫大家按次序坐好，不要随意走动，等候我们分发食物。"

门徒们心里疑惑，但还是照他说的办，指挥众民坐好，有的一排五十人，有的一排一百人。

耶稣接过那孩子的五个饼和两条鱼，仰天恩谢上帝，然后，把饼掰开，又把鱼掰开，分别放在篮子里，叫门徒们分给众人吃。

人们依次按自己的需要，从篮子里取出饼和鱼。奇怪的是，篮子里的食物取之不尽，直到大家全都吃饱了，最后还剩下十二只篮子的饼和鱼，仔细一计算，已经供给五千人饱食了。

不久，又有好几千民众聚集在一起听耶稣传道，时间一长，他

五饼二鱼吃饱五千人

们把随身携带的食物全吃光了。

耶稣知道这事后，叫来门徒，交代他们："这些人跟我们在一起已经待了三天，如今任何可吃的东西都没有了，你们想法子给他们弄点食物充饥吧。"

门徒们面带难色，无可奈何地回答："在这荒山野岭，到哪里去找这么多食物，让他们全吃饱呢？"

耶稣问他们："你们手中还有多少可吃的东西？"

"只有七个面包和几条小鱼了。"门徒懊丧地回答。

耶稣吩咐门徒们维护好现场的秩序，让民众分组坐在地上等待片刻。这时，耶稣拿起面包，向上帝感恩，然后将面包掰开，递给门徒们，由他们分给众人；又拿起小鱼感谢上帝，也让门徒们分给大家。门徒们照办，结果四千个听众全吃饱了。收拾现场时，把吃剩的东西归总，还装满了七只篮子。

除了"变水为酒"、"五饼饱餐五千人"、"七个面包与四千听众"等神迹外，耶稣还施展神迹"踏浪过海"、"命令风浪"。

那是五饼二鱼饱餐五千人之后，他们送走听讲的民众，耶稣马上与门徒们登船前往达尔马努萨地区。他告诉门徒，自己要独自登山祈祷，可能要耽搁一下，吩咐他们乘船先行。

当时，夜幕已徐徐降临，门徒们坐的船渐渐远离海岸，时间在夜色中飞快地过去。可是，耶稣还没有回到船上，门徒们正为他担心时，突然刮来一阵逆风，船逆风迎浪，在海浪中颠簸不前，直到凌晨。

辗转了一夜未曾合眼的彼得，和门徒们一起来到船头，在朦胧的晨曦中，忽然发现一个人影，在海面上踏浪而来，十分惊恐。有人吓得大声喊叫："有鬼怪啦！有鬼怪啦！"

"是我，是我，不要怕，不要怕。"一个十分亲切的声音从海面上飘来。　耶稣开口对他们说："你们的胆子太小了，怕什么？胆壮一点嘛！"

这时，大家才松了一口气，平心静气地仔细观看，来人果真是

耶稣在水面行走

老师，他刚做完祷告，从水面走上船来。

彼得见了，赶紧喊道："主啊，如果真是你，我们不害怕，让我也从水面上走过去迎接你。行吗？"

"行啊，来吧！"耶稣高兴地回答。

于是，彼得走上船边，下到水里，从水面上朝着耶稣走去。但是，当他觉得狂风在耳边呼呼地狂吼、感到浪头在脚下一个接一个地猛打时，心中"咯噔"一下，身子便随之下沉了。他惊慌失措，大声呼叫："主啊！救我！快救我！"

耶稣立即伸手拉住他，说："唉，彼得，你的信心太不坚定了！为什么要疑惑，有什么顾虑呢？"

师徒俩一起上了船，风也停了，浪也小了。船上的门徒见识了老师的神迹，一齐向耶稣俯伏下拜，大声惊呼："老师，你真是上帝的儿子，人间的救世主啊！"

还有一次，是在湖边训众，宣讲"撒种的比喻"和"芥菜籽的比喻"的那天晚上，耶稣对门徒说："我们坐船过海吧。"于是，他们离开人群，跟着耶稣登上了渡船，其他一些船只也随之前往。

忽然，海面上刮起了大风，顷刻间，风大浪急，水花飞涌，海水打进了船舱，船中灌满了水。耶稣坐在船尾，正枕着头在睡觉。门徒慌张地叫醒他，说："老师，舱里装满了水，船都快要沉了，我们全都会淹死，难道你不在乎吗？"

耶稣慢慢站起身，来到船头，观观天象，开口命令说："大风，停下来！"又命令说："波浪，静下来！"一会儿，大风息了，波浪小了，海面上风平浪静，一片寂然，船又在微风细浪的海面上航行。

门徒们惊异地相互对视，耶稣教训他们说："你们为什么那么害怕，你们仍旧担心吗？"

坐在其他船上的人更是惊诧无比，虽然风浪已过，他们仍然非常恐慌，彼此议论："这个人究竟是谁呀？就连风浪也听从他的命令！"

于是，有人主动向大家讲述耶稣的故事和神迹，船上的人听了，一致赞美上帝，崇敬耶稣，尊称他是"上帝的儿子"。

* * * * *

本篇选自《新约·约翰福音》第2章1～11节，第6章1～15节，《新约·马太福音》第14章13～23节，《新约·马可福音》第6章30～44节。记述耶稣在加利利讲经传道时的神迹。全文分为三部分：1. 耶稣在迦拿婚宴上变水为酒，这是他开始传道后施行的头一件神迹；2. 耶稣拿出"五饼二鱼"供给5000人吃饱，"灵粮"（灵性的粮食）显示威力；3. 耶稣在海面上行走，如履平地。

在后世，耶稣开始传道后的第一个神迹（"变水为酒"）内涵外延，泛指甚至代称"耶稣行施的神迹"。恩格斯在《致弗·格雷诺》的信件中用过此典。

第二部分和第三部分的主体故事，后成为世人常用的典故。比如，16世纪荷兰画家杨忆·安斯帖里的油画《五饼二鱼》、15世纪德国画家康拉德的名画《耶稣履海》，分别取材于上述相关的耶稣神迹。

故事中这一类耶稣神迹当然有宗教宣传意图，这是为了赞美作为上帝之子的耶稣具有超人的神性。其中值得大力肯定的是耶稣言行的优美人性：助人为乐，为危急受难者解除困境，富有仁慈的同情心和深厚的博爱精神。

瘫子行走邪灵除　瞎子眼明死人活

消灾除邪、治病救人贯穿耶稣传经布道的全过程，因此，民间流传许多有关"瘫子行走、聋子闻声、瞎子复明、死人复活、恶疾无踪"等神迹和奇特的故事。

有一次，耶稣回到迦百农布道，消息马上传开，民众蜂拥而至，屋里挤满了人，屋外也站满了人，大家都争着听耶稣讲经。

有个躺在床上多年不能动弹的瘫痪病人也听说这个消息，但他自己不能行动，心里烦躁焦急。正巧，这天他的四个好友邀约一起来看望他，他们聚集在床头，鼓励他去找耶稣治病，试一试自己的运气。

瘫痪病人叹了一口气，说："我也听说这人能治百病，我要是能动早就去了，现在这样子，我怎么去呢？"

有个朋友出主意了："行，你睡着不动，我们连床板一起抬去好吗？"

另一个朋友也极力赞成："这可是个好主意，我们说干就干，大伙动手吧！"四个朋友马上分工合作，每人抬起一个床板角，像抬担架一样，很快把他抬到耶稣讲道的地方。

可是，那里已经挤得水泄不通，连人都插不进去，何况抬着木板呢？四个朋友只好把床板放在屋外，一起商量办法。他们你一言

耶稣治好了瘫痪病人

我一语，不一会儿，一个绝妙的办法终于被他们想出来了。

犹太居民的住房很简单，全是平顶房，房顶是用木板条纵横交错搭起来的，上面盖着草，涂着泥。

正当耶稣讲到高潮时，忽听得头顶上发出"窸窸窣窣"的声响，接着，面前露出几缕金阳，屋内的听众也骚动起来。他抬头一看，只见四位年轻人正从揭开的房顶空当里，慢慢将一个包裹着的被褥往下放，恰巧落在耶稣脚下。耶稣和全场听众都感到奇怪，打开被褥，便露出那个瘫在床上不能动弹的人。

原来，这是瘫子的朋友们想出来的妙计，他们下定决心帮朋友这个忙，非请耶稣为朋友治好瘫病不可。听讲的人多，门里进不去，他们就爬上屋，揭开房顶，将自己的朋友裹在被褥里，用绳子捆好吊下去，直接送到耶稣身边。

　　这个可怜的瘫子并没有他的朋友们那样乐观，他哭丧着脸，对耶稣说："主啊！在你面前，我是个罪人，得这病是我自作自受。你若不愿治或治不好我的病，我都只怪罪自己。"

　　耶稣看到眼前的病人和他的朋友们，有如此真挚的友谊和坚定的信念，深受感动，就俯下身，亲切地告诉那个瘫痪病人："听着！我的孩子，你要有信心和勇气，现在，你的罪已得到赦免。"

　　坐在门口的几个经师、文士和律法师听了，心里思忖着：世上只有上帝一人才有赦免罪人的权力呀，这人怎么如此大胆，竟敢口出狂言赦人罪过？这简直是在亵渎圣灵！

　　虽然他们仅仅只把这话藏在心里，并没有说出口，但耶稣已全部掌握，便面对他们，当众对这几个人说："你们的想法我知道了，可你们为什么要这么想呢？我问问你们，到底是对病人说'你的罪已得到赦免'容易呢？还是说'起来，收拾你的行李走吧'容易呢？说出的话是要应验的。为了向你们证明地上的人子也有赦罪的权力，请看我的行动吧。"于是，耶稣低头对躺在地下的瘫痪病人说："听我的，我的孩子，现在我吩咐你站起来，收拾你的被褥和你的好友们一起回家吧！"

　　此刻，屋里鸦雀无声，全场听众的目光，不约而同地一起注视着那瘫痪已久的病人。那病人听耶稣的话，马上站起了身，而且精神抖擞、笑逐颜开，赶紧卷起被褥，夹在胳膊下往外走，人群自然闪开一条道，目睹这个瘫子像正常人一样走出屋子，在朋友们的陪伴下，欢天喜地地走回家去。

　　惊异的人们，虔诚地赞美上帝，他们从来也没有见过这样神奇的事情。

　　一天，正值犹太教每周一天的"圣日"（安息日），按规定，人们在这天不得做任何事情，专事敬奉上帝。耶稣在众信徒的簇拥下，走进迦百农犹太会堂讲经布道，他那精湛的语言、独特的讲述方式、具有权威性的论断，深深地吸引着听众，会堂秩序井然，人们聚精会神地倾听他的教诲。

"拿撒勒的耶稣，你想干什么？"一声大喊，惊动了会堂。只见一个邪魔附身的人冲了进来，边走边嚷："你是来毁灭我们的吧，我知道你是谁——你是上帝的神圣使者！"

耶稣镇定地立在讲台上，义正词严地命令道："邪灵，你住口，快从这人身上出来！"

邪灵抵不过正气，急忙从那人身上离去，那人全身剧烈地抽搐，口中大叫一声"啊！"倒地苏醒，恢复了知觉。

人们无不对此感到惊奇。

又有一天，耶稣来到与门徒会合的地点，看见那些门徒被一大群人团团围在中间，正与一些经律教师辩论。

耶稣问："这儿发生了什么事？"当众人发现耶稣后，全都向他围过来。

人群中有声音回答："先生，我是带孩子前来请你治病的，他太可怜了，每次遇到邪灵缠身时，他就摔倒在地上，口吐白沫，牙关紧咬，不能说话，全身僵直得像死人一般。我请求你的门徒为他治病，可是，他们全都无能为力。"

耶稣叫他们把那个受折磨的孩子带过来。邪灵一到耶稣面前，便慌忙让孩子抽风、倒地、吐沫、在地上滚来滚去。耶稣问："你孩子得病多久了？"

"唉，这孩子从小就这样！邪灵一时把他扔进水里，一时把他扔进火里，多次要孩子的性命，都被我们发现，才保住了他这条小命。求你了，把他从邪灵的残杀中解救出来，快救救我这可怜的孩子吧。"孩子的父亲边哀求边擦眼泪。

耶稣同情地点点头，回答说："这主要靠你们自己，对于有强烈信念的人来说，没有办不到的事。"

孩子的父亲马上表态："我们有信心，有信心，只是信心不足，帮帮我，给我更多的信心和勇气吧！"

耶稣回转身，对着孩子，命令邪灵道："你这又聋又哑的邪灵，快从孩子身上出来，我命令你，永远不许再回到孩子身上！"

孩子猛烈地抽搐起来，邪灵大叫一声，离孩子而去。孩子不动了，躺在地上如同死了一般，围观的民众惊叫起来："他死了，他死了！"

耶稣不动声色，伸手拉孩子，孩子跟着他的手站立起来，像好人一样。全场响起惊喜的赞美声。

耶稣和他的门徒在大街上行走，看到一个双目失明的人，左手拿着碗乞讨，右手拿着竹竿探路，一步一步艰难地沿街哀求。那人不幸的惨状，令人同情。

耶稣他们一行走近那盲人，问他眼睛怎么瞎的。盲人回答："先生，我一生下地就是这样，对世上的任何东西，我都没有印象。"

门徒们回过头问耶稣："老师，这瞎子是先天性的，你说，这

耶稣使瞎子重见光明

是谁造的孽？是他自己还是他父母的罪过？”

耶稣回答：“他之所以失明，既不是他自己造成的，也与他父母的罪过无关，而是要证实上帝在他身上所显示的能力。帮助他睁开眼看世界，这是我应该做的事，趁现在是白天，我们赶快动手，待会天黑了，我们就无法做这件事了。”说到这里，他安慰门徒说：“你们放心，只要我在这个世界上，我就要给世界带来光明。”说完，耶稣便用口水和泥，把泥敷在那人的双眼上，然后对他说：“快到西罗亚水池里去洗洗脸吧。”

那人听了，急忙摸索着前去洗脸，洗完脸，他欣喜地看清了这充满光明、灿烂明媚的大千世界了。

那人的邻居见了，怀疑地问他：“你就是那个要饭的瞎子乞丐吗？”

曾经见过他沿街乞讨的人也怀疑地说：“这不就是那个总坐在街上要饭的瞎子吗？”

相信的人说：“正是，他就是成天坐在街上乞讨的瞎子。”

不相信的人说：“怎么会是他呢，不过长相相似而已。”

于是，那个原先的盲人自己告诉大家：“你们说得对，我就是那个要饭的瞎子。”

人们奇怪地问：“那么，你的眼睛是谁治的，怎么这么快就治好了呢？”

那人回答：“是一位叫耶稣的人为我治好的。”

人们忙问：“那个叫耶稣的人现在在哪儿？”

“我不知道。”那原先的盲人摇摇头回答。

人们“噢”了一声，在内心虔诚地赞美上帝。

耶稣一行到耶利哥办完事，正准备离开时，无意间，发现一个名叫巴底买的盲人坐在路边乞讨，这盲人一听说耶稣在此，便放开嗓门大叫：“耶稣！大卫的儿子，可怜可怜我这个瞎子吧。”

“听着，你不要在这儿乱喊乱叫！”许多人见他这样有失礼貌地拦街大喊，便站出来制止他。

　　巴底买不管人们的斥责，他虽然什么也看不见，但他听说的事情很多。他常听人说，耶稣能使瞎子看见、聋子听见、哑巴讲话、瘫子走路，因此，他渴望见到耶稣，为自己治好病。今天，好不容易盼到机会，岂能坐失良机。他还是一个劲地喊叫，声音更大了："大卫的儿子，快救救我，救救我这个可怜的瞎子吧！"

　　耶稣停下脚步，对跟随他的人说："把他叫过来。"

　　于是，跟随他的人走到盲人跟前，说："不要喊了，快起来吧，算你运气，他正叫你去呢，跟我走吧。"

　　那盲人听了，急忙跳了起来，脱掉身上的长袍扔在一边，跟着来人走到耶稣面前。耶稣问他："你需要我为你做什么？"

　　那盲人激动地赶紧回答："主啊！我盼望重见光明，我想看清这个世界！"

　　耶稣立即告诉他："好了，你的信心已经把你的眼睛治好了，去吧！"

　　盲人巴底买揉揉自己的眼睛，高兴得手舞足蹈，因为他看清了眼前的一切，他不再是瞎子，他可以干任何事情养活自己，不再向人乞讨了。

　　耶稣布道回到加利利时，又有一群人聚集在一起等他看病。这时，有个又聋又哑的人被带到他面前，这人不能说也听不见，只是不停地比手画脚，哀求耶稣把手放在自己身上。

　　耶稣当然明白那人的意思，他怀着怜悯之心，拉着那人走出人群，和他单独在一旁。他将自己的手指，伸进那人的左耳和右耳；又让那人张开口，将自己沾着水的手，触摸那人的舌头。最后，耶稣仰面苍天，长长地嘘了一口气，对那人说："开口吧！"

　　那人突然听到了声音，僵硬的舌头也能动弹了，说起话来一点也不困难。于是，那人兴奋地"哇啦哇啦"地说过不停，又是赞美上帝，又是恩谢耶稣。耶稣满意地叮嘱众人，不要将这事告诉任何人。可是，众人更加张扬，一传十、十传百，很快传播四方。听到这奇特故事的人，都虔诚地称赞说："主啊！他居然能让聋子变聪，哑巴说话了。"

在拿因城镇，流传着耶稣使一个寡妇的儿子死而复生的故事。

清晨，一队长长的送葬队伍，在凄凄惨惨的哀哭声中来到城门口，正巧遇到耶稣和他的门徒以及众多的民众进城。

耶稣见到这情景，心里很难受，让门徒去了解情况。原来，死者是寡妇的独生子，今天，亲戚朋友和邻居都来陪伴她出殡。白发人送黑发人，寡妇越哭越伤心。耶稣更是为寡妇感到悲苦，他劝慰她："不要哭泣。"然后走上前，用手扶着灵柩，抬棺材的人停住脚步。耶稣对着棺材说："年轻人，我命令你快起来！"

这时，只见棺材盖忽然松动，接着被掀开，寡妇的儿子真的坐了起来，并开口说话。抬棺木的人先是惊吓，看看耶稣他们无事人一般地站在那儿，便大胆地和寡妇一起，扶着年轻人从棺材中走出来。耶稣点点头，把年轻人交给破啼为笑的寡妇。

送殡的亲友邻居和城门口围观的人都怔住了，他们肃然起敬，赞美上帝说："一位伟大的先知出现在我们中间！""上帝前来拯救以色列的子民了！"

就这样，耶稣被传说为人到病除的神人，成了病人的大救星。

有个患麻风病的人，跪倒在耶稣面前，哀求为他治病，他痛哭流涕地说："主啊，只要你愿意，你就能帮助我，使我病好，让我也能上会堂和圣殿（因为患有麻风病的人，被犹太教认为是不洁之人，他们决不允许这种病人进入会堂和圣殿）。"病人还说："我的主啊！我连做梦都想到那里为上帝献上我的祭品，表达我的虔诚之心啊！"

听了麻风病人道出的不堪重负的肉体和精神上的痛苦，耶稣的怜悯之情油然而生。他连连回答："我愿意！我愿意！"随即伸出手抚摸他，告诉他："你的皮肤会完好如初。"

那人马上感到自己身上的麻风病状消失了，他赶紧摸摸自己的手臂、大腿、胸膛和全身，发现各个部位都变得光滑洁净，高兴得叩拜谢恩。

耶稣送走他时，对他说："听着，你可以直接到祭司那儿去做体验，如若真的好了，你就可以按摩西的规定，大大方方地走进会堂和圣殿，向上帝敬献祭品了。但你一定要记住，不要把这事告诉任何人。"

有关耶稣显现神迹，治病救人的消息，传遍了附近地区，渐渐传遍了这个国家的各个角落。

* * * * *

本篇选自《新约·马太福音》第9章27～31节、第20章29～34节，《新约·马可福音》第2章1～12节、第5章1～20节、第9章14～29节，第10章46～52节。记述耶稣在讲经传道过程中治病救人、祛邪禳灾的系列故事。在福音书里出现许多这样的奇迹，一方面宣扬了"上帝之子"具有超人的神异能力，另一方面又凸现了耶稣救苦救难的宏愿善心。关于奇迹的渲染，可以当作文学故事欣赏，而耶稣为民众做好事却是值得赞美的。

福音书的作者善于运用文学虚构手法把人性与神性结合在一起，并把人的特异功能神奇化。比如，作者借助治愈瞎子（重见光明）这一奇迹的描写，宣传他的这种根治痼疾的异能出自"圣子身份"，而瞎子之所以能"重见光明"又建立在坚信"救世主"耶稣一定能救己的基础上。现代读者不难从中悟解，人的特异技能主要来自勤奋学习和勇于实践。

16世纪尼德兰画家莱登的路加曾从耶稣使盲人重见光明的故事中取材，绘制了著名的油画《耶稣治愈瞎子》。

仁爱宽恕度淫妇　爱人爱己劝善良

耶稣的门徒彼得遇到一件烦心的家务事，他询问耶稣："主啊，我的兄弟得罪了我，我当饶恕他几次，七次行吗？"

耶稣马上回答："不，不行！不是七次，而是七十个七次！"

彼得听后觉得很奇怪，意欲再次请教，耶稣用手势制止了他，紧接着对他说："你不急于问我，让我先给你讲个故事。"

从前，有个国王在清理自己的财务时，发现有个仆人竟然欠他一千两银子。他十分生气地叫来那仆人，斥责道："你竟然欠我这么一大笔钱，快快筹款还债吧！如若在规定的期限内还不清债款，我就将你全家，包括你妻子儿女以及你所有的财产，全部作为抵押。"

仆人跪在地上哀求国王："我王息怒，我实在是在走投无路之时借的款子啊！请你开恩，多宽限我几日，容我筹措借款，还清借贷。我就是破产卖身也一定想方设法还清所有的债。"

仆人的哀求和诚意打动了国王，国王动了恻隐之心，不仅饶恕了那个仆人，还免除了他全部的债款。仆人连连叩头，对国王千恩万谢。

那仆人怀着感激不尽的心情离开了王宫。凑巧，他一走出王宫，迎面碰到另一个给国王当差的仆人，也就是他很熟悉的同事，这人曾经因手头困难向他借过钱，目前，还欠他十两银子。

他见到那同事后，立刻变了脸，非逼着同事还债不可："哼！你借我的钱还没还清呢，你必须马上还我，一天也不许拖欠了。"那同事求他宽限两天，他竟像对待仇敌那样，面红脖子粗地大声斥责，甚至用双手掐住同事的喉咙，威胁对方："如若再不还我欠款，我就对你不客气了！"同事跪在他脚下求情，请他容自己去筹钱借贷，保证还清全部欠款。可是，他坚决不同意，硬是把他熟悉的同事扭送到监狱。

众仆人见了，纷纷为第二个仆人抱打不平，同声谴责第一个仆人，并将此事报告国王。

国王听了，勃然大怒，又把那个欠他债款的仆人叫来，斥责他："你这个可恶的奴才，你欠我一千两银子，我都因为你经济困难，可怜你，全都免除了。你却为了十两银子，就这么狠毒地对待你的同事，一点同情之心、怜悯之情都没有，实在可恶可恨！"国王一气之下，将他交给掌刑的官吏，直到他全部还清债款，才释放了他。

故事讲完了，耶稣望着若有所思的彼得点点头说："我们要仁慈宽厚地对待人们。"

耶稣从橄榄山赶到耶路撒冷圣殿，给集中在那儿的众民讲经说道。他刚刚坐下来，一些反对他的文士和法利赛人，带着一个蓬头垢面的女人由外面闯进来，后面还跟着一群看热闹的民众，他们指手画脚，议论纷纷。听讲的民众不知发生了什么事，莫名其妙地回头观望。

这时，那些反对耶稣的人七手八脚地将那女人推到他面前，然后问耶稣："夫子，这妇人是正在行淫时被抓住的，她触犯了摩西律法的第七条诫命，按律法规定，众人应用石头砸死她。你看怎么办？"

这是一个十分敏感而尖锐的问题。因为犹太人当时是在罗马的统治之下，只有宗教权，但没有司法权，按罗马的法律，这妇人虽然有罪，但罪不该死。如果耶稣按摩西的律法办事，同意众人用石头将妇人砸死，那么，反对他的人可以控告他蔑视罗马法律，犯了故意打死人之罪；如果耶稣按罗马法律办事，不让众人用石头砸死妇人，反对他的人又可控告他违反摩西律法，不配传经布道，可以名正言顺地将他赶出圣殿。

这明明是存心向他挑战嘛！耶稣很快识破他们的阴谋诡计，他镇定自若，不言不语，只是弯下腰，蹲在地上用手指头划字，不理会他们的提问。

这样僵持了好一会儿，文士和法利赛人沉不住气了，他们不停地催促说："夫子，你快回答呀，我们该如何处罚这无耻的淫妇？"

这时，耶稣才慢慢地站起身，大声对围观的人群讲："你们中间谁若无罪，谁就可以拿石头砸她。"说完，他又弯下腰，无声无息地蹲在地上划字，现场一片沉寂。

耶稣的话是一句绝妙的回答。因为在犹太教的教义上明白地写着：始祖亚当犯了罪，这个罪遗传给子孙，代代相传，叫"原罪"。所以犹太人都认为自己一出世便是有罪之人。耶稣机灵地想到这一点，他不直接回答对方提出的问题，却提醒大家，个个都是带罪之身，人人都会犯错误。

那些文士、法利赛人和围观的民众听了，谁都不敢认定自己一身清白，否认毫无罪过，他们一个一个、不声不响地偷偷溜走了。

耶稣聪明的回答，既没有蔑视罗马的法律，又没有违背摩西的律法规定；既阻止了人们用石头砸死妇人，挽救了一条性命，又有力地击破了反对者的阴谋，十分精彩地为自己解了围。他见人群离去，便立起身，向站在面前发抖的妇人问道："那些控告你的人呢？谁也没有定你的罪吗？"

"主啊！没有。"那妇人小声地回答。

耶稣对她说："妇人，我也不定你的罪，去吧，以后不要再犯罪了。"

门徒和听讲的众民为此高声喝彩。

另一次，耶稣接受邀请，到一个法利赛人家里去赴宴。席间，有一手捧盛香膏玉瓶的女子站在他背后哭泣，泪珠滚滚落下，打湿了耶稣的脚,她便用自己的头发慢慢擦干,又用嘴不停地亲吻他的脚,并将香膏抹在上面。

原来这女子是犯有淫乱罪的妓女,知道内情的主人故意不告诉耶稣,心想:"他若真是先知,必定知道这女子是怎样的一个罪人。"

耶稣心里非常明白法利赛人在想些什么,他想了想,开口对主人说:"西门,有句话我要对你说。"

"夫子,请讲。"主人马上回答。

耶稣停顿了一下,说:"西门,我要对你说的是这么一回事。有两个经济拮据的人,同时向一个债主借了钱,一个借了五百两银子,另一个借了五十两银子。后来,债主发了善心,恩免了他俩的全部债款。你说,这两人哪一个更感激债主呢?"

"当然是那个欠债多的人,因为他得到的恩免多。"西门脱口而出。

耶稣回答:"你说得很对。"并转向那女子,说:"西门,你看见这女子吗?我走进你家,你没有打水给我洗脚,这女子却用泪水打湿了我的脚,并用头发擦干;你没有与我亲嘴,这女子却用嘴不停地亲我的脚;你没有拿油给我抹头,这女子却用香膏为我抹脚。所以,我要告诉你,那恩免少的人,爱就少,而这女子的爱多,她过去的罪孽都可以赦免。"说到这儿,他对那女子说:"你不用担心,你以往所犯下的罪过全都赦免了。"

同席的人都吃惊地望着他,心里在想,这是个什么人呀,竟敢赦免人的罪过。

耶稣诚恳地对那女子说:"你不要害怕,是你的虔诚挽救了你自己,快平平安安地回家,今后不要再犯这样的罪过了。"

在耶利哥,有一个大家都看不起的人,这人名叫撒该,是个税务官,专为罗马政府收税,手段恶劣,对人苛刻,人们公认他是罪人,谁都不愿意和他来往。

一天,撒该听说耶稣要来耶利哥,非常想见一见耶稣,看他到底是个什么样子。撒该满怀希望，一直等待着。可是，待耶稣到达时，看望他的人很多，人们已经把他团团围住。撒该个子矮小，怎么挤也挤不进去，怎么跳也看不到耶稣。这时，撒该灵机一动，赶紧跑到众人前面，爬上一棵高大的桑树，心想，等耶稣从树下经过时，自己定会看得一清二楚。

众人簇拥着耶稣走到树下，耶稣抬头看了看，喊道："撒该，下来吧，今天我就住在你家。"

撒该听了，高兴地从树上下来，领着耶稣回到自己家里，他深深感激和蔼可亲的耶稣对自己的信任和关怀。在家里，他一边盛情接待，一边向耶稣讲出自己过去干的坏事。在耶稣循循善诱下，他决心改掉过去的恶习，多为众人办好事，并保证将自己的家产，分一半给穷苦的人。还说，要以四倍的代价归还以往受过自己讹诈的人。

有人见耶稣进了撒该的家，心里不是滋味，嘲笑说："他要做罪人的座上宾了。"

耶稣听到议论，笑了笑，给他们打了一个比喻：

有个牧人养了100只羊，一天晚上，他赶羊进栏清点羊群时，数来数去，发现只有99只，少了一只羊。这时，他赶紧关好羊栏，堵好野兽可进入的洞口，急急忙忙往山上跑。他不顾天黑路远，也不顾饥饿疲劳，一门心思要找回那只丢失的羊。最后，他终于在一个悬崖下寻找到那只掉下去的小羊。可是，当他下崖救羊时，自己也精疲力竭，腿脚发软，不慎跌进崖底，再也无力爬上来了。这时，所有的牧人都回家了，山上一片漆黑，他只好抱着小羊在孤寂清冷的悬崖下过夜。

第二天清晨，他听见山上传来人的脚步声，便大呼救命，被几个牧人发现，将他和小羊一起抬上山崖，他和小羊才得救了。他非常高兴地回到村里，一进村，就兴奋地向邻居和朋友们报喜，高声喊道："乡亲们啊！朋友们啊！你们快来祝福我吧，我把丢失的小羊找回来了，请你们和我一同高兴吧！"

耶稣讲完了，瞧瞧周围的人，发现他们尚未理解比喻的深刻含意，便进一步讲解说：看到一个罪人悔改，要比看到九十九个不用悔改的义人还要高兴，因为，我们是来寻找有罪的人，而不是来找无罪之人的。

耶稣讲道历来精彩，这次也不例外，讲完了，听讲的人都不愿离去，他们围着耶稣请教。其中有个青年财主向耶稣提问："我该做什么善事才能获得永生？"

耶稣回答："你想永生必须遵守诫命，就是不可杀人，不可奸淫，不可偷盗，不可作假证；要孝敬父母，还要爱人如爱己。"

那个青年人说："你所讲的这些我都做到了！我还缺少什么呢？"

耶稣向他指出："作为完人，你应该变卖你的全部财产，分给穷人，这样财富会积存在天上，然后你再跟从我。"

那青年人听过此话，低头不语，快快而去。耶稣笑着告诉门徒："财主进天国，比骆驼穿过针眼还难。"

这时，有一个熟悉犹太律法的律法师，见到这一场面，心里不服气，他对他的朋友说："看我提两个问题考考他。"

他挤上前，对耶稣说："老师，你能告诉我，我怎样做才能永生？"

"关于永生的问题，律书上不是说得很清楚吗？你应该知道呀。"耶稣反问道。

那人说："律书上讲，为人要尽心、尽性、尽力、尽意地爱主，你的上帝；又要爱邻舍如同爱自己。"

耶稣点点头说："很好，回答得很正确，你就按照这些去做，你必得永生。"

周围的人一下子听明白了耶稣的话，全场哄堂大笑。律法师意识到这是在嘲笑自己，他虽然觉得自己不是耶稣的对手，因为耶稣太聪明机智了，但他还是不甘心，为了挽回面子，他继续问道："先生，我们要爱邻舍如同爱自己，那么，请你告诉我，谁又是我的邻舍呢？"

耶稣没有正面回答，他说："我给你讲个好撒玛利亚人的故事吧。"

因为正统犹太人最看不起撒玛利亚人，并卑视和憎恨他们，从不与他们来往。耶稣平等待人，没有这种世俗观念。他讲了这样一个故事：

有个犹太商人，独自一人从耶路撒冷到耶利哥，途中，他遇到一伙打劫的强盗，因为这里人烟稀少，他求救无门。结果，这伙强盗抢走了他的全部财物，还剥光他的衣服，把他打得半死，扔在路边，犹太商人昏死过去。

过了一会儿，有个从圣殿回家的祭司经过这里，看到一个赤身露体、浑身伤痕的人倒在路边，便毫不犹豫地从旁边绕过去了。不久，又走来一个利未人，他看到遇难者血肉模糊，就停下脚步，想救人又怕受牵连，也匆匆离去。后来，有个过路的撒玛利亚人，他骑在牲口上，看到躺在路边的犹太人已经奄奄一息，便立即从牲口上下来，用酒洗干净犹太人的伤口，涂上油，仔细包扎起来。这时，犹太人苏醒了，想说些感谢的话，撒玛利亚人摇摇头，轻轻扶他坐上牲口，自己跟在一旁，把他送到附近的客栈，又找来医生为他治伤。第二天，他因为有要事在身，必须赶到目的地，便拿出一些银子给客栈老板，交代老板要为犹太人治伤，好好照顾，如果钱不够，待他返回时一定如数补上。

耶稣讲完这段故事后，问："律法师，我刚才提到的祭司、利未人和撒玛利亚人，你说说，他们三人谁才是遇难者犹太人的邻舍呢？"

律法师回答："当然是那个救他性命，帮他付钱，为他治伤的撒玛利亚人呀！"

耶稣笑笑说："我看你是明白了，那你就照样行吧。"

*　　*　　*　　*　　*

本篇选自《新约·马太福音》第 18 章 1～14 节、20 节，第

9章16～24节,《新约·路加福音》第15章3～7节、第19章1～9节,《新约·约翰福音》第8章2～11节。记载耶稣传道行迹和他对门徒以及广大听众的训言。全文分为四部分：1.耶稣通过一个国王处理财务纠纷的小故事,劝导彼得讲恕道,要求他无数次地原谅得罪过他的兄弟；2.耶稣运用绝妙的言词和论据为淫妇妓女作辩护,恩免了她们的罪过；3.耶稣以牧人找回"迷途的羊"作比喻,强调争取"罪人悔改"的重大意义；4.耶稣讲解人欲获得永生之道必须遵守诫命,爱人如爱己。这些具有宗教色彩的人物事迹和耶稣训诲,日后成为典故。

在后世,耶稣向彼得讲的"不是七次,而是七十个七次",比喻"无数次",表示宽恕人应当"不计其数",19世纪俄国作家列夫·托尔斯泰在长篇小说《复活》第28章中引述了耶稣的这段话。

"耶稣与淫妇妓女"的故事,也常被后人作为典故引用,借以强调善待别人和宽恕。列夫·托尔斯泰《复活》的第28章中还引述过耶稣关于"迷途的羊"的训言,将"迷途的羊"比喻为"因误入歧途而做了错事的人"。

"耶稣和青年财主"(议论永生之道)是著名的耶稣传道故事。"财主进天国比骆驼穿过针眼还难"是著名的耶稣训言,比喻"比登天还难"、"根本办不到"的事。16世纪法兰德斯画家凡·斯科列尔的杰作《耶稣与青年财主》取材于此。

一进耶城净圣殿　十女故事喻天国

　　耶稣在朋友和门徒的陪同下，来到加利利海北岸的迦百农，共同商议下一步的行动计划。

　　眼看"逾越节"快到了，这是一个神圣的宗教节日，按摩西律法和民间习俗，每一个犹太人都应该到圣殿去过节，同时，耶稣也想了解一下首都民众对他们传道行医的反映。于是，他们决定一起到耶路撒冷去。

　　一帮人来到耶路撒冷近郊的橄榄山小憩，耶稣认为骑上象征和平的坐骑进耶城比较好，便派两个门徒去弄一匹驴子，他对门徒说："你们到对面村子里去，进村时，必见到有一匹从未被人骑过的驴驹拴在那里，你们解开拴它的绳子，牵着走。如若有人阻拦你们，问你们为什么要牵走这匹驴？你们就回答，'主要用它'。"

　　过了一会儿，门徒牵着驴驹回来了。他们进村遇到的事，都在老师的预料之中。当他们解开拴驴的绳子时，驴的主人赶过来问他们想干什么？他们照老师的话回答"主要用它"，驴的主人听了，二话没说，就让他们把驴牵走了。

　　门徒脱下自己的衣服铺在驴驹的身上，然后牵到耶稣身边，扶他骑上。出发的时候，众人又将身上的衣服铺在路上。下了橄榄山，众门徒大声赞美上帝：奉主名来的王，是应当称颂的。在天上有和平，在至高处有荣光。

这些人当中，有几个是法利赛人，他们听了门徒的赞美词，心中不悦，就对耶稣说："夫子，你的门徒怎么这样称颂赞美你呢？应该好好责备他们。"

耶稣回答："对不起，我可以告诉你们，如若他们闭口不言，这些石头也定会呼叫起来。"

于是，在耶路撒冷街头，出现了少有的新闻：一群外地人排成行有序地前进，耶稣像先知预言的那样，骑着小驴驹走在最前头，众人紧跟其后，缓缓而行。很多信徒拥上前来欢迎他们，有的脱下衣服，有的砍下棕树枝，兴奋地挥舞着，前呼后拥，一路高喊：

> 和散那（原意求救，后转为欢呼赞颂的感叹词），
>
> 和散那！归于大卫的子孙，
>
> 奉主名来的是应当称颂的，
>
> 高高在上，和散那！

后来，教会把耶稣进耶路撒冷城的这一天，定为纪念日，称之为"棕枝主日"（即复活节第一个礼拜天），又称"主进城节"。

从宁静的加利利来到圣都耶路撒冷，耶稣感受到另一番天地，当他在信徒们的簇拥下，进入圣殿时，只见圣殿大院里脏、乱、臭，一片混乱景象：

大小商贩不停地大声吆喝；牲畜的哞叫声此起彼伏；货币兑换商坐在木墩子后面，高声招徕外客兑换犹太钱币；卖吃卖喝的到处都是，朝圣者和看热闹的人群熙熙攘攘……清净、高洁的神圣之地，居然变成了牛羊家禽的集散地，混乱嘈杂的大市场，乌七八糟的大杂院。

圣殿本是犹太人祭祀、奉献银钱、祈祷治病的地方。古时候，人们用屠杀俘虏来祭祀圣灵。当人类进入文明时代，便改为宰牛杀羊或鸽子之类的牲畜来代替活人，供奉在圣坛上，敬献给圣灵。犹

耶稣清理圣殿

太人非常重视祭祀仪式，富有的人家，杀一头牛，将肉和油在祭坛上烧掉，把剩下可吃的东西送进祭司厨房；一般人家只买得起一只羊；穷家小户就只好买对鸽子，杀死供奉在祭坛上，以表白自己的虔心。长年居住在国外的犹太人，每年必回圣都朝拜上帝，千里迢迢，不可能携带活牲畜，但又要给上帝献活祭，便只好带上外币在耶城买活牲口了。

屠宰商看中了这门生意，把活牛羊赶进圣殿大院，专供远方来客挑选。而这些长年生活在国外的犹太人，口袋里只有巴比伦的金币，希腊的科林斯银币，并无本地货币，于是，货币兑换商也跟着一起进入大院，专为买卖双方将外币兑换成犹太钱币，从中牟利。不少卖鸽子和其他活禽、以及卖吃卖喝的小贩也想乘机捞一把。祭司们对院子里的秩序和卫生状况一概不闻不问，只向商贩收租纳税，发不义之财。

耶稣目睹眼前亵渎神灵的行为岂能容忍，他气愤！他怒吼！他冲动地抓起赶牲口的鞭子，用劲地乱抽猛打。那些牛羊商和生意人见了，抱头鼠窜，看热闹的人们惊恐得四处躲闪，牲畜也夹杂在人群中慌乱逃跑，货币商的钱桌被打翻、掀倒，钱币撒落一地，他们只得趴在地上，一个一个地寻找……一时间，喊、叫、哭、号、哼各种声响混为一团。

耶城的人听说圣殿出事了，赶紧丢下手中的活计，拔腿就跑，踏着高低不平的石子路直奔圣殿，其中有看热闹的，有管闲事的，也有成心抓辫子的。于是，在圣殿大院现场，人们三五成群，议论纷纷：有人认为把圣殿搞成牛栏，当交易所是亵渎行为，极力赞成耶稣的做法；有人认为，在圣殿大院吵闹是不对的，但也无须一个小地方来的年轻人强出头，不欢迎耶稣；还有人弄不清发生了什么事，莫衷一是；表现得最为激烈的是那些别有用心的人。

祭司和地方长老是当然的反对派，他们出面指责耶稣："是谁给予你大闹圣殿的权力？"

耶稣回答："你们若能先回答我的提问，我便回答你们，我为什么有权做我所做的一切。现在，先请你们回答我的提问，谁赋予约翰施洗的权力，是上帝还是人们？"

对方听了，相互传递询问的目光：这问题该如何回答好呢？如若回答是上帝，他一定会问，那你们为什么不相信约翰关于人子的预言呢？如果回答是人，几乎所有的人都承认约翰是先知，也不能自圆其说呀。于是，对方采取一致的回答："不知道。"

"那我也拒绝回答你们的提问。"耶稣轻松地对他们说，并反过来痛斥他们亵渎圣殿的罪行："经上记载说，'我的殿，必称为祷告的殿'，你们却使之成为牲畜栏、大杂院了！"他还用葡萄园主和工人的故事，来比喻祭司和地方长老的落后，他说：

有个葡萄园主，大清早就到市场为他的葡萄园雇工干活，并与雇工商定，每人每天的工资是一块银币，招来的工人遵约到他的葡萄园干活。到了上午九时，他又从家里来到市场，对站在那儿没事做的人说："你们到我家葡萄园干活吧，报酬从优。"他们同意了，并随他进入葡萄园。在中午十二时到下午三时，他又到市场，招来没有找到活干的人到他的葡萄园干活。到了下午五时左右，他还到市场雇工干活。

傍晚收工时，这个葡萄园主叫来工头，要他给雇工们发工资，交代他说："你发工资时，后来的先发，先来的后发。"

工头便先给下午五时开始干活的人，每人发一块银币。最先进葡萄园干活的雇工心想，自己干活的时间长，工资肯定高一点。可是，工头照样给他们每人发一块银币。这些雇工愤愤不平，抱怨园主："这怎么说呢，五点钟来的工人只干了一个小时的活，而我们在烈日下整整干了一天，你却给同样的工资，是不是太不合理了。"

园主回答说："我并没有占你们的便宜，约定好了每人每天一块银币的工资，这可是你们同意了的，我这儿还有协定书哩。"接着对不服气的工人讲："我劝你们拿着钱回家吧。这钱是我自己的，难道我没有支配权？你们也不要因为我慷慨大方而嫉妒别人。所以……"耶稣望望周围的人说："那些后来者要居先，而那些居前者要落后。"

站在那儿的祭司和地方长老，听出了耶稣的弦外之音，只得哑口无言。

法利赛人和撒该人也跟着站出来无理取闹，有意刁难。他们说摩西制定的律法中，有这样一条，"'人死后如无子嗣，亲弟弟须娶嫂为妻，生子应作后裔。'那么我们有个问题请问你，曾经有兄弟七人，老大婚后没有留下后裔就死了，老二便娶寡嫂为妻。不久，老二被上帝召唤去了，也没有子嗣。同样的事接连发生，到最后连这个女人也死了，他们都没有留下子孙继承香火。可是复活节时，他们全都起死回生，你说那女人究竟归谁所有？"

耶稣回答说："你们提的问题本身就错了，因为人复活时，既不能娶，也不能嫁，上帝不是死人的上帝，而是活人的上帝。"

他们不死心，又提了一些怪问题，耶稣一一戳穿他们的阴谋诡计，驳得他们体无完肤。

宿敌们遭到耶稣理直气壮的反驳，一齐败下阵来，这些人对耶稣恨之入骨，但一时抓不到证据，又害怕民众反感，不敢随意抓他，只得低头离去，伺机报复。

他们离开后，耶稣向民众揭发法利赛人的七祸（即罪行），警告众人不得效法，并预言圣殿将要被拆毁夷平，这都是因为耶路撒冷杀害先知、责打义人、不听劝告的结果。

有一个叫科提麦斯的法利赛老人，很不理解这个激进的外地人，虽然他在圣殿表现得如此不体面，但老人还是很想见一见这个莽撞的青年，他叫人通知耶稣，天黑到他家里去。

耶稣接受了邀请，经过交谈，尼科提麦斯觉得耶稣的行动虽然有点过激，但出自真心诚意。特别是听说耶稣在加利利的所作所为，更坚定了自己的看法。他喜欢上这个年轻的拿撒勒人，并帮他分析目前的形势，劝他赶紧离开首都。

果然，耶稣的行动惊动了王宫，官方和权贵们对扰乱社会治安、不利王朝的事历来十分敏感，同时，那些牲口贩子，货币兑换商以及反对耶稣的一些人，都向有关方面控告这个言词犀利、行动猛烈的外地人，引起当权者密切的注意。

这时，耶稣听了老人的劝告，与他的朋友和门徒一起离开了京城，绕道回加利利行医传道。他们离去前，耶稣曾在橄榄山上向门徒讲述了自己的预兆，用"十个少女的故事"比喻天国降临，教诲门徒不要坐失良机。他说：

有十个少女去迎接新郎，这十个女子中，有五名笨女，有五名聪明，她们每人手持油灯，在新房门口静心等候。五名笨女只知举着灯，并没想到灯中的油有多少；而聪明的五女则不然，她们事前就做好准备，在灯盏里加满了油。过了很长时间，新郎还没有到来，少女们都困了，她们怕灯油不够，一个个将灯拧小。

午夜时分，忽听得有人高喊："新郎到了，新娘们准备出来迎接！"喊声惊动了十个少女，她们急忙打起精神，挑亮油灯。这时，五个笨女才发现油灯里的油已烧光，灯要熄了。她们着急地请求另外五女分给自己一点，聪明的五女回答说："对不起，我们灯里的油也不多了，要不，你们赶快到油铺里去买吧。"五笨女听了，急忙跑出去买油。正在这时候，新郎到了，做好准备的五女将新郎迎进新房，关上门举行婚宴。

不久，五笨女气喘吁吁地跑回来，举着灌满新油的灯，但新房的门已经紧闭，她们只好站在门外请求："郎君啊！我们等候你一夜了，请允许我们进新房吧。"新郎在里面回答说："这不可能，因为我根本就不认识你们呀！"结果，五笨女只能在明亮的灯光下独自悲哀。

最后，耶稣告诉门徒，十少女的故事是指机遇虽然相同，但结局却不一样。它比喻天国的降临，如同新郎的到来，不能预知，只能等待。所以，我们必须做好准备，等候天国的降临，以免坐失良机，失掉获得拯救和永生的机会。

*　　*　　*　　*　　*

本篇选自《新约·马太福音》第 20 章 1 ~ 16 节，第 21 章 1 ~ 11 节，第 23 章 13 ~ 36 节，第 25 章 1 ~ 13 节；《新约·约翰福音》第 2 章 13 ~ 22 节。记载耶稣初进耶路撒冷的事迹，包括耶稣的训言、比喻和引述的小故事。全文主要内容分为三部分：1. 耶稣骑驴进耶城受到信徒的夹道欢迎，耶稣自觉维护天父利益洁净圣殿；2. 关于葡萄园主和工人的故事比喻早、迟进入天国者待遇都一样，早进者不端正态度，还会落后于迟进者；3. 关于十个少女"提灯备油"与"提灯未备油"的故事，比喻天国降临时不可坐失良机。在这里，如果不拘泥于"天父"、"天国"这一类宗教性词语，其积极意义就会凸现出来。全心全意为群众排忧、解愁、答疑的人，当然会受到群众的欢迎；先进者傲慢无礼就会落后，后进者奋发图强就会"后来居上"；十个少女机会均等而结局各异，聪明者常备不懈，抓住时机"蒙捡选"，愚蠢者胸中无数，失去时机"遭弃绝"。

欧洲文艺复兴晚期西班牙画家葛雷柯从耶稣守节时净化圣殿的故事中选材，绘制了油画《耶稣洁净圣殿》；17世纪荷兰艺术家伦勃朗从葡萄园主和工人的故事中取材创作的油画《葡萄园工人的比喻》（1637）颇有新意，葡萄园主大腹便便，雇工骨瘦如柴。十个少女提灯迎新郎的故事也曾被中世纪欧洲作家改编成戏剧上演。

再进耶城触宿敌　登山颂扬八福人

临近"逾越节"，形势越来越严峻，耶路撒冷的祭司和地方长老聚集在一起，密谋策划逮捕耶稣，置他于死地。

耶稣第二次进耶路撒冷，还没走进圣殿，就因故立即返回加利利了。

这是一次偶然事件。当耶稣一行刚刚进城，经过羊门附近的毕士大水池时，忽然传来喊叫声："救救我吧，救救我吧！"

他们循声望去，原来，水池边有五条走廊（希伯来语称它为"毕士大"），走廊上躺满了病人，有瘫子、瘸子、瞎子、聋子以及一些患疑难病症的人，他们在等候池中的水流漩动。据传说，这里经常有天使下凡搅动池水，池水发出的旋转声可以治愈百病，但病人必须抢先下水，否则失灵。

那个大声叫喊的人患病已经38年了，长年腿脚僵硬，不能行走，他是专门等待天使下凡搅动水流治病的。同时，他像其他人一样，早就听说耶稣在加利利的神迹奇事，知道耶稣人到病除，能治百病。于是，长时间等在那儿，幻想出现奇迹。谁料到，这奇迹终于被他盼到了。当耶稣一行人走过时，他见来人气宇非凡，便放声大叫，其实他并不知道这人就是耶稣。

耶稣停下脚步，那人急忙爬过来躺在他面前，耶稣看了看问："你怎么啦，想恢复健康吗？"

那人立刻回答："想啊！我是日日想，夜夜想，时时都想做个能自由行动的健康人。"然后，他谈了自己的病情和苦衷："唉！每当水流漩动时，没有人帮我下到水中，待我费了九牛二虎之力爬到池边时，水池里早已挤满了病人。"

耶稣非常同情他，决定帮他解除痛苦，便仔细瞧了瞧他，然后对他说："起来，你的腿脚没有毛病，收拾好你的铺盖回家去。"

那人听耶稣这么一说，赶紧从地上站起来，感到自己的腿脚活络了，正想感谢，却见耶稣一行人已经离去。他试试腿脚，竟能行走自如，他高兴地卷起铺盖，夹在腋下，简直快乐得要发疯了，他喜滋滋、乐悠悠地往圣殿的方向走去，想尽快去向上帝拜谢圣恩。可是，他忘了那天是安息日，按规定，安息日是不能随身携带东西的，连衣服上多别一枚别针也不行，哪还允许夹着铺盖在大街上行走呢。

法利赛派的权贵们知道了，立即派人当街拦住那人，说："你知道今天是安息日吗？安息日搬运行李是违反律法的，所以你犯了罪，应该受罚。"

那人正沉浸在无比的兴奋和幸福中，根本没有细想他们问话的意思，随口便说："是为我治好病的那位先生要我卷铺盖回家的，我是照他说的话在做。"

他们问他："要你这么做的那位先生是谁？"

那人只能摇头，因为他并不知道为他治病的人是耶稣，而且当时毕士大非常拥挤，耶稣与他对话后，很快就避开了。

权贵们猜到了此事定是耶稣所为，所以怒火中烧。他们放了那人，却对早已怀恨在心的耶稣怒不可遏，他们决不放过这一报复耶稣的好机会。在他们的怂恿下，公会召开紧急会议，讨论对策，他们决定先调查情况，责令耶稣说清楚这件事。

耶稣毫无惧色地去了，而且耐心地听取了他们的指控。完了，他明确地回答说："我父亲在不停地工作，我也必须如此做。"并不认为碰巧是安息日，这一天什么好事也不能做了。他们逼紧了，耶稣只表示气愤，并不发火。实在逼急了，耶稣就给在场的人讲个简短的故事或者打个比喻，他说：

我给你们打个比喻，某葡萄园的园主要出远门，便把自己管理经营得十分良好的葡萄园交给佃户看管。到了葡萄成熟的季节，他回到家里，派手下的三个仆人去向佃户们收取自己应得的那份钱款。佃户们看到来人是奴仆，便打伤一人，杀死一人，赶跑一人。园主听了仆人的汇报，又派更多的仆人前去要债，也受到同样的下场。最后，他派自己的儿子去找佃户，心想，他们看不起奴仆，总会尊重我的儿子吧。谁知，佃户们见了，商量说："杀死他，除掉了他，我们就能夺取庄园的全部财产。"佃户们竟然一拥而上，将园主的儿子从园子里扔出去杀死了。

说到这儿，耶稣问："若是庄园主亲自出马，你们说结果会怎样呢？"

人们回答："他肯定将那些恶佃户杀死，请另外一些佃户帮忙照看葡萄园，这些佃户定能如期如数上交园主应得的收成。"

耶稣又问大家："你们真的不知道经书上是怎么说的吗？"他见众人摇头不知，便告诉大家：

> 经上记载说，最重要的基石
> 被工匠们当废料丢弃。
> 全赖主的巧妙安排，
> 这种情景才让人惊奇。

"现在我可以告诉你们，你们都无缘见到天国了，因为只有'唯积善之人才能受它拥抱'。"

耶稣传播的福音，使人们领悟到上帝"善心、普爱"的训诲，不少反对他的听众立即改变了立场，成为他的拥护者。

一些法利赛人和耶路撒冷的经律师不服气，围过来攻击耶稣，说他的门徒用不洁之手拿东西吃，是违反祖宗传统，质问耶稣："为什么你的门徒敢于违反教义，不净手就进餐呢？"

耶稣听了，针锋相对地回答说："你们的质问，很久以前先知以赛亚就作过预言。现在，我来给大家重复一遍。请听，他是这样来形容你们这些伪善之人的：

> 上帝说，这些人用唇舌尊敬我，
> 内心实际上在背离我，
> 他们教人以人的规定，
> 竟说这是上帝的律法，
> 如此敬我之人岂能获得拯救。"

耶稣接着指责他们："你们不正是把上帝的律法束之高阁，信守人的教诲吗？你们巧妙地拒斥上帝的律法，为的是抬高祖宗的教诲。因为摩西严格命令你们'要孝敬父母'、'咒骂父母者应该处死'，于是，你们告诉人们，把孝敬父母的东西说成是敬献给上帝的，这样，就不会因敬父母不拜上帝而受到惩罚。你们企图通过这种形式，引诱人们用祖宗的传统，抵消上帝的旨意。类似这样的事情，简直不胜枚举。"一席话责骂得对方翻白眼，却无话反驳。

祭司和反对耶稣的人恨得咬牙切齿，他们暗地里叫警卫去抓耶稣。耶稣对警卫说："我和你们相处的时间不多了，我快要离开你们，回到我的派遣者那儿去了。你们会寻找我，却无法找到，我要去的地方你们去不了。"

警卫们听了莫名其妙，面面相觑，他们实在不明白，这人究竟要到哪儿去？怎么肯定我们还要寻找他？为什么他去的地方别人不能去？但见耶稣出言不凡，不敢抓他，便空手而归。

祭司和法利赛人责问他们："怎么搞的，你们怎么不把耶稣带到这儿来？"

警卫回答："他说的话非同凡响，令我们不可理解，所以我们不好动手抓他。"

法利赛人生气地吼道："你们都被他迷惑住了，你们见过当权者和法利赛人相信过他吗？只有那些不懂摩西律法的愚蠢人才跟随他哩。"

当时，法利赛人科提麦斯也在场，他曾经见过耶稣，并与之交谈过，还特别喜欢这个外乡人，他听说要抓耶稣，便说："依律法我们不能随意给人定罪，必须核对实际情况，经过审理之后才能判决。"

那些反对耶稣的人听他这么说，都一致责怪他不该帮耶稣说话，认为加利利不会产生先知。

最后，宿敌们与在圣殿大院遭受损失的商人一起联名上告国王。希律王像他的父亲一样多疑，他又多次听到关于耶稣犯罪的反映，惧怕耶稣动摇他的统治，便相信了他们的话，就以亵渎神灵的罪名，下达逮捕耶稣的命令。

但此时的耶稣，已经和他的众门徒第二次离开了耶路撒冷，沿途又有许多人加入了他们的队伍。他看见跟随自己的人越来越多，就登上一座小山，在山顶上坐下，众门徒围坐在四周，他开始教诲和培训他们。这便是有名的"登山训众"或"山上宝训"。

这一次，耶稣集中地讲述了许多问题，有"论福"、"论门徒应作盐作光"、"论仇恨"、"论爱仇敌"、"论奸淫"、"论起誓"、"论施舍"、"论祷告"、"论禁食"、"论财宝"、"论世俗生活"、"论责人与律己"等。其中"论福"中讲了八种人有福，被人们称为"八福"：

> 虚心的人有福了：因为天国是他们的；
>
> 哀恸的人有福了：因为他们必得安慰；
>
> 温柔的人有福了：因为他们必承受地土；
>
> 饥渴的人有福了：因为他们必得饱足；
>
> 怜恤的人有福了：因为他们必蒙怜恤；
>
> 心地纯洁的人有福了：因为他们将会看到上帝；
>
> 使人和睦的人有福了：因为上帝认他们为自己的子孙；

为义受到迫害的人有福了：因为天国属于他们。

当年，耶稣为了教导门徒如何做祷告，自己亲自作了一段示范文，专供信徒们做礼拜时齐声背诵，所以称之为"主祷文"，这也是一段指导人们在人生坎坷道路上行动的祈祷文，至今，世界上还有千百万人一遍又一遍地背诵着：

> 我们在天上的父，
> 愿人都尊称你的圣名，
> 愿你的国降临，
> 愿你的旨意，
> 行在地上像在天堂那样得到实现。
> 我们的日用饮食，
> 今日赐给我们。
> 免我们的债，如同我们免了人的债。
> 不叫我们遇见试探，
> 救我们脱离凶恶。
> 因为国度、权柄、荣耀全是你的
> 直到永远！阿门！

正当耶稣宣传宗教触犯犹太当局利益，政府以蛊惑人心的罪名四处逮捕耶稣时，他的好朋友拉撒路突然得了重病。拉撒路和他的姐妹马大、马利亚都是耶稣的信徒和朋友，住在离耶路撒冷不远的郊区伯大尼村。姐妹俩万分焦急，因为他们亲密的好朋友暂时躲藏起来，无法为她们的兄弟治病。拉撒路病危时，知道耶稣去处的马利亚，不得已托人捎信说："主啊，你所爱的人生了重病，病情十分危急！"

耶稣得信后，安慰她们不用焦急，不用害怕，这病人不会死。可是过了两天，耶稣却对他的门徒说："我们再到耶路撒冷去吧。"

众门徒听了他的话，无不惊愕地对他说："天呀！这是什么时候？耶路撒冷正等着逮捕你呢，你怎么还要往那里去！"

耶稣回答："我们的朋友拉撒路睡着了，我得去唤醒他。"

"他若是睡着了，自己定会醒来。"门徒们不明白耶稣说这话的意思。

"拉撒路已经死了。"他只好直截了当地告诉他们。

众门徒见他决心已定，大家都愿意陪他一同冒险，他们表示要和老师一起去，就是死也要和他死在一起。

他们一行人匆匆赶到伯大尼村，可是拉撒路已经死去四天了。马大听说耶稣来了，赶紧出来迎接，流着泪说："主啊，你要是在这儿，我弟弟肯定不会死。但我知道，你能祈求上帝，无论你求什么，他都会赐给你。即使我弟弟死了，你也可以挽回他的生命，是吧。"

"你弟弟会复活的。"耶稣安慰她。

马大说："这我知道，到末日审判时，他就会复活。"

耶稣说："相信我吧，马大。复活在我，生命也在我。信我者，尽管死了，也能复活。凡活着信我的人都会永远不死。"

"主啊，我相信。"马大回答。"我相信你是基督，是上帝的儿子，是应许来世上的弥赛亚。"说完，她便跑进房间，悄悄对马利亚说："老师来了，正叫你呢。"

马利亚急忙出来，见到耶稣她就像见到亲人一样放声大哭，俯伏在耶稣的脚下，悲伤地说："主啊，如若你在这儿，弟弟决不会死。"

耶稣听了，十分不安地问道："你们把拉撒路安葬在哪儿了？"

她们就把他带到拉撒路坟前，耶稣难过地掉下泪来。他见拉撒路的墓是个洞穴，一块大石头挡在墓口，就吩咐大伙："快把石头挪开！"

"天哪！拉撒路已经埋葬四天了。"马大吃惊地大声叫起来。

"马大，我不是告诉过你吗？只要你相信，你就可以看到上帝神奇的力量。"耶稣温和地对她说。

　　大伙按耶稣说的做，七手八脚，挪开了墓口的大石块。这时，耶稣仰面苍天，说："父啊！我感谢你，因为你听了我的祷告。"然后，大声呼唤："拉撒路出来！"

　　随着喊声，拉撒路果真从墓中蹦出来，身上还穿着葬衣，脸上还盖着葬巾，手脚还裹着葬布。耶稣急忙说："快，快，快给他解开葬布，好让他的双脚走路呀。"

　　许多亲眼目睹这一切的人，又惊又喜，都赞美上帝，相信耶稣是上帝的儿子。也有人马上跑到耶路撒冷城，向当局告密。

　　　　　　*　　*　　*　　*　　*

　　本篇选自《新约·约翰福音》第5章1～29节，第11章1～44节；《新约·马太福音》第5章1节～第7章29节。在编选中，还参照了福音书中其他有关章节。记述耶稣再次到耶路撒冷传教布道、治病救人，深受广大信徒和群众的拥护，遭到法利赛权贵和犹太官方当局的嫉恨。

　　在这里，作为伦理道德和宗教改革家的耶稣，比作为施行奇迹的耶稣更为突出。当时的法利赛人坚持正统的犹太教，特别注重遵守仪式，而耶稣与正统犹太教日益疏远，唯独认可"心灵的宗教"，反对假冒虔诚的形式主义（传统的外部仪式）。耶稣关爱受苦受难的卑贱者和各种被社会遗弃的人，掌握宗教大权而顽固迂腐的法利赛人认为这是对"体面宗教"的侮辱。由此可见，耶稣及其门徒和法利赛人、官方当局的矛盾尖锐化是必然而不可避免的。本文中关于耶稣与法利赛人的大辩论、"宿敌的阴谋"、"登山训众"、"拉撒路死而复活"的描写，就可以作为形象的例证。

　　"登山训众"（或"山上宝训"）是耶稣著名的训诲言论，大部分论及伦理道德和宗教信仰。这些精辟的训言不仅被人们当作基督教思想意识的基石之一，而且被人们作为做人的一种规范。英国作家哈代在长篇小说《远离尘嚣》中借人物之口讲及耶稣论福之事。

　　在后世，拉撒路的故事影响着一代又一代的作家和艺术家。16世纪西班牙出现了流浪汉小说《托美思河的小拉撒路》，据此取名；现代美国剧作家奥尼尔的名作《拉撒路笑了》取材于拉撒路死而复活的故事，并借用了拉撒路形象；15世纪尼德兰画家亚尔伯特·凡·欧瓦特绘制的油画《拉撒路复活》也是如此。

接吻为号出卖主　最后晚餐话别离

拉撒路死而复活的奇事，一传十，十传百，很快传遍耶路撒冷和各个城邑，经过人们夸张、渲染后，更是充满神秘色彩，深入人心，在社会上产生很大影响，成为著名的"拉撒路事件"。

犹太当局接到密报，又见人们这般相信、崇拜耶稣，感到十分震惊和惧怕，他们焦急地议论："现在怎么办，这人行了许多神迹，再这样下去，民众都会跟随他。"他们考虑更多的是自身利益：如果罗马方面认为这是谋反，就会派兵镇压，那么，他们的地位和权力便随之全部丧失。他们觉得"这事再也不能拖延了"。于是，他们召开高层会议，紧锣密鼓地商议谋杀耶稣。

当耶稣一行再次出现在耶路撒冷大街时，耶城的男女老少，潮水般拥上街头，他们竞相争看震撼人心的"拉撒路事件"的当事人，看他何等神奇、何等崇高！

耶稣健步走来，众民赞美、欢呼，投掷鲜花，夹道欢迎。这时的耶稣并不激动，他没有被眼前热闹的场景所蒙蔽，也没有陶醉在鲜花与赞美声中，他知道随后即将要发生的事情。

在浩浩荡荡的队伍中，耶稣突然转过头来对门徒说："听着，人子将在这里被出卖，落入当局的手中，他们要判我死刑，还会交给罗马人，让他们侮辱我，抽打我，最后残杀我。不过，你们听着，三日后，我将复活。"说完，又转过头去，继续前行。

门徒们发现他的话语深沉，面容严峻，感到情况异常，但不知老师讲的究竟是怎么回事，心里特别紧张和不安。

到达耶路撒冷，他们并不在城内停留，而是住在城外伯大尼村（以前，耶稣经常在拉撒路姐弟家住宿），这里离耶城很近，耶稣吃了点东西，恢复体力后，就动身去圣殿为民治病，传播福音。迎接他的仍然是脏乱旧貌，他又一次洁净圣殿。

第二天清晨，当他来到圣殿时，公会采取行动了，几个全副武装的士兵阻挡了他，声称他昨天干了渎圣之事要受罚。众民闻讯纷纷赶来，自然分成两派，他们争吵着，面红脖子粗，挥动着双手，几乎要殴斗了。耶稣见状，便采取主动，他越过祭司向民众讲道。简短的故事和形象的比喻，立即得到民众的好评。士兵们见他并未动武挑战，也未煽动民众造反，便只好让他回到住处。

大祭司该亚法气坏了！法利赛派气坏了！

在这场与当局的斗争中，耶稣虽然是胜利者，但他心里明白，宿敌们决不会罢休，悲剧是不可避免的了。随着黑暗的到来，他的心情也越来越沉重。

使耶稣焦虑的，除了与当局的斗争外，还有自己的十二个门徒，这十二人中有十一人是加利利人，只有犹大是加略人。他们对他始终很崇拜很忠诚，他们之间也能真诚相处，相互爱护和容忍，只有犹大心中不满。当初犹大凭一时热情跟随了耶稣，耶稣见他善于计算，便相信地让他掌管财务，可是，犹大总感到自己受蔑视，常常把老师和师兄弟毫无恶意的话，当成是对自己的凌辱，平时，他假装用心听讲，内心里却在琢磨如何施行报复的计谋。

这次来到耶路撒冷，犹大在逮捕耶稣的政治环境中，找到了报复的机会。这天深夜，他乘师兄弟熟睡之时，偷偷溜出屋子，来到公会。这时的公会正挑灯夜战，密谋捉拿耶稣，他们既害怕惊动民众，又苦于无暗处下手的良策。正巧，门卫带来一个要向他们提供情报的人，开会的人围过来，听他的报告。

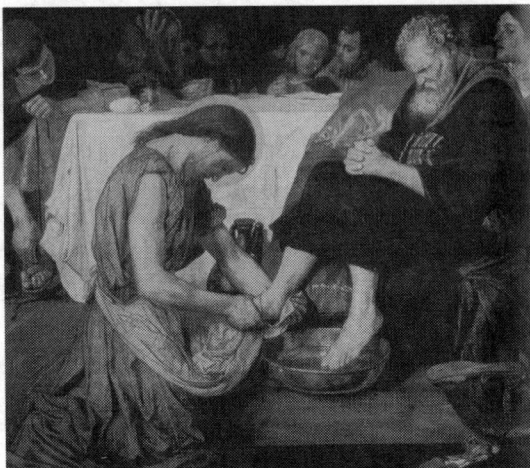

耶稣帮弟子洗脚

犹大直截了当地问："你们是想暗地里抓捕耶稣吗？"

他们正想这么做，因为公开逮捕，容易引起民愤，对当局不利，如果有熟悉耶稣情况的人，与他们里应外合，那么，他们将不费吹灰之力，便可悄悄地把耶稣送进监狱。不料，这人竟亲自找上门来，他们太高兴了。

犹大抓住机会说："好，我负责把耶稣交给你们。"

双方当场达成协议，出卖恩主的代价：三十块银币！

"逾越节"的前一天，耶稣明白自己离开这个世界的时辰越来越近了，他怀念与门徒相处的日子，便脱下外衣，端来一盆水，把毛巾系在腰间，坚持一个一个地为门徒洗脚，并为他们擦干净。到了彼得面前，彼得叫道："主啊，难道你还要为我洗脚吗？"

耶稣回答说："现在你不会理解我的，但日后你就明白了。"

"不，主啊，任何时候我都不会让你给我洗脚的。"

"我一定要为你洗脚，如果你不让，我就不认你这个门徒了。"耶稣说得认真而坚决。

彼得只好妥协地开玩笑说："那好吧，主啊，你不仅替我洗脚，还要替我洗手和头哩。"

耶稣摇摇头说："洗过澡的人，全身都干净，除了脚以外。你们都是很干净的人，除了一人之外（指犹大）。"门徒们谁也没去想其中的深层含义。

耶稣替他的门徒洗完脚，又穿上外衣，坐回原来的椅子上，问门徒："对于我刚才替你们洗脚的事，你们理解吗？"又说："你们都称呼我为老师和主，我尚且为你们洗脚，是要为你们树立一个榜样，所以，你们也应该彼此洗脚，照我的样子去做，互敬互爱。这里有一个道理，主人不比奴隶大，使者也不比派遣他的人小。能够懂得这道理，并付诸行动，你们将无限快乐。"他还告诉门徒："经上记载说：'那与我一起分享食物的人背叛了我'，事情发生前我告诉你们，在事情发生时，你们要相信，我即是我。"

"除酵节"宰"逾越节"羊羔的日子到了，彼得和约翰向耶稣征求有关节日进餐的意见："老师，你想在什么地方办节日宴席呢？"

耶稣回答："在城里吧。你们进城后，会遇到一个手拿水瓶的人迎面走来，你们什么话也别说，一直跟着他，他进哪家，你们就跟进去，问那家主人，'客房在哪儿？老师和门徒们要在这儿吃逾越节的宴席。'他必带你们进一间布置得整洁干净的房间，你们就在那里准备过节的宴席吧。"一切正如耶稣所说的那样，彼得和约翰就在那家旅馆订了宴席，让大家开开心心地聚餐。

傍晚，众门徒欢欢喜喜去过节，犹大若无其事地夹在其中，他们离了住所，下了山，进了城，一起围着长桌入座，准备就餐。

这时，耶稣突然对大家说："听着，我实话告诉你们，我已被人出卖了。"

这可怕的消息，震惊了在座的每一个人，节日欢乐的气氛一扫而光。门徒们紧张而忧伤地问："主啊，这会是谁呢？是我们当中的人吗？"

耶稣回答："是的，你们中间有一人，正和我们同桌坐着，他将给我们带来祸患。"

门徒们十分愤怒，争相表白："老师，请相信，这人决不是我。"

耶稣说："人子必然去世，但出卖人子的人有祸了，那人不生在世上倒好！"说完，他不动声色，拿起桌上的饼，祝福了，用手掰开，递给门徒，说："你们拿着吃，这是我的身体，为你们舍的。

为了纪念我，你们也应这样做。"又端起酒杯，祝福了，递给门徒说："你们都喝这个，因为这是我立约的血，为众人流出来，使他们的罪得以赦免，但从此以后，我不再喝这葡萄汁了，直到我在我父的国里，同你们喝新的那日子。"

这时，耶稣拿起一块饼。在碗里蘸了蘸菜汤，单独送给犹大，他多么希望自己的这一友好举动，能够最后一次感化犹大，唤醒门徒的良知。可是，当他们的眼光相遇时，耶稣完全失望了，他发现犹大已经陷得太深，到了不可自拔的程度，就轻轻对他说："行了，你决定的事，就快去做吧！"

心怀鬼胎的犹大，心中忐忑不安，他不敢回答老师的话，乘人

最后的晚餐

不注意时，偷偷溜了出去。大家还以为是老师打发他出去干事了。

这便是著名的"最后的晚餐"，又含有"分别的宴会"的意思。后来，教会根据这个故事设立了"圣餐"，也是基督教主要的圣礼之一。

用完餐，耶稣对彼得说："彼得，你是不是比别人更爱我？"

"是的，主，你知道我爱你。"彼得马上回答。

"那么，请你精心帮我照看我的羔羊。"耶稣嘱咐说，并一再这么交代他。

宴席散了，耶稣和门徒唱了"逾越节"赞歌，然后，一起离开旅馆出城，在回到住处的路上，耶稣对门徒说："你们听着，人子被抓，

你们都会离开我四处逃散，不过，经上记载说，'我会复活的'。"

彼得说："老师，怎么会呢？不会的，即使别人都离开你，我也决不离开！"

耶稣含笑说："我告诉你，今晚鸡叫两遍前，你会三次说不认识我，不过，我不会怪罪你。"

"不！即使我必须同你一起去死，也决不会这么说！"彼得更坚定地表示。其他门徒也都这样表态。

这天天气晴和，大家都感到疲劳，便推开坐落在山下的马尼果园的侧门，耶稣叫彼得、雅各和约翰三人跟着自己进去做祷告，让其余的人留在原地。走了不远，他又叫彼得三人原地守候，嘱咐他们提高警惕。

耶稣独自一人向前走，在寂静的树林中，他默默地想：最后决定的时刻到了，是选择逃避还是留下？他俯伏在地，心里极其忧伤，他已觉察到犹大的叛卖活动，但他认为这是上帝的安排，是他作为受难的弥赛亚必走的路。他祷告说："我父啊！你是万能的，如若可行，请你把这个盛满苦酒的杯子从我这里移开。如若这杯不能离开我，必要我喝，请你不要行我愿，一切按你的旨意。"

做完祷告，耶稣的心境平静下来，他回到原地，看到三个门徒都睡着了。他说："你们为什么要睡觉，而不能警惕片刻呢？起来祷告吧，以免受到诱惑！你们心灵虽然虔诚，肉体却很软弱。"

耶稣再次去祷告，心情平静，态度恳切，豆大的汗珠滚落在地上。待他回到原地，门徒们又睡着了。如此反复三次。耶稣对他们说："现在你们仍然睡觉安歇吗？时候到了，人子被出卖了，起来，我们去吧。看啦，出卖我的人向我走来。"

此刻，园子里响起一阵喧哗声，一群带着刀枪棍棒的士兵闯了进来，冲在最前头的是犹大，他按事先约好的那样，跑上前叫了一声"老师"，便用手臂抱着耶稣，并亲吻。这是他与公会约好的暗号，他亲吻谁就抓谁。因为光线昏暗，士兵一时看不清楚。

耶稣推开犹大，厉声指责说："犹大，你用亲吻作暗号来出卖

犹大之吻

我吗？"接着转过身，对冲进来的一群人说："你们找谁？"

　　冲进来的人回答："我们要找拿撒勒人耶稣。"

　　"我就是！"耶稣毫无惧色，心平气和地说。众人听了，都吓得倒退一步。彼得见此情景，立即抽出随身携带的刺刀，向大祭司的仆人马勒古砍去，马勒古的耳朵被砍掉。

　　耶稣马上制止说："彼得，收刀入鞘吧，凡动刀的必死于刀下。我父所给的那杯，我岂能不喝！"说完便给马勒古治耳朵。然后，转身对众人说："你们为什么要带刀枪棍棒，像抓贼一样抓我呢？我天天在圣殿和你们见面，你们为什么不抓我呀？噢，我明白了，现在天昏地暗，是你们的时候了。"

众门徒见耶稣毫不反抗，束手待擒，就四散逃走了。于是，那些士兵一拥而上，拿住了耶稣，把他带去见大祭司该亚法，众祭司、文士和长老全都集合在那里，他们要寻找假证据，控告并治死耶稣。

耶稣被抓后，失魂落魄的彼得，也跟着进了大祭司的院子。一个女仆走过来，指着他说："你不也是耶稣一伙的吗？"

彼得红着脸边走边否认："你说什么……我听不懂你说的话。"这时传来一只公鸡"喀喀喀"的打鸣声。

那女仆又对别人说："我见过他，他就是耶稣一伙的。"彼得还是否认。

过了一会儿，站在旁边的人也说："你不要不承认，加利利人，你就是耶稣一伙的嘛。"

彼得发誓自己不认识耶稣。刚说完，公鸡第二遍打鸣了。彼得突然记起老师对他说过的话："鸡叫二遍前，你会三次说，你不认识我。"此时此刻，彼得羞愧难当，万分悲痛，忍不住地大声恸哭起来。

不久，出卖耶稣的犹大打听到当局定了耶稣的死罪，十分后悔自己的背叛行为，急忙带着出卖耶稣的三十块银币来到圣殿，要交还给公会的祭司长，并忏悔说："我不该出卖我的老师，我卖了无辜人的血是犯罪，我是有罪之人。"

祭司们回答说："那是你的事，你自己承担吧，这与我们无关。"犹大就把钱丢在殿里赎罪，自己出去上吊自缢了。

祭司们把银币捡起来，说："这是带血的钱，依律法不能入圣殿的宝库。"最后，他们商量出一个处理办法，并征求大家的同意，用这笔钱买下了陶匠的一块地皮，作为外地人的公墓，起名"血田"。直到如今，那块墓地还存在，仍被称为"血田"。

* * * * *

本篇选自《新约·马太福音》第26章14～16节、20～30节、

47～56节,《新约·马可福音》第14章17～26节、43～50节,《新约·路加福音》第22章47～53节,《新约·约翰福音》第13章1～15节, 第18章1～11节等处。记述耶稣受难前的一系列重要事件,包括耶稣最后一次进耶城预言圣子将受难死而复生、犹大出卖耶稣、耶稣为门徒洗脚、最后的晚餐、犹大的亲吻与耶稣被捕等连环小故事。

这些连环小故事进一步说明,作为"人子"的耶稣的学说,包括他的全部生活哲学,富有及其深厚的人民意识和破旧立新的革命意义。因此,现存秩序的受益者,包括犹太教公会的权贵、犹太统治当局,就会联合起来谋杀耶稣。他们用金钱收买耶稣弟子中的叛徒犹大出卖恩师,也有其现实批判意义。耶稣被捕时,关于彼得红着脸三次否认认识耶稣后又感到内疚的心理描写很生动,颇有现实主义笔法。

在后世,这里讲述的一些重大事件已成为作家、艺术家、政论家常用的"典故"。17世纪英国诗人弥尔顿曾在长诗《失乐园》中讲述耶稣为门徒洗脚之事;欧洲文艺复兴时期意大利艺术大师达·芬奇绘有名画《最后的晚餐》;"犹大之吻"转喻为"口蜜腹剑的叛卖行为",意大利画家乔托据此绘出名作《犹大之吻》。

耶稣背负十字架　复活升天降临节

第二天清晨，仇恨耶稣的大祭司该亚法就把众祭司、文士和长老召集到会堂里，商议给耶稣定罪治死，但犹太当局没有权力判人死罪，他们只好将耶稣捆绑起来，押送到罗马驻犹太的总督彼拉多那里。

耶稣站在总督面前接受审判，总督问："你是上帝的儿子、犹太人的王吗？"

"你说的是。"耶稣回答。当祭司和长老控告他的罪行时，他拒绝回答。

彼拉多说："他们都是证人，控告了你那么多罪状，你就没听见？没有话要说吗？"耶稣仍不回答。

总督感到惊讶，他心里清楚，众祭司的话是栽赃陷害，他们完全是由于妒忌才把耶稣交给他审判。因此，他把耶稣带到另一间房，单独审问："你真的是上帝的儿子、犹太人的王吗？"

"你自己认为是呢？还是听别人说的。"耶稣回答。

彼拉多高傲地说："难道我是犹太人吗？是你的同胞把你交给我，让我判你死刑的，你说说，你到底犯了什么罪？"

"我的国不属于这个世界，所以我才落入罪人之手。"耶稣回答。

"你是王吗？"彼拉多又一次提出这个问题。

耶稣肯定地回答："是的，我就是为此才来到这个世界上。真理的王国应该建立起来，任何拥护真理的人，都会承认我是真理。"

"什么是真理？"彼拉多性急地打断了耶稣的话，傲慢地问。

这时，彼拉多收到夫人的一张字条，她提醒丈夫"千万不要管这义人的事"。其实，彼拉多有许多密探，他掌握了大量的材料，夫人也听说了不少事，他有心救耶稣，便去到门外，对众祭司说："我没有查出他触犯罗马法律的罪过。根据惯例，每逢逾越节期间，我都要释放一个罪犯，现在，除了耶稣，还有一个判死罪的乱党首领巴拉巴，你们说我该释放谁？释放耶稣行吗？"

众祭司听了，乱嚷起来："不！不要释放这个人，要放就放巴拉巴。"

"那么，我该怎么处理耶稣呢？"彼拉多征求大家的意见。

众人喊道："把他钉上十字架。"

彼拉多又把耶稣带到一旁，问："你是谁？从哪里来？"耶稣不回答。"你怎么不说话呀！你不知道，我有权将你钉上十字架，也有权释放你！"彼拉多也急了。过了一会儿，他又出来对众人说："我没有查出他犯有死罪，我要责打他，把他放了。"

耶稣的宿敌们慌了，他们鼓动众祭司诡辩说："按我们的律法，他是该死的，因为他自称是上帝的儿子。"并威胁彼拉多，大声喊道："你要是释放这人，你就是对罗马元首不忠。凡自称王者，都是对元首的背叛。"

彼拉多当然畏惧他的最高领导，他怕这些恶棍向元首打小报告。最后，他想出一个脱罪的办法，他让人端出一盆清水，当众洗手，并宣布："杀死耶稣，流这无罪人的血，罪不在我，你们自己承担吧。"于是，他释放了巴拉巴，鞭打耶稣，交给手下人钉十字架。

钉十字架是一种残酷的刑罚，这种刑罚是把受刑者的手脚都用钉子钉在木十字架上，然后竖直，把受刑的人吊在上面，让他慢慢地、痛苦地死去。这原本是罗马人用来惩罚死囚和逃犯的，后来，随着罗马帝国的强大，又传到殖民地，成为殖民地的一种刑法。

耶稣受难

　　耶稣被带进衙门，无知的士兵们便肆意地戏弄和折磨他：脱掉他的衣服，让他穿上大红袍，戴上用荆棘编成的冠冕，把一根苇秆放在他的右手里，嘲笑、挖苦、讽刺他是"犹太人的王"，又朝他脸上吐唾沫，拿苇子打他的头，完了，就让他扛着很重的十字架游街。

　　饱受审讯、鞭打和戏弄折磨的耶稣再也支持不住了，现在又背上沉重的十字架，没走几步便晕倒在地，士兵们只得在围观的人群中，随便拉出一个叫西门的古利奈人替耶稣背十字架。到了城外的刑场各各地（意思是髑髅地），士兵们拿出苦胆酒要他喝，耶稣不肯喝，他们便用枪刺他的肋，把他钉在十字架上，还在他的上方，钉着一块牌子，上面用三种文字（希伯来文、希腊文、拉丁文）写着："这是犹太人的王。"

　　士兵们钉完十字架后，就坐在那里看守他。耶稣在上面俯视围观的民众，当他看见众祭司、文士和长老们，就在心里暗暗祈祷："我的父啊，饶恕他们，赦免他们吧！他们不知道自己在做什么。"

可是，站在下面的众祭司、文士和长老们还在仇恨他、讥讽他："你这总是救别人的人，救救你自己吧！""如若你是上帝的儿子，就从十字架上下来嘛！""上帝若喜欢你，现在应该来救你呀！"当时与耶稣同时钉十字架的还有两个强盗，一个在左，一个在右。左边的人同其他人一样嘲笑他，右边的人却忏悔、祈求赦免自己，耶稣对他说："我实话告诉你，今天你要同我一起进入乐园了。"

耶稣被钉十字架的那天，从正午到初申（即12时至17时），大地一片黑暗，耶稣大声叫喊："以利，以利，拉马撒巴各大尼？"（意思是："我的神，我的神，为什么离弃我？"）喊叫声绝，气就断了。这时，殿里的幔子忽然撕为两半，地震动了，磐石崩裂了，坟墓也开缝了，许多已睡圣徒的身体都起来了。到耶稣复活后，他们从坟里出来进了圣城，向人们显现。

亲眼看到这一切的百夫长和看守的士兵，个个害怕得发抖，他们喃喃地说"这人真是个义人"。有好些从加利利跟随耶稣并服侍他的妇女，其中有抹大拉（村名）的马利亚，还有雅各和约西（耶稣门徒）的母亲马利亚，这两个马利亚都是耶稣的忠实信徒，她们只能站在远处观看。

当天晚上，有个人前来面见总督彼拉多，要认领耶稣的尸体。此人名约瑟，富甲一方，社会地位高影响大，彼拉多就吩咐手下人给他。同时，那个曾与耶稣夜谈，并喜欢和维护耶稣的法利赛人科提麦斯也来了，他带着许多贵重的没药和沉香，两人一起将尸体洗净，涂上没药和沉香，用细麻布包好，安葬在约瑟为自己准备的新坟墓里，又在墓前用大石头封口，做完这些事之后，他们才沉痛地离开。跟着前来的两个马利亚不愿离去，她们对坐着，守候在坟墓旁。

第二天，祭司长与法利赛人邀约在一起，来见彼拉多，说："大人，我们记得耶稣生前说过，'三日后我要复活'，我们猜想第三天，他的门徒会来偷尸体，然后告诉百姓，说耶稣复活了，这样会更加迷惑人。因此，我们请示大人，如何把守好坟墓。"

彼拉多不愿负责，对他们说："你们自己有兵，叫他们看守严紧一点嘛。"于是，他们加派了兵力，加封了石头，严守墓口。

安息日将尽，七日的头一天，也是处死耶稣的第三天，两个马利亚准备将随身携带着香料涂在耶稣的尸体上。忽然，大地颤动起来，主的使者从天而降，把石头滚开，坐在上面，相貌如同闪电，衣服洁白如雪，看守的士兵吓得面色如土，浑身打颤，两个马利亚也吓得拜倒在地。

天使温和地对两个妇女说："不要害怕，我知道你们是寻找那钉在十字架上的耶稣，其实他并不在这里，他已经复活了，难道你们忘了他曾说过的话吗？'人子将落入罪人之手，被钉在十字架上，第三天复活。'你们快去通知他的门徒，他会在你们之前到达加利利的。"

两个妇女听了，又惊又喜，她们想起耶稣说的话，当时，她们听不懂，现在全明白了，便匆匆离开坟墓，跑去给门徒们报信。

她们离开时，有几个看守坟墓的士兵也进了城，将他们看到的事向上头报告，祭司长和长老开会商议，拿出许多银钱给士兵，要他们统一口径说："夜间我们睡觉时，耶稣的门徒偷走了尸体。"并说，这事不用他们负责，其他的事由大祭司处理。

士兵们接受了银钱，又不负任何责任，便高兴地按上头的意思去做。这一说法在犹太人中间一直传到今天。

门徒彼得和约翰听了两个马利亚的话，不顾一切地跑向坟墓，在墓口弯下腰往里瞧，只见麻布葬衣，又钻进坟墓里细瞧，也没看见尸体。他俩走后，两个马利亚坐在墓地哭泣。突然，她们又见到那个天使，天使问："你们怎么又在这儿哭啊？"

她们回答："因为找不到主的尸体。"她们正说话时，只觉得身后有人，当时，晨雾尚未消散，她们以为雾中的人是园丁，便请求说："先生，如果是你挪走了我主，请告诉我们，你把他放在哪里了，我们要接走他。"

"马利亚，愿你们平安！"朦胧的晨雾中传来非常熟悉而亲切的声音。她俩怔了怔，立即辨别出是耶稣，急忙俯伏在地，抱住他的脚拜他。耶稣说："不用害怕，你们去通知我的门徒，叫他们到加利利去见我。"

十一个门徒一同赶往加利利，到了耶稣约定的山上，他们终于又见到老师耶稣了，大家欣喜下拜。有人疑惑，耶稣就走过去对他们说："我与你们同在，直到世界末日。"又让他们看被钉子钉穿的手和被士兵刺伤的肋。

见到耶稣复活，门徒们欣喜若狂，当时门徒多马因事不在场，

基督复活

事后，师兄弟兴奋地告诉他，他说除非自己亲眼见到钉痕才相信。

八天后，众门徒又集合在一间屋子里，他们的老师耶稣再次出现，并招呼他们："愿你们平安！"然后走到多马面前，说："多马，把你的手伸过来，摸摸我的手和肋骨。"多马不敢摸，只是俯伏在地连声叫道："我的主啊！我的主啊！"

后来教会把耶稣复活的这一天，定为"复活节"，又称"主日"。自此，门徒们不再守安息日，而是改为主日，即现在的礼拜天。

耶稣复活后，向世人显现。有一天，两个信徒回家，在路上十分忧伤地谈论发生在耶路撒冷的事情。这时，从后面赶上一人，和他们并排走，问："你们在谈什么呀？"

"就是耶稣钉十字架的事啊！他是个先知，上帝喜欢他，众人崇敬他。可是祭司长却杀害了他，把他钉死在十字架上。"他们叹了一口气，说："唉！我们多么希望他就是经上应许的那个弥赛亚，是来世上拯救我们的救世主啊！""奇怪的是，三天前，他的尸体竟不见了。唉！"他们又伤心地叹了一口气，好像一切希望都落空了。

那人对他们说："难道你们还不知道，基督只有这样受难才能进入他的天国，享受他的荣耀吗？"接着，他系统地给他们讲起经来，从摩西讲到众先知，告诉他们，耶路撒冷所发生的一切正应验了经上的预言……

他们边走边谈，不知不觉到了这两人的家，他们说日头偏西，天色已晚，邀请那人到家里住一晚，明日再赶路。那人应邀进了屋，吃晚饭的时候，那人拿起一块饼，祝谢了，分给大家，他们这才发现那人就是耶稣，待他们抬头看时，耶稣已经不见了。

耶稣复活后 40 天，他带着众门徒到伯大尼对面的山上，满怀深情地给他们祝福，然后，当着众门徒的面升天而去。后来教会将这天称为"升天节"。

耶稣升天后，众门徒来到他们过逾越节的房子里集会，这里成了他们聚会祈祷的地方，参加的人愈来愈多。

一天，彼得提议说："朋友们，当初主挑选我们十二人做门徒，想不到出了个叛徒犹大，现在他也得到应有的惩罚，我们是不是要另外选个人来补充呢？"大家都表示同意，并推荐了约瑟和马提亚两人，最后确定马提亚为十二门徒中的一员。

过了 50 天，正好是犹太人的感恩节，人们都在兴高采烈地庆祝这丰收的节日，耶稣的门徒们又聚集在这间屋子里做祷告，突然，有声音从天而降，如同一阵大风吹过，接着，一道亮光闪现，分成一道道火舌，飘落到每个人头上，使他们充满灵气和热情，不由自主地用各种方言讲述上帝的神迹。

这时，正在欢庆节日的人们听见响声，都奇怪地跑过来看热闹，他们猜测：这些能说各地方言的加利利人一定是醉酒了。

"不！"彼得站出来高声说："我们没有喝醉酒，这是应验先知约珥的预言：'上帝说，在末后的日子，我要将我的灵浇灌凡有血性的人。你们的儿女要说预言，你们的少年人要见异象，老年人要做异梦。在那些日子，我要将我的灵浇灌我的仆人和使女，他们也要说预言。'"接着，他环视四周，对人们说："以色列人啊，你们听着，耶稣是上帝派来的，只有上帝派来的人才能施行异能、奇事和神迹。然而，你们却将上帝派来的这人抓去钉死在十字架上。我告诉你们，被你们钉死在十字架上的耶稣，上帝已使他复活，并立他为救世主了。"

众人听了，又惧怕又惭愧，他们问彼得："那我们现在该怎么办呢？"

彼得回答大家："忏悔你们的罪过，奉耶稣基督之名受洗，使罪过得以赦免。"当场，有 3000 多人听了彼得的话，争着接受洗礼。

后来，教会把这天定为"圣灵降临节"，这是基督教的三大节日之一。

*　　*　　*　　*　　*

本篇选自《新约·马太福音》第 27 章 11 ~ 26 节、第 28 章 1 ~ 20 节,《新约·马可福音》第 15 章 1 ~ 15 节,第 16 章 1 ~ 18 节,《新约·路加福音》第23章1～25节、第24章1～49节,《新约·约翰福音》第18章28节至19章16节、第20章1～23节等处,并参照《新约·使徒行传》1～13节。记述耶稣从受难前后到复活前后的一系列重大事件,包括耶稣在彼拉多面前受审,耶稣被钉上十字架,耶稣复活与升天等连环小故事。耶稣受难和复活是耶稣一生中的重大事件,也是基督教所强调的务必恪守的重要信条。

基督教正统教义认为耶稣是上帝之子和救世主,具有"神人二性";上述连环小故事和耶稣所施行的一切神迹,从字面上反映了这样的宗教主题。比较而言,我们宁可采用19世纪法国历史学家、宗教学家欧内斯特·勒南的意见:耶稣是人,不是神;这个来自平民阶层的毫无神性的普通人是真实而伟大的,因为他创建了人类历史上独特的"纯粹宗教"——基督教。依据他的专著《耶稣的一生》的观点,"耶稣之死"就是"英雄之死"。此书认为:将耶稣置于死地的不是罗马皇帝提庇留,也不是罗马派驻犹太地区的总督彼拉多,"而是守旧的犹太教派,是摩西律法"。按摩西过时的律法,凡企图改变宗教崇拜者判以死刑,而耶稣意欲摧毁如此律法。此书指出,这一古代律法是残忍的,"但为废除它而献出己身的英雄不得不最先忍受它的处罚"。如不拘泥于福音书中关于耶稣之死等故事中的宗教宣传文字,不难理解勒南评论的人化耶稣的积极意义。

关于耶稣受审、受难、复活等事迹已成为后世人常用的"典故"。匈牙利画家蒙卡契的名作《耶稣在彼拉多面前受审》,再现了无罪的耶稣在受难前受审的这一重要场面;法兰德斯画家凡·戴克绘有《基督被钉上十字架》;当代西班牙画家达利的《耶稣受难像》是超现实主义的名作。福音书中有关耶稣复活升天的描写对西方文化的影响是深远的,欧美各国均将"复活节"视为大节。德国作家歌德诗剧《浮士德》的主人公听到"基督复活"的欢呼声,打消了自杀的动机;俄国作家列夫·托尔斯泰的长篇小说《复活》书名取自耶稣复活的故事,作品中还提及"复活节"、"升天节";高尔基的长篇小说《母亲》也有"复活节"场面的描写。

教友司提反殉道　保罗传教建奇功

　　初期教会实行集体生活，凡物公有，许多信徒自愿变卖家产，捐献给教会使用，教会势力日渐发展。犹太教大祭司非常害怕，他指使人到处抓捕耶稣门徒，并送进监狱关押。可是被抓的门徒常常被天使救出，继续进殿讲道。大祭司和守殿官吏感到惊奇，便把抓到的门徒带到犹太教公会审问，彼得出面据理力争，激怒了长官，要杀害众门徒。一位名叫迦玛列的法利赛教法师规劝说："我劝你们随他们的便吧，不要干预他们的活动，如果他们的所作所为出于常人，必自败坏；如果出于上帝，你们也无法阻挡，反而会亵渎神圣。"

　　长官们听了，觉得此话有理，责打他们后便释放了。

　　由于信徒猛增，又是集体生活，许多事务处理不了，十二门徒便主持召开了门徒大会。会上宣布：为了让门徒们专心传教，要大家推选出七名公正廉洁、聪明智慧、充满圣灵的人，负责教务工作。大家一致推选出司提反、腓利、伯罗哥罗、尼迦挪、提门、巴米拿和尼哥拉这七名受众人拥护的好信徒，由司提反任领导。门徒祈祷后，把手按在这七个人头上，确认了他们的职务。

　　司提反不仅是个精明机智、办事公道、工作能力很强的人，而且在讲经传道中一贯表现出色，常常与不信者和反对派进行辩论，辩论中思想敏锐，口齿伶俐，"以智慧和圣灵说话"，舌战众人，赢

圣保罗归宗

得胜利。被他斗败的人（反对派）自然憎恨他，他们诬告他亵渎圣灵，煽动民众反对他，又怂恿犹太当局抓他到公会受审。

面对审判长和众人，司提反从容不迫，侃侃而谈，通俗易懂地大讲以色列的历史：从上帝如何把他们的祖先从埃及救出，又如何让摩西带领他们穿过旷野来到应许之地。提醒众人，这并不是因为他们有什么本事，而是出于上帝仁慈的爱心。他还娓娓动听地道来：上帝派约书亚、大卫、所罗门以及众先知来到世上，为的是指导以色列人过着上帝满意的生活，但统治者们不听先知的话，违背律法，弃善从恶，而且对每位先知都进行迫害！最后斥责他们说："你们杀了预告那义人要来的先知，又把那义人卖了，杀了，你们必将受到上帝的惩罚。"

公会的权贵们听了，怒火中烧，恨得咬牙切齿，司提反却镇静地举头望天："看那，我看见天开了，人子站在上帝的左边！"这席话更加激怒了那些犹太人，他们气愤地大喊大叫，一拥而上，不顾司提反的抗议，抓住他往城外拖，用石头打他。

司提反义无反顾，大义凛然，祈祷上天，说："我主耶稣啊！请接受我的灵魂吧！"接着，他仰望苍天，双脚跪下，大声祷告说："主啊，请你发慈悲赦免民众，不要归罪于他们！"说完，便死去了。就这样，司提反成为基督教历史上的第一个殉难者。

正当那些犹太人的打手们大打出手，甩掉外衣，凶狠地围着司提反扔石头时，旁边站着一个青年为他们看管衣服，同时呐喊助威，他的名字叫扫罗（后改名保罗）。

这个青年出生在罗马帝国大数城，拥有罗马国籍，但祖籍仍属犹太血统。他是个富有家庭的孩子，从小就被送到耶路撒冷城受教育，他熟读犹太的经典和律法，对古希腊哲学和宗教也有所研究。由于他的祖辈是犹太人，因此，他在大祭司和犹太当局大肆镇压、迫害耶稣门徒的行动中，表现得分外狂热和忠诚，经常带人到处搜索门徒的家，捉拿信徒入狱，还主动要求带人到大马士革去搜捕逃到当地的耶稣门徒。

当扫罗少年得志更猖狂，洋洋得意来到大马士革附近时，忽然天上发出耀眼的亮光，光芒四射，扫罗扑倒在地，听见有责问声传来："扫罗，扫罗，你为什么要逼迫我，你用脚踢倒是很难的！"

扫罗吓得魂不附体，忙问："主啊！你是谁？"

那声音回答："我是你们所逼迫的耶稣。"

扫罗战战兢兢地问："主啊，你要我做什么？"

"进城去，那里有人会告诉你应该做的事。"那声音回答。

与扫罗一起的人只听见声音，却看不见人，也说不出话来。耶稣离去后，他们才醒悟过来，把扫罗扶起，发现他什么也看不见了，便牵着他的手，引他走进大马士革。

　　吓坏了的扫罗进入大马士革之后，眼睛也瞎了，他一连三天不吃不喝，忧心忡忡地向上帝祷告。耶稣见了，便在异象中对信徒拿尼亚显现，说："往大街上去，到犹大家里找大数人扫罗，他正在祈祷，你把手按在他头上，恢复他的视力。"

　　拿尼亚敬拜说："主啊，我听说这人在耶路撒冷迫害你的门徒，这次他带人来大马士革，就是为了逮捕你的门徒，你还施恩予他么？"

　　"是的，你去吧，不要害怕，他是我挑选的要到外邦宣扬我名的人。我还要告诉你，为了宣扬我的名，他必遭受更多的苦难。"耶稣回答。

　　拿尼亚受耶稣的差遣，找到扫罗的住处，把手放在他头上，说："扫罗兄弟，我是耶稣派来给你治眼睛的人，他还要我传给你圣灵。"

　　扫罗顿时感到自己充满圣灵，眼睛上好像有鳞片掉下来，立即见到光明，恢复了健康，他接受了施洗，成为耶稣的信徒，一改到大马士革的初衷，在犹太会堂大力宣讲耶稣是基督。

　　扫罗的突然变化，使犹太人十分诧异，前几天还极力反对耶稣，主动前来要求各会堂帮助他抓捕耶稣门徒的特使，几天后，怎么就摇身一变，极力证明耶稣是基督，完全站到耶稣一边去了呢？于是，犹太人对他转友为敌，仇恨有加。有一次还设计在城门杀害他，幸而得到门徒的帮助，把他放在筐子里从城墙上吊下，他才得以逃脱。

　　在白色恐怖下，耶稣的信徒们被迫离开耶路撒冷，分散在犹大和撒玛利亚各处传教，使主的福音传播得更为广泛。腓利在撒玛利亚传道取得很大进展，彼得和约翰急忙赶去，及时为众人施洗。当地有一个以行邪术为生的人叫西门，他愿意出资买下门徒"按手便降圣灵"的奇能。彼得严辞拒绝，痛斥他："你心术不正，上帝的恩赐岂能用金钱买到！"

　　扫罗在阿拉伯旷野隐居了一段时间之后，他来到耶路撒冷，找到门徒巴拉巴。巴拉巴带扫罗去见彼得等教会领导，解说他皈依的经过，门徒们听了很高兴，赞颂大能大德的耶稣基督，竟化敌为友，让他们多了一个忠实的伙伴。扫罗和他们一起在耶路撒冷传教，使犹太权贵大为吃惊，感到极大的恐慌，大有置扫罗于死地之意。为避免敌人的迫害，耶路撒冷教会决定送他回大数家乡，扫罗在那里虔心祈祷，研究经学，为日后的传教事业作好各种准备。

后来，因为四处逃散的耶稣门徒集中在安提阿宣传福音，卓有成效。耶路撒冷教会便派遣巴拉巴前往主持工作，巴拉巴在大数找到扫罗一道同行，他们在安提阿传教一年，获得众民的信赖，威信甚高，安提阿人开始把耶稣的门徒，正式称为基督徒，从此便有了这一称呼，一直流传至今。

扫罗受圣灵指引，决定与巴拉巴一起向异域传播福音。临行前，扫罗更名为保罗，并以扫罗之名号，罗马公民之身份，挑起了向外邦传经布道的重任，被称为"外邦人的信徒"，与十二门徒齐名。

保罗和巴拉巴两人从安提阿出发，第一次旅行布道，途经撒拉

保罗传道

米、帕弗、别加、彼西底等地。保罗向人们讲述以色列的历史、耶稣在世时所行的神迹和奇迹，吸引着众多听众，得到大家的好评和拥护，信徒猛增。但是，犹太人勾结当地权贵，为难他们，甚至将他们驱逐出境。这些挫折都没有削弱他们的斗志，他们又到彼底西、旁非利亚、亚大利等地，一路风尘，一路宣讲，从未停止传播福音，建立教会。

当教会内部围绕着"外邦信徒入教是否必须割礼"等问题发生分歧和争议时，他俩回到耶路撒冷开会。会上，彼得重申上帝对外邦人的宽容和恩惠的教诲，保罗和巴拉巴介绍了他俩在外邦传教时的所见所闻以及亲身经历。最后，保罗的观点为大家所认同，决定不强迫外邦人遵守律法，但入教者不得崇拜偶像，不得吃带血的肉，不得淫乱。这些决定都以信函方式，被保罗及其他门徒送往各地教会。

保罗第二次旅行传道是与西拉同行，先后去到特庇、路司得、每西亚、特罗亚，又渡过爱琴海，进入欧洲大陆。

他俩在马其顿城腓立比治病行善时，被当地政府强行抓走，关进了牢房。保罗和西拉在半夜唱诗颂经，做祷告，赞美上帝，囚徒们觉得挺新鲜，大家侧耳细听。忽然，一阵震动平地而来，所有的牢门"哗啦啦"全部大开，所有囚徒的锁链也都"嘶啦啦"松开。被惊醒的守牢士兵以为犯人全部逃走，吓得拔刀自刎，被保罗及时制止，叫他们不要害怕。见到保罗、西拉都在，守牢士兵俯伏下跪，拜谢两人，并邀请他们到家里指点迷津。这天夜里，守牢士兵全家接受施洗，成为信徒。天亮后，士兵向长官汇报了半夜发生的事情，长官释放了他俩。因为他们是罗马公民，长官还连忙赔礼道歉，护送他们出城。他俩又经以弗所、撒玛利亚和耶路撒冷，再回到叙利亚的安提阿。

保罗第三次旅行传道，除了传播福音外，主要是访问加拉太各教会和他在第二次旅行传道时建立的新教会，并接受他们为耶路撒冷教会的捐款。

这三次长途旅行布道，保罗历经风险，饱尝艰辛，发展信徒，创建教会，还写过许多书信，第一个将上帝的福音，传到马其顿及欧洲大陆，成为初期基督教会的主要奠基人之一。

保罗完成三次旅行布道后，又回到耶路撒冷。他带人去洁净圣殿，被犹太教会指责为亵渎圣灵，又被捕入狱。当他发现犹太人决心杀害他时，便立即声明自己是罗马公民，有权向罗马当局上诉。这时，罗马千夫长闻讯带兵赶来，带走了他，秘密押送省府。两年后，新任总督应许他到罗马上诉，并安排船只，把他押送罗马。天有不测风云，在保罗乘船去罗马的途中，遇上大风浪，船只沉没，他们在海上漂流了 14 天，才登上小岛逃生。

保罗到了罗马，受到当地基督徒的热烈欢迎，由于他没有触犯罗马法律，当地有关部门允许他戴着锁链，住在自己租借的房子里，他便利用一切机会宣扬主的福音。两年后他被释放，获得自由。

保罗的晚年大半在狱中度过。大约在公元 63 年，保罗返回小亚细亚，访问他所建立的教会；大约公元 66 年，保罗再次被捕，被送往罗马；公元 67 年，罗马皇帝尼禄迫害教会时，保罗在罗马殉道。

*　　*　　*　　*　　*

本篇选自《新约·使徒行传》第 5 章第 17～42 节，第 6 章 2～14 节，以及第 7～28 章中有关部分，并参照"保罗书信"各部分的有关章节。主要内容分为两部分：1. 耶路撒冷初建教会时期，管理日常教务的司提反为传讲耶稣基督而被犹太暴徒砸死的史实；2."外邦人的信徒"保罗从传教到殉教的行迹；他的三次旅行传道，这是全文的主体。

《使徒行传》是《新约》中的历史纪事，主要记述初期基督教诞生和发展的历程，时间约在 1 世纪 30～60 年代（耶稣升天后 30 年间）。一般认为《使徒行传》的作者是保罗传道时的同伴、外邦人路加医生。据考证，"保罗书信"是保罗的手笔，包括《罗马书》《哥林多前书》、《哥林多后书》、《加拉太书》、《腓立比书》、《哥罗西书》等 13 卷。

故事中的司提反其人其事在《使徒行传》中所占用的篇幅有限，但影响较大。他原是犹太教信徒，后改信耶稣而加入耶路撒冷教会。他是基督教教会史上的第一个殉道者。

在《使徒行传》中，着墨最多的是保罗（生卒年约为公元 1 ~ 64 年）。保罗是基督教初期教会最著名最重要的传道者、神学思想家和使徒书信作者的卓越代表。有人认为，在基督教的奠基者耶稣之后，保罗是基督教的"最伟大的建设者"。值得注意的是保罗的文化意识的复杂性，具有二重特性，如同基督教和犹太教之间存在千丝万缕的联系。虽然如此，保罗对基督教迅速冲破犹太教的束缚而广泛传播有重大贡献，其影响是深远的。

欧洲文艺复兴时期意大利画家米开朗基罗取材于保罗离弃犹太教而笃信耶稣的故事，在"保罗礼拜堂"绘制了壁画《保罗改变信仰》。

后 记

我们怀着赏识、审美、研讨的心愿，巡视了"圣经"中的神话、传说、史迹、律法、民俗、诗歌、小说、戏剧等。这里记载了古代人们的生活历程与心灵动态，充满了欢乐和苦辛。这里汇集的不同民族的口头创作，以及古代众多作家在不同时期所写的作品，琳琅满目，美不胜收，令人感叹不已！如果把我们的巡视当作一次文学与历史的探魅"旅程"，那么，它贯穿的时间和空间毕竟是短促的。因此，写完这本书的最后一个字，仍有言不尽意之感。

纵观世界文化发展史，《圣经》这一奇书占据着极其显要而令人瞩目的地位。在东方和西方的各类创作著述中，《圣经》的发行量堪称世界之最，每年印数达千百万册甚至上亿册。它的译本最多，据"联合圣经公会"于1988年所公布的统计材料，已被译成1884种文字和方言。它的影响最广泛，早已遍及全球。有人说《圣经》具有"世界性"，此言不虚。如我国已故著名的研究圣经文学的学者朱维之先生所说，《圣经》之所以被人们誉为世界奇书，"不仅因为它是最大的世界宗教——基督教的经书，更重要的原因是它本身具有世界性"（《圣经指南·序言》）。如欲认识古代世界文化，不可忽视作为古代世界文化"百科全书"的《圣经》对后代史学家、哲学家、文学家、艺术家的影响，同时，它的史料价值和文艺价值也很突出，曾受到马克思主义经典作家的关注。

一般认为，作为基督教正式经典的"圣经"，包括《旧约全书》与《新约全书》；基督教新教的"圣经"，又称为《新旧约全书》。在现行的《圣经》中，《旧约全书》或《圣经·旧约》，简称《旧约》，起初是犹太教的经书，后来，基督教仍奉它为经典。《旧约》原用希伯来文写作，约始于公元前 12 世纪，止于公元前 1 世纪；共 39 卷，929 章，它是古希伯来民族文化的主要代表，与《次经》、《伪经》、"死海古卷"等荟萃着希伯来人所创造的光辉灿烂的民族文化遗产，并与中国文化、印度文化以及希腊文化合称为世界传统文化大厦的四大支柱。大多数学者根据《旧约》的内容和编纂体例把它分为四部分：律法书（或称"摩西五经"）、历史书、先知书、诗文集。《新约全书》或《圣经·新约》简称《新约》，被基督教尊奉为"圣典"。《新约》最初用希腊文书写，约始于公元 1 世纪下半叶，止于公元 2 世纪末，最后确立、编订迟至公元 4 世纪初叶。共 27 卷，260 章。《新约》包括福音书、使徒行传、使徒书信、启示录四大部分。其卷首四部福音书，《马太福音》、《马可福音》、《路加福音》和《约翰福音》，记述了耶稣基督的思想、生活、传教经历以及济世救人的言行。《使徒行传》记述了早期基督教发展的过程和耶稣使徒们的传教功劳。《使徒书信》是使徒们在传教中彼此来往的信件，阐释了基督教教义，神学精神和伦理观念。其卷末《启示录》吹响战斗的号角，反抗罗马帝国对信徒的迫害；运用文学象征笔法，向信徒预示新天地即将来临。这里所表现的早期基督教文化思想，就其渊源而言，多少承受了犹太神学、希腊哲学、西亚与北非的一部分东方古国的神秘宗教观念的影响。

无论《旧约》还是《新约》，都有不切合现实的宗教教义宣传和困惑人的神秘迷雾，但圣经里确实有丰富的瑰宝和真金，当然不可由于前者而忘却后者。在这一方面，我国学者和西方学者是有共识的，中西学者已发表的一些关于《圣经》的论著，还有一些依据《圣经》编写的故事集就可以作为实证。也务必指出，圣经研究，圣经故事或圣经文学故事的编选必须与时俱进，体现时代前进步伐的需求。可以把圣经和中国的当代现实对照起来进行"再思考"，尽力对它做出中国当代现实需要的阐释和演绎，从而取代过去那种恪守宗教教条式的全盘接受，或奉行极左教条式的粗暴弃绝。当代文化视野中的圣经研究，应当少一些天堂神性评述，多一些世俗人性考证；当代的圣经文学故事，可以纳入通俗文学范畴。这也许是我们编写《圣经故事新编》的"契机"和愿望。

《圣经故事新编》主要取材于《新旧约全书》和原为基督教《圣经》组成部分，而后被新教徒排除正典之外的《后典》(又称《次经》)。选材以《旧约》为重点，突出故事的文学性和审美意义。62 篇故事均有短评，包括改编故事的出处、社会历史认识价值、对人的素质培养的现代意义、文化与文学影响等。本书努力凸现四个方面的两结合，即故事编写与简要评介相结合，生动叙述与学术探讨相结合，积极拓新与严格务实相结合，结构完整与重点深入相结合。由于我们水平所限，书中的缺点不会少，恳请专家和读者批评指正。

本书在编写过程中曾参考国内外学者关于圣经研究的论著和译著，摄取了这些论著和译著的可贵的养分。各篇插图力求与故事中有关情节相互关照，并按史的脉络予以连环编排。书中图片选自德国著名画家尤利乌斯·绍尔·凡·卡罗尔斯菲尔德的《插图圣经宝库》(由河南大学文学院梁工教授提供)及其他有关画册。在此，谨致真挚的谢意。

王忠祥　贺秋芙

2004 年 8 月 20 日